REGULAÇÃO DE RISCO
O PAPEL DA CIÊNCIA
NO PROCESSO REGULATÓRIO

PÉRICLES GONÇALVES FILHO

SÉRGIO GUERRA
Prefácio

REGULAÇÃO DE RISCO
O PAPEL DA CIÊNCIA
NO PROCESSO REGULATÓRIO

Belo Horizonte

2024

© 2024 Editora Fórum Ltda.

É proibida a reprodução total ou parcial desta obra, por qualquer meio eletrônico, inclusive por processos xerográficos, sem autorização expressa do Editor.

Conselho Editorial

Adilson Abreu Dallari
Alécia Paolucci Nogueira Bicalho
Alexandre Coutinho Pagliarini
André Ramos Tavares
Carlos Ayres Britto
Carlos Mário da Silva Velloso
Cármen Lúcia Antunes Rocha
Cesar Augusto Guimarães Pereira
Clovis Beznos
Cristiana Fortini
Dinorá Adelaide Musetti Grotti
Diogo de Figueiredo Moreira Neto (in memoriam)
Egon Bockmann Moreira
Emerson Gabardo
Fabrício Motta
Fernando Rossi
Flávio Henrique Unes Pereira

Floriano de Azevedo Marques Neto
Gustavo Justino de Oliveira
Inês Virgínia Prado Soares
Jorge Ulisses Jacoby Fernandes
Juarez Freitas
Luciano Ferraz
Lúcio Delfino
Marcia Carla Pereira Ribeiro
Márcio Cammarosano
Marcos Ehrhardt Jr.
Maria Sylvia Zanella Di Pietro
Ney José de Freitas
Oswaldo Othon de Pontes Saraiva Filho
Paulo Modesto
Romeu Felipe Bacellar Filho
Sérgio Guerra
Walber de Moura Agra

CONHECIMENTO JURÍDICO

Luís Cláudio Rodrigues Ferreira
Presidente e Editor

Coordenação editorial: Leonardo Eustáquio Siqueira Araújo
Revisão: Nathalia Campos
Capa, projeto gráfico e diagramação: Walter Santos

Rua Paulo Ribeiro Bastos, 211 – Jardim Atlântico – CEP 31710-430
Belo Horizonte – Minas Gerais – Tel.: (31) 99412.0131
www.editoraforum.com.br – editoraforum@editoraforum.com.br

Técnica. Empenho. Zelo. Esses foram alguns dos cuidados aplicados na edição desta obra. No entanto, podem ocorrer erros de impressão, digitação ou mesmo restar alguma dúvida conceitual. Caso se constate algo assim, solicitamos a gentileza de nos comunicar através do *e-mail* editorial@editoraforum.com.br para que possamos esclarecer, no que couber. A sua contribuição é muito importante para mantermos a excelência editorial. A Editora Fórum agradece a sua contribuição.

Dados Internacionais de Catalogação na Publicação (CIP) de acordo com ISBD

G635r	Gonçalves Filho, Péricles
	Regulação de risco: o papel da ciência no processo regulatório / Péricles Gonçalves Filho. Belo Horizonte: Fórum, 2024.
	330 p. 14,5x21,5cm
	ISBN impresso 978-65-5518-830-1
	ISBN digital 978-65-5518-825-7
	1. Regulação de risco. 2. Ciência. 3. Construção social. 4. Science, Technology and Society – STS. 5. Participação social. I. Título.
	CDD: 342.066 4
	CDU: 346.5

Ficha catalográfica elaborada por Lissandra Ruas Lima – CRB/6 – 2851

Informação bibliográfica deste livro, conforme a NBR 6023:2018 da Associação Brasileira de Normas Técnicas (ABNT):

GONÇALVES FILHO, Péricles. *Regulação de risco*: o papel da ciência no processo regulatório. Belo Horizonte: Fórum, 2024. 330 p. ISBN 978-65-5518-830-1.

AGRADECIMENTOS

Agradeço a Deus. Por tudo. Em especial, pela consciência do Evangelho.

Agradeço à minha família, que me apoiou e incentivou durante todo o doutorado. Em especial, à minha esposa, Michele, e ao meu filho, Breno, por me apoiarem e compreenderem todos os períodos de ausência em função dos estudos. Minha mãe, Anna Maria, e meu pai, Péricles Gonçalves (*in memoriam*), me proporcionaram todas as condições para que eu pudesse fazer boas escolhas. A vida acadêmica é uma delas. Minha irmã Alessandra e meu cunhado Jeffrey Sargent ajudaram a tornar o período de pesquisa no exterior muito melhor.

Professor Sérgio Guerra é a figura central na minha trajetória acadêmica. Foi ele quem me levou a cursar o mestrado e o doutorado na Escola de Direito do Rio de Janeiro da Fundação Getulio Vargas (FGV Direito Rio), tendo sido meu orientador em ambas as oportunidades. Por suas mãos fui aceito, durante o mestrado, como *Visiting Scholar* na University of California Irvine School of Law e, durante o doutorado, como *Research Fellow* na Harvard Kennedy School. Logo que ingressei no doutorado, ele me convidou para atuar como pesquisador na FGV Direito Rio e, posteriormente, como professor e coordenador de projetos institucionais. Estima a confiança e retribui com enorme generosidade. Sorte minha tê-lo como mestre e amigo.

Um agradecimento especial aos membros de minha banca de doutorado pela arguição firme e intelectualmente produtiva. Ter como arguidor o Professor Luiz Edson Fachin, Ministro do Supremo Tribunal Federal (STF), não foi apenas uma honra, mas também uma rica oportunidade de ouvir as considerações de quem teve uma atuação destacada nas ações diretas de inconstitucionalidade (ADIs) nº 5.501 e 5.779, cujos acórdãos foram analisados criticamente nesta obra. Professor Celso Campilongo, Diretor da Faculdade de Direito da Universidade de São Paulo (FDUSP) e um dos acadêmicos mais respeitados do país, realizou uma abordagem inteligente e desafiadora à luz da teoria dos sistemas. A Professora Natasha Salinas e o Professor Flávio Amaral Garcia me acompanham desde a banca de qualificação, quando ofereceram contribuições significativamente úteis para o trabalho que começava a se desenhar naquele momento. Natasha e Flávio são pessoas do bem, de enorme erudição e capacidade intelectual, que merecem a posição de destaque que alcançaram em suas trajetórias profissionais.

A FGV Direito Rio é uma instituição da qual me orgulho de fazer parte e de ajudar a construir um projeto acadêmico de excelência e sucesso. A fama que a precede é absolutamente justa: professores de destaque no cenário nacional e internacional, equipe de apoio dedicada, instalações modernas e projeto pedagógico arrojado e inovador.

Agradeço ao Professor Antônio Maristrello Porto pela parceria, confiança e oportunidades que me concedeu. Ao Professor Leandro Molhano, por sempre estar disponível para me auxiliar com as questões metodológicas da minha tese de doutorado. Aos colegas da FGV Direito Rio Lucas Gomes e Matheus Silvestre, pelas trocas de ideias. Ao colega Caio Assumpção, pelo auxílio na análise da base de dados do Projeto Regulação em Números. E à colega Luiza Branco, pela revisão técnica de todo o texto.

Meus colegas da turma do doutorado Alexander Kellner, André Bogossian, Gabriela Borges, Leonardo Costa e Rafael Véras foram parceiros de uma jornada desafiadora que atravessou a pandemia de Covid-19. Cumprimos toda a carga horária por meio de reuniões *online*, mas isso não impediu que desenvolvêssemos uma relação de companheirismo e amizade. Minha saudação especial vai para Gabi, pelas incontáveis trocas e grande parceria.

A Professora Sheila Jasanoff me selecionou para atuar em 2022-2023 como *Research Fellow* no Programa em Science, Technology & Society (STS), que ela fundou e até hoje dirige na Harvard Kennedy School. Jasanoff é uma referência mundial por seus estudos que exploram o papel da ciência e da tecnologia no Direito e nas políticas das democracias modernas, sendo reconhecida como uma das principais lideranças em STS da atualidade. Sua extraordinária obra inclui mais de 130 artigos e 15 livros como autora e organizadora, com amplo destaque para o papel da ciência na regulação de risco. Ela demonstrou especial apreço pelo tema da minha tese e me dedicou generosa atenção durante todo o tempo de pesquisa em que permaneci vinculado ao programa. Agradeço a ela, ao Programa em STS e à Harvard Kennedy School.

Durante os dois semestres que permaneci vinculado ao Programa em STS, tive a oportunidade de conhecer pessoas inteligentes e interessantes, de diferentes culturas e formações acadêmicas. Algumas foram especialmente generosas comigo e me ajudaram a compreender alguns dos temas debatidos em STS e a conectá-los com o tema da regulação de risco. Em especial, agradeço aos meus colegas do Programa em STS Alberto Aparicio, Lou Lennad e Nicole Bassoff.

Agradeço ao Professor Shauhin Talesh, da University of California Irvine School of Law, pela valiosa parceria desde os tempos em que me recebeu como *Visiting Scholar* na universidade até os projetos que desenvolvemos juntos na FGV Direito Rio. Professor Talesh foi extremamente generoso ao escrever carta recomendando-me ao Programa em STS da Harvard Kennedy School.

A conclusão do doutorado representou uma mudança no curso de minha atuação profissional: encerrei um ciclo como advogado focado em contencioso e consultoria jurídica para iniciar uma nova etapa como Professor Doutor em regime de tempo integral na FGV Direito Rio. Tenho enorme gratidão por todas as pessoas que conheci e que se relacionaram comigo no Navega Advogados Associados. Pela convivência saudável e prazerosa ao longo de mais de uma década, pelo aprendizado extraordinário e pela amizade sincera e frutífera, meu agradecimento especial a Carlos Antônio Navega (*in memoriam*), Carolina Zaja, Náyra Marques, Rafael Cotta e Tamara Meirelles.

O meu agradecimento final vai para o líder desse time e é repleto de significados. Em janeiro de 2009, Bruno Navega foi nomeado Procurador-Geral de Niterói e me convidou para o cargo de Subprocurador-Geral. Depois de 4 anos trabalhando juntos na PGM de Niterói, Bruno me convidou para me tornar sócio do Navega Advogados Associados. A nossa sólida parceria profissional rendeu muitos frutos, sendo o maior e mais importante deles a nossa amizade. Bruno sempre foi um grande líder – sua incrível capacidade intelectual serviu de fonte de inspiração para mim – e um grande incentivador das minhas atividades acadêmicas. Muito obrigado, meu amigo.

LISTA DE ABREVIATURAS E SIGLAS

ABESO - Associação Brasileira para o Estudo da Obesidade e Síndrome Metabólica

ABRAN - Associação Brasileira de Nutrologia

ACUS - Administrative Conference of the United States

ADI - Ação Direta de Inconstitucionalidade

AIDS - Síndrome de Deficiência Imunológica Adquirida

ANAC - Agência Nacional de Aviação Civil

ANATEL - Agência Nacional de Telecomunicações

ANEEL - Agência Nacional de Energia Elétrica

ANFARMAG - Associação Nacional de Farmacêuticos Magistrais

ANP - Agência Nacional de Petróleo

ANPD - Autoridade Nacional de Proteção de Dados

ANTAQ - Agência Nacional de Transportes Aquaviários

ANTT - Agência Nacional de Transportes Terrestres

ANVISA - Agência Nacional de Vigilância Sanitária

ANS - Agência Nacional de Saúde Suplementar

AMB - Associação Médica Brasileira

BCB - Banco Central do Brasil

CATEME - Câmara Técnica de Registro de Medicamentos

CCVISA - Comissão Científica em Vigilância Sanitária

CFM - Conselho Federal de Medicina

CFN - Conselho Federal de Nutricionistas

CFR-SP - Conselho Regional de Farmácia de São Paulo

CNS - Conselho Nacional de Saúde
CPC - Código de Processo Civil
CPIC - Citizens Property Insurance Corporation
CVM - Comissão de Valores Mobiliários
DDT - diclorodifeniltricloroetano
DL - Decreto legislativo
DNA - Ácido Desoxirribonucleico
DPVAT - Danos Pessoais Causados por Veículos Automotores de Via Terrestre
EMA - European Medicines Agency
EMEA - European Agency for the Evaluation of Medicinal Products
EPA - Environmental Protection Agency
EPOR - Empirical Programme of Relativism
FBI - Federal Bureau of Investigation
FDA - Food and Drug Administration
IBAMA - Instituto Brasileiro do Meio Ambiente e dos Recursos Naturais Renováveis
IQSC-USP - Instituto de Química de São Carlos da Universidade de São Paulo
LGA - Lei Geral das Agências Reguladoras
LGPD - Lei Geral de Proteção de Dados Pessoais
MIT - Massachusetts Institute of Technology
MP - Medida Provisória
NIH - National Institutes of Health
NOTIVISA - Sistema Nacional de Notificações para a Vigilância Sanitária
NMPA - National Medical Products Administration
NUVIG - Núcleo de Vigilância

OCDE - Organização para a Cooperação e Desenvolvimento Econômico

OMB - Office of Management and Budget

OMC - Organização Mundial de Comércio

ONG - Organização Não Governamental

PDL - Projeto de Decreto Legislativo

PIB - Produto Interno Bruto

PL - Projeto de lei

PMDA - Pharmaceuticals and Medical Devices Agency

PRO-REG - Programa de Fortalecimento da Capacidade Institucional para Gestão em Regulação

RDC - Resolução da Diretoria Colegiada

RE - Recurso Extraordinário

RIS - Regulação Econômica por Instrumentos Societários

SBCM - Sociedade Brasileira de Clínica Médica

SBEM - Sociedade Brasileira de Endocrinologia e Metabologia

SBMFC - Sociedade Brasileira de Medicina de Família e Comunidade

COT - Social Construction of Technology

SCOUT - Sibutramine Cardiovascular Outcomes

SOBRAVIME - Sociedade Brasileira de Vigilância de Medicamentos

SNVS - Secretaria Nacional de Vigilância Sanitária

STS - Science, Technology and Society

STF - Supremo Tribunal Federal

STJ - Supremo Tribunal de Justiça

SUS - Sistema Único de Saúde

SUSEP - Superintendência de Seguros Privados

TCU - Tribunal de Contas da União

SUMÁRIO

PREFÁCIO
Sérgio Guerra 17

1 INTRODUÇÃO 21

2 RISCO E SUA REGULAÇÃO 31
2.1 O que é risco? 31
2.1.1 Perspectiva histórica 32
2.1.2 Perspectivas disciplinares 36
2.1.3 Tipos de risco: riscos lineares, riscos sistêmicos, riscos em rede, riscos cumulativos, riscos catastróficos e riscos reputacionais 41
2.2 O encontro entre risco e regulação: da regulação econômica e social à regulação de risco 44
2.3 Quem regula o risco? 53
2.4 Caracterização da regulação de risco 55
2.4.1 Conceito de regulação de risco 56
2.4.2 Risco como objeto da regulação 58
2.4.3 Risco como justificativa da regulação 60
2.4.4 Análise e gerenciamento de risco: processo linear de duas etapas ...61
2.4.4.1 Ciência utilizada para fins regulatórios (ciência regulatória) 62
2.4.4.2 *Expertise* regulatória 64
2.4.4.3 Técnicas decisórias de gerenciamento de risco 67
2.4.4.4 Princípios de gerenciamento de risco 70
2.4.4.5 Abordagens de gerenciamento de risco 72
2.4.4.6 Estratégias de gerenciamento de risco 74
2.4.4.7 Padrões de intensidade do gerenciamento de risco 79
2.4.4.8 Comunicação de risco 81
2.4.5 Risco e governança 84
2.4.6 Gestão de riscos internos e institucionais e a regulação baseada em risco 90

3 TEORIAS DE REGULAÇÃO DE RISCO 93

3.1 Modelos racional-instrumental e constitutivo-deliberativo: a análise panorâmica de Elizabeth Fisher 94

3.1.1 Os riscos tecnológicos, a dicotomia ciência vs. democracia e o papel do Direito 95

3.1.2 Reenquadrando a discussão 100

3.1.3 O modelo racional-instrumental 102

3.1.4 O modelo deliberativo-constitutivo 103

3.1.5 Existe um modelo superior? 106

3.2 Abordagem tecnocrática e a legitimidade por meio da especialização burocrática: Stephen Breyer 108

3.3 Abordagem construtivista: Mary Douglas e Aaron Wildavsky 112

3.4 Estudos sobre percepção de risco: Paul Slovic, Baruch Fischhoff, Sarah Lichtenstein, Amos Tversky e Daniel Kahneman 117

3.5 Análise de custo-benefício: Cass Sunstein e Richard Posner 123

3.6 Análise crítica dos modelos tradicionais: ausência de abordagens sobre o papel da ciência na regulação 128

3.7 Modelo de regulação à luz de STS 130

3.7.1 O que é STS? 132

3.7.2 STS, construtivismo social e o idioma da coprodução 135

3.7.3 Risco como uma construção social: uma visão coproducionista da regulação de risco 141

3.7.3.1 Enquadramento (*framing*) 142

3.7.3.2 Trabalho de fronteira (*boundary work*) 145

3.7.3.3 Abrindo a caixa-preta e enfrentando o caráter multidimensional do risco 151

4 REGULAÇÃO DE RISCO NO BRASIL: ESTUDO DE CASO NO CAMPO DE ATUAÇÃO DA ANVISA 163

4.1 Desenho institucional da Anvisa: insulamento e abertura 165

4.2 Mecanismos obrigatórios de participação social 175

4.2.1 Conselho Consultivo da Anvisa 175

4.2.2 Consultas e audiências públicas 184

4.3 Ciência nas disputas entre o Congresso Nacional e Anvisa 189

4.3.1 Caso da pílula do câncer 189

4.3.1.1 Congresso Nacional: escolha política 192

4.3.1.2 Manifestação do STF 194

4.3.2 Caso das substâncias para combater a obesidade 198

4.3.2.1　Escolha regulatória da Anvisa 200
4.3.2.2　Sustação do ato regulatório pelo Congresso Nacional 206
4.3.2.3　Lacuna normativa e nova normatização pela Anvisa 208
4.3.2.4　Disciplinamento por meio de lei 209
4.3.2.5　Controle de constitucionalidade: vinculação da atuação
           legislativa aos padrões de controle de vigilância sanitária 211
4.3.3　Caso da importação de produtos para combater a pandemia
       de Covid-19 217
4.3.3.1　Congresso Nacional: atribuição da análise de risco a reguladores
           estrangeiros 218
4.4　Diagnóstico da regulação de risco no campo da vigilância
     sanitária 223
4.5　Risco como uma construção social: uma releitura coproducionista
     da regulação da vigilância sanitária no Brasil 227
4.5.1　Risco é construído por especialistas e pelo público leigo 228
4.5.2　Risco no campo da vigilância sanitária é um produto da cultura
       local 235
4.5.3　Se o risco é construído, ele pode ser descontruído 240
4.5.4　Autoridade do conhecimento científico advém da estabilidade
       da linha divisória entre os territórios da ciência e da política 244

5　**MODELO DE REGULAÇÃO DE RISCO À LUZ DE
   SCIENCE, TECHNOLOGY AND SOCIETY (STS)** 249
5.1　*Accountability* da ciência regulatória em perspectiva 249
5.2　Desafios à participação social ampliada na regulação de risco 258
5.3　Modelo de regulação de risco à luz de STS 262
5.3.1　Participação social obrigatória e ampliada na atividade de análise
       de risco: conjugação de diferentes mecanismos 263
5.3.1.1　Enquadramento do risco 270
5.3.1.2　Seleção da "ciência certa" 271
5.3.2　Órgão colegiado de mediação e negociação 272
5.3.2.1　Composição plural, equilibrada e representativa de interesses 274
5.3.2.2　Moderação e boa-fé 276
5.3.2.3　*Accountability* do órgão colegiado 278
5.3.3　Considerações finais sobre o modelo de regulação de risco
       à luz de STS 279
5.4　A regulação e a tendência de padronização global: referência
     a reguladores estrangeiros? 282
5.5　Parâmetros para o controle judicial da atividade científica

desenvolvida pela agência reguladora..287
5.5.1 O regime jurídico processual da prova pericial como parâmetro de *accountability* das práticas científicas...291
5.5.1.1 Qualidade e integridade da atividade especializada, em um ambiente transparente e controlável..294
5.5.1.2 Processo dialógico...299

6 CONCLUSÃO..305

REFERÊNCIAS..315

PREFÁCIO

Neste prefácio, mudando um pouco do perfil que normalmente adoto, irei partir de uma apresentação sobre a pessoa para, depois, tratar da obra. Há uma razão para isso. Conheci o Professor Péricles Gonçalves Filho em 2013, a partir do convite para eu atuar como consultor jurídico da prestigiosa Comissão de Direito Administrativo da Ordem dos Advogados do Rio de Janeiro (OAB-RJ). Nesse período, pude perceber seu espírito de liderança, habilidade no encaminhamento de temas complexos e competência profissional.

Além da sua indiscutível capacidade intelectual pelas posições de sucesso alcançadas profissionalmente como advogado de um grande escritório, e por sua perspicácia na compreensão de problemas complexos e construção de hipóteses de pesquisa como adiante será comentado, o Professor Péricles mostrou, ao longo de todos esses anos, ser uma das pessoas mais leais, sérias, prestativas e comprometidas que chegaram até mim profissionalmente. A todas essas qualidades se somam o caráter e o permanente otimismo "filosófico" – verdadeiro e puro –, sempre com a percepção de que tudo dará certo. E dá! Sua personalidade marcante, focada em construir pontes, sempre alegre e de fácil relacionamento com todos, independentemente de posições profissionais ou ideológicas, graus de instrução ou características pessoais, faz com que qualquer projeto, pessoal ou profissional, frutifique.

E isso se confirmou também na sua atuação como pesquisador. Tenho tido o privilégio de acompanhar a sua vertiginosa trajetória acadêmica a partir das aulas e pesquisas no curso de mestrado e, depois, no curso de doutorado da nossa escola, com períodos de estudos comparados nos Estados Unidos da América (na University of California Irvine School of Law e na Harvard Kennedy School).

Fiquei muito feliz e honrado com o convite do Professor Péricles Gonçalves Filho para que eu prefaciasse a sua obra, intitulada *Regulação de risco: o papel da ciência no processo regulatório*. Feliz como Professor e Diretor da FGV Direito Rio. A obra corresponde à sua tese de doutoramento no Programa de Pós-Graduação Stricto Sensu em Direito da Regulação da FGV Direito Rio, distinguindo o nosso programa pela sua alta qualidade. Honrado por ter sido o seu orientador no desenvolvimento da sua tese de doutorado.

Nessa posição privilegiada de orientador, pude acompanhar a caminhada de Péricles bem de perto e em cada passo e degrau; das ideias mais preliminares às mais sofisticadas, em cada nova descoberta e achado de pesquisa, em cada etapa alcançada com a conclusão de capítulos, tudo sempre festejado com muita vibração e entusiasmo.

Como orientador, a minha experiência foi a melhor possível, pelo comprometimento do Péricles no desenvolvimento e na profundidade da pesquisa realizada, sempre aberto a ouvir conselhos e recomendações – afinal, para que serve o orientador? –, e, também, pela leveza da nossa relação, em que pesem as tensões naturais da vida de um doutorando... Péricles foi um exemplo de humildade e generosidade profissional, que deve servir de exemplo a todos aqueles que iniciam a caminhada na vida acadêmica, como dizia o meu orientador desde o mestrado, o saudoso Professor Marcos Juruena Villela Souto.

Recordo-me de que, em muitas ocasiões – algumas em que me acompanhava em rápidos almoços no restaurante Salsalito –, Péricles me apresentava um novo trecho da tese, dizendo que estava excelente e, que, certamente, eu gostaria bastante. Ao final da leitura, muitas vezes disse a ele que eu não estava satisfeito e recomendava novos rumos, mais aprofundamento, conclusões mais objetivas. Enfim, que eu esperava mais e melhor por conhecer as suas reais capacidades. Em todas essas situações, Péricles adotou uma postura construtiva. Fazia, por certo, ponderações sobre suas colocações, mas, ao final, tinha sempre uma mensagem positiva: "Professor, vou aprofundar, melhorar... Vou rever, trazer conclusões mais objetivas etc.". Com esse seu comportamento proativo e respeitoso, me senti bastante confortável para instigá-lo a passar um ano em Harvard e a desenvolver, mais e mais, uma tese complexa e diferenciada sobre regulação de riscos, tema inédito e de aguda importância para o desenvolvimento socioeconômico do Brasil, objeto de tantos litígios judiciais e arbitrais. "Uma tese para poucos", pensei...

Felizmente, eu não estava equivocado. Péricles se destacou entre seus colegas pesquisadores em Harvard e, exclusivamente por seus méritos, chegou a um resultado excepcional, confirmado, primeiramente, pela banca de altíssima capacidade e indiscutível reconhecimento a que se submeteu, formada pelo Professor Edson Fachin, do Centro Universitário de Brasília, Ministro Vice-Presidente do Supremo Tribunal Federal (STF); pelo Professor Celso Campilongo, Diretor da Faculdade de Direito do Largo de São Francisco da Universidade de São Paulo; pelo Professor Flávio Amaral Garcia, da FGV Direito Rio, e Procurador do estado do Rio de Janeiro; e pela Professora Natasha Salinas, da FGV Direito Rio. Após longa e duríssima arguição, como sói acorrer, a banca não só aprovou integralmente a pesquisa, sem qualquer reparo formal ou material, mas fez questão de enaltecer a alta qualidade da trabalho e recomendar a sua publicação.

A qualidade da pesquisa também poderá ser constatada a partir da leitura da tese, agora publicada pela Editora Fórum. A tese se inicia com um amplo levantamento sobre a estrutura do risco, envolvendo a sua natureza, as características, os tipos e a sua direta correlação com a regulação estatal, seja sob a dimensão econômica, seja sob a social. A partir desse ponto, Péricles formula um conceito de regulação de risco e apresenta uma análise sobre o seu gerenciamento num viés linear com princípios, estratégias, padrões, comunicações e governança. Na sequência, a partir da pesquisa comparada realizada em ampla literatura estadunidense e britânica, a tese enfrenta as teorias de regulação de risco abordando os modelos racional-instrumental e constitutivo-deliberativo; o tecnocrático, cuja legitimidade é assegurada por meio da especialização burocrática; o construtivista; os estudos sobre percepção de risco; o modelo de análise de custos e benefícios e a regulação de risco como construção social à luz de Science, Technology and Society (STS).

Além da pesquisa teórica, Péricles desenvolveu uma ampla pesquisa empírica, com estudo de caso envolvendo o campo da regulação da vigilância sanitária. Seu objetivo visou o aprofundamento do conhecimento sobre a realidade prática regulatória de setor vital para a sociedade brasileira em casos submetidos ao STF. Considerando os achados do estudo teórico e dos casos, o autor desenvolveu uma nova teoria, que oferece um modelo construtivista inédito de regulação de risco para o contexto nacional, aplicável em todos os setores regulados que, diariamente, devem empregar o conhecimento científico para atuar diante de riscos sistêmicos. Como bem apresentado pelo autor, as "reivindicações científicas utilizadas para analisar o risco podem encobrir, sob o manto da tecnicidade, fatores contextuais dos especialistas que realizam a atividade de análise de risco (...), além de vieses e erros. Assim, quanto maior a possibilidade de existirem 'juízos ocultos' na atividade regulatória capazes de encobrir questões potencialmente relacionadas à figura do próprio especialista, maiores devem ser as preocupações com relação à *accountability* do conhecimento científico utilizado para a prática do ato".

Pelas qualidades e pela originalidade da teoria, resta-me, assim, recomendar a leitura deste livro a todos aqueles da área acadêmica e, também, àqueles que militam nas profissões ou atividades jurídicas e regulatórias com interesse em compreender, sob um olhar teórico e prático, as razões de a regulação do risco ser tão complexa e como seus princípios e técnicas globais podem e devem ser interpretados e aplicados em subsistemas autopoiéticos regulados com as adaptações aos padrões nacionais.

Peço desculpas ao leitor por ter me estendido demasiadamente no texto, que deveria ser um simples prefácio a uma obra jurídica. Mas eu não poderia deixar de registrar, especialmente para a posteridade, como nasceu e em que situações esta obra foi gerada, bem como as características pessoais e profissionais do seu autor, meu par no grupo de líderes e, agora, também, no corpo docente de carreira da FGV Direito Rio.

Finalizo com um agradecimento ao Professor Péricles Gonçalvez Filho pelos longos anos de harmoniosa convivência durante a orientação de pesquisa, proporcionando-me aprender mais do que ensinar. Nos últimos anos, aos encontros de orientação somou-se a agradável convivência no grupo de líderes da escola e na docência, a partir da sua recente conquista, por seus méritos e valores, de uma das cobiçadas vagas de professor de carreira da FGV Direito Rio.

Parabenizo-o pelo resultado excepcional de sua tese e pela fecunda contribuição intelectual que ora está sendo apresentada para a doutrina nacional, para a academia e para o mercado, fazendo sinceros votos que o Péricles se realize plenamente na sua nova carreira de professor e pesquisador da FGV Direito Rio. Bem-vindo ao time!

Teresópolis, junho de 2024.

Sérgio Guerra
Diretor e Professor Titular de Direito Administrativo
da FGV Direito Rio

1

INTRODUÇÃO

O risco se tornou uma expressão bastante popular nos discursos leigos e técnicos desenvolvidos nas sociedades contemporâneas. Antes associada aos perigos naturais que poderiam comprometer uma viagem, a expressão viu o seu significado mudar ao longo do tempo e atualmente está relacionada, principalmente, a situações que podem gerar resultados negativos. No discurso leigo, as pessoas se preocupam com situações capazes, por exemplo, de colocar em risco a saúde, o casamento ou a estabilidade financeira. No discurso técnico, o risco ensejou a criação de uma linguagem própria: análise de risco, comunicação de risco, gerenciamento de risco, transferência de risco, distribuição de risco, precaução e resiliência são algumas das expressões frequentemente empregadas em atividades técnicas e científicas, que compreendem campos disciplinares tão diversos como medicina, economia, estatística, finanças e Direito.

As justificativas apresentadas para o caráter pervasivo do risco variam. Em sua obra *Sociedade de risco: rumo a uma outra modernidade*,[1] Ulrich Beck argumenta que o significativo desenvolvimento tecnológico e industrial experimentado pelas sociedades ocidentais contemporâneas ensejou a migração de uma sociedade industrial, em que a lógica da repartição da riqueza domina a lógica da repartição do risco, para uma sociedade de risco, que produz riscos de qualidade diferente: riscos globais, invisíveis, intangíveis, intergeracionais, irrepartíveis, irreversíveis, que ameaçam a vida humana na Terra. Os riscos, segundo

---

[1] BECK, Ulrich. *Sociedade de risco*: Rumo a uma outra modernidade. Tradução: Sebastião Nascimento. 2. ed. São Paulo: Editora 34, 2011.

essa concepção, já não são mais atribuídos a causas exteriores, pois eles são fruto do próprio processo de modernização. Parece razoável supor que o aumento da importância do risco na contemporaneidade está relacionado com as transformações da sociedade. A sociedade pós-moderna é caracterizada por um sentimento de promessas não cumpridas, pela incerteza e ambivalência que decorrem das mudanças e fluxos constantes. Também é caracterizada pela fragmentação cultural e pelo rompimento de tradições, o que tem levado os indivíduos a desenvolverem uma significativa desconfiança em relação às instituições e autoridades tradicionais, havendo, ainda, um contínuo reconhecimento de que existem diversas situações que ameaçam a vida humana. A tomada de decisões passa a se relacionar essencialmente com o futuro da sociedade, o que coloca o risco em uma perspectiva de destaque na vida das pessoas, das instituições e dos Estados.[2]

Essa posição de destaque do risco para as sociedades contemporâneas produziu uma mudança nas estruturas e nas atitudes das pessoas, das organizações e, principalmente, do Estado, que, em sua função reguladora, realizou reformas em seu aparato burocrático para lidar com os riscos que afetam a coletividade. A partir da década de 1970, as instituições políticas dos Estados Unidos promoveram uma série de ajustes em sua burocracia com o objetivo de regular riscos nos mais variados setores. Esse movimento se intensificou ao redor do mundo principalmente na década de 1990, quando então a regulação de risco se consolidou como um novo tipo de regulação, ao lado da regulação econômica e social.

O crescimento do papel do Estado como regulador de risco suscita questionamentos sobre a repartição dos riscos entre indivíduos, empresas, organizações e agências reguladoras, o que varia entre as diferentes sociedades. A maior parte dos riscos é regulada pelas instituições privadas, incluindo os próprios indivíduos, cabendo ao Estado a responsabilidade sobre um conjunto de riscos que, embora residuais, afetam a coletividade de maneira mais ampla e profunda.

É justamente no contexto desses riscos residuais – isto é, riscos que se tornam alvo da regulação estatal – que se desenvolve a investigação. Como esses riscos podem ser identificados, delimitados, analisados e gerenciados? Essa é uma questão central no estudo da regulação de

---

[2] LUPTON, Deborah. *Risk*. London: Routledge, 1999. p. 12.

risco, e a busca por respostas suscita uma série de desdobramentos relevantes. Existem diferentes maneiras de se conceber o risco e cada uma delas produz diferentes implicações sobre como o risco pode/ deve ser identificado, delimitado, analisado e respondido, o que, por sua vez, levanta diferentes debates sobre como os regimes de regulação de risco podem ser legitimados, algo de fundamental relevância em sociedades democráticas.

O modelo tradicional e dominante de regulação de risco – ora denominado modelo tecnocrático de risco – é aquele que se desenvolve por meio de um processo linear de duas etapas, que separa, rigidamente, a análise de risco e o gerenciamento de risco. Na primeira etapa, cientistas e especialistas de agências reguladoras identificam, selecionam e mensuram os riscos de certas atividades ou substâncias. Nessa etapa, as ciências naturais – corpo de disciplinas científicas que estudam os aspectos físicos da realidade, tais como a física, a química e a biologia –, assumem o protagonismo da atividade estatal, fornecendo aos agentes políticos uma base estável para a tomada de decisões sobre a natureza dos riscos e seu gerenciamento.[3] A ideia é que a ciência, como uma instituição neutra, é capaz de fornecer aos tomadores de decisão uma projeção objetiva do mundo natural. Já na etapa de gerenciamento de risco, os reguladores decidem o que fazer com o risco, levando em consideração não somente o resultado da análise (científica) de risco, como também aspectos políticos, éticos, sociais e econômicos.

A utilização da ciência para assegurar melhorias nos seus respectivos funcionamentos não é uma novidade para outros sistemas. O sistema jurídico, por exemplo, frequentemente incorpora os avanços científicos e tecnológicos com o objetivo de disciplinar a convivência social de forma ainda mais eficaz. Exemplo disso é o exame de DNA para fins de identificação da existência de vínculo de filiação. Em 2004, o Superior Tribunal de Justiça (STJ) editou a Súmula nº 301, definindo que a recusa do suposto pai em submeter-se ao exame de DNA em ação investigatória gera presunção *juris tantum* de paternidade. Posteriormente, o tema foi positivado de forma mais detalhada pelo Congresso Nacional por meio da Lei nº 12.004, de 29 de julho de 2009,

---

[3] BLACK, Julia. The Role of Risk in Regulatory Processes. *In:* BALDWIN, Robert; CAVE, Martin; LODGE, Martin (ed.). *The Oxford Handbook of Regulation*. New York: Oxford University Press, 2010. p. 135. Disponível em: https://doi.org/10.1093/oxfordhb/9780199 560219.003.0014. Acesso em: 5 ago. 2021.

estando consagrado o uso desse avanço científico como meio para salvaguardar o direito à filiação.[4]

Ocorre que a ideia de posicionar a ciência em um compartimento individualizado do processo regulatório de risco, livre de influência e controle externo, abre margem para questionamentos quanto à legitimidade e à qualidade da regulação. Estudos desenvolvidos em Science, Technology and Society (STS),[5] que compõem a base teórica desta obra, ressaltam o caráter socialmente construído das reivindicações científicas e, ao fazê-lo, demonstram a existência de uma série de contingências envolvidas na produção do conhecimento científico, o que torna bastante problemático pressupor uma ciência inerentemente neutra e com pretensão de universalidade.

As categorias teóricas de STS abordadas nesta obra demonstram que os cientistas e especialistas de agências reguladoras, ao realizarem a atividade de análise de risco (identificação, delimitação, seleção e mensuração dos riscos objeto da regulação), efetuam uma série de julgamentos que podem encobrir vieses, omissões e fatores relacionados a esses atores, tais como seus objetivos, valores, treinamento e experiência, sendo inviável enquadrar tais julgamentos dentro de uma noção de ciência neutra e universal.

Em um modelo tecnocrático, esses julgamentos normativos são realizados de maneira insulada, livres de qualquer influência e controle externo, o que levanta dois tipos de problemas: um problema de *legitimidade da regulação*, no sentido de que as partes interessadas e o público em geral não conseguem exercer o controle sobre as práticas científicas empregadas no processo regulatório; e um problema de *qualidade da regulação*, no sentido de que as partes interessadas e o público em geral não têm a oportunidade de participar da produção

---

[4] Mais recentemente, o Congresso Nacional editou a Lei nº 14.138, de 16 de abril de 2021, estabelecendo que, caso o suposto pai houver falecido ou não existir notícia de seu paradeiro, o juiz deve determinar a realização do exame de DNA em parentes consanguíneos, cuja recusa também gera a presunção da paternidade, a ser apreciada em conjunto com o contexto probatório.

[5] Science, Technology and Society (STS) consubstancia um campo de estudos relativamente novo que analisa como os valores sociais, políticos e culturais afetam a pesquisa científica e a inovação tecnológica e como a pesquisa científica e a inovação tecnológica afetam a sociedade, a política e a cultura. Essa análise, contudo, não ocorre de forma estanque, pois se reconhece que as duas vertentes temáticas mantêm uma relação de reciprocidade. Em outras palavras, a ciência e a tecnologia moldam a sociedade, ao mesmo tempo que a sociedade molda a ciência e a tecnologia (STS ABOUT STS. *Stswiki*, [*S. l.*], [2023]. Disponível em: https://stswiki.org/. Acesso em: 23 mar. 2023). O tema será retomado no tópico 3.7.1, infra.

e da aplicação do conhecimento científico necessário à construção dos modelos de análise de risco.⁶ Na perspectiva da legitimidade da regulação, tal ordem de coisas significa dizer que a atividade de análise de risco implica o exercício de uma significativa parcela de poder por parte de cientistas e especialistas das agências reguladoras que não se submete aos tradicionais mecanismos de legitimação, como as consultas e as audiências públicas.

No Brasil, a questão se torna relevante a partir da implantação do modelo de agência reguladora na década de 1990, quando então a doutrina pátria começa a discutir se e em que medida essas novas entidades enfraqueceriam a noção de legitimidade democrática. Poderia um órgão não eleito tomar decisões sobre um setor da economia em desacordo com a linha do governo eleito pelo voto popular?⁷ Talvez a principal resposta para lidar com essa constante tensão entre insulamento burocrático e legitimidade democrática tenha sido a previsão, no desenho institucional das agências reguladoras, dos chamados mecanismos de participação social. A ideia subjacente é que, ao viabilizarem a participação das partes interessadas e do grande público nas atividades técnicas das agências, esses mecanismos representam uma forma de *accountability* social que assegura a legitimidade da intervenção regulatória.

No entanto, em um modelo tecnocrático, que separa rigidamente as etapas de análise e gerenciamento de risco, a participação social acaba ficando circunscrita à segunda etapa, que corresponde à tomada de decisão com relação ao risco. A etapa de análise de risco, por sua vez, permanece interditada à participação e controle social. É como se a atividade de análise de risco fosse considerada uma atividade intocável, insindicável, inexplicável aos olhos das partes interessadas e do público em geral. É nesse sentido que identifica-se um potencial *déficit* de legitimidade no modelo tecnocrático de regulação de risco.

---

6   Essa forma de problematizar a regulação de risco em termos de legitimidade e qualidade é adotada por autores como Maria Paola Ferreti, que, ao analisar as justificativas para o engajamento do público na regulação, aponta a existência de "argumentos de legitimidade" e "argumentos epistêmicos" (FERRETI, Maria Paola. Why Public Participation in Risk Regulation? The Case of Authorizing GMO Products in the European Union. *Science as Culture*, [S. l.], v. 16, n. 4, p. 377-395, tradução nossa, 2007. Disponível em: https://doi.org/10.1080/09505430701706723. Acesso em: 27 maio 2024).

7   Uma análise dos debates que se estabeleceram no país é feita por Paulo Todescan Lessa Mattos, em *O novo Estado Regulador no Brasil*: eficiência e legitimidade. 2. ed. rev., atual. e ampl. São Paulo: Revista dos Tribunais, 2017. p. 197-233.

Por outro lado, na perspectiva da qualidade da regulação, a realização da atividade de análise de risco de maneira insulada acaba por desconsiderar a dimensão social do risco, o que afeta negativamente a eficácia das soluções regulatórias.

A dificuldade do regulador de obter informações completas sobre as atividades e setores regulados é reconhecidamente um problema que pode afetar a qualidade da regulação. Nas sociedades contemporâneas, o problema não é somente de assimetria da informação. A questão é mais complexa: nenhum ator possui, isoladamente, todo o conhecimento necessário para endereçar problemas complexos, diversos e dinâmicos.[8]

Estudos recentes ressaltam que a participação social pode melhorar a qualidade da regulação. Por exemplo, a Organização para a Cooperação e Desenvolvimento Econômico (OCDE), em seu *Regulatory Policy Outlook 2021*, afirma que a participação das partes interessadas na regulação permite que "alternativas sejam encontradas, hipóteses sejam testadas e ajuda a construir confiança na ação do governo".[9] Nesse sentido, a participação social viabiliza uma maior aderência da regulação à realidade socioeconômica, aumentando, assim, as chances de sucesso das estratégias regulatórias.[10]

Ocorre que, em um modelo tecnocrático, o risco é tradicionalmente visto como uma realidade do mundo natural que somente pode ser identificada, delimitada, selecionada e mensurada por cientistas e especialistas das agências reguladoras e suas metodologias analíticas. As avaliações feitas pelo público leigo sobre o risco, por sua vez, são consideradas receios infundados, que não devem contaminar a análise científica de risco. Essa forma radical de separar a ciência da política, os fatos dos valores, deixa de apropriar uma série de aspectos que constituem a própria essência do risco e que são indispensáveis para um gerenciamento eficaz.

É dentro desse enquadramento inicial que a investigação sobre a regulação de risco será realizada. Após a revisão de modelos tradicionais de regulação de risco, serão apresentados estudos em

---

[8] BLACK, Julia. Decentring Regulation: Understanding the role of regulation and self-regulation in a 'post-regulatory' world. *Current Legal Problems*, [S. l.], v. 54, n. 1, p. 107, 2001. Disponível em: https://doi.org/10.1093/clp/54.1.103. Acesso em: 3 jun. 2023.

[9] OECD. *OECD Regulatory Policy Outlook 2021*. Paris: OECD Publishing, 2021. p. 49. Disponível em: https://doi.org/10.1787/38b0fdb1-en. Acesso em: 5 maio 2023.

[10] Portanto, a ideia de qualidade da regulação adotada nesta pesquisa está relacionada à noção de efetividade, isto é, a regulação que funciona, que procura atingir os objetivos inicialmente identificados.

regulação de risco desenvolvidos em STS. Esses estudos justificam a hipótese de pesquisa no sentido de que os riscos que se tornam alvo da regulação são objeto de uma construção social. Segundo Sheila Jasanoff, os riscos "não refletem diretamente a realidade natural, mas são refratados em todas as sociedades através de lentes moldadas pela história, política e cultura".[11] Riscos, nessa perspectiva de análise, são sempre uma representação humana da realidade: o que se sabe sobre o mundo é uma formação cultural e social.

Essa abordagem construtivista aponta para a necessidade de se promoverem amplas reformas nos regimes regulatórios de risco com o objetivo de se dedicar maior atenção às conexões entre risco e cultura e de se estabelecer "maior negociação e engajamento das partes interessadas para que diferentes perspectivas sobre o risco possam ser descobertas e acomodadas".[12]

Com o objetivo de aprofundar o conhecimento sobre a realidade regulatória de risco brasileira e confirmar, ou não, a hipótese de pesquisa na prática regulatória do país, a pesquisa efetuará uma análise de caso envolvendo o campo de atuação da Agência Nacional de Vigilância Sanitária (Anvisa), o que se justifica em virtude do fato de que a agência é, possivelmente, o exemplo mais evidente de agência reguladora de risco no Brasil.[13]

Delineado esse contexto, em primeiro lugar serão analisados certos aspectos da regulação desenvolvida no campo da vigilância sanitária, com o propósito de verificar se há, nesse campo, uma tendência de adoção do modelo tradicional e dominante de regulação tecnocrática do risco. Mais especificamente, serão analisados o desenho institucional da Anvisa e os três mecanismos de participação social obrigatórios nesse campo, que são o Conselho Consultivo, as consultas

---

[11] JASANOFF, Sheila. The songlines of risk. *Environmental Values*, [S. l.], n. 8, p. 137, 1999, tradução nossa.
[12] *Idem.*
[13] Na medida em que o seu mandato legal é, essencialmente, definido com base na linguagem de risco. Na forma do art. 8º da Lei nº 9.782, de 26 de janeiro de 1999, a Anvisa é competente para "regulamentar, controlar e fiscalizar os produtos e serviços que envolvam risco à saúde pública". Destaque-se que, em seu *site* na *internet*, a Anvisa define que a sua missão é "proteger e promover a saúde da população, mediante a intervenção nos riscos decorrentes da produção e do uso de produtos e serviços sujeitos à vigilância sanitária, em ação coordenada e integrada no âmbito do Sistema Único de Saúde" (BRASIL. Ministério da Saúde. Agência Nacional de Vigilância Sanitária. Acesso à informação. *Gov.br*, Brasília, DF, [2023]. Disponível em: https://www.gov.br/anvisa/pt-br/acessoainformacao/institucional. Acesso em: 7 maio 2023).

e as audiências públicas, os quais têm como objetivo assegurar a legitimidade da atuação da agência perante a sociedade.

Também será analisado como o Congresso Nacional e a Anvisa abordaram o papel da ciência e da política em três casos rumorosos – o caso da pílula do câncer, o caso das substâncias para combater a obesidade e o caso da importação de produtos para combater a pandemia de Covid-19 –, que têm em comum o fato de que o Congresso Nacional aprovou leis que envolvem questões técnico-científicas cuja normatização cabe originariamente à Anvisa, na forma do mandato legal que o próprio Congresso Nacional conferiu à agência. Os dois primeiros casos foram questionados perante o Supremo Tribunal Federal (STF), cujas decisões proporcionam uma importante fonte para o desenvolvimento desta pesquisa.[14]

A análise crítica e teoricamente informada de tais aspectos permite abordar questões relevantes desta pesquisa, tais como: quais são os mecanismos de *accountability* da atividade de análise de risco que existem atualmente na prática regulatória brasileira? Como os mecanismos de participação social funcionam na prática regulatória com relação à atividade de análise de risco? Como as autoridades reguladoras efetuam o enquadramento do problema regulatório de risco? Como o conhecimento científico alcança autoridade no processo regulatório? Existe espaço, no processo regulatório, para que as partes interessadas e o público em geral ofereçam interpretações científicas conflitantes com a análise de risco desenvolvida pela burocracia estatal?

Após esta introdução, seguem-se dois capítulos que abordam os aspectos teóricos da investigação. No Capítulo 2 será investigado o risco sob uma perspectiva histórica e disciplinar, para então se analisarem as dinâmicas que levaram à ascensão da regulação de risco como um novo tipo de regulação, ao lado da regulação econômica e social. Delineado esse quadro, serão oferecidos um conceito de regulação de risco e uma revisão da literatura com o objetivo de apresentar um panorama mais amplo dessa forma de intervenção estatal.

---

[14] O terceiro caso, o da "importação de produtos para combater a pandemia de Covid-19", está inserido no contexto da Lei nº 13.979, de 6 de fevereiro de 2020, posteriormente alterada pela Lei nº 14.006, de 28 de maio de 2020. É certo que a constitucionalidade dessa lei foi questionada por meio de três ações diretas de inconstitucionalidade (ADIs nº 6.625, 6.347 e 6.341). Não obstante, nenhuma dessas ações aborda o aspecto particular discutido nesta pesquisa, que é a edição de ato por parte do Congresso Nacional sobre questões técnico-científicas cujo disciplinamento competia à Anvisa, na forma do mandato legal conferido pelo próprio Congresso Nacional, motivo pelo qual os respectivos acórdãos não são analisados nesta pesquisa.

No Capítulo 3 serão investigadas teorias sobre modelos de regulação de risco tradicionalmente citados pela doutrina. Nos extremos das opções existentes, identificam-se dois modelos competidores de regulação de risco (modelos tecnocráticos *vs.* modelos construtivistas/ deliberativos), sendo que, entre esses modelos, há um continuum onde outros modelos podem ser identificados. Derradeiramente, será investigado o campo de estudos conhecido como STS, que fornece a base teórica do modelo de regulação de risco a ser proposto para a realidade brasileira.

No Capítulo 4 será realizado um estudo de caso no campo da regulação da vigilância sanitária. Nesse contexto, serão examinados o desenho institucional da Anvisa, os três mecanismos obrigatórios de legitimação da atuação regulatória e três casos em que o Congresso Nacional abordou temas que envolvem a aplicação do conhecimento científico no campo da vigilância sanitária, sendo que dois deles foram decididos pelo STF em controle concentrado de constitucionalidade, cujas decisões finalizam o mosaico de pesquisa. Com base nos aportes teóricos de STS, será efetuada uma releitura da regulação desenvolvida no campo de atuação da Anvisa a fim de examinar, em um cenário real, a hipótese de que o risco objeto de intervenção é algo socialmente construído.

A análise empreendida no Capítulo 4 contribui para a visualização, na prática regulatória brasileira, de diversos aspectos teorizados ao longo da pesquisa, o que proporciona o aprofundamento do conhecimento sobre a regulação de risco desenvolvida no país, além de criar um ambiente favorável à formulação de um novo modelo de regulação de risco, que seja capaz de endereçar os problemas identificados na pesquisa. Esse é o objeto do Capítulo 5, que apresenta uma nova abordagem de regulação de risco para o Brasil, pautada no reconhecimento de que o risco é uma construção social e que, para regulá-lo, o Estado necessita promover reformas institucionais, procedimentais e até uma reflexão crítica sobre o papel do Judiciário no controle das práticas científicas utilizadas para fins regulatórios.

Finalmente, no Capítulo 5 apresentam-se as conclusões, com o oferecimento de respostas às perguntas de pesquisa mencionadas.

A partir de um conjunto de elementos teóricos identificadores do problema de pesquisa e da estruturação dos pontos de partida sob a forma de hipótese, realizou-se, do ponto de vista metodológico, uma revisão da literatura especializada em regulação de risco, especialmente aquela produzida nos Estados Unidos e no Reino Unido. A pesquisa também analisou julgados do STF, atos da Anvisa e leis e projetos de lei do Congresso Nacional, bem como a base de dados do projeto Regulação em Números, da FGV Direito Rio, envolvendo os mecanismos de participação social das agências reguladoras federais, tudo com o objetivo de traçar um diagnóstico da regulação de risco desenvolvida no campo da vigilância sanitária no Brasil e propor um novo modelo de regulação para o país.

2

RISCO E SUA REGULAÇÃO

O que é risco? O que significa dizer que um risco é regulado? Como o risco pode ser identificado, analisado e gerenciado? Quais riscos devem ser gerenciados pelo Estado e quais riscos devem ser suportados pelas empresas, organizações em geral e indivíduos? Essas são questões centrais nos estudos desenvolvidos no campo de estudos do risco e sua regulação, e a tentativa de respondê-las suscita uma série de desdobramentos relevantes. Para tentar lidar com as complexidades[15] inerentes ao tema, é necessário examinar, em primeiro lugar, o que significa risco.

2.1 O que é risco?

Como afirma Jeroen Van der Heijden, a noção de risco é intangível. O autor compara a noção de risco à de tempo ou de felicidade: "Todos sabemos perfeitamente o que é o risco, até tentarmos explicá-lo aos outros (ou a nós próprios, aliás). O risco é intangível. Torna-se um tanto irreal quando tentamos discuti-lo e descompactá-lo (Beck, 1992)".[16] Para demonstrar a dificuldade de se chegar a um consenso sobre a noção

---

[15] Para os fins desta pesquisa, utiliza-se a expressão complexidade com uma dupla significação: em primeiro lugar, ela designa algo que possui múltiplas partes, múltiplos elementos, que viabilizam diferentes perspectivas de análise; em segundo lugar, justamente porque encarta múltiplas possibilidades, designa algo complicado, difícil de ser compreendido. No tópico 2.4, infra, serão abordados alguns aspectos do risco que acrescentam significativa complexidade ao estudo e à prática da regulação.

[16] VAN DER HEIJDEN, Jeroen. Risk Governance and Risk-Based Regulation: A review of the international academic literature. *State of the Art in Regulatory Governance Research Paper Series*, [S. l.], p. 3, 20 Jun. 2019, tradução nossa. Disponível em: https://dx.doi.org/10.2139/ssrn.3406998. Acesso em: 20 out. 2021.

de risco, o autor relaciona 10 diferentes conceitos formulados por doutrinadores e entidades como a OCDE. Conforme será demonstrado a seguir, é possível associar tal dificuldade às mudanças da concepção de risco ao longo do tempo, bem como ao fato de que o risco pode ser analisado sob diferentes perspectivas disciplinares.

2.1.1 Perspectiva histórica

Deborah Lupton observa que risco é uma expressão cujo significado vem mudando ao longo dos séculos e seu uso passou a abranger um maior espectro de situações. O surgimento da palavra e do conceito de risco pode ser associado às primeiras aventuras marítimas do período pré-moderno. Risco designava os perigos naturais que poderiam comprometer uma viagem, tais como uma tempestade, uma epidemia, uma inundação ou outro perigo do mar, e não como algo provocado pelo homem, de modo que a ideia de culpa e responsabilidade humana ficavam de fora do conceito: "Como tal, os humanos pouco poderiam fazer além de tentar estimar aproximadamente a probabilidade de tais eventos acontecerem e tomar medidas para reduzir seu impacto".[17]

De acordo com Lupton, a emergência da modernidade – o mundo industrializado –,[18] iniciada no século XVII e que ganhou força no século XVIII, ocasionou mudanças nos significados e usos do risco. Mais precisamente no século XVIII, o conceito de risco passou por um processo de cientificação, fruto do desenvolvimento da ciência da probabilidade e da estatística, que alimentaram a crença de que seria possível controlar a desordem. Segundo a autora, "o desenvolvimento de cálculos estatísticos de risco e a expansão da indústria de seguros no início da era moderna significaram que os efeitos de fenômenos que antes eram vistos como afetando indivíduos agora podiam ser calculados entre populações".[19]

---

[17] LUPTON, op. cit., nota 2, p. 6, tradução nossa.
[18] "A modernidade equivale ao 'mundo industrializado', incorporando o capitalismo, as instituições de vigilância e o armamento nuclear, bem como o processo de industrialismo. A modernidade depende da noção emergente do Iluminismo do século XVII de que a chave para o progresso humano e a ordem social é o conhecimento objetivo do mundo através da exploração científica e do pensamento racional. Assume que os mundos social e natural seguem leis que podem ser medidas, calculadas e, portanto, previstas" (Ibidem, tradução nossa).
[19] Ibidem, p. 7, tradução nossa.

Segundo David Garland, esse processo de cientificação do risco alterou profundamente a capacidade do ser humano de dominar o acaso e lidar com as incertezas. Riscos sempre permearam o cotidiano dos seres humanos. As formas mais básicas da atividade humana – como caçar, plantar, colher, fabricar ferramentas e formar famílias – "envolvem tentativas de "colonizar o futuro", de realizar os planos atuais em algum tempo futuro antecipado".[20] Para o autor, "a nossa capacidade de colonizar o futuro e de controlar o risco foi revolucionada pelo desenvolvimento de técnicas racionais derivadas da matemática e da estatística".[21] Assim, o traço distintivo da sociedade moderna "não é a tentativa de dominar o risco e colonizar o futuro, mas a invenção e a adoção generalizadas de métodos racionais e sistemáticos para fazer isso de maneira formal e efetiva".[22]

Lupton afirma que a noção de risco foi ampliada no século XIX, deixando de se referir apenas à "vontade de Deus" para compreender também os atos e relações dos seres humanos. A acepção puramente técnica do risco, dependente de condições nas quais as estimativas de probabilidade de um evento podem ser conhecidas, passou a ser diferenciada de incerteza, usada como um termo alternativo para designar situações em que essas probabilidades são inestimáveis ou desconhecidas:

> Por exemplo, em uma forma de teoria econômica desenvolvida em meados do século XIX, o risco foi diferenciado da incerteza dessa maneira. Essa distinção pressupunha que havia uma forma de indeterminação que não estava sujeita ao cálculo racional da probabilidade de várias possibilidades alternativas (Reddy 1996, p. 227). John Maynard Keynes, o influente teórico econômico inglês, baseou-se nessa distinção para argumentar que o comportamento dos investidores deveria ser classificado como sujeito à incerteza, e não às leis do risco, porque eles eram "impulsionados por "espíritos animais" que "por sua própria natureza não estavam sujeitos a análises probabilísticas ou de "risco" (citado em Reddy 1996, p. 229).[23]

---

[20] GARLAND, David. The rise of risk. *In:* ERICSON, Richard V.; DOYLE, Aaron (ed.). *Risk and Morality*. Toronto: University of Toronto Press, 2003. p. 71, tradução nossa.
[21] *Ibidem*, p. 72, tradução nossa.
[22] *Idem*.
[23] LUPTON, *op. cit.*, nota 2, p. 8, tradução nossa.

Essa distinção entre risco e incerteza ganhou proeminência com a publicação, em 1921, da obra *Risk, Uncertainty and Profit*, do economista e um dos fundadores da Escola de Chicago Frank Knight.[24] Explorando as fontes do lucro em um mercado competitivo, Knight diferenciou o risco da incerteza em sua obra, apontando que, enquanto o risco corresponde a uma probabilidade mensurável, a incerteza é considerada uma situação de probabilidade numericamente imensurável.

Marjolein B.A. Van Asselta e Ortwin Renn ressaltam que, a partir do trabalho de Knight, os riscos passaram a ser enquadrados em termos de probabilidade e efeito, dose e resposta e agente e consequência. Essa concepção serviu para fundamentar modelos tecnocráticos de risco, que pressupõem que os riscos podem ser apropriados em uma relação simples de causa (ou dose)-resposta.[25] O problema, segundo os autores, é que muitos riscos não detêm essa simplicidade, não podendo ser calculados como uma função linear de probabilidade e efeitos.[26]

A distinção entre risco e incerteza não seria a única maneira de discernir os diferentes estados de conhecimento. Segundo Julia Black, a concepção de Donald Rumsfeld relaciona não dois, mas três estados de conhecimento diferentes: existem os *known knowns* (os riscos na acepção da palavra, isto é, probabilidades estatísticas e impactos quantificáveis), existem os *known unknowns* (as incertezas, cuja probabilidade e impacto são inestimáveis) e existem os *unknown unknowns* (que seria a ignorância radical, isto é, sequer é possível saber se o produto ou atividade é capaz de produzir impactos adversos).[27]

Seja como for, o fato é que, como observa Deborah Lupton, no início do século XXI a distinção entre risco e incerteza tendeu a se perder. Risco passou a denotar perigo, estando geralmente associado a resultados negativos ou indesejáveis. No uso coloquial do risco, as questões que envolvem a probabilidade calculável são

---

[24] KNIGHT, Frank. *Risk Uncertainty and Profit*. Boston: Hart, Shaffner and Marx, 1921.

[25] "Para riscos simples, a causa do risco é de fato bem conhecida, as potenciais consequências negativas são óbvias, a incerteza é baixa e quase não existe qualquer ambiguidade no que diz respeito à interpretação do risco. Os riscos simples são recorrentes e não são afetados por grandes mudanças em curso ou esperadas. Como consequência, estão disponíveis estatísticas e a aplicação de estatísticas para avaliar os riscos em termos estatísticos é significativa. Os exemplos envolvem acidentes de carro e eventos naturais recorrentes regularmente, como inundações sazonais" (ASSELTA, Marjolein; RENN, Ortwin. Risk governance. *Journal of Risk Research*, [S. l.], v. 14, n. 4, p. 436, 2011, tradução nossa. Disponível em: https://www.tandfonline.com/doi/abs/10.1080/13669877.2011.553730. Acesso em: 20 out. 2021).

[26] É o caso dos riscos sistêmicos, que são objeto de análise no tópico 2.1.3, infra.

[27] BLACK, *op. cit.*, nota 3, p. 311.

desconsideradas, de modo que risco e incerteza são empregados de maneira intercambiável. Segundo a autora, risco e incerteza "tendem a ser tratados conceitualmente como a mesma coisa: por exemplo, o termo 'risco' é frequentemente usado para denotar um fenômeno que tem o potencial de causar danos substanciais, seja ou não a probabilidade de ocorrência desse dano estimável".[28]

David Garland reconhece que, de fato, risco passou a denotar perigo, mas ele pontua a necessidade de distinguir entre as duas categorias. Perigo é algo que pode causar um tipo de dano ou lesão. Já o risco é a possibilidade de ocorrer uma perda ou lesão. O risco, assim, "é uma medida de exposição ao perigo, da probabilidade e da extensão da perda".[29] As expressões têm os seus sentidos associados, mas elas não são sinônimas. Enquanto perigo corresponde ao potencial de suceder um dano a uma pessoa, coisa ou situação, o risco é a medida da probabilidade e extensão desse potencial. "Simplificando, os riscos são estimativas do impacto provável dos perigos".[30]

Nas últimas décadas, a expressão risco se popularizou em toda a sociedade e ensejou o desenvolvimento de campos de conhecimento, investigação e aconselhamento especializado em matéria de risco: análise de risco, comunicação de risco e gerenciamento de risco, e isso em áreas tão diversas como medicina, saúde pública, finanças, Direito, negócios e indústria. Como sinal da expansão do termo risco na sociedade, Deborah Lupton cita que realizou uma pesquisa sobre o termo risco em um jornal australiano entre os anos de 1997 e 2011, tendo observado um aumento contínuo ao longo desses 15 anos de pesquisa, saltando de 3.317 menções, em 1997, para 7.724, em 2011.[31]

Nessa mesma quadra histórica, Michael Power observa ter acontecido uma explosão daquilo que ele chama de gerenciamento de risco de tudo (*the risk management of everything*), fenômeno que denota a emergência das práticas de gerenciamento de risco em uma ampla variedade de contextos organizacionais. Os sistemas de controle interno deixaram de ser um assunto privado e de ocupar uma posição inferior para assumirem um papel público e central na governança das empresas, tornando-se "parte inabalável da economia moral das organizações nas quais responsabilidades específicas para diferentes

---

[28] LUPTON, *op. cit.*, nota 2, p. 10, tradução nossa.
[29] GARLAND, *op. cit.*, nota 20, p. 50, tradução nossa.
[30] Idem.
[31] LUPTON, *op. cit.*, nota 2, p. 10-11.

categorias de risco são alocadas".³² Os Estados, por sua vez, passaram a importar e a implementar as ideias de gerenciamento de risco do setor privado, tornando-se verdadeiros gerenciadores de risco.³³

Em todo esse processo evolutivo, Deborah Lupton destaca que a mídia tem desempenhado um papel de significativa importância ao chamar a atenção do público para os riscos, ao definir o significado do risco e ao sinalizar como ele deve ser retratado e gerenciado. A mídia tende a se concentrar em fenômenos noticiáveis, capazes de atrair a atenção máxima do público, como por exemplo eventos catastróficos e riscos incomuns (epidemias e fome). A mídia tradicional normalmente convida especialistas para abordar o risco noticiado, havendo pouco ou nenhum espaço para pessoas que possuem pontos de vista alternativos. No entanto, com o advento das mídias digitais, a autora destaca que a mídia jornalística tradicional começou a perder parte de sua autoridade, ao mesmo tempo que os leigos passaram a ter maiores oportunidades para desafiar as visões de especialistas e para compartilhar informações sobre riscos.³⁴

2.1.2 Perspectivas disciplinares

Sob uma perspectiva histórica, vê-se que o significado de risco passou por profundas transformações ao longo do tempo e que, atualmente, o conceito está associado à ideia de perigo. Já sob uma perspectiva disciplinar, identifica-se que o risco pode ser compreendido e aplicado de diferentes maneiras. Segundo Deborah Lupton, em cada disciplina o risco assume "um *status* ontológico e epistemológico diferente, sendo pesquisado e compreendido de maneiras diferentes,

---

[32] POWER, Michael. The risk management of everything. *The Journal of Risk Finance*, [S. l.], v. 5, n. 3, p. 59, 2004, tradução nossa. O autor cita o caso norte-americano da Sarbanes-Oxley Act, que prevê que os diretores de empresas registradas na Securities and Exchange Commission (SEC) são "obrigados a avaliar a eficácia dos controles internos relacionados aos relatórios financeiros, e os auditores são obrigados a certificar o processo pelo qual os diretores chegam a essa avaliação e a fornecer uma opinião sobre a própria eficácia" (*Ibidem*, tradução nossa). As justificativas para essa realidade seriam (i) as organizações passaram a reconhecer que bons controles internos possuem uma dimensão de "autosseguro", o que serve para reduzir e racionalizar os seguros; (ii) estratégias regulatórias recentes, como Basileia 2, têm como cerne os sistemas de controle interno das próprias organizações e (iii) a ascensão do controle interno reflete um modo institucionalizado de resposta à crise e ao fracasso por meio do aumento da formalização das funções de relatório e controle.
[33] *Ibidem*, p. 60. A relação entre risco e Estado, que culmina com a noção de regulação de risco, será abordada no tópico 2.2, *infra*.
[34] LUPTON, *op. cit.*, nota 2, p. 13-16.

usando diferentes ferramentas, métodos e estruturas de análise".[35] A autora relaciona algumas abordagens disciplinares do risco:

Na lógica e na matemática, o risco é um problema calculável, uma função de probabilidade e medições estatísticas. A disciplina de economia baseia-se em modelos matemáticos, vendo o risco como um recurso que faz parte da tomada de decisões, um meio de garantir riqueza ou evitar perdas. O risco em termos econômicos é um fenômeno usado para controlar o desconhecido, tornando-o em termos de cálculos e probabilidades. Na ciência e na medicina, o risco é uma realidade objetiva que pode ser medida, controlada e gerenciada, novamente geralmente usando modelos matemáticos para medir e prever o risco. Para os psicólogos, o risco é tratado como um fenômeno comportamental e cognitivo. A percepção e as respostas ao risco são amplamente vistas como respostas individuais a uma ameaça ou perigo. No Direito, o risco é uma falha de conduta, um evento que causa desordem e que envolve custos, sendo, portanto, um objeto que requer intervenção legal. Do ponto de vista da linguística, o risco é um termo discursivo que tem vários significados e funções comunicativas dependendo de como é usado, enquanto os filósofos se ocupam em analisar as ontologias, epistemologias e dimensões éticas do risco (ver Althaus 2005, para uma elaboração dessas perspectivas variadas, e Taylor-Gooby e Zinn 2006, para uma revisão abrangente das abordagens psicológicas e sociológicas do risco).[36]

Em um esforço de sistematização, autores como Ortwin Renn e Robert Baldwin, Martin Cave e Martin Lodge efetuam uma revisão da literatura e relacionam algumas abordagens do risco, as quais são "amplamente baseadas nas diversas disciplinas acadêmicas".[37] As abordagens podem ser apresentadas sob as perspectivas técnicas, econômicas, psicológicas, sociológicas e culturais.

As perspectivas técnicas de risco[38] "antecipam potenciais danos físicos aos seres humanos ou aos ecossistemas, calculam a média destes

---

[35] *Ibidem*, p. 21, tradução nossa.
[36] *Ibidem*, p. 20, tradução nossa.
[37] RENN, Ortwin. Concepts of Risk: A Classification. *In:* KRIMSKY, Sheldon (Hrsg.). *Social Theories of Risk*. Westport: Praeger, 1992. p. 56, tradução nossa. O autor destaca a importância de realizar uma classificação das abordagens de risco. Citando Herbert Blumer, Renn afirma que "não pode haver teoria ou investigação científica sem classificação". Para ele, "a classificação define as ferramentas conceituais necessárias para selecionar e ordenar os fenômenos que o pesquisador tenta estudar" (*Ibidem*, p. 55, tradução nossa).
[38] Renn agrupa nas perspectivas técnicas de risco a abordagem atuarial, a abordagem toxicológica e epidemiológica e a abordagem de engenharia.

eventos ao longo do tempo e do espaço e utilizam frequências relativas (observadas ou moduladas) como meio de especificar probabilidades".[39] Tais perspectivas podem ser associadas "à visão de que as decisões sobre riscos podem ser tomadas com base em evidências objetivas que podem ser tratadas matematicamente para produzir um resultado numérico".[40] As funções instrumentais das perspectivas técnicas na sociedade são "orientadas para a partilha e redução de riscos através da mitigação de consequências, estabelecimento de padrões e melhorias na fiabilidade e segurança dos sistemas tecnológicos".[41]

As perspectivas econômicas de risco se aproximam das perspectivas técnicas, mas delas diferem por transformarem danos físicos ou outros efeitos indesejados em utilidades subjetivas,[42] o que torna possível realizar comparações entre diferentes riscos e benefícios utilizando a moeda da satisfação pessoal. "Isso proporciona um meio de integrar análises de risco em processos de decisão em que vários custos e benefícios são avaliados na prossecução da alocação de recursos de uma forma que maximize a sua utilidade para a sociedade".[43] Os riscos, nesse caso, precisam ser ponderados pela probabilidade de sua ocorrência, uma vez que eles representam custos possíveis em vez de custos reais. Além disso, considerando que há a possibilidade de os riscos e os benefícios não se concretizarem após a implementação da opção desejada, as consequências precisam ser descontadas.[44]

As perspectivas psicológicas têm como foco a percepção individual de risco. Segundo Renn, as perspectivas psicológicas de risco expandem o domínio do julgamento subjetivo sobre a natureza e sobre a magnitude dos riscos de três maneiras: ao estabelecerem como alvo

---

[39] Ibidem, p. 55, tradução nossa.
[40] BALDWIN, Robert; CAVE, Martin; LODGE, Martin. Understanding Regulation. Theory, Strategy, and Practice. 2nd. ed. Oxford: Oxford University Press, 2012. p. 88, tradução nossa.
[41] RENN, op. cit., nota 37, p. 55, tradução nossa.
[42] "Se o dano físico é avaliado como prazer ou desastre permanece irrelevante na compreensão técnica do risco. Não é assim em economia: o critério relevante é a satisfação subjetiva com as consequências potenciais, em vez de uma lista predefinida de efeitos indesejáveis" (Ibidem, p. 62, tradução nossa).
[43] BALDWIN; CAVE; LODGE, op. cit., nota 40, p. 89, tradução nossa.
[44] RENN, op. cit., nota 37, p. 62. Segundo Renn, "a teoria econômica entende a análise de risco como parte de uma consideração mais ampla de custo-benefício, na qual os riscos são as perdas de utilidade esperadas resultantes de um evento ou de uma atividade. O objetivo final é alocar recursos de modo a maximizar a sua utilidade para a sociedade (V. K. Smith, 1986)" (Ibidem, tradução nossa).

as preferências pessoais por probabilidades, procuram explicar porque os indivíduos não baseiam os seus julgamentos de risco em valores esperados;[45] identificam preconceitos na capacidade das pessoas de fazerem inferências a partir de informações probalísticas[46] e analisam a importância das variáveis contextuais na moldagem das estimativas e das avaliações de risco feitas pelos indivíduos.[47] Robert Baldwin, Martin Cave e Martin Lodge ressaltam que "o risco, dentro dessa abordagem, é visto como um conceito multidimensional que não pode ser reduzido a um mero produto de probabilidade e consequências".[48]

As perspectivas sociológicas de risco consideram que as lentes por meio das quais os indivíduos percebem o risco não são essencialmente neutras, mas sim impregnadas de significados sociais e culturais que decorrem de relações sociais e instituições. De igual modo, essas perspectivas costumam argumentar que o conhecimento especializado não é isento de valores, sendo também condicionado por contextos sociais.[49] Renn, por sua vez, destaca que há uma série de abordagens na sociologia envolvendo o risco,[50] sendo relacionadas as seguintes: estudos sobre aspectos organizacionais do risco; estudos em sociologia dos desastres; análises que têm como foco a cobertura e comunicação da mídia; investigações de conflitos de risco e suas causas; análises de equidade e justiça; análises da distribuição de risco entre

---

[45] "Um dos resultados interessantes destas investigações foi a descoberta de padrões consistentes de raciocínio probabilístico que são adequados para a maioria das situações cotidianas. As pessoas são avessas ao risco se os riscos de perdas forem elevados e propensas ao risco se os riscos de ganhos forem elevados (Kahneman e Tversky, 1979). Além disso, muitas pessoas equilibram o seu comportamento de tomada de risco através da prossecução de uma estratégia de risco óptima que não maximiza os seus benefícios, mas que assegura tanto um retorno satisfatório como a prevenção de grandes desastres (Tversky 1972; Simon 1976; Luce e Weber 1986)" (Ibidem, p. 64, tradução nossa).
[46] "Esses vieses se referem ao processamento intuitivo da incerteza. Por exemplo, eventos que vêm imediatamente à mente das pessoas são classificados como mais prováveis do que eventos que estão menos disponíveis mentalmente" (Ibidem, tradução nossa).
[47] Renn esclarece que as características qualitativas dos riscos têm sido exploradas por métodos psicométricos. Dentre as variáveis contextuais de risco que afetam a seriedade percebida dos riscos, o autor relaciona as seguintes: o número esperado de fatalidades ou perdas; o potencial catastrófico; as características qualitativas do risco (por exemplo, a percepção de medo (dread) em relação às possíveis consequências; a convicção de ter controle pessoal sobre a magnitude da probabilidade do risco; a familiaridade com o risco) e as crenças associadas à causa do risco (Ibidem, p. 65).
[48] BALDWIN; CAVE; LODGE, op. cit., nota 40, p. 90, tradução nossa.
[49] Ibidem.
[50] Segundo Renn, as perspectivas sociológicas de risco padecem de um problema intransponível: "(...) existem tantas perspectivas dentro da sociologia quanto sociólogos" (RENN, op. cit., nota 37, p. 67, tradução nossa).

classes e populações e estudos sobre a epistemologia ou a legitimação do conhecimento de risco.[51]

Finalmente, as perspectivas culturais argumentam que

> as atitudes em relação ao risco variam de acordo com os preconceitos culturais – atitudes e crenças partilhadas por um grupo – e que o risco é um conceito plástico que não permite o desenvolvimento de uma medida única pela qual os diferentes preconceitos culturais em relação ao risco possam ser comparados.[52]

Estudos apontam a existência de padrões genéricos de grupos de valores que são responsáveis por distinguir diferentes grupos sociais uns dos outros, de modo que cada grupo forma a sua própria posição sobre o risco e desenvolve estratégias peculiares, aderentes à posição adotada. Embora a maioria dos estudiosos rejeite a aplicação dessa perspectiva a atitudes ou convicções pessoais, "os protótipos culturais podem ser utilizados para prever respostas individuais, particularmente respostas de indivíduos nos seus papéis sociais como representantes de agências, indústrias ou organizações privadas".[53]

Segundo Ortwin Renn, além da classificação disciplinar, existem classificações que se baseiam nos tipos de perigo, nas definições de risco, nas características de risco, nos conflitos de risco e nas imagens semânticas reveladas por meio de estudos de percepção de risco, havendo ainda algumas poucas tentativas de desenvolver uma taxonomia transdisciplinar de perspectivas de risco.[54]

O próprio Renn argumenta que as concepções disciplinares são estreitas demais para descrever e capturar o fenômeno multifacetado do risco, e por isso ele defende a chamada Amplificação Social do Risco (Social Amplification of Risk), que tem como fundamento a ideia de que "os impactos sociais e econômicos de um evento adverso são determinados por uma combinação de consequências físicas diretas interagindo com processos psicológicos, sociais, institucionais e culturais".[55] Nesse modelo, o risco é descrito tanto como uma

---

[51] *Idem.*
[52] BALDWIN; CAVE; LODGE, *op. cit.*, nota 40, p. 91, tradução nossa.
[53] RENN, *op. cit.*, nota 37, p. 73, tradução nossa. O autor ressalta que "a abordagem cultural percebe o ambiente e o risco como construções sociais (Wildavsky 1979)" (*Idem*).
[54] *Ibidem*, p. 55.
[55] RENN, Ortwin. Concepts of Risk: An Interdisciplinary Review – Part 2: Integrative Approaches. *GAIA – Ecological Perspectives for Science and Society*, [S. l.], v. 17, n. 2, p. 196,

construção social quanto como uma propriedade objetiva de um perigo ou evento, o que, em sua opinião, evita os problemas do relativismo ou do determinismo tecnológico.[56]

2.1.3 Tipos de risco: riscos lineares, riscos sistêmicos, riscos em rede, riscos cumulativos, riscos catastróficos e riscos reputacionais

O desenvolvimento da abordagem teórica do risco resultou na identificação de diferentes tipos de risco. É possível dizer que riscos lineares são aqueles que possuem uma estrutura simples, no sentido de que as probabilidades de danos são bem compreendidas e as medidas de redução de riscos não são controversas.[57]

Riscos sistêmicos, por sua vez, são caracterizados por Marjolein B.A. Van Asselta e Ortwin Renn da seguinte maneira:

> Muitos riscos são sistêmicos (OCDE 2003). O termo "sistêmico" descreve até que ponto um risco está incorporado nos contextos mais amplos dos processos sociais. Os riscos sistêmicos exigem uma abordagem mais holística à identificação, avaliação e gerenciamento de riscos, porque a investigação dos riscos sistêmicos vai além da análise habitual das consequências do agente. Em vez disso, a análise deve centrar-se nas interdependências e nos efeitos de propagação e repercussão que iniciam cascatas de impacto entre grupos de risco que, de outra forma, não estariam relacionados (Hellstroem 2001). Um exemplo bem conhecido é a BSE, que teve efeitos não só na indústria agrícola, mas também na indústria de alimentação animal, na economia como um todo e na política (ver De Bandt e Hartmann 2000, 11; OCDE 2003, 2f.; Renn e Keil 2009; Vos 2000). Os efeitos da transmissão foram difundidos globalmente para todas as áreas do mundo, mesmo para aquelas que não foram imediatamente afetadas pela crise. Os riscos sistêmicos têm, portanto, um potencial crescente de danos (ver OCDE 2003, 2f.), uma vez que os efeitos podem ser amplificados ou atenuados ao longo do prolongamento dos efeitos com base num sistema complexo de interdependências (ver Renn 2008). Os riscos sistêmicos não estão confinados às

---

2008, tradução nossa. Disponível em: https://doi.org/10.14512/gaia.17.2.7. Acesso em: 20 out. 2021.
[56] Idem.
[57] RENN, Ortwin. Stakeholder and Public Involvement in Risk Governance. *International Journal of Disaster Risk Science*, [S. l.], n. 6, p. 9, 2015. Disponível em: https://doi.org/10.1007/s13753-015-0037-6. Acesso em: 20 dez. 2023.

fronteiras nacionais ou a um único setor e não se enquadram no modelo de risco linear e monocausal.[58]

Dirk Helbing aponta a existência de uma relação entre os riscos sistêmicos e os chamados riscos em rede. Segundo o autor, as redes subjacentes ao intercâmbio mundial de pessoas, bens, dinheiro, informações e ideias permitem que acontecimentos perigosos se espalhem de maneira rápida e globalmente, aumentando os riscos sistêmicos que, na visão do autor, resultam das conexões entre riscos (ou riscos em rede). Nesse caso, uma falha inicial localizada, também chamada de perturbação, pode gerar danos em escala na medida em que uma rede de n componentes de sistemas interligados se espalha.[59]

Outro tipo de risco é o risco cumulativo. Sanne H. Knudsen aponta que, com algumas poucas exceções, a legislação norte-americana regulamenta produtos químicos e pesticidas com base na toxicidade individual de cada produto, e não com base em exposições no mundo real, onde os perigos não residem em compartimentos isolados uns dos outros. Nesse sentido, a análise de risco convencionalmente realizada pela Environmental Protection Agency (EPA) toma como base "um único poluente num único meio de exposição".[60] Esse quadro pode levar a EPA a analisar os riscos apresentados pelo DDT (diclorodifeniltricloroetano) quando inalado pelo ar de maneira separada dos riscos decorrentes da ingestão desse pesticida. Segue-se daí que "os efeitos em nível populacional da exposição aditiva ou sinérgica a múltiplos poluentes através de múltiplos canais (ar, água, solo, produtos de consumo, pesticidas) não são bem estudados".[61]

Citando um relatório da própria EPA sobre riscos cumulativos, Knudsen os descreve como sendo "os riscos combinados de exposições agregadas a múltiplos agentes ou fatores de estresse".[62] A autora aponta três características essenciais da análise de riscos cumulativos. Em primeiro lugar, em vez de simplesmente catalogar as mais variadas

---

[58] ASSELTA; RENN, *op. cit.*, nota 25, p. 436, tradução nossa.
[59] HELBING, Dirk. Globally networked risks and how to respond. *Nature*, [S. l.], v. 497, p. 51, 2013. Disponível em: https://www.researchgate.net/publication/236602842_Globally_networked_risks_and_how_to_respond. Acesso em: 24 nov. 2023.
[60] KNUDSEN, Sanne H. Regulating cumulative risk. *Minnesota Law Review*, [S. l.], v. 101, n. 6, p. 2311, 2017, tradução nossa. Disponível em: https://digitalcommons.law.uw.edu/faculty-articles/324. Acesso em: 27 nov. 2023.
[61] *Idem.*
[62] *Ibidem*, p. 2324, tradução nossa.

descrições dos fatores de stress e riscos associados que afetam um grupo populacional, a análise de riscos cumulativos "estuda como vários estressores interagem entre si e impactam uma determinada população quando considerados em combinação".[63] Em segundo lugar, os estressores não são necessariamente químicos, podendo ser também físicos, biológicos ou sociais. Como exemplo, a autora cita que os riscos para quem reside nas redondezas de um aeroporto envolvem a análise dos impactos da poluição do ar (no caso, um estressor químico) e a análise dos impactos da poluição sonora (um estressor não químico), sendo que ambos afetam a hipertensão.[64] Por último, a análise de riscos cumulativos estabelece como foco a análise em nível da população, o que se mostra especialmente útil para as questões que envolvem saúde pública ou ecológica.[65]

Riscos catastróficos[66] são os riscos relacionados a um tipo de desastre caracterizado pela baixíssima ou totalmente desconhecida probabilidade de ocorrer, mas que, se ocorrer, pode resultar em perdas significativas e até na extinção da vida na Terra. Segundo documento elaborado pela OCDE, nos últimos tempos tem se observado um aumento na frequência e no impacto de desastres naturais e provocadas pelo homem, resultando em significativas perdas financeiras e no perecimento de muitas vidas. Como exemplos, a OCDE cita terremotos de grande magnitude, tsunamis, inundações, epidemias e ataques terroristas.[67]

---

[63] *Ibidem*, p. 2325, tradução nossa. Nesse contexto, a autora diz ser importante discernir se os impactos são aditivos ou sinérgicos. "Aditivo significa determinar quais produtos químicos operam por modos de ação semelhantes – *e. g.*, quais são disruptores endócrinos – e então determinar se o risco total pode ser calculado somando os riscos individuais apresentados por cada um dos produtos químicos em todas as vias de exposição identificáveis. As interações sinergéticas são mais complicadas. Avaliar as interações sinergéticas significa determinar se dois ou mais estressores se combinam de tal forma que a combinação de estressores é pior do que o impacto dos estressores individuais simplesmente somados. Em alguns casos, os estressores individuais podem não ter nenhum efeito discernível exceto em combinação com outros estressores" (*Idem*).

[64] *Idem*. "Compreender como os estressores não químicos se combinam com os estressores químicos para impactar subpopulações vulneráveis está se tornando uma ferramenta particularmente importante na área de defesa da justiça ambiental" (*Ibidem*, p. 2325-2326, tradução nossa).

[65] *Ibidem*, p. 2326.

[66] No tópico 3.5, *infra*, será abordado o modelo de regulação proposto por Richard Posner, no qual o autor postula o emprego de análise de custo-benefício para lidar com riscos catastróficos.

[67] OECD POLICY ISSUES IN INSURANCE. CATASTROPHIC RISKS AND INSURANCE, 8., 2004, Amsterdam. *Proceedings* (...). Paris: OECD Publishing, 2005. p. 3. Disponível em: https://doi.org/10.1787/9789264009950-en. Acesso em: 2 dez. 2023.

O último tipo de risco aqui analisado é o risco reputacional. De acordo com Michael Power, trata-se de um novo tipo de risco que passou a ameaçar os Estados e as organizações. Para os Estados, a sua reputação "pode ser considerada 'em risco' quando existe um abismo entre as expectativas públicas de desempenho e a prestação de serviços e percepções desse desempenho".[68] Já para as empresas, o risco reputacional inverte o conceito de materialidade. Uma multa regulatória, de valor financeiro relativamente baixo, pode ter repercussões significativamente maiores, dependendo, por exemplo, de como o evento será amplificado pelos meios de comunicação. O problema que surge é que esses processos de amplificação do risco normalmente não podem ser controlados. "Isso significa que o risco de reputação reflete um novo sentimento de vulnerabilidade, um fator de medo para gestores experientes, bem como para políticos, e tem criado novas exigências para tornar a reputação 'administrável'".[69]

2.2 O encontro entre risco e regulação: da regulação econômica e social à regulação de risco

Apresentadas algumas noções essenciais à compreensão do significado da expressão risco e de sua relevância para as sociedades contemporâneas, pode-se avançar para discutir o papel do Estado como regulador, mais especificamente, como regulador de riscos.

O desenvolvimento da regulação é um acontecimento global amplamente documentado.[70] As experiências dos Estados Unidos e do Reino Unido adquirem um protagonismo na narrativa do fenômeno expansionista da regulação em razão da significativa influência que exerceram – e ainda exercem – sobre outras jurisdições, incluindo o Brasil. A realidade norte-americana oferece mais de um século de

---

[68] POWER, *op. cit.*, nota 32, p. 60, tradução nossa.
[69] *Ibidem*, p. 61, tradução nossa.
[70] A OCDE desenvolve um extenso trabalho no campo da regulação, mapeando as políticas regulatórias de países membros ou não e emitindo recomendações com o objetivo de "apoiar os países a desenvolver e implementar boas práticas regulatórias; ajudar os países a alcançarem melhores objetivos sociais, econômicos e ambientais e ajudar os governos a melhorarem a qualidade regulatória para promover a concorrência, a inovação, o crescimento econômico e a atender a importantes objetivos sociais" (OECD. Regulatory Police by Country. *Web Archive OECD*, Paris, [2023]. Disponível em: https://www.oecd.org/gov/regulatory-policy/by-country.htm. Acesso em: 5 maio 2023).

experiência com o modelo de agências reguladoras,[71] com uma vasta literatura produzida sobre o tema e decisões paradigmáticas proferidas por sua Suprema Corte.[72] Por outro lado, as reformas realizadas pelo governo de Margareth Thatcher no Reino Unido, a partir do final da década de 1970, impulsionaram reformas semelhantes na Europa e em outros países ocidentais.[73]

No Brasil, a ascensão da regulação teve início em meados da década de 1980 e materializou-se definitivamente na década de 1990 durante o governo do presidente Fernando Henrique Cardoso. Seguindo os influxos globais de desestatizações, privatizações e liberalizações, e fortemente inspirado no modelo de administração gerencial britânico, o governo federal lançou o Plano Diretor de Reforma do Aparelho do Estado e deu início a uma série de reformas com o objetivo de redesenhar o padrão de atuação estatal, substituindo o Estado-empresário por outro voltado à intervenção indireta na economia.[74]

---

[71] Nos Estados Unidos, a regulação começou a se desenvolver a partir de 1887, quando o Congresso criou a primeira agência reguladora moderna, a Interstate Commerce Commission, com o objetivo de regular as tarifas das ferrovias norte-americanas. Sobre o desenvolvimento da regulação por agências nos Estados Unidos, ver: GUERRA, Sérgio. *Agências reguladoras*: da organização administrativa piramidal à governança em rede. 2. ed. Belo Horizonte: Fórum, 2021. cap. 1.

[72] Exemplos de decisões paradigmáticas da Suprema Corte discutidas no Direito brasileiro são as chamadas "Doutrina Chevron" ("Chevron v. Natural Resources Defense Council") e "Major Questions Doctrine" ("MCI Telecommunications Corp. v. American Telephone; Telegraph Co"). Ver, a propósito: NASCIMENTO; Roberta Simões; SALINAS, Natasha. Rol da ANS: há supremacia do Congresso sobre as agências reguladoras? *Jota*, São Paulo, 26 out. 2022. Disponível em: https://www.jota.info/opiniao-e-analise/colunas/defensor-legis/rol-da-ans-ha-supremacia-do-congresso-sobre-as-agencias-reguladoras-26102022. Acesso em: 10 maio 2023; SALINAS, Natasha; CANTARELLI, Luiz Guilherme. Revisão da doutrina Chevron e o (des)equilíbrio entre Poderes nos EUA. *Conjur*, Rio de Janeiro, 6 fev. 2024. Disponível em: https://www.conjur.com.br/2024-fev-06/revisao-da-doutrina-chevron-e-o-desequilibrio-entre-os-poderes-nos-eua/. Acesso em: 6 fev. 2024.

[73] Para Giandomenico Majone, as reformas ocorridas na Europa decorreram de um processo de transformação do perfil do Estado. Segundo o autor, o chamado "Estado Positivo" ou "do Bem-Estar", que planejava, que produzia diretamente bens e serviços e, em última instância, que fornecia emprego aos seus cidadãos, deu lugar a um "Estado Regulador", que ficou caracterizado pela privatização de serviços seguida de uma nova regulação, em que as normas são elaboradas e aplicadas por agências especializadas, normalmente criadas por meio de lei como autoridades administrativas independentes, ficando, assim, fora do controle hierárquico da Administração central (MAJONE, Giadomenico. Do Estado Positivo ao Estado Regulador: causas e conseqüências de mudanças no modo de governança. *Revista do Serviço Público*, [S. l.], v. 50, n. 1, p. 5-36, 2014. Disponível em: https://revista.enap.gov.br/index.php/RSP/article/view/339. Acesso em: 3 jun. 2023).

[74] BRASIL. Ministério da Administração Federal e Reforma do Estado. Câmara da Reforma do Estado. *Plano Diretor da Reforma do aparelho do Estado*. Brasília, DF: Ministério da Administração Federal e Reforma do Estado; Câmara da Reforma do Estado, 1995. Disponível em: http://www.biblioteca.presidencia.gov.br/publicacoes-oficiais/catalogo/fhc/plano-diretor-da-reforma-do-aparelho-do-estado-1995.pdf. Acesso em: 31 jul. 2023.

Nesse contexto, o Estado brasileiro retirou-se da prestação direta em diversos setores e a transferiu à iniciativa privada, ao mesmo tempo que criou entidades específicas – as agências reguladoras – com a competência para editar normas disciplinadoras desses setores e fiscalizar o seu cumprimento.[75] Tais transformações, segundo Odete Medauar, propiciaram o "surgimento, no vocabulário do Direito Administrativo, de termos pouco ou nunca usados até então", sendo exemplo disso o vocábulo regulação.[76]

Algumas peculiaridades das agências reguladoras, tais como ausência de subordinação hierárquica ao poder central, autonomia funcional, decisória, administrativa e financeira e estabilidade dos seus dirigentes durante os mandatos causaram perplexidade em parcela da doutrina brasileira[77] e resultaram em diversos questionamentos perante o STF. Não obstante, passados quase 30 anos desde a data de criação da primeira agência reguladora,[78] esse modelo de regulação, baseado na atuação de agências especializadas independentes, permanece estável no país: existem atualmente 11 agências reguladoras em funcionamento em nível federal e mais 4 entidades com as mesmas características de agência reguladora;[79] leis e regulamentos foram editados com o objetivo de fortalecer e expandir a política regulatória do país;[80] e diversas decisões do STF reconheceram a constitucionalidade do modelo de agência reguladora adotado no Brasil.[81]

---

[75] Uma abordagem detalhada sobre o processo de redução do papel do Estado brasileiro no domínio econômico e na prestação de serviços públicos e o advento das agências reguladoras, incluindo uma abordagem sobre a influência do modelo norte-americano de agências reguladoras, encontra-se em: GUERRA, *op. cit.*, nota 71, p. 144-191.

[76] MEDAUAR, Odete. *O Direito Administrativo em evolução*. 2. ed. rev., atual. e ampl. São Paulo: Revista dos Tribunais, 2003. p. 252-253.

[77] Celso Antônio Bandeira de Mello sustenta uma série de críticas ao modelo de agência reguladora no Brasil. Por exemplo, o autor afirma que o período de investidura dos dirigentes das agências reguladoras não pode ultrapassar o governo que o nomeou, "pois isso violaria prerrogativas constitucionais de seu sucessor" (BANDEIRA DE MELLO, Celso Antônio. *Curso de Direito Administrativo*. 32. ed. São Paulo: Malheiros, 2015. p. 173).

[78] A Agência Nacional de Energia Elétrica (Aneel) foi a primeira agência reguladora a ser criada no Brasil (Lei nº 9.427, de 26 de dezembro de 1996).

[79] Onze entidades no Brasil possuem a denominação de "agência reguladora". Além destas, outras quatro entidades possuem as mesmas características das agências reguladoras, sendo elas a Comissão de Valores Mobiliários (CVM), o Banco Central do Brasil (BCB), a Autoridade Nacional de Proteção de Dados Pessoais (ANPD) e a Autoridade Nacional de Segurança Nuclear (ANSN).

[80] Especial destaque para a Lei nº 13.848, de 25 de junho de 2019 ("Lei das Agências Reguladoras"), Lei nº 13.874, de 20 de setembro de 2019 ("Lei da Liberdade Econômica"), e para o Decreto nº 10.411, de 30 de junho de 2020 (que regulamenta a análise de impacto regulatório).

[81] Dentre essas decisões, podem-se destacar os acórdãos proferidos nas ADIs nº 1.668, 4.679 e 4.874, que ressaltaram aspectos como o conhecimento técnico e especializado das agên-

Tradicionalmente, a literatura analisa as dinâmicas da regulação sob uma perspectiva que identifica dois vetores regulatórios independentes:[82] a chamada regulação econômica tem como fundamento os valores da eficiência e concorrência e visa corrigir falhas de mercado. A regulação, nessa perspectiva, pode ser justificada quando as estratégias particulares de correção das falhas de mercado, como o contrato, custam mais ou são menos efetivas em comparação com o envolvimento estatal. A regulação pode incidir sobre uma ampla gama de aspectos da atividade econômica. William Viscusi, Joseph Harrington e John Vernon afirmam que as três principais variáveis controladas pela regulação econômica são o preço, quantidade e o número de agentes econômicos, sendo variáveis menos frequentes de controle a qualidade do produto, propaganda e investimento.[83]

Já a regulação social se volta para questões que envolvem saúde, segurança, meio ambiente e consumidor e procura corrigir especialmente dois tipos de falhas de mercado: informações inadequadas concernentes à qualidade de produtos e serviços, que podem levar um mercado não regulado a não atender às preferências dos indivíduos, e externalidades capazes de afetar adversamente indivíduos não envolvidos nas transações.[84] Além disso, Tony Prosser argumenta que a regulação social pode almejar a materialização de certos resultados socialmente desejados, tais como a proteção de direitos humanos e a manutenção da solidariedade social.[85]

---

cias reguladoras e asseguraram o exercício de uma função normativa capaz de regular situações complexas da sociedade.

[82] Em sentido contrário, William Viscusi, Joseph Harrington e John Vernon afirmam que inexiste uma linha clara demarcando o que é regulação econômica e o que é regulação social, razão pela qual eles preferem denominar de regulação de saúde, segurança e ambiental aquilo que normalmente é referenciado por regulação social (VISCUSI, William; HARRINGTON JUNIOR, Joseph; VERNON, John. *Economics of Regulation and Antitrust*. 4th. ed. Cambridge: The MIT Press, 2005. p. 8). Eric Windholz e Graeme A. Hodge oferecem uma abordagem alternativa às noções de regulação econômica e social, argumentando que há uma mistura de valores sociais e econômicos interconectados e interdependentes e que a distinção entre esses tipos de regulação decorreria da supremacia dos valores e propósitos de cada um (WINDHOLZ, Eric; HODGE, Graeme A. Conceituando regulação social e econômica: implicações para agentes reguladores e para atividade regulatória atual. *Revista de Direito Administrativo (RDA)*, Rio de Janeiro, v. 264, p. 13-56, 2013).

[83] VISCUSI; HARRINGTON JUNIOR; VERNON, *op. cit.*, nota 82, p. 358.

[84] OGUS, Anthony I. *Regulation*: Legal Form and Economic Theory. London: Hart Publishing, 2004. p. 4.

[85] PROSSER, Tony. Regulation and Social Solidarity. *Journal of Law and Society*, [S. l.], v. 33, n. 3, p 364-387, 2006. Disponível em: https://doi.org/10.1111/j.1467-6478.2006.00363.x. Acesso em: 2 maio 2023.

Mas essas não são as únicas maneiras de se diferenciar os tipos de regulação. A partir da década de 1970, o risco passou a ser invocado para justificar a criação de novas dinâmicas e estruturas de regulação, gerando um ambiente propício ao desenvolvimento da noção de regulação de risco. Esse movimento foi bastante perceptível nos Estados Unidos, onde foram criadas instituições voltadas para regular diferentes tipos de risco, tais como a Environmental Protection Agency (1970), a National Highway Traffic Safety Administration (1970), a Consumer Product Safety Commission (1972), a Occupational Safety and Health Administration (1973), a Mine and Safety and Health Administration (1973), a Nuclear Regulatory Commission (1975) e o Department of Energy (1977). Sobre o tema, William Viscusi, Joseph Harrington Junior e John Vernon destacam que,

> ainda que em alguns casos essas agências tenham absorvido funções que vinham sendo desempenhadas em nível mais modesto por outras agências, o surgimento dessas agências reguladoras significou mais do que uma consolidação de funções, na medida em que cada uma dessas agências também teve seu próprio mandato legislativo, que lhe conferiu controle substancial sobre a direção de políticas regulatórias em sua área.[86]

Mas foi a partir da década de 1990 que a regulação de risco se consolidou como um novo tipo de regulação no discurso acadêmico e político,[87] o que pode ser atribuído à significativa expansão da regulação *em nome do risco*. Com efeito, Julia Black afirma que, embora o risco como objeto de regulação não seja algo propriamente inédito,

> é surpreendente que o leque de atividades reguladas em nome do risco tenha se expandido significativamente, principalmente durante a década de 1990. (...) Certamente houve um maior foco na regulação de riscos na década de 1990, que continuou na década seguinte.[88]

Risco proporciona uma forte narrativa regulatória. Julia Black cita que, em 1996, o Reino Unido criou a Adventure Activities Licensing

---

[86] VISCUSI; HARRINGTON JUNIOR; VERNON, *op. cit.*, nota 82, p. 692, tradução nossa.
[87] FISHER, Elizabeth. Framing risk regulation: A critical reflection. *European Journal of Risk Regulation*, [S. l.], n. 4, p. 126, 2013. Disponível em: http://dx.doi.org/10.1017/S1867299X00003299. Acesso em: 12 ago. 2021.
[88] BLACK, *op. cit.*, nota 3, p. 304, tradução nossa.

Authority com o objetivo de regular os riscos de certas atividades recreativas após um acidente de canoagem ter resultado na morte de quatro crianças.[89] Também no sentido de que o risco proporciona uma forte narrativa regulatória, Ruy Pereira Camilo Junior ressalta que "evitar riscos é ao mesmo tempo eficiente – pois aumenta o bem-estar geral – e tem impacto distributivo, pois protege os mais pobres e desamparados, que são os que mais hão de sofrer se uma dada contingência se materializar".[90]

É possível identificar traços reveladores da ascensão da regulação de risco nos campos político, acadêmico e científico. Novamente recorrendo aos exemplos dos Estados Unidos e do Reino Unido, observam-se naquelas jurisdições a criação e a modernização de estruturas institucionais voltadas para a regulação de riscos,[91] a publicação de documentos oficiais disciplinando, de maneira compreensiva e estruturada, modelos de abordagem estatal do risco,[92] a especialização da produção acadêmica sobre o tópico,[93] a criação de instituições[94] e

---

[89] Idem.

[90] CAMILO JÚNIOR, Ruy Pereira. *Direito Societário e regulação econômica*. Barueri: Manole, 2018. p. 52.

[91] No Reino Unido, a Environment Agency foi criada em 1990 para promover a gestão da área ambiental. Já a Food Standards Agency (FDA) foi criada em 2000 após o surto do mal da vaca louca (encefalopatia espongiforme bovina), que provocou a suspensão do consumo de carne bovina naquela jurisdição. Nos Estados Unidos, um amplo acordo bipartidário levou o Congresso a promover a revisão do Clean Air Act, especificamente para conter quatro ameaças ao meio ambiente e à saúde humana: chuva ácida, poluição do ar urbano, emissões atmosféricas tóxicas e destruição do ozônio estratosférico.

[92] No Reino Unido, cite-se: BETTER REGULATION COMMISSION (BRC). *Risk, Responsibility, Regulation*: Whose Risk is it Anyway? London: Cabinet Office, 2006. Disponível em: https://regulation.org.uk/library/2006_risk_responsbillity_regulation.pdf. Acesso em: 12 mar. 2022. Nos Estados Unidos, a Environmental Protection Agency (EPA) disponibiliza uma extensa relação de abordagens em matéria de análise de risco, gerenciamento de risco e comunicação de risco (Disponível em: https://www.epa.gov/risk; https://www.epa.gov/risk/risk-management; https://www.epa.gov/risk-communication. Acesso em: 14 mar. 2022).

[93] Há uma ampla literatura que aborda os mais variados aspectos da regulação de risco. Revistas de prestígio nesse campo de estudo são a *European Journal of Risk Regulation*, uma publicação interdisciplinar da Cambridge University Press (Disponível em: https://www.cambridge.org/core/journals/european-journal-of-risk-regulation. Acesso em: 11 maio 2023) e a *Risk Analysis*, publicada pela Wiley-Blackwell em nome da Society for Risk Analysis (Disponível em: https://onlinelibrary.wiley.com/journal/15396924. Acesso em: 11 maio 2023).

[94] Fundada em 28 de agosto de 1980, a Society for Risk Analysis (SRS) é uma sociedade internacional acadêmica, multidisciplinar e interdisciplinar voltada para o estudo de "avaliação de risco, caracterização de risco, comunicação de risco, gerenciamento de risco e política relacionada a risco, no contexto de riscos de preocupação para indivíduos, para organizações dos setores público e privado e para a sociedade nos níveis local, regional, nacional ou global" (Disponível em: https://www.sra.org/. Acesso em: 11 maio 2023).

departamentos universitários especializados[95] e o comissionamento de estudos científicos.[96]

No Brasil, a crescente influência do risco na relação entre o Estado e a sociedade pode ser identificada a partir da análise da evolução da ordem constitucional. Sem qualquer menção na Constituição da República Federativa do Brasil de 1967, a expressão risco é reproduzida sete vezes no texto da Constituição de 1988, impondo uma série de deveres ao Estado em temas que envolvem a proteção do trabalhador,[97] da saúde,[98] do meio ambiente ecologicamente equilibrado[99] e de grupos indígenas.[100]

---

[95] O Centre for Analysis of Risk and Regulation é um centro de pesquisa interdisciplinar da London School of Economics and Political Science que tem como foco as configurações institucionais e organizacionais voltadas para a gestão de riscos e práticas regulatórias (Disponível em: https://www.lse.ac.uk/accounting/carr. Acesso: em: 11 maio 2023). Nos Estados Unidos, o Duke Center on Risk in Science & Society também é uma iniciativa multidisciplinar que tem como objetivo "melhorar a capacidade da sociedade de analisar, antecipar, mitigar e se adaptar aos riscos" (Disponível em: https://scienceandsociety.duke.edu/research/center-on-risk/. Acesso em: 11 maio 2023).

[96] National Academies of Sciences, Engineering, and Medicine são instituições privadas sem fins lucrativos criadas nos Estados Unidos com a missão de "fornecer aconselhamento independente e confiável e facilitar soluções para desafios complexos, mobilizando experiência, prática e conhecimento em ciência, engenharia e medicina". Ser membro dessas instituições é considerado uma das mais altas honrarias concedidas a um cientista nos Estados Unidos. Muito do trabalho produzido por estas instituições é demandado por agências reguladoras e pelo Congresso. Braço operacional das instituições, o National Research Council expediu, nas últimas décadas, relatórios sobre fontes de risco e procedimentos de avaliação de risco, incluindo os influentes *Risk Assessment in the Federal Government: Managing the Process*, datado de 1983 (popularmente designado *Red Book*), e o *Understanding Risk: Informing Decisions in a Democratic Society* (Disponível em: https://www.nationalacademies.org/. Acesso em: 11 maio 2023). No Reino Unido, a Royal Society é uma instituição que tem como objetivo "promover e apoiar a excelência na ciência e encorajar o desenvolvimento e uso da ciência para o benefício da humanidade". Com sede em Londres, sua origem remonta ao ano de 1660 e atualmente congrega cerca de 1.600 proeminentes cientistas. Documento influente em matéria de regulação de risco é o *Risk: Analysis, Perception and Management*, publicado em 1992 (Disponível em: https://royalsociety.org/. Acesso em: 11 maio 2023).

[97] Conforme art. 7º, inc. XXII, da Constituição Federal de 1988, o Estado deve reduzir "os riscos inerentes ao trabalho, por meio de normas de saúde, higiene e segurança".

[98] Conforme art. 196 da Constituição Federal de 1988, o Estado deve promover políticas "que visem à redução do risco de doença e de outros agravos".

[99] Conforme art. 225, inc. V, da Constituição Federal de 1988, cabe ao poder público "controlar a produção, a comercialização e o emprego de técnicas, métodos e substâncias que comportem risco para a vida, a qualidade de vida e o meio ambiente". E no inc. VII consta a obrigação do poder público de "proteger a fauna e a flora, vedadas, na forma da lei, as práticas que coloquem em risco sua função ecológica, provoquem a extinção de espécies ou submetam os animais à crueldade".

[100] Conforme art. 231, §5º, da Constituição Federal de 1988, a remoção dos grupos indígenas de suas terras somente poderá ocorrer "em caso de catástrofe ou epidemia que ponha em risco sua população, ou no interesse da soberania do País, após deliberação do Congresso

De igual modo, o risco tem sido utilizado pelo legislador infraconstitucional para estipular deveres jurídicos, inclusive de índole regulatória. Por exemplo, a Lei nº 8.078, de 11 de setembro de 1990 (Código de Defesa do Consumidor), menciona 11 vezes a expressão risco, inclusive para estabelecer como direito básico do consumidor "a proteção da vida, saúde e segurança contra os riscos provocados por práticas no fornecimento de produtos e serviços considerados perigosos ou nocivos".[101] A Lei nº 12.608, de 10 de abril de 2012, que institui a Política Nacional de Proteção e Defesa Civil (PNPDEC) e dá outras providências, menciona 54 vezes a expressão risco, inclusive para estabelecer o conceito de "risco de desastre"[102] e para impor à União, aos estados, ao Distrito Federal e aos municípios o dever de "adotar as medidas necessárias à redução dos riscos de acidentes ou desastres".[103]

Mais recentemente, as leis passaram a estabelecer metodologias e *frameworks* específicos envolvendo o risco. Nesse sentido, a Lei nº 13.709, de 14 de agosto de 2018 (Lei Geral de Proteção de Dados Pessoais – LGPD), positivou a figura do relatório de impacto à proteção de dados pessoais, voltado para descrever "processos de tratamento de dados pessoais que podem gerar riscos às liberdades civis e aos direitos fundamentais, bem como medidas, salvaguardas e mecanismos de mitigação de risco",[104] autorizando a Autoridade Nacional de Proteção de Dados (ANPD) a determinar que o controlador elabore o referido relatório.[105] A Lei nº 14.133, de 1º de abril de 2021 (Lei de Licitações e Contratos), estabeleceu a previsão de matriz de alocação de riscos[106] e o gerenciamento de risco por meio de três diferentes linhas de defesa.[107]

No plano institucional, foi possível observar, a partir da promulgação da Constituição Federal de 1988, a criação de órgãos e agências reguladoras encarregadas de lidar com os riscos presentes

---

Nacional, garantido, em qualquer hipótese, o retorno imediato logo que cesse o risco".
[101] Art. 6º, inciso I, da Lei nº 8.078, de 11 de setembro de 1990.
[102] Conforme art. 1º, parágrafo único, inciso XIII, da Lei nº 12.608, de 10 de abril de 2012, risco de desastre é a "probabilidade de ocorrência de significativos danos sociais, econômicos, materiais ou ambientais decorrentes de evento adverso, de origem natural ou induzido pela ação humana, sobre ecossistemas e populações vulneráveis".
[103] Art. 2º da Lei nº 12.608, de 10 de abril de 2012.
[104] Art. 5º, inciso XVII, da Constituição Federal de 1988.
[105] O relatório de impacto à proteção de dados pessoais deverá conter, dentre outros aspectos, "a análise do controlador com relação a medidas, salvaguardas e mecanismos de mitigação de risco adotados", conforme art. 38 e parágrafo único da Lei Geral de Proteção de Dados Pessoais.
[106] Art. 103 da Lei nº 14.133, de 1º de abril de 2021.
[107] Art. 169 da Lei nº 14.133, de 1º de abril de 2021.

em diversos setores e atividades. Por exemplo, em 1989 foi criado o Instituto Brasileiro do Meio Ambiente e dos Recursos Naturais Renováveis (Ibama) para regular o campo da proteção ao meio ambiente;[108] em 1990 foi criado o Departamento Nacional de Defesa do Consumidor para regular o campo da proteção do consumidor;[109] em 1999 foi criada a Agência Nacional de Vigilância Sanitária (Anvisa) para regular o campo da vigilância sanitária;[110] e em 2000 foi criada a Agência Nacional de Saúde Suplementar (ANS) para regular o campo da saúde suplementar.[111]

A expansão e consolidação da regulação de risco no discurso acadêmico e político resultou em um processo de redefinição das responsabilidades dos atores econômicos, da sociedade civil e especialmente do Estado, apontado por David Moss como o gerenciador de risco de última instância (*ultimate risk manager*).[112] Esse novo papel do Estado como gerenciador de riscos leva Julia Black a afirmar que, após as eras do Estado Vigia Noturno ("Nightwatchman State"), do Estado de Bem-Estar Social ("Welfare State") e do Estado Regulatório ("Regulatory State"), vive-se hoje em um Estado de Risco ("Risk State"), ou Estado Regulatório de Risco ("Risk Regulatory State").[113]

No mesmo sentido, Elizabeth Fisher argumenta que as decisões da Administração Pública se caracterizam cada vez mais como um exercício de gestão de risco, o que leva os tomadores de decisão a utilizarem técnicas de avaliação e de gerenciamento de risco. Como consequência, observa-se uma disseminação dos chamados conceitos regulatórios de risco (*risk regulatory concepts*), cuja noção encobre, além da própria expressão risco, outras correlatas tais como análise de risco, gerenciamento de risco, princípio da precaução, comunicação de risco, incerteza, segurança e perigo. Segundo a autora, reformas regulatórias como a Better Regulation Commission (BRC), no Reino Unido e na União Europeia, também incorporam um racional voltado para o risco, o que torna os conceitos regulatórios de risco um recurso central na tomada de decisão no âmbito da Administração Pública.[114]

---

[108] Art. 2º da Lei nº 7.735, de 22 de fevereiro de 1989.
[109] Art. 106 da Lei nº 8.078, de 11 de setembro de 1990.
[110] Art. 3º da Lei nº 9.782, de 26 de janeiro de 1999.
[111] Art. 1º da Lei nº 9.961, de 28 de janeiro de 2000.
[112] MOSS, David A. *When All Else Fails*: Government as the Ultimate Risk Manager. Cambridge: Harvard University Press, 2002. p. 49.
[113] BLACK, *op. cit.*, nota 3, p. 302.
[114] FISHER, Elizabeth. Risk Regulatory Concepts and the Law. *In*: OECD. *Risk and Regulatory Policy*: Improving the Governance of Risk. OECD Publishing, Paris, 2010. p. 46. Disponível em: https://doi.org/10.1787/9789264082939-6-en. Acesso em: 11 maio 2023.

Ao consubstanciar o próprio objeto da intervenção estatal, o risco produz um aumento da complexidade do estudo e da prática da regulação. Isso ocorre, especialmente, por causa do caráter contestado da noção de risco: não há um consenso sobre o que significa risco e cada noção gera relevantes consequências, práticas e teóricas, sobre como o Estado deve analisar e gerenciar o risco, o que, por sua vez, resulta em diferentes modos de legitimação do regime regulatório de risco, um tema de significativa relevância para sociedades democráticas.[115]

Para viabilizar a construção de soluções rigorosamente fundamentadas, voltadas para endereçar os novos tipos de problema que o risco produz na esfera regulatória, a literatura e os governos recorrem a métodos e teorias que vão além das categorias tradicionalmente abordadas na regulação. O contínuo aprofundamento do conhecimento teórico e prático sobre essa função estatal resulta na especialização da regulação de risco como um novo campo de estudos e de atuação governamental, ao lado da regulação econômica e social. O risco, assim, deixa de ser estudado como um mero aspecto da regulação social[116] para inaugurar um novo tipo de regulação.

2.3 Quem regula o risco?

Os riscos se tornaram uma realidade pervasiva nas sociedades contemporâneas, levantando discussões persistentes sobre quem deve ser responsável por analisá-los e gerenciá-los – isto é, se o Estado ou os indivíduos e os mercados. David Garland fornece um retrato desse cenário:

> Os governos deveriam ser responsáveis pela segurança dos seus cidadãos e pela gestão dos riscos que os afetam regularmente? Os indivíduos deveriam gerir os seus próprios riscos sempre que possível, baseando-se em seguros privados, na lei de responsabilidade civil e na simples prudência? E as corporações? Elas deveriam ser legalmente obrigadas a garantir a segurança dos seus funcionários, clientes e partes interessadas? Ou será o mercado um mecanismo adequado para proporcionar os níveis de segurança e qualidade que os consumidores preferem? Se for necessária a regulação governamental, que tipo de

---

[115] O tema é objeto do Capítulo 3, infra.
[116] Em sua tradicional obra, William Viscusi, Joseph Harrington e John Vernon desenvolvem uma ampla abordagem sobre o risco no contexto da chamada regulação social (VISCUSI; HARRINGTON JUNIOR; VERNON, *op. cit.*, nota 82, p. 358 e ss.).

regime regulatório é mais apropriado? Essas questões enquadram muitos dos problemas políticos e legais, que vão desde política ambiental e controle de poluição até legislação trabalhista e benefícios do Estado de Bem-Estar Social.[117]

Garland afirma que, na prática, o que ocorre é a repartição dos riscos entre indivíduos, empresas e agências governamentais, sendo que as variações que ocorrem de sociedade para sociedade são um reflexo de sua estrutura econômica e política. Enquanto nas sociedades de bem-estar o Estado tende a desempenhar um papel mais robusto como gerenciador de riscos, inclusive atuando como um segurador de última instância para perdas que, de outra forma, não seriam compensadas, nas sociedades mais orientadas para o mercado, os indivíduos costumam desempenhar um papel mais relevante no gerenciamento de risco, "confiando em seguros privados ou em litígios privados para compensarem as perdas causadas pelas ações de outros indivíduos".[118]

Julia Black aponta a existência de um processo de individualização do risco. Segundo a autora, foi possível observar uma transição nos sistemas de segurança financeira ao longo do século XX. Em um primeiro momento, esses sistemas foram socializados, mas depois, à medida que os sistemas de apoio financeiro (mantidos pelo Estado ou por empresas) eram minimizados, observou-se um processo gradativo de individualização do risco. Citando Pat O'Malley, a autora afirma que "a expectativa de que as pessoas garantam o seu próprio bem-estar financeiro através de poupanças, investimentos e seguros foi descrita como o "novo prudencialismo".[119]

Black argumenta que esse processo de individualização de risco não se limita ao campo financeiro. Mirando a realidade do Reino Unido, a autora afirma que o documento *Risk, Regulation and Responsibility: Whose Risk is it Anyway?*, produzido em 2006 pela Better Regulation, destaca que o risco e a regulação haviam se tornado um emaranhado (*tangled*), "de modo que qualquer risco emergente ou saliente era visto como exigindo uma resposta regulatória".[120] Nesse contexto, o documento afirma que o Estado deveria resistir aos apelos por mais regulação, procurando atribuir a responsabilidade pelo gerenciamento

---

[117] GARLAND, *op. cit.*, nota 20, p. 59, tradução nossa.
[118] *Ibidem*, p. 59-60, tradução nossa.
[119] BLACK, *op. cit.*, nota 3, p. 307, tradução nossa.
[120] *Ibidem*, p. 308, tradução nossa.

do risco aos indivíduos ou à sociedade civil quando eles tiverem o conhecimento necessário para analisar o risco, o considerarem aceitável e levarem em conta os custos da mitigação. O documento ainda afirma que o Estado deve enfatizar a importância da resiliência, da autossuficiência, da liberdade, da inovação e do espírito de aventura, e que a regulação deve ser dirigida àqueles que estão em uma situação de risco mais elevada, atender ao requisito do custo-efetividade e levar em consideração os custos de oportunidade do gerenciamento do risco.[121]

No Brasil, também parece estar em curso um processo de individualização do risco. Exemplo disso é a Lei nº 13.874, de 20 de setembro de 2019 (a chamada "Lei da Liberdade Econômica"), que adota, em certa medida, alguns dos preceitos da individualização do risco mencionados por Julia Black. Por exemplo, ao conferir a toda pessoa o direito de desenvolver atividade econômica de baixo risco em propriedade privada, com a dispensa de quaisquer atos públicos de liberação da atividade econômica,[122] pode-se dizer que a lei procura reduzir apelos à intervenção do Estado para todo e qualquer risco, ao mesmo tempo que atribui a responsabilidade pelo gerenciamento desse tipo de risco (baixo risco) à própria pessoa que desenvolve a atividade econômica e aos indivíduos que com ela interagem. De igual modo, ao conferir a toda pessoa o direito de desenvolver, executar, operar ou comercializar novas modalidades de produtos e de serviços quando as normas infralegais se tornarem desatualizadas por força de desenvolvimento tecnológico consolidado internacionalmente,[123] a lei enfatiza a importância da liberdade, da inovação e do espírito de aventura.

2.4 Caracterização da regulação de risco

Afirmou-se anteriormente que o risco gera novas camadas de complexidade ao estudo e à prática da regulação. Mas o que exatamente o risco traz de novo para a regulação? Quais são os novos desafios teóricos e práticos que a presença do risco oferece à regulação? Ao traçar um panorama mais amplo sobre a regulação de risco – um tema que não costuma ser abordado pela doutrina brasileira –,[124] torna-se possível

---

[121] *Idem.*
[122] Art. 3º, inc. I, da Lei nº 13.874, de 20 de setembro de 2019.
[123] Art. 3º, inc. VI, da Lei nº 13.874, de 20 de setembro de 2019.
[124] A partir da década de 1990, com o início da adoção do modelo de agências reguladoras no

demonstrar, em diferentes dimensões, as camadas de complexidade que o risco traz para a regulação. Para tanto, recorre-se à literatura produzida especialmente nos Estados Unidos e no Reino Unido, onde é possível encontrar as obras mais influentes desse campo de estudos.

2.4.1 Conceito de regulação de risco

Inicia-se a explanação com o oferecimento de um conceito útil de regulação de risco, o que se mostra relevante não só porque há uma escassez de conceitos de regulação na doutrina especializada –[125] evidenciando a utilidade na tentativa de suprir essa lacuna –, mas também porque viabiliza o oferecimento de uma caracterização mais ampla da regulação de risco a partir da decomposição dos diferentes elementos que integram o conceito adotado nesta pesquisa.

O conceito de regulação de risco ora proposto se baseia em duas definições bastante disseminadas. Para Christopher Hood, regulação de risco é a "interferência governamental no mercado ou nos processos sociais para controlar as consequências adversas à saúde".[126] Apesar de lacônica, essa definição oferece importantes perspectivas para a pesquisa, especialmente porque ressalta o protagonismo do Estado na regulação (interferência governamental) e enfatiza que o objetivo maior a ser perseguido é o controle de consequências adversas (no caso da definição de Hood, à saúde).

---

país, a doutrina brasileira passou a produzir um significativo corpo de análises voltadas para abordar variados aspectos da regulação desenvolvida no Brasil. Não obstante o elevado grau de profundidade dessas análises, que gerou uma verdadeira elite de autores e autoras especializados(as) no tema da regulação, não se identificam abordagens que tratem especificamente do tema da regulação de risco.

[125] De acordo com Christel Koop e Martin Lodge, há pouca preocupação na literatura com a formulação de um conceito claramente definido de regulação. Após analisarem 109 artigos acadêmicos desenvolvidos entre os anos de 1970 e 2014 nos campos de negócios, economia, Direito, ciência política, Administração Pública e sociologia envolvendo o tema da regulação, os autores constataram que (i) há uma escassez de definição explícita de regulação; (ii) o alcance do conceito é vasto, diante de um alto nível de abstração da definição; (iii) há um entendimento compartilhado de que a regulação é uma intervenção intencional realizada sobre as atividades desenvolvidas por uma determinada população; (iv) a variação nas preocupações de cada pesquisa dificilmente será atribuída a diferenças disciplinares (KOOP, Christel; LODGE, Martin. What is regulation? An interdisciplinary concept analysis. *Regulation; Governance*, [S. l.], v. 11, p. 95-108, 2017. Disponível em: https://doi.org/10.1111/rego.12094. Acesso em: 24 maio 2023).

[126] HOOD, Christopher; ROTHSTEIN, Henry and BALDWIN, Robert. *The Government of Risk*: Understanding Risk Regulation Regimes. Oxford: Oxford Academic, 2003. p. 3, tradução nossa. Disponível em: https://doi.org/10.1093/0199243638.001.0001. Acesso em: 24 maio 2023.

Também importante para a construção do conceito é a noção processualizada de regulação apresentada por Julia Black. Para a autora, regulação "é um processo que envolve a tentativa focada e sustentada de alterar o comportamento dos outros, de acordo com critérios ou padrões definidos, com a intenção de produzir um resultado ou resultados amplamente identificados".[127]

Assim, é possível conceituar regulação de risco nos seguintes termos: regulação de risco é o processo desenvolvido sob a autoridade governamental que, de maneira focada e sustentada, identifica, seleciona, mensura, gerencia e comunica ao público os perigos à saúde, à segurança e ao meio ambiente, seja por meio da definição e aplicação de padrões comportamentais, de produtos ou de serviços, seja estabelecendo objetivos mais amplos, sempre de acordo com critérios definidos, com o objetivo de prevenir perdas, reduzir danos e assegurar compensações.

A definição de risco aqui adotada compreende alguns aspectos que merecem especial destaque. Primeiramente, opta-se por associar o risco à noção de perigo, na linha sugerida por Deborah Lupton, denotando situações potencialmente geradoras de resultados negativos ou indesejáveis, o que tem a utilidade de encobrir tanto a noção de risco quanto a de incerteza.[128]

Em segundo lugar, enfatiza-se o Estado como fonte da autoridade regulatória, mas sem desconsiderar os relevantes papeis que agentes não estatais podem desempenhar no processo regulatório. Dito de outro modo, embora reconheça o caráter descentralizado da regulação e o importante papel exercido pela autorregulação dos mercados,[129] a pesquisa ora desenvolvida tem como foco a regulação exercida pelo Estado, especialmente por meio das agências reguladoras, e por isso a conceituação aqui fornecida ressalta o papel da autoridade governamental.

Em terceiro lugar, a definição delimita como objeto da pesquisa a regulação do risco à saúde, à segurança[130] e ao meio ambiente, pois

---

[127] BLACK, Julia. *Critical reflections on Regulation*. London: London School of Economics and Political Science, 2002. p. 26, tradução nossa.
[128] Conforme tópico 2.1.1, supra.
[129] BLACK, *op. cit.*, nota 8.
[130] Importante ressaltar que a expressão segurança é tomada aqui no sentido de evitar acidentes à pessoa (*safety*), e não no sentido de prevenção de crime (*security*), que se insere no âmbito da Justiça Criminal.

é justamente nos processos administrativos desenvolvidos nesses domínios que a ciência exerce um papel bastante acentuado.[131]

Em quarto e último lugar, o conceito põe em evidência alguns dos objetivos principais da regulação de risco, tais como a prevenção de perdas, a redução de danos e a garantia de compensações eficientes. Esses objetivos podem ser analisados em uma perspectiva sequencial. Risco está associado à noção de perigo, que pode produzir resultados socialmente indesejados. É por isso que a regulação de risco almeja, em uma primeira perspectiva, evitar a própria materialização do risco (prevenção de perdas). Materializado o evento, torna-se necessária a adoção de providências voltadas para reduzir o impacto de suas consequências negativas (redução de danos). Finalmente, é essencial assegurar que as pessoas e instituições que suportam as consequências negativas do evento possam recompor o seu patrimônio (garantia de compensações eficientes).

2.4.2 Risco como objeto da regulação

O sentido mais evidente da noção de regulação de risco está relacionado à circunstância de que o risco consubstancia o próprio objeto da intervenção estatal. Nesse sentido, Elizabeth Fisher argumenta que grande parte da atividade regulatória tem sido definida ou redefinida em termos de risco. A regulação ambiental, a regulação de saúde pública e a regulação financeira passaram a ser vistas como regulação de riscos ambientais, regulação de riscos da saúde pública e regulação de riscos do mercado, respectivamente. Segundo Fisher, essa transformação pode ocorrer por meio de novas leis, evolução jurisprudencial, debate acadêmico ou por meio de reformas regulatórias, tais como a Better Regulation, no Reino Unido e na União Europeia, e o regime do Office of Management and Budget (OMB), nos Estados Unidos.[132]

Regular riscos proporciona uma nova dinâmica para a atividade do regulador, que precisa, em primeiro lugar, identificar um risco para, em seguida, empregar uma série de metodologias analíticas voltadas para analisar e gerenciar o risco. Fisher afirma que toda

---

[131] Ficam excluídas do escopo da pesquisa outras áreas em que o risco é igualmente objeto de regulação, a exemplo da regulação financeira. Não obstante, os estudiosos desse e de outros campos sujeitos à regulação de risco podem encontrar nesta pesquisa contribuições potencialmente úteis para o desenvolvimento de análises críticas.

[132] FISHER, *op. cit.*, nota 114, p. 51.

essa transformação, além de tornar os objetivos dos tomadores de decisão mais específicos do que no passado (por exemplo, o regulador ambiental, em vez de simplesmente proteger o meio ambiente, agora atua para reduzir os riscos ambientais e de saúde), detém o potencial de restringir a sua discricionariedade na medida em que eles passam a ter que justificar a sua decisão com base em uma avaliação de risco ou em uma estratégia de gerenciamento de risco, as quais acabam por fixar, de maneira mais clara, os limites sobre o que ele pode e não pode fazer.[133]

Julia Black reconhece que, especialmente a partir da década de 1990, houve uma significativa expansão da regulação em nome do risco.[134] Mas a autora argumenta que nem toda regulação é descrita como sendo sobre risco,[135] a exemplo dos reguladores de água, ferrovias e telecomunicações, que não são vistos como reguladores de risco, mas sim econômicos, atuando para corrigir falhas de mercado. Black pondera que tanto o risco quanto a economia fornecem uma forte narrativa regulatória e ambos possuem conceitos fluidos, de modo que um domínio utiliza a lógica do outro quando isso se mostra necessário à operacionalização de suas competências.[136] Na condição de objeto da regulação, o risco poderia "subsumir a economia se o objeto da regulação for visto como risco de mercado e o propósito da regulação for simplesmente enquadrado em termos de gerenciamento do risco de falha de mercado".[137] Por outro lado, podem-se traduzir muitas das responsabilidades de reguladores de risco para a linguagem da economia. Por exemplo, a poluição "não é apenas um risco para o meio ambiente, mas um exemplo clássico de externalidade negativa".[138]

---

[133] *Idem.*

[134] "O risco como objeto de regulação não é, portanto, particularmente novo, mas é surpreendente que o leque de atividades reguladas em nome do risco tenha se expandido significativamente, principalmente durante a década de 1990. (...) Certamente houve um maior foco na regulação de riscos na década de 1990, que continuou na década seguinte" (BLACK, *op. cit.*, nota 3, p. 304, tradução nossa).

[135] "Nem toda regulação é sobre risco, nem toda regulação é sobre economia, e nem toda regulação é sobre qualquer uma dessas coisas, mas é sobre questões éticas, ou direitos, para citar apenas dois" (*Ibidem*, p. 306, tradução nossa).

[136] "A Food Standards Agency pode ser um 'regulador de risco', mas as razões econômicas são reintroduzidas no nível operacional em suas determinações de por que deve regular, e cálculos econômicos de risco-benefício são usados para decidir como deve avaliar e responder ao risco" (*Ibidem*, p. 307, tradução nossa).

[137] *Ibidem*, p. 306, tradução nossa.

[138] Outro exemplo dado pela autora é a segurança dos alimentos, um tema tratado à luz da regulação de risco à saúde, mas que também é "um exemplo de externalidades negativas, assimetrias de informação e problemas principal/agente" (*Idem*).

2.4.3 Risco como justificativa da regulação

Além de consubstanciar o próprio objeto da regulação, o risco está sendo utilizado para justificar a intervenção estatal. De acordo com Julia Black, ao se tornar o alvo da regulação, o risco estabelece os limites de uma intervenção estatal legítima: se o papel do Estado na atualidade é o de gerenciar riscos, a sua intervenção na sociedade para cumprir esse objetivo restaria plenamente justificada.[139] Mas isso gera um problema para a regulação, pois o risco não proporciona uma base estável para justificar a ação regulatória, ao contrário do que ocorre na regulação econômica, em que já se desenvolveu um entendimento relativamente consolidado sobre o que são falhas de mercado e como elas devem ser corrigidas:

> A regulação é vista como uma questão de "prescrição de remédio-diagnóstico do problema", onde o remédio proposto se ajusta à doença. Se houver monopólios, o remédio é a liberalização e a concorrência e, na falta disso, o controle de preços e as obrigações de serviço. Para assimetrias de informação, a prescrição é a divulgação de informações. Para problemas de principal/agente, a resposta é o monitoramento regulatório do comportamento do principal acrescido de divulgação. Para externalidades negativas, é internalização de custos e minimização de impactos.[140]

O risco, por sua vez, acrescenta complexidades ao estudo do papel do Estado como regulador difíceis de serem equacionadas. Não há um entendimento amplamente adotado sobre o que é um risco (objeto da regulação), e essa é uma questão fundamental para sociedades democráticas, pois cada conceituação de risco enseja uma forma peculiar de legitimação da intervenção do Estado. Enquanto nas abordagens técnicas do risco (que confiam no trabalho dos peritos e na precisão de suas metodologias científicas) a legitimidade é assegurada por meio da *expertise* técnica, nas abordagens que levam em consideração a percepção do público, a legitimidade só restará assegurada mediante formas de participação social.[141]

Além disso, Black ressalta que existem diferentes entendimentos sobre questões fundamentais: quais riscos devem ser assumidos pelo

---

[139] *Ibidem*, p. 306.
[140] *Ibidem*, p. 307-308, tradução nossa.
[141] Esse tema será amplamente debatido no Capítulo 3.

Estado? Quais riscos devem ser assumidos pela comunidade, empresas privadas e indivíduos em geral? Como o Estado deve responder aos riscos? Novamente, aqui, o risco aumenta a complexidade da regulação em comparação com o contexto da regulação econômica, em que os economistas podem extrair da economia neoliberal um projeto de mercado eficiente (definindo, assim, o objeto da regulação) e usar seus modelos para identificar deficiências e definir como elas serão tratadas (definindo, assim, a justificativa para regulação).[142]

2.4.4 Análise e gerenciamento de risco: processo linear de duas etapas

Ressaltou-se que a atividade do Estado consiste em identificar, selecionar, mensurar, controlar e comunicar ao público os perigos à saúde, à segurança e ao meio ambiente. Tal atividade se desenvolve, tradicionalmente, por meio de uma metodologia bastante característica, consubstanciada em um processo linear de duas etapas, que encarta uma rígida separação entre ciência e política: a primeira etapa, denominada análise de risco, possui uma conotação científica e confia no papel exercido pelos cientistas e pelos especialistas da burocracia estatal, tendo como objetivo identificar e mensurar os riscos associados a certas atividades, produtos ou substâncias. Já a segunda etapa, denominada gerenciamento de risco, compreende um processo de tomada de decisão que exige um juízo de valor sobre variadas questões que vão além do escopo da ciência. Aqui o regulador sopesa, além dos achados científicos, aspectos políticos, éticos, sociais e econômicos.

Analisando criticamente o tema, Elizabeth Fisher discorre sobre a evolução histórica desse processo bifásico. Nos Estados Unidos, o National Research Council publicou em 1983 o estudo *Risk Assessment in the Federal Government: Managing the Process*, popularmente chamado de *Red Book*, que descreve a regulação de risco como sendo um processo dividido em duas etapas: na primeira realiza-se a avaliação científica de risco; na segunda, a gestão política do risco. Mas em publicações posteriores, o mesmo National Research Council passou a adotar um entendimento menos rígido, reconhecendo a importância do contexto e até o componente deliberativo da análise de risco. Segundo Fisher,

---

[142] BLACK, *op. cit.*, nota 3, p. 308.

uma evolução similar tem sido observada no Reino Unido, por meio de estudos publicados pela Royal Society.[143] Fisher destaca existirem alguns motivos que justificam a predominância, até os dias de hoje, do modelo que separa rigidamente a análise do gerenciamento de risco: o modelo acabou sendo consagrado em estruturas legais, na doutrina e prática regulatória; ao separar ciência e política, o modelo parece simplificar os desafios interdisciplinares existentes no campo da regulação de risco; o modelo possui importância administrativa e sociopolítica ao sugerir que os reguladores, ao desempenharem uma função de regulação de risco, estão seguindo à risca o mandato legislativo, o que facilita o controle de suas atividades; e finalmente, a divisão entre análise e gerenciamento de risco transmite a impressão de neutralidade e de que poderia operar em qualquer contexto, respeitando, assim, os problemas de diferenças legais, culturais e regulatórias entre diferentes jurisdições, algo sensível em uma era de globalização regulatória.[144]

2.4.4.1 Ciência utilizada para fins regulatórios (ciência regulatória)

A noção de um processo linear de regulação de risco, consubstanciado nas etapas sequenciais de análise e gerenciamento de risco, ressalta a importância do emprego da ciência para o sucesso de qualquer regime regulatório de risco. Cary Coglianese e Gary E. Marchant observam que, por conta do seu caráter objetivo e dos amplos avanços científicos e tecnológicos alcançados nos últimos tempos, a ciência possui um considerável apelo retórico na tomada de decisão regulatória, sendo vista pelo público como altamente confiável, se não infalível, o que gera uma contínua demanda pelo uso da ciência sólida.[145] Os cientistas, nesse contexto, desempenham um papel de

---

[143] FISHER, *op. cit.*, nota 87, p. 127.
[144] *Ibidem*, p. 128-130. A racionalidade subjacente à rígida separação entre a análise e o gerenciamento de risco é objeto de disputa na literatura e a pesquisa ora desenvolvida se insere justamente nessa zona de controvérsias. No Capítulo 3, retorna-se ao tema para aprofundar a análise sobre diferentes modelos propostos pela doutrina. Por ora, a menção a essa metodologia tradicional atende ao propósito analítico de facilitar uma visão mais abrangente sobre o tema da regulação de risco, algo necessário nesta etapa da pesquisa, em que se busca oferecer uma descrição voltada para caracterizar a regulação de risco.
[145] COGLIANESE, Carry; MARCHANT, Gary E. Shifting Sands: The limits of science in setting risk standards. *Faculty Scholarship at Penn Law*, [S. l.], n. 979, p. 1264, 2004. Disponível em: https://scholarship.law.upenn.edu/faculty_scholarship/979. Acesso em: 11 jul. 2023.

fundamental importância, sendo cada vez mais "chamados a satisfazer as necessidades dos reguladores com métodos fiáveis de detecção, medição e representação dos riscos para a saúde humana e para o meio ambiente".[146] A ciência, assim, desempenha um papel de crescente importância para o sucesso da atividade regulatória.

Mas qual é a ciência empregada na esfera regulatória? Sheila Jasanoff diferencia a ciência regulatória – tipo de ciência utilizado para fins regulatórios – da ciência de pesquisa. Segundo a autora, a diferença se dá especialmente em relação ao contexto, sendo também possível observar distinção em relação ao conteúdo.

Quanto ao conteúdo, Jasanoff ressalta que os respectivos produtos são significativamente diferentes:

> Enquanto a ciência de pesquisa confere maior valor aos artigos publicados, certificados por partes como verdadeiros, originais e significativos, a ciência conduzida para a política raramente é inovadora e pode jamais ser submetida à disciplina de revisão e publicação por pares.[147]

Ainda quanto ao conteúdo, Jasanoff também ressalta o (controverso) caráter preditivo da ciência regulatória, que é a "atividade que exige que o tomador de decisão determina o quão sério ou significativo um risco é criado por uma tecnologia regulada". A atividade de predição, contudo, é permeada de incerteza e discricionariedade, o que leva alguns a argumentarem que a base científica da decisão regulatória "deve ser validada de acordo com padrões 'menos exigentes' daqueles aplicáveis à 'ciência comum'".[148]

Já com relação ao contexto, Jasanoff salienta que os cientistas que trabalham em cenários puros de pesquisa normalmente possuem tempo suficiente para testar suas hipóteses. Por outro lado, as agências reguladoras prestam contas a uma série de atores sociais, tais como o Congresso, o Judiciário, a mídia e o grande público, cujas demandas podem impactar o trabalho técnico que desenvolvem. Com efeito, os reguladores podem sofrer pressão para acelerarem os seus estudos a fim de oferecerem respostas para riscos iminentes, caso em que os cientistas envolvidos com a produção da ciência regulatória se sujeitarão

---

[146] JASANOFF, op. cit., nota 11, p. 135, tradução nossa.
[147] JASANOFF, Sheila. *The Fifth Branch*: Science Advisers as Policymakers. Cambridge: Harvard University Press, 1990. p. 77, tradução nossa.
[148] *Idem*.

a uma grande pressão para fornecerem resultados mais rapidamente. Para eles, esperar por mais dados para aprofundar os estudos muitas vezes não é factível, pois isso pode ser interpretado como uma decisão de não agir.[149]

Outra importante diferença é que, na pesquisa acadêmica, os pesquisadores trabalham com base em certos paradigmas científicos que decorrem de entendimentos relativamente bem-negociados sobre o que exatamente constitui uma metodologia adequada de pesquisa. Já a ciência regulatória normalmente é produzida às margens do conhecimento científico existente, em que não há critérios impessoais e específicos para o julgamento dos achados científicos: "Ao contrário, as diretrizes para validar a ciência no contexto regulatório tendem a ser fluidas, controversas e indiscutivelmente mais politicamente motivadas do que aquelas aplicadas à pesquisa universitária".[150]

2.4.4.2 *Expertise* regulatória

A noção de ciência regulatória remete à noção de *expertise*. Maria Weimer e Aniiek de Ruijter invocam a doutrina de Frank Fischer para definirem *expertise* como "uma fonte amplamente reconhecida de conhecimento, habilidade ou técnica confiável que recebe *status* e autoridade pelos pares de uma pessoa que a detém e aceita por membros do público em geral".[151] Já a *expertise* regulatória, segundo as autoras, seria um tipo particular de *expertise*, em que o conhecimento especializado, por vezes científico, é empregado para fins regulatórios. Trata-se, segundo elas, de um tipo especial de autoridade epistêmica:

> Reivindicações de autoridade epistêmica são levantadas em virtude, por um lado, de possuir conhecimento especializado (ou seja, *expertise*) que é diferente de outras formas de conhecimento mais comumente compartilhadas e, por outro, ser uma fonte confiável de informação (ou seja, possuir credibilidade). *Expertise* relevante para políticas, no entanto, se destaca de outros tipos de autoridades epistêmicas (por exemplo, ciência de pesquisa, comunidades epistêmicas, organizações não governamentais – ONGs) na medida em que recebe autoridade de

---

[149] *Ibidem*, p. 78.
[150] *Ibidem*, p. 78-79, tradução nossa.
[151] WEIMER, Maria; DE RUIJTER, Anniek. Regulating *Risks in the European Union*: The Co-Production of Expert and Executive Power. Oxford: Hart Publishing, 2017. p. 5, tradução nossa. Disponível em: http://dx.doi.org/10.5040/9781509912650.ch-001. Acesso em: 4 out. 2022.

instituições políticas. Dessa forma, ganha autoridade política à medida que suas interpretações e avaliações factuais são validadas por decisões políticas.[152]

Sheila Jasanoff chama a atenção para a evolução do conceito da *expertise* na regulação de risco. Quando as agências reguladoras surgiram nos Estados Unidos, a *expertise* era associada à ideia de apuração de fatos (*fact-finding*). Com efeito, os amplos mandatos que as agências recebiam do Legislativo eram voltados para lidar com fatos específicos. Assim, para cumprir sua missão, "as agências tinham que determinar quais eram os fatos em casos individuais".[153] Isso, contudo, começou a mudar a partir de 1970, quando as agências passaram a assumir

> responsabilidades técnicas que eram muito complexas para serem subsumidas sob o título de apuração de fatos. Os novos estatutos regulatórios exigiam que as agências implementadoras assumissem uma variedade caleidoscópica de deveres científicos: realizar e patrocinar pesquisas básicas, conduzir inspeções e auditorias, desenvolver metodologias analíticas e meta-analíticas e realizar análises de risco. Grandes modificações tiveram que ser feitas na estrutura do estabelecimento federal de pesquisa e nos processos da agência para obter e avaliar informações científicas a fim de acomodar essas responsabilidades crescentes.[154]

A necessidade de produzir e analisar informações técnicas, inclusive para identificar vieses e omissões nos dados obtidos de fontes não oficiais, resultou no fortalecimento e consolidação da capacidade científica do Estado Regulador, com a proliferação e reorganização das atividades e programas oficiais de pesquisa e a remodelagem do perfil da burocracia norte-americana, incluindo a criação de centros e laboratórios oficiais.[155] Nesse sentido, Jasanoff destaca o papel de liderança que a Food and Drug Administration (FDA) tem desempenhado "na formulação da política científica federal em uma variedade de questões controversas, como avaliação de risco, boas práticas de laboratório e uso de comitês consultivos".[156]

---

[152] *Ibidem*, tradução nossa.
[153] JASANOFF, *op. cit.*, nota 147, p. 40, tradução nossa.
[154] *Ibidem*, p. 40-41, tradução nossa.
[155] *Ibidem*, p. 41; 43.
[156] *Ibidem*, p. 45, tradução nossa.

Apesar de todo esse avanço, a análise de risco continua oferecendo um significativo desafio para reguladores, pois são raras as situações em que os riscos podem ser estabelecidos sem margem para dúvidas. Decorre daí que "a ação regulatória ainda procede, em sua maior parte, com base em evidências indiretas e incertas".[157] Para preencher as lacunas científicas, o Congresso assegura um juízo discricionário às agências, que "não apenas desfrutam de maior liberdade para decidir se existe um risco regulável, mas também podem recorrer a evidências não científicas ao tomar essa decisão".[158] Nesse contexto, o especialista precisa ter, além do domínio de uma determinada área do conhecimento, "a capacidade de dimensionar corpos heterogêneos de conhecimento e de oferecer opiniões equilibradas, baseadas em entendimentos menos do que perfeito, sobre questões que não estão dentro da competência disciplinar precisa de ninguém".[159]

Toda essa transformação sinaliza que a noção de *expertise* regulatória deixou de estar associada apenas a uma ideia de apuração de fatos (*fact-finding*) e ao profundo domínio sobre uma área do conhecimento para se referir à capacidade do especialista e, consequentemente, da agência reguladora de efetuar julgamentos em face da incerteza em prol do interesse público.[160]

A mudança da noção de conhecimento para a de julgamento produz profundas consequências para sociedades democráticas como a brasileira, consequências essas que compõem o cerne desta pesquisa. Se antes os cientistas e especialistas de agências reguladoras buscavam espelhar a verdade a partir de uma atividade considerada objetiva, atualmente eles são chamados a oferecer opinião sobre questões contestadas e indeterminadas, que exigem a realização de juízos de valor que normalmente incorporam fatores subjetivos dos próprios cientistas e especialistas, como vieses de gênero, cultura ou nacionalidade, o que torna bastante problemático o ideal de uma ciência regulatória neutra.

---

[157] *Ibidem*, p. 42, tradução nossa.
[158] *Ibidem*, p. 43, tradução nossa.
[159] JASANOFF, Sheila. Judgment under siege: The three-body problem of expert legitimacy. In: MAASEN, Sabine; WEINGART, Peter (ed.). *Democratization of Expertise?* Exploring Novel Forms of Scientific Advice in Political Decision-Making. Berlin: Springer, 2005. p. 211, tradução nossa.
[160] Segundo afirma Sheila Jasanoff, "o julgamento em face da incerteza e a capacidade de exercer esse julgamento no interesse público são as principais qualificações buscadas hoje por especialistas solicitados a informar a formulação de políticas" (*Idem*).

2.4.4.3 Técnicas decisórias de gerenciamento de risco

Passando para a etapa de gerenciamento de risco, viu-se no tópico 2.4.3 que o risco não oferece uma base estável para justificar a ação regulatória. Nesse contexto, os reguladores e formuladores de políticas valem-se de técnicas de decisão peculiares na tentativa de estabilizar as decisões que envolvem o risco. Segundo Robert Baldwin, Martin Cave e Martin Lodge, um dos desafios que envolvem a regulação de riscos sociais consiste em definir se a abordagem regulatória deve priorizar a antecipação ou a resiliência.[161] Quando se cogita em abordagens *ex ante*, o foco recai na identificação e minimização da produção de riscos.[162] Nesse caso, o princípio da precaução tem sido invocado por reguladores e formuladores de políticas na tomada de decisão envolvendo a proteção do meio ambiente, da saúde e das pessoas e até em discussões travadas na Organização Mundial de Comércio (OMC).[163] Esse princípio passou a ser largamente discutido ao longo das últimas décadas, notadamente após a sua proclamação na Declaração do Rio.[164]

Apesar de a noção *melhor prevenir do que remediar* oferecer uma forte narrativa contra incertezas que podem gerar resultados prejudiciais, o princípio da precaução é objeto de uma série de críticas e em muitos cenários a sua invocação não será suficiente para oferecer uma base estável capaz de justificar a resposta regulatória.[165] Um dos

---

[161] "A fase em que a intervenção deve ocorrer é, portanto, uma questão central. O gerenciamento de riscos pode envolver a adoção de estratégias para minimizar a produção de riscos ou pode estar preocupado em mitigar os efeitos adversos dos perigos através da implementação de medidas como procedimentos de alerta, mecanismos de segurança e planos de contingência" (BALDWIN; CAVE; LODGE, *op. cit.*, nota 40, p. 94, tradução nossa).

[162] *Idem*.

[163] Artigo 5.7 do "WTO Agreement on the Application of Sanitary and Phytosanitary Measures (SPS Agreement)" (Disponível em: https://www.wto.org/english/tratop_e/sps_e/spsagr_e.htm. Acesso em: 6 nov. 2021). Ver, a respeito: MAJONE, Giadomenico. What Price Safety: The precautionary principle and its policy implications. *Journal of Common Market Studies*, [S. l.], v. 40, n. 1, p. 89-110, 2002. Disponível em: https://onlinelibrary.wiley.com/doi/10.1111/1468-5965.00345. Acesso em: 8 nov. 2021.

[164] O Princípio nº 15 da Conferência das Nações Unidas sobre Meio Ambiente e Desenvolvimento, realizada no Rio de Janeiro em 1992, diz o seguinte: "De modo a proteger o meio ambiente, o princípio da precaução deve ser amplamente observado pelos Estados, de acordo com as suas capacidades. Quando houver ameaça de danos sérios ou irreversíveis, a ausência de absoluta certeza científica não deve ser utilizada como razão para postergar medidas eficazes e economicamente viáveis para prevenir a degradação ambiental" (Disponível em: https://brasil.un.org/pt-br/91223-onu-e-o-meio-ambiente. Acesso em: 22 out. 2021).

[165] Dentre as críticas que a literatura direciona ao princípio da precaução, podem-se citar: possibilidade de ser explorado por interesses políticos e econômicos; existência de

problemas envolve as diferentes versões do princípio da precaução. Analisando o tema, Cass Sunstein afirma que as versões mais fracas são consideradas razoáveis e até atraentes.[166] O problema, segundo o autor, está no sentido mais forte do princípio, normalmente associado a proibições automáticas e à imposição do ônus da prova àqueles que criam um risco potencial.[167] Para o autor, essa versão deve ser rejeitada, "não porque conduza a direções ruins, mas porque não leva a lugar nenhum. O princípio é, literalmente, paralisante – proibindo tanto a inação quanto a regulação severa e qualquer coisa entre esses dois extremos".[168]

Por outro lado, uma estratégia baseada na resiliência "enfatiza a importância de mitigar os efeitos dos perigos (como informar os cidadãos sobre os riscos e permitir que façam escolhas informadas) e garantir que os sistemas 'se recuperem' da interrupção".[169] Nesse caso, o princípio da resiliência justifica a tomada de decisão que enfatiza a mitigação dos efeitos dos perigos e a recuperação dos sistemas.

Comparando as diferentes condições que justificam uma estratégia baseada em antecipação ou resiliência, Aaron Widavsky adverte contra a "conclusão fácil" de se imaginar que a melhor forma de proteger as pessoas é sempre reduzindo preventivamente qualquer risco hipotético, "em vez de permitir que as pessoas lidem de maneira resiliente com os perigos quando, como e se eles se manifestarem".[170]

---

altos custos de oportunidade que uma estratégia de antecipação envolve; excessiva restrição, que configura a proibição de progresso pelo banimento de práticas ou produtos específicos; equívoco da crença de que a *default option* (não fazer nada) seria isenta de riscos; ausência de utilidade para lidar com os *trade-offs* envolvendo o risco; vagueza do princípio (BALDWIN; CAVE; LODGE, *op. cit.*, nota 40, p. 95; MAJONE, *op. cit.*, nota 163, p. 93).

[166] "A versão mais cautelosa e fraca sugere, de certa forma sensatamente, que a falta de uma evidência consistente de perigo não deve ser motivo para rejeitar a regulação. A regulação pode ser justificada mesmo na impossibilidade de se estabelecer uma conexão definitiva, por exemplo, entre níveis baixos de exposição a certas substâncias cancerígenas e efeitos colaterais à saúde humana. Em especial nestes casos, a regulação pode ser promovida se os custos forem relativamente baixos" (SUNSTEIN, Cass. R. Para além do princípio da precaução. *Revista de Direito Administrativo (RDA)*, Rio de Janeiro, v. 259, p. 22, 2012. Disponível em: https://bibliotecadigital.fgv.br/ojs/index.php/rda/article/view/8629. Acesso em: 8 nov. 2021).

[167] "A regulação será necessária sempre que existir um risco possível à saúde, à segurança ou ao meio ambiente, ainda que os elementos de prova sejam especulativos e que os custos econômicos da regulação sejam elevados" (*Ibidem*, p. 28).

[168] *Ibidem*, p. 11.

[169] BALDWIN; CAVE; LODGE, *op. cit.*, nota 40, p. 94, tradução nossa.

[170] WIDAVSKY, Aaron B. Searching for Safety. New Brunswick: Transaction Books, 1988. p. 78, tradução nossa.

Para o autor, a antecipação será preferida caso seja possível (i) prever um perigo com alto grau de precisão, compensando-se, assim, os custos de adivinhar errado e (ii) reagir de maneira efetiva para controlar a condição esperada. No entanto, o grau de incerteza normalmente é tão acentuado na sociedade que se torna inviável afirmar com antecedência se determinado perigo é, de fato, real.[171] A resiliência, argumenta Widavsky, é a estratégia preferida para lidar com os riscos mais sérios oriundos "de fontes imprevisíveis ou de baixa probabilidade", conservando os recursos para posterior transferência e aplicação quando e onde forem necessários.[172]

Para desenvolver a resiliência, Widavsky afirma ser necessário aprender a lidar com o inesperado. Mas como antecipar surpresas? Como sondar o desconhecido? De acordo com o modelo defendido pelo autor, é necessário agir com base na tentativa e erro,[173] o que estimula a inovação ao mesmo tempo que assegura a criação de conhecimentos sobre as reais consequências de tais riscos.[174]

Por outro lado, a resiliência está relacionada a redundâncias e variedade. Tomando como exemplo um evento extremo que abale as instalações e recursos energéticos, "quanto maior o número de fontes independentes, de transformadores e de transportadores de energia, mais resiliente à interrupção seria o fornecimento de energia". De igual modo, "quanto mais variada e dispersa for a oferta, menor a probabilidade de qualquer tipo ser atingido pelas mesmas dificuldades".[175] A resiliência, embora presente na prática regulatória,[176] não pode ser considerada, isoladamente, uma estratégia politicamente aceitável para gerenciar certos riscos, notadamente catastróficos ou irreversíveis. É o que adverte Julia Black, para quem é necessário conjugar a

---

[171] Nesse caso, uma regulação preventiva com base em pistas falsas pode comprometer os recursos escassos da sociedade e prejudicar grupos específicos (por exemplo, ao impedir o acesso de pessoas a uma determinada droga) (Ibidem, p. 77-78).

[172] Ibidem, p. 80, tradução nossa. O autor afirma que "a justificativa para confiar na resiliência como a melhor estratégia reside na incerteza inerente à vida" (Ibidem, p. 83, tradução nossa).

[173] "Esse método deve buscar tanto potenciais problemas quanto potenciais vantagens, experimentar cada um e dar à sociedade alguma experiência em afastar ou lidar com o mal e tirar vantagem do bom, mas sem exigir grandes gastos ou comprometimento prematuro em grande escala com uma única abordagem" (Ibidem, p. 93, tradução nossa).

[174] Ibidem, p. 94.

[175] Ibidem, p. 96, tradução nossa.

[176] Como exemplo, Black cita os fundos de limpeza voltados para cobrir parte dos custos de desastres ambientais causados por empresas e a reserva financeira imposta aos bancos para permitir que eles suportem um certo nível de perdas (BLACK, op. cit., nota 3, p. 321).

resiliência com medidas preventivas voltadas para lidar com eventuais falhas da linha de frente da defesa.[177]

Outro meio utilizado para estabilizar a tomada de decisão envolvendo o risco é a análise de custo-benefício (*cost-benefit analysis*). Segundo Julia Black, reguladores lançam mão da análise de custo-benefício na tentativa de oferecer resposta à difícil pergunta "quão seguro é seguro o suficiente". Além disso, a análise de custo-benefício serve para mensurar economicamente o risco,[178] inclusive no âmbito da proteção à saúde e vida, onde se identifica significativa variação nas metodologias voltadas para avaliar a vida e a qualidade de vida. A autora ressalta que, para seus defensores, a análise de custo-benefício permite decisões mais racionais e a realização de comparações – por exemplo, entre o quanto está sendo gasto na prevenção de uma morte na estrada e na ferrovia.

No entanto, apesar de ser uma ferramenta útil na tomada de decisão, a análise de custo-benefício evidencia limitações e não é isenta de valor. Por exemplo, em situações de incerteza, como traduzir custos futuros em custos presentes? Nesse caso, não é possível cogitar em uma forma científica para determinar o nível em que o desconto deve ser estabelecido e sobre qual período.[179] Black conclui afirmando que a pergunta "quão seguro é seguro o suficiente" é inevitavelmente política, e a tentativa de torná-la racionalmente científica não pode e nem deve resolver as controvérsias que envolvem a tomada de decisão de risco.[180]

2.4.4.4 Princípios de gerenciamento de risco

As complexidades que o risco acrescenta ao processo regulatório levam à necessidade de se cogitar em princípios regulatórios específicos

---

[177] *Idem*. Para a autora, a questão que surge na governança de riscos é saber quais devem ser essas medidas preventivas e, mais particularmente, quanto deve ser gasto nelas e quem deve gastar.

[178] "A economia, portanto, entra na narrativa do risco nesse nível de segunda ordem. O risco é a justificativa de primeira ordem para se ter regulação; a análise de custo-benefício é proposta como a justificativa de segunda ordem que indica quanta regulação deveria haver" (*Idem*).

[179] A autora também lembra que "a análise de custo-benefício depende de probabilidades, mas onde essas são impossíveis de determinar, a análise de custo-benefício pode ser autorrealizável, pois aumentar as probabilidades para o que é, na realidade, uma incerteza, levará à conclusão de que mais deveria ser gasto para evitá-la, ao passo que diminuir as probabilidades levaria à conclusão de que se deveria gastar menos" (*Ibidem*, p. 322, tradução nossa).

[180] *Ibidem*, p. 323, tradução nossa.

para esse campo de atuação governamental. Tom Baker e David Moss relacionam cinco princípios de gerenciamento de risco. O princípio da vinculação entre responsabilidade e controle aponta para a necessidade de se atribuir a responsabilidade pelos resultados de uma perda a quem está na melhor posição para controlar os riscos dessa perda. Por exemplo, um programa regulatório que tem como foco a emissão de poluentes deve atribuir a responsabilidade relacionada aos riscos decorrentes da poluição ao próprio poluidor.[181]

Já o princípio do gerenciamento do risco moral visa combater a tendência das pessoas de não controlarem determinada perda quando sabem que a responsabilidade financeira por essa perda recairá sobre outrem. O problema do risco moral, bastante conhecido no setor de seguros, também pode atingir o setor público. Por exemplo, o seguro de depósito bancário federal e a doutrina *too big to fail* protegem depositantes e outros credores bancários dos riscos de falência de um banco, mas esses mecanismos podem reduzir os incentivos das pessoas em monitorarem a solvência da instituição financeira e fazerem negócios apenas com os bancos mais saudáveis. Nesse caso, existem três ferramentas voltadas para combater o risco moral: garantir que a perda recaia sobre o segurado (mantendo, assim, o incentivo de prevenção); prestar cobertura de seguro somente se o segurado se engajar na prevenção de sinistros e impor que, junto com a transferência de risco, algum controle sobre a perda também seja transferido.[182]

O princípio do agrupamento dos riscos em instituições sólidas é o terceiro princípio citado pelos autores e diz respeito à necessidade de as organizações que atuam como *pool* de riscos terem capacidade, inclusive financeira, de prestar garantia em relação aos riscos que assumem. Os autores fornecem alguns exemplos de organizações que não respeitam esse princípio, dentre eles o grupo de riscos de furacões Citizens Property Insurance Corporation (CPIC), baseado na Flórida. Trata-se de um *pool* subfinanciado, que não cobra prêmio equivalente ao risco segurado, não tendo, portanto, capacidade financeira para pagar indenizações decorrentes de um grande furacão.[183]

---

[181] BAKER, Tom; MOSS, David. Government as Risk Manager. *In:* MOSS, David; CIRTERNINO, John (ed.). *New Perspectives on Regulation.* Cambridge: The Tobin Project, 2009. p. 92.
[182] *Ibidem*, p. 93-94.
[183] *Ibidem*, p. 95.

O quarto princípio, da preferência por abordagens em conformidade com o mercado para o gerenciamento de riscos públicos, reflete a preferência norte-americana pela livre iniciativa[184] e sugere que se deve dar preferência aos programas de aprimoramento de mercado, em vez de simplesmente substituir o mercado por um serviço governamental de gerenciamento de risco. Evidentemente, isso não significa que o governo nunca deve prestar serviços de gerenciamento de risco. Os autores apontam vários exemplos de programas bem-sucedidos na realidade norte-americana, tais como o Social Security, o Unemployment Insurance, o Deposit Insurance e o Medicare. Porém, nesses casos há um consenso de que o mercado privado não poderia administrar com eficácia os riscos assumidos pelo Estado.[185]

O quinto e último princípio é o da estruturação de mercados para a construção de produtos seguros. Também refletindo uma preferência por soluções baseadas no mercado, esse princípio preconiza a ideia de que os mercados devem ser estruturados de tal forma que "os vendedores concorrem de maneiras que promovem segurança e outros objetivos de gerenciamento de risco".[186] Os autores ressaltam que os formuladores de políticas devem reconhecer a sua capacidade de estruturar mercados para promover produtos seguros. Se há uma dificuldade de o próprio consumidor distinguir entre a qualidade de diferentes produtos, "o governo pode melhorar o bem-estar do consumidor simplesmente definindo e impondo diferentes graus de qualidade ou exigindo o fornecimento de informações relevantes sobre o risco".[187]

2.4.4.5 Abordagens de gerenciamento de risco

No contexto da regulação de risco, cogita-se de abordagens específicas para lidar com o risco. Novamente Tom Baker e David Moss discutem quatro abordagens de gerenciamento governamental de risco. Por meio da prevenção (ou redução de risco), o Estado procura impor medidas visando reduzir a frequência e gravidade de eventos

---

[184] É possível argumentar que esse princípio também encontra sucedâneo no Direito brasileiro, notadamente em virtude das disposições contidas na Lei nº 13.874, de 20 de setembro de 2019.
[185] BAKER; MOSS, *op. cit.*, nota 181, p. 96-97.
[186] *Ibidem*, p. 98, tradução nossa.
[187] *Ibidem*, p. 98-99, tradução nossa.

indesejados. Esse é o caso, por exemplo, quando o Estado impõe limites de velocidade em rodovias.[188]

Já a transferência de risco corresponde à atribuição de responsabilidade por uma possível perda a uma pessoa distinta daquela que seria originariamente responsável. Os autores destacam que os riscos podem ser transferidos por lei (por exemplo, lei de compensação dos trabalhadores, que responsabiliza os empregadores por certas consequências financeiras de acidentes de trabalho) ou por contrato (por exemplo, um contrato de projeto e construção, em que proprietário, construtor e arquiteto especificam a responsabilidade de cada um por eventuais perdas ocorridas durante o projeto e construção de uma estrutura). Importante observar que a transferência de risco pode modificar os incentivos das pessoas para evitar perdas, gerando consequências positivas ou negativas. De um lado, o novo responsável terá potencialmente maiores incentivos para evitar um resultado indesejável, passando a atuar de maneira mais responsável. De outro, aquele que deixou de ser responsável poderá ter menores incentivos de cuidado, gerando o chamado risco moral.[189]

Outra abordagem é a distribuição de risco, um tipo especial de transferência de risco em que uma organização assume os riscos de outrem e os distribui sobre um grupo de pessoas, que normalmente pagam um prêmio para formar um fundo e cobrir os custos das perdas. Exemplo paradigmático é o seguro. Os autores apontam a existência de quatro tipos principais de seguro governamental: seguro social (que oferece garantia à população contra determinados riscos à vida), seguro de solidez financeira (que protege a população dos riscos de insolvência de instituições financeiras), seguro contra catástrofes (alguns riscos catastróficos, como terrorismo e terremoto, as seguradoras não podem ou não querem cobrir) e seguro de melhoria do mercado (seguros voltados para facilitar a operação de um mercado, podendo apoiar o próprio mercado de seguros privados).[190]

Uma última abordagem mencionada pelos autores é o controle de perdas, voltado para gerenciar os resultados negativos de um evento. Baker e Moss destacam que estar preparado para lidar com os efeitos de uma perda pode ser tão importante quanto prevenir o próprio evento indesejado. Como exemplo, os autores citam os acontecimentos

---

[188] Ibidem, p. 88.
[189] Ibidem, p. 89-90.
[190] Ibidem, p. 90-91.

relacionados ao furacão Katrina. A abordagem de controle de perdas mostrou-se ineficaz, e os custos sociais para recuperação de Nova Orleans se multiplicaram "porque as pessoas encarregadas de colocar os planos em prática não estavam suficientemente preparadas".[191]

2.4.4.6 Estratégias de gerenciamento de risco

Por estratégias de gerenciamento de risco compreendem-se as ferramentas e os arranjos regulatórios que podem ser estruturados, autorizados, fomentados ou impostos pelo regulador para lidar com o risco alvo da regulação. Com relação às ferramentas, a literatura tradicional de regulação relaciona um verdadeiro arsenal de estratégias que se encontram à disposição do regulador.[192] Mas no contexto da regulação de risco, algumas assumem uma relevância especial. É o caso do seguro, uma das ferramentas mais relevantes de gerenciamento de risco,[193] que pode assumir diferentes funções na perspectiva da regulação de risco. Como destaca David Garland, o seguro vem sendo utilizado como estratégia regulatória pelo Estado desde o final do século XIX:

> Desde o final do século XIX, o seguro, nas suas diversas formas, tornou-se um elemento importante da política social e econômica. Os governos têm utilizado as suas técnicas para proteger os cidadãos contra as ameaças sociais e riscos econômicos, para reduzir os conflitos sociais e para melhorar o desempenho econômico. Estes regimes de seguros – que incluem indenizações trabalhistas, pensões de aposentadorias, seguro-desemprego, abonos de família, e assim por diante – ilustram o que Michel Foucault (1991) quer dizer quando fala da importância dos "aparelhos de segurança" para os modos de governo "liberal". O seguro é uma importante ferramenta de governo nas sociedades modernas e liberais porque preserva o livre jogo da ação autônoma nas esferas econômicas e sociais (permitindo decisões individuais sobre trabalho,

---

[191] Ibidem, p. 91, tradução nossa.

[192] Uma relação de estratégias tradicionais de regulação pode ser vista em: BALDWIN; CAVE; LODGE, op. cit., nota 40, cap. 4.

[193] Richard V. Ericson, Aaron Doyle e Dean Barry chegam a afirmar que o seguro é o principal instituto na chamada sociedade de risco. Segundo os autores, há uma natural propensão à ocorrência de acidentes, ante a falibilidade de instituições, pessoas, conhecimento e da tecnologia. O seguro, nesse contexto, detém a habilidade de lidar com os perigos. Através de inspeções e obrigações contratuais, o seguro articula padrões de gerenciamento de riscos que fomentam a segurança e a proteção, prevenindo perdas e minimizando prejuízos (ERICSON, Richard V.; DOYLE, Aaron; BARRY, Dean. Insurance as Governance. Toronto: University of Toronto Press, 2003. p. 8).

casamento, maternidade, compra e venda, investimento etc.), ao mesmo tempo que adiciona uma rede de segurança que elimina alguns dos riscos associados a estas liberdades. Graças ao funcionamento de leis de estatísticas e probabilidades, as populações podem ser governadas através de seguros de uma forma que deixa espaço para a liberdade individual, mas garante um nível de segurança e estabilidade para o todo (Hacking 1990).[194]

Como destacado no conceito de regulação de risco apresentado anteriormente, o objetivo primordial da regulação de risco é prevenir perdas, reduzir danos e assegurar compensações de maneira eficiente.[195] O seguro, como estratégia regulatória, pode ser utilizado como estratégia regulatória em todas essas frentes. A face mais evidente do seguro é a que viabiliza o pagamento de uma indenização diante da ocorrência de um evento indesejado (assegurando, assim, compensações eficientemente). Seguros sociais, como o seguro-desemprego,[196] e seguros obrigatórios,[197] como o Seguro Obrigatório de Danos Pessoais causados por veículos automotores de via terrestre, ou por sua carga, a pessoas transportadas ou não,[198] constituem estratégias regulatórias por meio das quais o risco é transferido para um terceiro, proporcionando uma maior garantia de que a eventual materialização dos riscos pertinentes a cada um daqueles seguros – que, nos respectivos casos, possuem especial relevância social – será devidamente ressarcida.

Mas o seguro também poderia ser utilizado como estratégia regulatória para prevenir perdas e reduzir danos. Há uma ampla literatura produzida nos Estados Unidos que analisa o potencial regulatório do seguro, afirmando que, por meio da relação contratual, as seguradoras dispõem de um verdadeiro arsenal de ferramentas

---

[194] GARLAND, *op. cit.*, nota 20, p. 60-61, tradução nossa.
[195] Conforme tópico 2.4.1, supra.
[196] De acordo com o art. 2º, incisos I e II, da Lei nº 7.998, de 11 de janeiro de 1990, o seguro-desemprego tem por finalidade prover assistência financeira temporária ao trabalhador desempregado em virtude de dispensa sem justa causa e ao trabalhador resgatado em regime de trabalho forçado ou da condição análoga à de escravo, bem como auxiliar os trabalhadores na busca ou preservação do emprego mediante ações de orientação, recolocação e qualificação profissional.
[197] O art. 20 do Decreto-Lei nº 73, de 21 de novembro de 1966, relaciona 10 tipos de seguros obrigatórios.
[198] De acordo com o art. 3º da Lei nº 6.194, de 19 de dezembro de 1974, os danos pessoais cobertos pelo referido seguro compreendem as indenizações por morte, por invalidez permanente, total ou parcial, e por despesas de assistência médica e suplementares, conforme valores e regras disciplinadas pelo diploma legal em questão.

regulatórias – tais como a diferenciação de prêmios, o estabelecimento de franquias e copagamentos, a imposição de medidas de mitigação de perdas e a previsão de exclusões – capazes de estimular comportamentos menos arriscados, reduzir o risco moral, induzir padrões elevados de segurança e assegurar a adoção de providências voltadas para minorar as perdas sofridas.[199]

Outra estratégia compatível com a noção de regulação de risco é o que Ruy Pereira Camilo Junior chama de Regulação Econômica por Instrumentos Societários (RIS), que consiste na utilização, pelo regulador, de institutos societários com a finalidade de induzir, condicionar e direcionar indiretamente a atividade empresarial do agente regulado e, com isso, cumprir determinados objetivos regulatórios setoriais. Dentre os exemplos de RIS abordados pelo autor, pode-se citar a obrigatoriedade de adoção de personalidade jurídica societária para o desenvolvimento de certas atividades, ficando vedada, assim, a atuação por meio de pessoa física. Trata-se de estratégia regulatória que proporciona variados benefícios, como destaca o autor: "a) maior rigidez quanto ao local de operação da atividade; b) perpetuidade;

---

[199] BENSHAHAR, Omri; LOGUE, Kyle D. Outsourcing regulation: How insurance reduces moral hazard. *Michigan Law Review*, [S. l.], n. 2, p. 197-248, 2012. Disponível em: https://repository.law.umich.edu/cgi/viewcontent.cgi?article=1092;context=mlr. Acesso em: 7 nov. 2023; HERR, Trey. Cyber insurance and private governance: The enforcement power of markets. *Regulation; Governance, John Wiley; Sons*, [S. l.], v. 15, n. 1, p. 98-114, Jan. 2021. Disponível em: https://onlinelibrary.wiley.com/doi/10.1111/rego.12266. Acesso em: 7 nov. 2023; LIOR, Anat. Insuring AI: The role of insurance in Artificial Intelligence regulation. *Harvard Journal of Law; Technology*, [S. l.], v. 35, n. 2, 2022. Disponível em: https://jolt.law.harvard.edu/assets/articlePDFs/v35/2.-Lior-Insuring-AI.pdf. Acesso em: 7 nov. 2023; RAPPAPORT, John. How private insurers regulate public police. *Harvard Law Review*, [S. l.], n. 6, p. 1539, 2016. Disponível em: https://chicagounbound.uchicago.edu/cgi/viewcontent.cgi?article=12645;context=journal_articles. Acesso em: 7 nov. 2023. A noção do seguro como regulação (*insurance as regulation*) não é pacífica. Existem diversos estudos demonstrando que as seguradoras, apesar de todo o potencial que detêm para interferir positivamente no comportamento de seus segurados, deixam fazê-lo por uma série de razões: TALESH, Shauhin. Insurance companies as corporate regulators: the good, the bad and the ugly. *DePaul Law Review*, [S. l.], n. 2, p. 463, 2017; ABRAHAM, Kenneth S.; SCHWARCZ, Daniel B. The limits of regulation by insurance. *Indiana Law Journal*, Indiana, [S. l.], 2023. Reconhecendo os limites e as possibilidades do seguro garantia como ferramenta para combater o fenômeno das obras paralisadas no contexto dos projetos de infraestrutura no Brasil e propondo a intervenção da Susep sobre a função regulatória do seguro, ver: TALESH, Shauhin; GONÇALVES FILHO, Péricles. Surety bond and the role of insurance companies as regulators in the context of Brazilian infrastructure projects *Revista de Direito Administrativo (RDA)*, Rio de Janeiro, v. 282, n. 1, p. 63-107, 2023. Disponível em: https://www.law.uci.edu/faculty/full-time/talesh/Talesh%20DePaul%20Cyber%20Insurance.pdf. Acesso em: 7 nov. 2023.

c) vedação da prática de negócios estranhos ao objeto social; d) maior transparência da escrituração e mais nítida separação patrimonial; e) maior institucionalização e autonomia da organização".[200]

A utilização de agentes e instrumentos privados para a consecução de finalidades regulatórias é uma estratégia que tem sido adotada em diferentes regimes de regulação de risco. Nesse sentido, Pedro António Pimenta da Costa Gonçalves ressalta o potencial endógeno dos particulares, dizente da vantagem regulatória de uma entidade privada que "se encontra em contacto privilegiado com as circunstâncias que reclamam o exercício da autoridade pública".[201] Isso tem levado formuladores de políticas e reguladores a constituírem, em diferentes setores, arranjos regulatórios híbridos, que recebem diferentes rótulos na literatura, tais como autorregulação regulada (*enforced self-regulation*),[202] corregulação (*co-regulation*)[203] e regulação baseada em gestão (*management-based regulation*).[204] Em tais arranjos, certas funções regulatórias são atribuídas a organizações privadas, com algum tipo de supervisão estatal.

A atuação concomitante de agentes públicos e privados para a consecução de finalidades regulatórias pode ser associada à estratégia baseada em resiliência e às noções de redundância e variedade mencionadas anteriormente por Aaron Widavsky.[205] Agentes de diferentes naturezas (pública e privada), atuando de maneira concomitante sobre o mesmo objeto, podem proporcionar maior resiliência ao regime regulatório, especialmente porque uma instituição poderia compensar a falha da outra.[206] Mas, nesse caso, é necessário estipular regras de coordenação e supervisão para evitar problemas de ação coletiva e,

---

[200] CAMILO JÚNIOR, *op. cit.*, nota 90, p. 213-214.

[201] GONÇALVES, Pedro. *Entidades privadas com poderes públicos*. Coimbra: Almedina, 2008. p. 1001-1002.

[202] AYRES, Ian; BRAITHWAITE, John. *Responsive Regulation*: Transcending the Deregulation Debate. New York: Oxford University Press, 1992.

[203] MARSDEN, Christopher T. Co- and Self-Regulation in European Media and Internet Sectors: The results of Oxford University's study. *In*: OSCE. Self-Regulation, Co-regulation and State Regulation. [*S. l.*]: OSCE, 16 Dec. 2004. p. 80. Disponível em: https://www.osce. org/files/f/documents/2/a/13844.pdf. Acesso em: 29 jul. 2022.

[204] COGLIANESE, Carry; LAZER, David. Management-Based Regulation: Prescribing private management to achieve public goals. *Law & Society Review*, [*S. l.*], v. 37, n. 4, p. 691-730, 2003.

[205] Conforme tópico 2.4.4.3, supra.

[206] LANDAU, Martin. Redundancy, Rationality, and the Problem of Duplication and Overlap. *Public Administration Review*, [*S. l.*], v. 29, n. 4, p. 346-358, 1969.

principalmente, de desvio na realização do interesse público por parte dos particulares.[207] No Brasil, é possível afirmar que a Lei nº 13.709/2018 (LGPD) oferece um exemplo de arranjo regulatório híbrido. A lei criou a Autoridade Nacional de Proteção de Dados (ANPD), entidade competente para regular a proteção de dados no país.[208] Para além da intervenção direta do regulador estatal, a lei criou as figuras do controlador, operador e encarregado[209] e lhes atribuiu diversas funções – algumas, inclusive, têm o próprio risco como objeto da intervenção –,[210] tornando obrigatória a atuação concertada dos próprios agentes regulados e terceiros com vistas ao atingimento das finalidades regulatórias estabelecidas na lei.

Ademais, a lei permite que os próprios controladores e operadores, individualmente ou por meio de associações, formulem regras de boas práticas e de governança em relação à matéria de proteção de dados. Tais regras poderão ser reconhecidas e divulgadas pela ANPD[211] e serão consideradas para fins de dosimetria de eventuais sanções,[212] o que estimula a criação de uma camada adicional de proteção dentro desse regime híbrido regulatório.

---

[207] Pedro António Pimenta da Costa Gonçalves afirma que "a outorga de funções públicas a entidades particulares – portadoras por definição de interesses estranhos à esfera pública e situadas numa posição de irredutível dualidade, de tensão interna entre os seus interesses próprios e o interesse inerente às funções públicas –, implica inevitavelmente (por inerência) uma mistura ou confusão entre interesse público e interesses particulares, representando, por conseguinte, um perigo real para a observância dos princípios da imparcialidade e da objectividade do agir público, bem como, naturalmente, para os princípios da prossecução do interesse público e pelo respeito dos direitos e interesses legalmente protegidos dos cidadãos" (GONÇALVES, op. cit., nota 201, p. 1001). É por isso que o autor defende a fiscalização pública como "uma peça fundamental no processo de legitimação democrática da entidade particular para o exercício de poderes públicos", sendo "essencial para minorar os riscos, inerentes à delegação, de desvio da realização do interesse público e de privatização material de poderes públicos" (Idem).

[208] Art. 55-A da Lei nº 13.709, de 14 de agosto de 2018.

[209] Arts. 37 e 41 da Lei nº 13.709, de 14 de agosto de 2018.

[210] Por exemplo, o art. 38 e seu parágrafo único da Lei nº 13.709, de 14 de agosto de 2018, preveem que a autoridade nacional poderá determinar que o controlador elabore relatório de impacto à proteção de dados pessoais, que deverá conter, dentre outras informações, a análise do controlador com relação a medidas, salvaguardas e mecanismos de mitigação de risco adotados.

[211] Art. 50 e seu §3º da Lei nº 13.709, de 14 de agosto de 2018.

[212] Art. 52, §1º, inc. IX da Lei nº 13.709, de 14 de agosto de 2018.

2.4.4.7 Padrões de intensidade do gerenciamento de risco

Outra novidade que o risco introduz ao estudo e à prática regulatória diz respeito à necessidade de os reguladores definirem padrões de intensidade do gerenciamento de risco. Segundo Cary Coglianese, nesse momento os reguladores se veem diante da difícil pergunta: quão seguro é seguro o suficiente? Para o autor, a resposta a tal pergunta passa por um juízo normativo sobre questões que envolvem a aceitabilidade do risco e a razoabilidade dos custos de controle e culmina na adesão a um dos quatro padrões de gerenciamento de risco que ele discrimina.

A eliminação de todos os riscos apela para um ideal de segurança total e preconiza uma abordagem de risco zero, o que exigiria "padrões estabelecidos em níveis abaixo de algum limite de exposição no qual ocorrem efeitos adversos à saúde".[213] Uma abordagem radical como essa pode eliminar atividades e produzir consequências econômicas negativas substanciais, além de exacerbar outro tipo de risco. Por exemplo, exigir a remoção de substâncias nocivas das pastilhas de freio de veículos pode oferecer uma maior proteção aos mecânicos e trabalhadores automotivos, mas também pode aumentar os riscos de acidentes automobilísticos.[214]

Já a redução de riscos a um nível aceitável se afasta da abordagem que procura eliminar o risco e define um risco residual como sendo aceitável. Na aviação, por exemplo, a eliminação do risco corresponderia à proibição da atividade. "Um regulador de segurança de transporte poderia, no entanto, agir para reduzir os riscos a um nível aceitável, mesmo que diferente de zero".[215] Coglianese destaca que essa abordagem tem suas limitações. A criação de parâmetros de referência para a tomada de decisão pode ser uma tarefa extremamente difícil, como ocorre com os riscos de morbidade. Além disso, a distinção entre risco individual e risco populacional pode ser inútil – um pequeno risco individual no campo da saúde pública pode subitamente transformar-se

---

[213] O autor afirma que a Lei do Ar Limpo norte-americana e o princípio da precaução da União Europeia seriam exemplos de uma abordagem de eliminação de riscos (COGLIANESE, Carry. The Law and Economics of Risk Regulation. *In:* COCHRAN, James J. (ed). *Wiley Encyclopedia of Operations Research and Management Science*. New Jersey: Wiley, 2020. p. 9, tradução nossa. Disponível em: https://ssrn.com/abstract=3552703. Acesso em: 13 maio 2023).

[214] *Ibidem*, p. 9-10.

[215] *Ibidem*, p. 10, tradução nossa.

em um risco populacional, gerando o colapso da rede de saúde. Além disso, essa abordagem orienta os reguladores a reduzirem os riscos a um nível aceitável mesmo quando os custos envolvidos são demasiadamente altos. Do mesmo modo, os reguladores são levados a evitar a redução dos riscos abaixo do nível aceitável, mesmo se os custos da regulação forem mínimos.[216]

Outro padrão de gerenciamento de risco é a redução de riscos até que os respectivos custos atinjam um nível inaceitável, que corresponde àquilo que Coglianese chama de princípio da viabilidade. Esse padrão enfatiza os custos da abordagem regulatória e orienta os reguladores a elevarem o rigor dos padrões de risco até que os custos de conformidade atinjam um nível inaceitável. Sua limitação é que desconsidera os benefícios do controle de riscos:

> A eliminação gradual do chumbo como aditivo na gasolina nos Estados Unidos parece um bom exemplo em que os altos custos e até mesmo a contração significativa de uma grande indústria foram claramente justificados para garantir benefícios significativos à saúde pública.[217]

O quarto e último padrão de gerenciamento de risco é o equilíbrio entre os benefícios da redução de riscos com os custos, que evita os problemas das abordagens de risco aceitável e custo inaceitável ao orientar os reguladores a definirem padrões de risco em um nível considerado socialmente eficiente, maximizando os benefícios líquidos (benefícios menos custos). Esse padrão de gerenciamento de risco interdita o endurecimento de um padrão de risco que gera custos elevados e proporciona benefícios reduzidos. Por outro lado, o endurecimento do padrão regulatório estará justificado caso os respectivos custos sejam menores do que os benefícios incrementais. Apesar do apelo do princípio da eficiência nos Estados Unidos,[218] o balanceamento de custo-benefício atrai uma série de críticas naquele país. Por exemplo, muitos criticam os julgamentos de valor efetuados

---

[216] *Ibidem*, p. 10-11.
[217] *Ibidem*, p. 11, tradução nossa.
[218] "Nos EUA, o princípio da eficiência não só foi favorecido por economistas, mas também foi incorporado a uma ordem executiva aplicada a agências reguladoras desde o governo Reagan. A ordem atual, Ordem Executiva 12.866, exige que as agências proponham ou adotem uma nova regulação somente mediante determinação fundamentada de que os benefícios da regulação pretendida justificam seus custos" (*Ibidem*, p. 11-12, tradução nossa).

sobre a saúde e a vida, especialmente quando esses julgamentos monetizam a proteção da vida humana.[219]

2.4.4.8 Comunicação de risco

No documento *Regulatory Policy Outlook 2021*, a OCDE preconiza que as estratégias coerentes de comunicação de risco são compostas de um processo de análise de risco, combinado com um diálogo aberto entre as partes interessadas. Isso significa informar o público sobre o objetivo regulatório, divulgando os riscos associados de forma transparente. E para que essa comunicação seja eficaz, o regulador precisa entender o público-alvo e os desafios que enfrentarão ao avaliar e gerenciar o risco.[220]

Para Ortwin Renn, a comunicação de risco serve a três propósitos principais: assegurar que todos os receptores da mensagem são capazes de compreender a mensagem enviada; persuadir que esses receptores mudem o seu comportamento em relação a um risco específico; e proporcionar as condições necessárias para a promoção de um discurso racional sobre o risco, permitindo que todas as partes afetadas possam participar de um processo de resolução de conflitos eficaz e democrático.[221]

Isso demonstra haver uma íntima relação entre comunicação de risco e percepção pública do risco, circunstância que acrescenta significativas complexidades para a regulação.[222] David Garland, por exemplo, destaca que os esforços do Estado para informar o público sobre os riscos associados a certos perigos "devem ser cuidadosamente

---

[219] *Idem*.

[220] "A participação dos cidadãos no processo regulatório e a garantia de que eles tenham uma boa compreensão dos riscos pode ser decisiva para definir suas expectativas e, consequentemente, evitar reações exageradas – já que as reações exageradas se devem principalmente à falta de informações, bem como falta de honestidade e de transparência dos reguladores sobre os limites da regulação. No entanto, mesmo nesse caso, apenas divulgar informações sem comunicar as complexidades e as incertezas do risco pode ser insuficiente para garantir uma comunicação de risco eficaz" (OECD, *op. cit.*, nota 9, p. 42, tradução nossa).

[221] RENN, Ortwin. Risk Communication: Towards a rational discourse with the public. *Journal of Hazardous Materials*, [S. l.], v. 29, n. 3, p. 468, 1992. Disponível em: https://doi.org/10.1016/0304-3894(92)85047-5. Acesso em: 7 nov. 2023.

[222] Efetuando uma revisão da literatura produzida sobre comunicação de risco, inclusive envolvendo desastres e saúde pública, ver: GLIK, Deborah C. Risk Communication for public health emergencies. *Annual Review of Public Health*, [S. l.], n. 28, p. 33-54, 2007. Disponível em: http://publhealth.annualreviews.org. Acesso em: 8 nov. 2021.

avaliados para evitar, de um lado, o alarmismo, e de outro, a complacência".[223] Riscos mal comunicados ou mal compreendidos pelo público podem se tornar mais graves, o que justificaria uma relutância do Estado em torná-los público assim que são identificados. No entanto, como ressalta o documento da OCDE mencionado, há uma demanda por transparência com relação aos riscos que se tornam alvo da regulação, o que leva as autoridades públicas a "divulgarem os fatos, de forma clara e abrangente, mesmo quando elas próprias não têm certeza de quais são esses fatos".[224] Garland resume a complexidade desse cenário nos seguintes termos:

> A dificuldade de tomar decisões críticas em condições de incerteza é, portanto, exacerbada pelas dificuldades de representar essas incertezas ao público, particularmente a um público não instruído na interpretação de medidas de risco e propenso a expectativas irrealistas sobre o caráter do conhecimento científico.[225]

Garland reconhece que os preconceitos sistemáticos na percepção do risco por parte do público leigo podem resultar em um descolamento entre as escolhas racionais e as escolhas politicamente viáveis. Por exemplo, a maioria das pessoas tende a sobrestimar o risco relacionado a eventos de baixa frequência e grande magnitude, como as explosões nucleares, e a subestimar o risco relacionado a eventos de alta frequência e baixa magnitude, como os acidentes caseiros.[226] Mas o maior problema para o autor reside na falta de confiança do público nas autoridades governamentais e nas organizações de grande escala. Segundo Garland, o público não acredita que seus interesses e motivações são realmente levados em consideração pelos governantes e organizações. Do mesmo modo, há uma desconfiança com relação ao conselho dos *experts* científicos, notadamente quando outros especialistas oferecem conselhos concorrentes.[227]

Para lidar com toda essa complexidade, a doutrina oferece diferentes modelos de abordagem. Peter Sandman, por exemplo, oferece um modelo contendo quatro tipos de comunicação de risco, a depender da combinação entre a percepção pública do perigo e o grau de indignação

---

[223] GARLAND, op. cit., nota 20, p. 57, tradução nossa.
[224] OECD, op. cit., nota 9, p. 57-58, tradução nossa.
[225] GARLAND, op. cit., nota 20, p. 58, tradução nossa.
[226] O tema da percepção do risco será abordado no tópico 3.4, infra.
[227] GARLAND, op. cit., nota 20, p. 58.

do público. Em cenários de alto perigo e baixa indignação pública, a tarefa do Estado é incentivar as pessoas a levarem alguns riscos mais a sério, o que pode incluir a tentativa de provocar indignação nas pessoas.[228] Já em cenários de perigo moderado e indignação moderada, a tarefa é apresentar e debater as questões inerentes ao risco de forma aberta e racional, inclusive respondendo às dúvidas do público.[229] Em cenários de baixo risco e grande indignação, a tarefa consiste em reduzir a indignação do público, o que envolve ouvir o público, reconhecer fatos e responsabilidades e desculpar-se.[230] Finalmente, em cenários de alto risco e grande indignação, a tarefa consiste em ajudar o público a enfrentar o medo. "As principais estratégias incluem evitar o excesso de garantias, partilhar dilemas, ser humano e empático, fornecer coisas para fazer e reconhecer a incerteza".[231]

Ortwin Renn apresenta um total de 16 recomendações para que a comunicação de risco alcance sucesso: ser claro acerca das intenções, que devem constituir a mensagem central do esforço de comunicação; simplificar ao máximo a mensagem, mas sem torná-la imprecisa; iniciar a mensagem de modo simples, acrescentando as questões complexas gradualmente; antecipar os interesses do público-alvo e construir um programa de comunicação em consonância; elaborar diferentes programas de comunicação para diferentes públicos-alvo, sem alterar a mensagem; distribuir a mensagem em diferentes canais, estimulando *feedbacks*; ser honesto, completo e responsivo na construção da mensagem; realizar uma abordagem pessoal, evitando a criação de estereótipos; empacotar a mensagem de modo atraente, mas sem comprometer o seu conteúdo; ter cuidado ao tentar atrair o público

---

[228] Dado se tratar de um público desinteressado no assunto, a mensagem deve ser resumida ao mínimo possível, além de fazer uso dos meios de comunicação de massa. Existem muitas barreiras na tentativa de reter a atenção de um público apático: desatenção do público, grandes dimensões do público, resistência dos meios de comunicação social, dificuldade de se comunicar por meio de mensagens curtas e implicações políticas de tentar provocar indignação no público (SANDMAN, Peter M. Four Kinds of Risk Communication. *In:* SANDMAN, Peter M. *The Peter Sandman Risk Communication Website*. [S. l.], 11 Apr. 2003. Disponível em: https://www.psandman.com/col/4kind-1.htm#. Acesso em: 5 nov. 2023).

[229] Sandman afirma que, nesse caso, a relação com as partes interessadas deve ocorrer por meio de diálogos interpessoais, complementados por meios de comunicação especializados, como boletins informativos e *websites* (*Idem*).

[230] Há aqui uma dificuldade de lidar com um público que está indignado com algo que, tecnicamente, não se justifica. Normalmente, há um grupo central de "fanáticos", acompanhado por um eleitorado maior e menos indignado, que observa a evolução da controvérsia. O diálogo deve ser pessoal, com ênfase na fala do público (*Idem*).

[231] A dificuldade aqui reside em lidar com um grande público com medo e em sofrimento. A comunicação de crise se utiliza dos meios de comunicação de massa (*Idem*).

periférico para não ofender o público central; explicar ao público a racionalidade do risco, mas sem alegar superioridade; enquadrar o risco no contexto social e explicar as probabilidades numéricas; demonstrar o cumprimento de metas e objetivos institucionais para alcançar confiança e credibilidade; aprender com o público (do mesmo modo que o público aprende com gerenciadores de risco); demonstrar ao público-alvo que as suas preocupações e interesses foram endereçados e incentivar a condução de um discurso racional.[232]

2.4.5 Risco e governança

A interseção entre governança e risco produz uma série de implicações práticas e teóricas sobre a atividade regulatória desempenhada pelo Estado. Segundo Jonathan Wiener, as instituições privadas (indivíduos, famílias, empresas, mercados e organizações da sociedade civil) são responsáveis pela maioria absoluta das escolhas sobre riscos. Esses atores privados decidem diuturnamente sobre questões que envolvem a antecipação de riscos, a definição de prioridades, a adoção de medidas preventivas e o enfrentamento de crises. "Por exemplo, a maioria das decisões sobre riscos para a próxima geração (crianças) é feita pelos pais, juntamente com os médicos, professores e cuidadores que eles escolherem".[233]

No entanto, tais instituições podem enfrentar dificuldades para lidar com riscos de maior escala, seja em razão de falhas de mercado (por exemplo, a fábrica que ignora os custos da poluição que produz), seja em razão de altos custos de transação (os custos de uma negociação privada entre a fábrica poluidora e as vítimas dessa externalidade excedem os eventuais ganhos), seja, até mesmo, em razão de falhas de governo (subsídios podem perpetuar ou exacerbar atividades nocivas, como pesca excessiva e desmatamento; barreiras de entrada podem beneficiar empresas poluidoras; as regulações podem favorecer um segmento da indústria contra outro), o que abre margem para o Estado interferir nas esferas econômica e social.[234]

---

[232] RENN, *op. cit.*, nota 221, p. 504-510.

[233] WIENER, Jonathan B. Risk regulation and governance institutions. *In:* OECD. *Risk and Regulatory Policy*: Improving the Governance of Risk. Paris: OECD Publishing, 2010. p. 138, tradução nossa. Disponível em: https://doi.org/10.1787/9789264082939-9-en. Acesso em: 11 maio 2023.

[234] A deflagração da regulação não pode ser automática, devendo o Estado avaliar os custos do envolvimento estatal e a eventual geração de novos riscos, "que devem ser ponderados em relação à redução do risco-alvo" (*Idem*).

Wiener chama a atenção para as complexidades que o risco oferece para o tema da governança regulatória, especialmente para as dimensões vertical e horizontal da estrutura do governo. Enquanto a dimensão vertical está relacionada aos níveis hierárquicos de governo (internacional, nacional, estadual, municipal), incluindo os diferentes níveis dentro de cada governo e suscita discussões sobre temas como federalismo e subsidiariedade, a dimensão horizontal aponta para a relação entre órgãos, Poderes e jurisdições (por exemplo, entre agências com diferentes competências, entre Executivo e Legislativo, entre jurisdições afetadas por efeitos transfronteiriços ou de transbordamento) e suscita questões de coordenação, competição, cooperação e "efeito carona".[235]

Nesse contexto, Wiener argumenta que a fragmentação, "resultado lógico da reivindicação de território e da especialização na governança",[236] pode representar um verdadeiro desafio para o endereçamento de respostas políticas. Por exemplo, a atuação de um ente pode impor efeitos de transbordamento a outros (externalidades regulatórias). De igual modo, instituições fragmentadas podem enfrentar dificuldades para lidar com riscos interconectados ("múltiplos riscos simultâneos, riscos que são transmitidos ou causam impactos em vários domínios e políticas que reduzem um risco, mas aumentam outros riscos em outros domínios").[237] A especialização continua sendo um aspecto fundamental da governança de risco, o que impõe a adoção de mecanismos de coordenação ou integração. Paralelamente, as interconexões entre entidades governamentais, tais como as redes transnacionais de especialistas (de governo ou não), "podem promover o aprendizado e o empréstimo de abordagens inovadoras que ajudam a enfrentar os riscos com mais sucesso".[238]

Elizabeth Fisher também analisa a interseção entre risco e governança e considera que essas categorias se sobrepõem de três maneiras importantes. Primeiramente, o risco está sendo utilizado como uma técnica para gerenciar a Administração Pública, promovendo a governança com base no ideal da New Public Management. Aqui o risco incentiva o setor público a seguir o modelo do setor privado, o que pressupõe a erosão da distinção entre esses setores e uma dinâmica

---

[235] *Ibidem*, p. 140, tradução nossa.
[236] *Idem*.
[237] *Idem*.
[238] *Idem*.

menos hierárquica. Além disso, o risco passa a regular as interações entre esses setores. Exemplo disso são as parcerias público-privadas, com a respectiva transferência de riscos para o setor privado.[239]

Em segundo lugar, o risco contribui para que o Estado desempenhe um papel mais amplo na coordenação de diferentes atores no processo de governar. Citando Bruno Latour, a autora menciona que o conceito de risco atua como um "móvel imutável" (o risco pode ser mobilizado, recolhido, arquivado, codificado, recalculado e exibido), o que torna a análise de risco um processo objetivo, que pode ser realizado por qualquer ator, independentemente de estar situado no domínio público ou privado:

> A atividade de análise de risco está livre dos limites de um Estado hierárquico e pode ser realizada por qualquer ator. Isso se deve, principalmente, ao fato de que a legitimidade é entendida como dependente da qualidade da análise, e não da identidade de quem realiza. (...) O requisito do envolvimento não é se os atores são públicos ou privados, nacionais ou internacionais, mas se a qualidade da análise pode ser garantida.[240]

A última sobreposição apontada por Fisher é menos uma sobreposição e mais uma inter-relação. Citando a literatura de Sheila Jasanoff, Fisher afirma que "o foco no risco destaca o fato de que os regimes de governança e os problemas que governam são coproduzidos". Nesse sentido, as narrativas sobre o risco representam o mundo e, ao mesmo tempo, definem os horizontes para uma ação possível e aceitável, fornecendo, assim, "a estrutura para entender o que é legítimo". A coprodução também pode ser vista como um processo de enquadramento, que oferece um contexto interpretativo dentro do qual as coisas ganham sentido e direção. Nesse sentido, "a preocupação com risco e governança é sobre como ela privilegia uma metanarrativa sobre como tomar decisões coletivas sobre o futuro em detrimento de outras narrativas".[241]

Fisher extrai dessas sobreposições três lembretes especialmente relevantes para esta pesquisa. Primeiro, o risco pode não fornecer uma

---

[239] FISHER, Elizabeth. Risk and Governance. *In:* LEVI-FAUR, David (ed.). *The Oxford Handbook of Governance.* Oxford: Oxford University Press, 2012. p. 421. https://doi.org/10.1093/oxfordhb/9780199560530.001.0001. Acesso em: 11 maio 2023.
[240] *Idem.*
[241] *Ibidem,* p. 423-424, tradução nossa.

base analítica sólida para a tomada de decisão, como argumentam muitos estudiosos, o que torna problemática a noção de que o risco é uma técnica de governança eficaz.[242] Segundo, é necessário dedicar maior atenção à relação entre conhecimento, *accountability* e legitimidade, pois o risco, ao mesmo tempo que regula comportamentos e fornece os horizontes para uma ação legítima, proporciona decisões opacas e de difícil responsabilização, mercê da discricionariedade conferida aos *experts* para a tomada de decisão.[243] O terceiro lembrete merece ser transcrito, dada a sua íntima relação com as ideias desenvolvidas nesta pesquisa:

> O risco não é uma coisa única reificada, lá fora, esperando para ser regulado por um regime de governança. Em vez disso, os regimes de governança e os riscos que eles regulam são coproduzidos. Os regimes de governança financeira são coproduzidos com ideias de mercados (MacKenzie 2006). Os regimes de governança da biotecnologia enquadram a compreensão do que é um risco biotecnológico (Jasanoff 2005). Ao fazer isso, parafraseando Jasanoff, os regimes de governança "são feitos de conhecimento" (Jasanoff 2006:3); não são apenas redes de atores públicos e privados em vários níveis, mas são redes do físico e do social (Latour 2007).[244]

Outra importante leitura sobre a relação entre risco e governança é feita por Marjolein B.A. Van Asselta e Ortwin Renn. Os autores analisam a noção de governança do risco diante da constatação de que muitos riscos são sistêmicos,[245] que não podem ser calculados a partir de uma perspectiva linear de probabilidade e efeitos. Riscos sistêmicos são caracterizados por três fatores: complexidade, que diz respeito à dificuldade de se identificarem as ligações entre uma multiplicidade de potenciais agentes causais e efeitos específicos, bem como de se medir a influência que cada fator exerce individualmente sobre os riscos;[246] incerteza, que confronta o trabalho daqueles que analisam riscos em face da indeterminação do futuro – citando Bertrand de Jouvenel, os autores

---

[242] *Ibidem*, p. 424.
[243] Nesse sentido, Fisher destaca que "não é apenas se o risco e os requisitos analíticos relacionados a ele fornecem uma base precisa para a tomada de decisões, mas se eles fornecem um meio de garantir a *accountability* e legitimidade" (*Ibidem*, p. 425, tradução nossa).
[244] *Idem*.
[245] O conceito de risco sistêmico oferecido pelos autores foi abordado no tópico 2.1.3, *supra*.
[246] ASSELTA; RENN, *op. cit.*, nota 25, p. 436-437. Os autores fornecem como exemplo de riscos complexos as possíveis falhas de infraestruturas interligadas.

afirmam inexistirem fatos futuros;[247] e, finalmente, ambiguidade, que decorre da conjugação da incerteza e complexidade. A ambiguidade é caracterizada pela existência de "perspectivas divergentes e contestadas sobre a justificação, gravidade ou significados mais amplos associados a uma ameaça percebida",[248] o que produz diferentes opiniões sobre como os riscos devem ser analisados e gerenciados.

Para os autores, as rotinas de análise e gerenciamento de risco tradicionais não costumam levar em consideração a natureza dos riscos incertos, complexos e ambíguos, o que produz como consequência problemas como amplificação social ou atenuação irresponsável do risco, controvérsias prolongadas, decisões ininteligíveis e dispendiosas, problemas de legitimidade, dentre outros. A governança de risco, por sua vez, endossa práticas altamente contextualizadas para lidar com os riscos, sendo, portanto, uma noção adequada para lidar com riscos incertos, complexos e ambíguos. Nesse contexto, os autores propõem a observância de três princípios que sintetizam as providências que devem ser consideradas na organização de estruturas e processos de governança de riscos.[249]

O princípio da comunicação e inclusão preconiza, em uma primeira perspectiva, que a comunicação deve ser mútua, desenvolvida em mão e contramão, de modo a fomentar a confiança entre os vários intervenientes nas sociedades plurais modernas, como os especialistas, decisores políticos, partes interessadas, sociedade civil e o público em geral. A comunicação fornece uma base melhor para o gerenciamento responsável de riscos incertos, complexos e ambíguos, por exemplo ao proporcionar o compartilhamento de informações relevantes sobre os riscos e as maneiras possíveis de lidar com eles. Diante das dificuldades que envolvem a comunicação, é necessário desenvolver a aprendizagem social como forma de viabilizar que intervenientes de diferentes origens interajam e discutam a incerteza, a complexidade e a ambiguidade.[250]

Nesse contexto, inclusão não significa apenas e tão somente que os intervenientes estão incluídos no enquadramento do risco, mas que eles desempenham um papel de fundamental importância na consecução dessa atividade. As questões cruciais a serem consideradas são: quem está incluído? O que está incluído? E qual é o escopo e o

---

[247] Ibidem, p. 437.
[248] Idem.
[249] Ibidem, p. 438-439.
[250] Ibidem, p. 439-440.

mandato do processo? A inclusão pode assumir diferentes formas, tais como mesas redondas e fóruns abertos de discussão e é justificada por variadas razões: ela explora fontes diversas de informação e identifica diferentes perspectivas de risco, viabiliza que os atores afetados pelos riscos participem da tomada de decisão em relação a esses riscos – algo essencial em sociedades democráticas – e ajuda a construir resultados mais robustos socialmente, dada a interação de um grande número de intervenientes ponderando prós e contras essencialmente heterogêneos.[251]

O princípio da integração "refere-se à necessidade de coletar e sintetizar todo o conhecimento e experiência relevantes de diversas disciplinas e diversas fontes, incluindo informações incertas e articulações de percepções e valores de risco".[252] Esse princípio ressalta que o conhecimento científico desempenha um papel importante na governança de risco, mas ele não é suficiente. Na abordagem dos riscos incertos, complexos e ambíguos torna-se necessário integrar valores e questões como reversibilidade, persistência, ubiquidade, tolerabilidade, equidade, potencial catastrófico, controlabilidade e voluntariedade. Além disso, a governança de risco não envolve um único risco, sendo necessário desenvolver avaliações multidimensionais como análise de risco-benefício e compensações risco-risco.[253]

Asselta e Renn afirmam que a integração demanda o envolvimento de diferentes disciplinas e conhecimentos e experiências não certificados como acadêmicos, fomentando uma perspectiva ampliada que viabiliza a projeção de opções futuras e oportunidades de decisão sobre as quais os intervenientes relevantes da sociedade podem refletir e realizar escolhas informadas. Além disso, a integração também se refere ao processo, que deixa de ser um processo linear e sequencial de análise, comunicação e gerenciamento de risco para gerar processos interligados e iterativos. "O princípio da integração chama a atenção para a necessidade de considerar as interconexões, tanto em termos de conteúdo como em termos de processo, entre as várias atividades relacionadas com o risco".[254]

Finalmente, o princípio da reflexão adota como pressuposto a impossibilidade de se rotinizar a governança de risco. É fundamental

---

[251] Ibidem, p. 440-441.
[252] Ibidem, p. 441-442. tradução nossa.
[253] Ibidem, p. 442.
[254] Idem.

que os intervenientes reflitam sobre os seus respectivos papeis e sobre a natureza especial do risco – riscos incertos, riscos complexos e riscos ambíguos –, o que serve para os colocar em alerta a fim de não ceder à tentação de considerá-los como sendo riscos simples e de aplicar rotinas mais familiares de análise e gerenciamento de risco. Em vez de se perguntar quão seguro é suficientemente seguro, deve-se procurar resposta para a pergunta: quanta incerteza o coletivo está disposto a aceitar em troca de algum(ns) benefício(s)? Isso retira o foco da segurança para a incerteza. O princípio da reflexão enfatiza a existência de questões difíceis e importantes envolvendo os riscos, as quais exigem dos intervenientes consideração repetida ao longo de todo processo, sob pena de o processo (re)introduzir as estruturas e rotinas familiares voltadas para analisar e gerenciar riscos simples.[255]

2.4.6 Gestão de riscos internos e institucionais e a regulação baseada em risco

Um último aspecto que pode ser analisado dentro da noção de regulação de risco diz respeito às profundas transformações na forma com que o regulador passa a orientar as suas próprias atividades. De acordo com Julia Black, em uma primeira perspectiva, observa-se um impulso que leva o regulador a focar na melhoria do gerenciamento de riscos internos, que adquirem uma dupla dimensão: compreendem os riscos que surgem no ambiente em que o regulador atua e os riscos que surgem em seu interior.[256] Ao gerenciá-los, o regulador "concentra-se nos aspectos das próprias operações internas da organização que podem afetar sua capacidade de formular e entregar objetivos de política, como falhas de TI, ataques terroristas, surtos de gripe aviária ou suína ou gerenciamento inadequado de projetos".[257] Nesse contexto, o regulador traz para a esfera governamental os métodos e processos de gestão de risco utilizados no setor privado.

A propósito, a OCDE expediu recentemente o documento *Modernizando a avaliação dos riscos para a integridade no Brasil*, no qual analisa a metodologia atual de avaliação de riscos para a integridade no Poder Executivo federal brasileiro e apresenta recomendações

---

[255] *Ibidem*, p. 442-443.
[256] BLACK, *op. cit.*, nota 3, p. 327-328.
[257] *Ibidem*, p. 328, tradução nossa.

para o fortalecimento e modernização da abordagem atual. Em suma, os três caminhos apresentados pela OCDE são: "reconhecer e enfrentar barreiras cognitivas e sociais, alavancar esforços contínuos para melhorar o uso de dados e análises para fins preventivos e fortalecer o apoio organizacional à gestão dos riscos para a integridade, promovendo uma cultura de gestão de riscos nas instituições públicas do Poder Executivo federal".[258]

A segunda perspectiva apontada por Black diz respeito ao gerenciamento de riscos institucionais. Aqui o regulador se preocupa com a possibilidade de não atingir seus objetivos organizacionais e políticos, por isso há uma ampliação da perspectiva de análise para alcançar o desenho das intervenções regulatórias e a distribuição de recursos públicos. Além de ter clareza quanto aos objetivos que deve perseguir, o regulador precisa definir o apetite de risco de sua organização.[259]

Conectada ao tema do gerenciamento de riscos institucionais, a regulação baseada no risco (*risk-based regulation*) é uma estratégia regulatória que "explodiu em popularidade em uma série de setores em todo o mundo".[260] Diante do problema pervasivo da escassez de recursos, a regulação baseada em risco preconiza que os reguladores devem "priorizar os assuntos que são sérios e importantes".[261]

Segundo a OCDE, para melhorar a eficiência, fortalecer a eficácia e reduzir a carga administrativa, é fundamental que a regulação seja projetada e executada "com foco no risco e proporcional ao risco".[262] Nesse sentido, a proposição da regulação baseada em risco é que "os reguladores operam estruturas e procedimentos de tomada de decisão para priorizar as atividades regulatórias e a aplicação de recursos de acordo com uma avaliação dos riscos que as empresas reguladas representam para os objetivos do regulador".[263] A regulação baseada em risco está preocupada em controlar os riscos relevantes, e não em

---

[258] OECD. *Modernizando a avaliação dos riscos para a integridade no Brasil*: rumo a uma abordagem comportamental e orientada por dados. Paris: OECD Publishing, 2023. Disponível em: https://doi.org/10.1787/61d7fc60-pt. Acesso em: 8 maio. 2023.

[259] BLACK, *op. cit.*, nota 3, p. 328-329.

[260] BALDWIN; CAVE; LODGE, *op. cit.*, nota 40, p. 281, tradução nossa.

[261] BALDWIN, Robert; BLACK, Julia. Driving priorities in risk-based regulation: What's the problem. *Journal of Law and Society*, [S. l.], v. 43, n. 4, p. 565, 2016, tradução nossa.

[262] OECD, *op. cit.*, nota 9, p. 183, tradução nossa.

[263] BALDWIN; BLACK, *op. cit.*, nota 261, p. 567, tradução nossa.

assegurar o *compliance* regulatório.[264] No Brasil, a noção de regulação baseada em risco tem sido adotada por reguladores de setores tão diversos como a Comissão de Valores Mobiliários (CVM),[265] o Banco Central do Brasil (BCB),[266] a Superintendência de Seguros Privados (Susep),[267] a Agência Nacional de Saúde Suplementar (ANS),[268] a Agência Nacional de Aviação Civil (Anac)[269] e a Agência Nacional de Vigilância Sanitária (Anvisa).[270]

---

[264] BALDWIN; CAVE; LODGE, *op. cit.*, nota 40, p. 281.

[265] Plano de Supervisão Baseada em Risco (Disponível em: https://www.gov.br/cvm/pt-br/acesso-a-informacao-cvm/acoes-e-programas/plano-de-supervisao-baseada-em-risco. Acesso em: 16 dez. 2023).

[266] Supervisão do Sistema Financeiro (Disponível em: https://www.bcb.gov.br/estabilidadefinanceira/supervisao. Acesso em: 16 dez. 2023).

[267] Regulação Prudencial (Disponível em: https://www.gov.br/susep/pt-br/assuntos/informacoes-ao-mercado/solvencia-regulacao-prudencial-1. Acesso em: 16 dez. 2023).

[268] Capital Regulatório (Disponível em: https://www.gov.br/ans/pt-br/assuntos/operadoras/regulacao-prudencial-acompanhamento-assistencial-e-economico-financeiro/regulacao-prudencial-1/capital-regulatorio. Acesso em: 16 dez. 2023).

[269] Fiscalização baseada em risco (Disponível em: https://www.gov.br/anac/pt-br/assuntos/regulados/aerodromos/seguranca-operacional/fiscalizacao-de-aerodromos/fiscalizacao-baseada-em-risco#:~:text=A%20fiscaliza%C3%A7%C3%A3o%20baseada%20em%20risco,algumas%20ocorr%C3%AAncias%20de%20seguran%C3%A7a%20operacional. Acesso em: 16 dez. 2023).

[270] ANVISA aprova novo marco regulatório para medicamentos de baixo risco sujeitos a notificação. *Gov.br*, Brasília, DF, 10 nov. 2021. Disponível em: https://www.gov.br/anvisa/pt-br/assuntos/noticias-anvisa/2021/anvisa-aprova-novo-marco-regulatorio-para-os-medicamentos-de-baixo-risco-sujeitos-a-notificacao. Acesso em: 16 dez. 2023.

3

TEORIAS DE REGULAÇÃO DE RISCO

Diferentes modelos de regulação procuram descrever como os riscos devem ser identificados, analisados e respondidos. Robert Baldwin, Martin Cave e Martin Lodge apontam a existência de dois grupos de abordagens antagônicas nos extremos da grelha de opções: de um lado, abordagens técnicas de risco enfatizam o papel dos *experts*; de outro, abordagens construtivistas defendem que as políticas regulatórias "devem emergir de processos democraticamente legítimos de debate e consulta".[271] De acordo com os autores, as diferenças entre as mais variadas abordagens regulatórias "levantam questões sobre as respostas regulatórias aos riscos e as formas pelas quais os regimes de regulação de riscos podem ser justificados ou legitimados".[272]

Neste tópico se relacionam algumas abordagens de risco comumente citadas pela literatura. No leque das opções regulatórias, identificam-se dois modelos competidores de regulação de risco, havendo entre eles um continuum onde outras abordagens podem ser identificadas. Esses dois modelos competidores refletem a notória dicotomia entre ciência e democracia que caracteriza os debates sobre a regulação de riscos tecnológicos e a análise dessa dicotomia proporciona uma visualização panorâmica útil, pois contextualiza o objeto desta pesquisa. Em obra clássica sobre regulação de risco, Elizabeth Fisher[273] realiza uma ampla abordagem sobre essa dicotomia, constituindo-se, assim, em importante ponto de partida para a realização desta pesquisa.

---

[271] BALDWIN; CAVE; LODGE, *op. cit.*, nota 40, p. 92-93, tradução nossa.
[272] *Ibidem*, p. 92, tradução nossa.
[273] FISHER, Elizabeth. *Risk Regulation and Administrative Constitutionalism*. Oregon: Hart Publishing, 2007.

3.1 Modelos racional-instrumental e constitutivo-deliberativo: a análise panorâmica de Elizabeth Fisher

Fisher pretende reorientar a forma com que os debates jurídicos sobre a regulação de riscos tecnológicos têm sido caracterizados. Segundo a autora, os conflitos se resumem a saber se o Estado, no exercício da função regulatória de risco, deveria basear sua decisão na ciência ou em valores. Consequentemente, a questão se resumiria a saber se a tomada de decisão envolvendo os riscos tecnológicos seria um assunto para os *experts* ou de democracia. O Direito, nesse contexto, desempenharia um papel bastante limitado, meramente instrumental.[274]

Para Fisher, as disputas legais envolvendo a avaliação de risco são, na verdade, disputas sobre o que é, e sobre o que deveria ser, o papel e a natureza da boa Administração Pública no exercício de uma função de regulação de riscos. Fisher acrescenta que o papel e a natureza da Administração Pública são influenciados por entendimentos consagrados sobre a natureza dos riscos tecnológicos, a ciência, a democracia e a capacidade do Direito de constituir, limitar e responsabilizar a Administração Pública. O argumento central é que essas disputas são essencialmente disputas sobre o constitucionalismo administrativo e elas colocam em evidência a íntima relação entre Direito, Administração Pública e riscos tecnológicos. É dentro dessa perspectiva que Fisher afirma que o debate entre ciência e democracia é, na verdade, uma escolha entre diferentes paradigmas de Administração Pública, que ela convencionou chamar paradigmas deliberativo-constitutivo e racional-instrumental. Fisher afirma que esses paradigmas possuem uma dimensão prescritiva e outra descritiva e oferecem uma melhor compreensão da decisão regulatória do risco tecnológico e, em particular, da sua dimensão legal.[275]

Passa-se a analisar, de forma mais detida, o percurso teórico que levou Fisher a estabelecer o seu foco de análise no papel desempenhado pela Administração Pública em relação aos riscos tecnológicos.

---

[274] *Ibidem*, p. 3.
[275] *Ibidem*, p. 3-4.

3.1.1 Os riscos tecnológicos, a dicotomia ciência vs. democracia e o papel do Direito

Para Fisher, riscos tecnológicos são os riscos oriundos das atividades humanas industriais que ameaçam o meio ambiente e a saúde pública, ficando excluídos de sua análise os riscos presentes em outras arenas, como nos campos da justiça criminal, contraterrorismo e regulação financeira. Os debates sobre como o Estado deve regular os tais riscos normalmente estão associados à avaliação de risco (*risk evaluation*), que é o processo de definição *ex ante* de padrões e posterior avaliação dos potenciais danos que as atividades ou os produtos podem oferecer ao meio ambiente e à saúde pública. Esse processo compreende a tomada de decisão sobre a aceitabilidade do risco e, consequentemente, sobre a necessidade de endereçamento de uma ação regulatória.[276]

Mas por que a avaliação desses riscos tecnológicos tem sido o foco das controvérsias envolvendo o tema do risco? Fisher afirma que os motivos estão associados a três aspectos particulares dos riscos tecnológicos. O primeiro é a incerteza científica que caracteriza tais riscos. Não se trata apenas de reconhecer que as novas tecnologias, cercadas de incerteza científica, podem produzir resultados inerentemente imprevisíveis. A questão é mais complexa. Muitas vezes não há um conhecimento coletivo razoável sobre os riscos tecnológicos, e a tarefa de desenvolver esse conhecimento pode esbarrar em problemas metodológicos, epistemológicos e até ontológicos inerentes à determinação da existência de uma ameaça e sua natureza: existem incertezas experimentais e amostrais na coleção de dados, além de limitações tecnológicas no processo de monitoramento;[277] existem problemas metodológicos na análise de riscos;[278] existem incertezas epistemológicas em um ambiente de total ignorância, decorrentes da incapacidade humana de identificar a natureza e a causa de certos

---

[276] *Ibidem*, p. 6-7.
[277] "A avaliação do risco depende invariavelmente de ferramentas de modelagem e é difícil avaliar se um modelo é uma simplificação construtiva ou um mal-entendido da realidade que está tentando representar" (*Ibidem*, p. 7, tradução nossa).
[278] "(...) particularmente em relação aos riscos de saúde a longo prazo, como o câncer. Assim, por exemplo, há discordância sobre se estudos em animais ou epidemiologia são a disciplina mais confiável para avaliar os riscos de câncer em humanos" (*Ibidem*, p. 7-8, tradução nossa).

riscos;[279] existem incertezas científicas causadas pela indeterminação do ambiente natural, cuja composição é complexa e pouco compreendida.[280]

O segundo aspecto dos riscos tecnológicos é que a natureza e a existência de um risco geralmente estão associadas ao comportamento humano, o que torna esses riscos *comportamentalmente incertos* (*behaviourally uncertain*). O acidente de Chernobyl, por exemplo, teve como causa diversos fatores humanos interligados, tais como gerenciamento, erro e desenho da tecnologia. Os caprichos do comportamento humano também podem dificultar a análise de certos riscos. O ponto a ser ressaltado é que nem sempre as escolhas feitas pelos indivíduos podem ser objeto de análises preditivas.[281]

Terceiro e último aspecto ressaltado por Fisher é que a aceitabilidade dos riscos tecnológicos não depende apenas das preferências pessoais do indivíduo ou da magnitude e probabilidade do risco, mas também do contexto no qual o indivíduo se encontra inserido. Questões como confiança institucional, controle, distribuição de riscos, voluntariedade da atividade de risco e aceitabilidade de arranjos sociais mais amplos influenciam a capacidade do indivíduo de aceitar riscos.[282]

Essas três características levam os riscos tecnológicos a se tornarem alvo da regulação estatal. Com efeito, as incertezas que permeiam a vida social podem impossibilitar os próprios indivíduos a tomarem decisões de gerenciamento de risco, levando o Estado a intervir sobre o risco em questão. O mesmo ocorre em razão da questão da aceitabilidade do risco, que, como visto, não diz respeito apenas às preferências pessoais do indivíduo, mas também à aceitabilidade sobre como as sociedades são organizadas e governadas, e essa aceitabilidade produz uma política da esfera pública.

Apesar de existirem motivos para a deflagração da intervenção estatal, o ingresso do Estado na esfera social para regular certos riscos suscita novos problemas. É que, ao estabelecer arranjos de governança voltados para gerenciar coletivamente os riscos, o Estado

---

[279] "Esse é particularmente o caso em relação a algo como a Bovine Respiratory Disease (BSE), conhecida como doença da vaca louca, em que a sua natureza e causa apenas agora começam a ser compreendidas" (*Ibidem*, p. 8, tradução nossa).

[280] "Os vínculos causais nem sempre são lineares e as atividades podem não causar efeitos adversos até um futuro distante. Assim, por exemplo, a poluição do ar pode causar chuvas ácidas que levam a uma série de repercussões no meio ambiente e na saúde pública. Da mesma forma, os efeitos adversos do lixo nuclear ao meio ambiente e à saúde só podem se tornar sérios décadas depois" (*Ibidem*, p. 8, tradução nossa).

[281] *Ibidem*, p. 8.

[282] *Ibidem*, p. 8-9.

inevitavelmente favorecerá um entendimento de aceitabilidade do risco em detrimento de outros.[283] Isso pode significar que o Estado reconhece, porém marginaliza entendimentos particulares de aceitabilidade de risco, ou que o Estado sequer reconhece que o problema de risco tecnológico possui outras dimensões.[284] O resultado disso é uma onda de desconfiança nas instituições públicas envolvidas na avaliação de risco, inclusive quanto à sua legitimidade para intervir sobre a vida social. Assim, as características dos riscos tecnológicos levam o Estado a intervir sobre a vida social e, ato contínuo, criam uma série de desafios para a própria validade das instituições, o que levanta debates sobre a necessidade de se realizarem reformas na maneira que o Estado avalia tais riscos.[285]

Tudo isso demonstra que as disputas envolvendo os riscos tecnológicos dizem respeito a como as instituições coletivas[286] devem identificar, entender e agir em relação a tais riscos. Nesse contexto, Fisher observa que as propostas de reforma da abordagem estatal,

---

[283] Notadamente em casos de significância científica, em que as divergências sobre o risco se acumulam: "Esse é particularmente o caso em circunstâncias de alta incerteza científica onde haverá visões divergentes e muitas vezes incomensuráveis sobre a natureza do próprio risco e, como tal, a identificação do risco e a aceitabilidade do risco colapsam uma na outra. Assim, por exemplo, para alguns comentaristas, os organismos geneticamente modificados (OGMs) são simplesmente uma extensão natural das técnicas de cruzamento, enquanto, para outros, eles representam uma nova tecnologia e precisam ser avaliados como tal. Em outras palavras, um Estado não pode fornecer uma 'meta-racionalidade legítima ou comumente aceita' em relação à descrição de um risco e, portanto, deve privilegiar uma perspectiva" (*Ibidem*, p. 10, tradução nossa).

[284] "Em todos os casos, no entanto, o problema é que há uma "negligência institucional de questões de significado público", bem como a "imposição presuntiva" de outros entendimentos de problemas de risco para o público" (*Ibidem*, p. 10, tradução nossa).

[285] "Da mesma forma, os argumentos para a reforma nessa área são invariavelmente tentativas de reformular como as questões de risco tecnológico são governadas. Por esse motivo, vários estudiosos argumentaram que os riscos tecnológicos se tornaram o ponto focal para defender reformas mais gerais na forma como o Estado governa em uma democracia liberal, bem como um dos catalisadores para a ascensão dos novos movimentos sociais" (*Ibidem*, p. 11, tradução nossa).

[286] "Em geral, o foco institucional para reformular os processos de avaliação de risco é o Estado, invariavelmente definido de forma imprecisa. Esse é o caso mesmo em uma era de governança e globalização, em que uma instituição formal aparentemente foi desconstruída e a definição de padrões e a avaliação de risco foram, em alguns casos, delegadas fora do setor público e até mesmo fora da jurisdição. O Estado e a sua bagagem conceitual, por mais difamada que seja, ainda são os pontos de partida para conceituar essa área de tomada de decisão. Em parte, isso tem a ver com o fato de que apenas os Estados soberanos têm o poder inato de regular o risco e, em parte, com o fato de que 'o Estado', como um conceito abstrato, tem um domínio tão poderoso sobre a imaginação acadêmica que é difícil conceituar a tomada de decisão coletiva sem referência a ele" (*Ibidem*, p. 11-12, tradução nossa).

especificamente em relação à avaliação dos riscos tecnológicos, podem ser segregadas em dois grupos: de um lado, estão aqueles que argumentam que a ciência e a *expertise* constituem a base primária para a tomada de decisão sobre tais risco;[287] de outro, os que defendem a democracia e os valores éticos como a base primária da tomada de decisão.[288] Trata-se da dicotomia entre *expertise* e democracia,[289] em que cada grupo reconhece o papel exercido pelo outro, mas apenas em termos subsidiários.[290]

E qual seria o papel do Direito nesse debate? Fisher afirma que a literatura jurídica, quando analisa a dicotomia entre *expertise* e democracia, não costuma associar essa dicotomia ao papel do Direito de forma detalhada. A discussão costuma ter como foco três aspectos: o Direito visto sob um enfoque instrumental, como uma ferramenta voltada para aprimorar os aspectos científicos ou democráticos

---

[287] "Para o primeiro grupo, a solução para problemas tecnológicos é promover uma abordagem científica ou especializada para a tomada de decisão. Isso ocorre porque, embora a avaliação de risco envolva escolhas de valor e seja afetada pela incerteza científica, o risco é um conceito científico que pode ser entendido adequadamente apenas em termos científicos. Como esse é o caso, um Estado precisa garantir que a tomada de decisão seja o mais objetiva possível e que os tomadores de decisão sejam especialistas em seu campo. A incerteza científica é reconhecida, mas é algo administrável. Os valores também são relevantes, mas só precisam ser integrados à tomada de decisão após uma avaliação adequada do risco. A ciência, para esse grupo, precisa ser trazida para a política, para a regulação e para o tribunal para que o risco tecnológico possa ser devidamente compreendido. Ao mesmo tempo, a ciência precisa ser mantida separada da política, das políticas e do Direito, de modo a garantir sua integridade. Em particular, existe o perigo de que medos irracionais e valores arbitrários contaminem a análise científica adequada" (*Ibidem*, p. 12, tradução nossa).

[288] "Para outro grupo, a avaliação de risco é inerentemente carregada de valor. A ciência é uma ferramenta limitada para a tomada de decisões devido a: seus limites epistemológicos, o fato de que sua "objetividade" pode funcionar como um manto para a ideologia; e porque a tomada de decisão sobre risco é sobre como as comunidades desejam coletivamente viver suas vidas. Para esse grupo, o Estado precisa adotar uma abordagem mais democrática para lidar com o risco, enfatizando a importância de valores éticos, autonomia liberal e construção de confiança para determinar se algum risco específico é aceitável. O Estado precisa promover a participação pública na tomada de decisões sobre riscos tecnológicos e garantir uma discussão explícita dos conflitos de valor levantados por determinados riscos tecnológicos. O papel da lei é, portanto, permitir em grande parte uma maior participação, particularmente ao permitir um maior acesso aos processos regulatórios e aos tribunais" (*Ibidem*, p. 12, tradução nossa).

[289] Essa dicotomia também pode ser caracterizada entre ciência e valores, ou entre ciência e política, ou entre tecnocracia e democracia participativa (*Ibidem*, p. 12).

[290] Fisher reconhece que essa dicotomia tem sido desafiada por novas abordagens acadêmicas e até políticas. Porém, a distinção entre ciência e democracia ainda é predominante no estudo e prática da regulação de riscos tecnológicos (*Ibidem*, p. 13).

da avaliação de risco;[291] o Direito relegado a um segundo plano, diante do advento de conceitos mais modernos de governança;[292] e o reconhecimento de um papel relevante a ser desempenhado pelo Direito, em situações de divisão intelectual entre Direito e ciência ou Direito e democracia.[293] Fisher dirige três críticas a essas perspectivas que enxergam a avaliação de risco como uma dicotomia entre ciência e tecnologia e o Direito como uma instituição que desempenha um papel instrumental, obsoleto ou obstrutivo. Primeiramente, as disputas sobre a tomada de decisão envolvendo os riscos tecnológicos não são um conflito entre fatos e valores, mas sim sobre qual é a ciência disponível e como ela deve ser interpretada, sobre quais são os valores normativos que devem ser observados, sobre como tais riscos devem ser gerenciados pelas instituições responsáveis. Quando duas partes envolvidas na regulação de risco contendem sobre questões como quais são os fatos e de que maneira esses fatos devem ser avaliados, elas estão na realidade discutindo o que deveria contar como conhecimento. Além disso, essa caracterização enxerga a ciência e a democracia como esferas diferentes da vida pública, sem fornecer qualquer explicação sobre como essas esferas se interrelacionam e o que esses termos significam. Fisher atribui esse problema ao fato de que, nas discussões sobre regulação de risco, o Estado é mencionado em termos muito vagos, com pouca atenção ao contexto institucional, cuja análise é fundamental para concluir pela validade de uma abordagem científica ou democrática. Finalmente, Fisher sustenta que o Direito não possui um papel meramente

---

[291] Para aprimorar os aspectos científicos da avaliação de risco, o Direito exige que os tomadores de decisão usem ciência e ferramentas científicas. Já para aprimorar os aspectos democráticos da avaliação de risco, o Direito cria oportunidades para a participação pública. "Em ambos os casos, no entanto, o Direito não é considerado como tendo qualquer lógica interna ou injetando quaisquer questões fundamentais no debate. A lei é tratada como livre de conteúdo: 'a lei não pode pensar', como observou um comentarista" (*Ibidem*, p. 14-15, tradução nossa).

[292] "Esse desenvolvimento assumiu muitas formas simultâneas, incluindo o abandono da regulação de comando e controle; a criação do Direito reflexivo e a negação da divisão público/privado. Em todos os casos, no entanto, parece não haver muito papel para o Direito, que é aparentemente substituído por outras formas de tomada de decisão, em particular a negociação e/ou outras formas de mecanismos de responsabilização, como a auditoria" (*Ibidem*, p. 15, tradução nossa).

[293] "Como Mashaw comentou, a 'literatura da ciência do Direito é volumosa'. Também é heterogêneo, mas raramente é parabenizador ou otimista em relação à interface Direito-ciência, que caracteriza como 'uma vasta divisão intelectual'. O Direito nessas circunstâncias é amplamente obstrutivo e impede o bom funcionamento dos processos científicos ou democráticos" (*Ibidem*, p. 15-16, tradução nossa).

instrumental (por exemplo, as disputas jurídicas proporcionam a arena para debates envolvendo a legitimidade de determinadas abordagens regulatórias) irrelevante (os marcos legais e os discursos jurídicos criam as condições para a tomada de decisão envolvendo os riscos tecnológicos) ou obstrutivo (o Direito cria as condições para a ação regulatória).[294]

3.1.2 Reenquadrando a discussão

A forma como Fisher descreve os debates jurídicos envolvendo os riscos tecnológicos, e as críticas que ela dirige à forma como esses debates são caracterizados proporcionam as condições para a instauração de um novo modelo de análise das disputas jurídicas sobre a avaliação dos riscos tecnológicos. Fisher retoma a discussão sobre a importância do contexto institucional para a determinação da aceitabilidade dos processos de avaliação de risco para, então, destacar aquele que é o foco do seu trabalho: o contexto institucional não é nem ciência nem democracia, mas sim a Administração Pública.[295] Somente a Administração Pública – e não o Legislativo ou o Judiciário – pode proporcionar um espaço institucional flexível o suficiente para lidar com certas características da avaliação de risco, tais como *expertise*, capacidade institucional e tempo para lidar com riscos específicos.[296]

O foco na Administração Pública suscita uma problematização: mesmo desconsiderando as dificuldades e os desafios que os riscos tecnológicos oferecem para a regulação, a Administração Pública exerce um tipo de função que atrai discussões sobre como ela é constituída, limitada e responsabilizada.[297] Aqui o Direito entra em ação para

---

[294] *Ibidem*, p. 16-18.

[295] "Se meu argumento é que grande parte do debate atual sobre a regulação do risco tecnológico sofre da falha da caracterização incorreta do problema, isso levanta a questão sobre como os estudiosos e formuladores de políticas devem pensar sobre a tomada de decisões sobre o risco tecnológico. Meu ponto de partida para esse exercício é uma das características importantes do risco tecnológico visto acima – que as controvérsias do risco tecnológico são principalmente disputas sobre como o risco é avaliado. Se voltarmos a esse ponto, o que fica claro é que o contexto institucional para avaliação de risco terá um papel importante a desempenhar na determinação da aceitabilidade dos processos de avaliação de risco. Esse contexto institucional não é nem ciência nem democracia, no entanto – é Administração Pública" (*Ibidem*, p. 18, tradução nossa).

[296] *Ibidem*, p. 19-21.

[297] "Como observa Cook, a posição da Administração Pública levanta a questão de 'como pode um exercício de longo prazo, estável e até mesmo permanente da autoridade governamental ser reconciliado com um regime de soberania popular?' O resultado dessa

oferecer mecanismos voltados para assegurar a legitimidade da atuação da Administração Pública (por exemplo, o controle judicial dos atos administrativos), ao mesmo tempo que proporciona espaços e discursos para as disputas que envolvem o papel e a natureza da Administração Pública.[298] Para Fisher, "o papel que o Direito desempenha em relação ao risco tecnológico é essencialmente uma forma de constitucionalismo administrativo",[299] que designa a aplicação do constitucionalismo em suas conotações mais tradicionais – voltado para a constituição e limitação do governo – no contexto da Administração Pública.[300]

Fisher argumenta que as disputas sobre o constitucionalismo administrativo decorrentes da tomada de decisão de risco tecnológico possuem natureza jurídica, ao mesmo tempo que são processadas por meio de uma forma institucional – a Administração Pública – que molda a compreensão das pessoas sobre os problemas que envolvem a avaliação dos riscos tecnológicos. Apesar de serem variadas,[301] uma discussão recorrente nessas disputas é a análise da discricionariedade do tomador de decisão. A questão carrega uma significativa complexidade na medida em que envolve o processo de avaliação do risco tecnológico, bem como a existência de diferentes entendimentos sobre se o comportamento do tomador de decisão foi razoável e não arbitrário.[302]

Porém, a flexibilidade que existe na interpretação do conceito de razoabilidade – e do Direito de maneira mais ampla – não ocorre no vácuo. Fisher ressalta que o debate jurídico envolvendo o tema tem sido

---

situação é que existem tentativas contínuas para explicar, justificar e legitimar o poder administrativo que resultaram em uma série de teorias que muitas vezes prescrevem papéis bastante diferentes aos órgãos administrativos" (Ibidem, p. 22, tradução nossa).

[298] "Debates sobre reformas legislativas, casos de revisão judicial ou outras formas de responsabilização são locais para determinar e moldar o que são, e deveriam ser, o papel e a natureza da Administração Pública. Da mesma forma, a própria lei é o discurso por meio do qual isso é feito. O Direito não é apenas mais um local para realizar um debate científico ou político. As disputas legais sobre a tomada de decisões sobre riscos tecnológicos são realizadas em termos legais, e o Direito tem uma lógica e filosofia interna próprias que influenciarão esses debates" (Ibidem, p. 23, tradução nossa).

[299] Ibidem, p. 24, tradução nossa.

[300] Idem.

[301] "Essas disputas se referem a todos os aspectos do estabelecimento de padrões e avaliação de risco, incluindo: o direito de um tribunal revisar a tomada de decisões; a forma como um risco é caracterizado; o direito dos indivíduos de participar e contestar a tomada de decisões; as informações utilizadas na avaliação; a forma de comunicação empregada; os valores considerados; o procedimento perante o tribunal; o dever de um tomador de decisão de levar em conta outros fatores, e assim por diante" (Ibidem, p. 26, tradução nossa).

[302] Ibidem, p. 26-27.

dominado por dois paradigmas de constitucionalismo administrativo, que são o racional-instrumental e o deliberativo-constitutivo. Esses paradigmas, que possuem uma dimensão descritiva e outra normativa sobre a natureza da Administração Pública, da ciência, da participação popular e dos riscos tecnológicos, têm produzido um significativo impacto nas disputas jurídicas que envolvem a avaliação dos riscos tecnológicos e a própria natureza desses riscos.[303]

3.1.3 O modelo racional-instrumental

Fisher apresenta um retrato da teoria racional-instrumental do constitucionalismo administrativo: trata-se de uma teoria que aborda a Administração Pública como um instrumento do Legislativo, tendo como missão única obedecer à vontade democrática expressamente ordenada na legislação. Para tanto, ela é estruturada de modo a perseguir, de maneira eficaz e eficiente, os objetivos gerados pelo processo democrático. O modelo weberiano de burocracia oferece um célebre exemplo de modelo de restrição do poder administrativo para o atingimento de fins democráticos.[304]

Especificamente com relação à avaliação dos riscos tecnológicos, a Administração Pública executa duas tarefas principais. Primeiramente, ela identifica e analisa um risco específico e pondera sobre as consequências que podem decorrer de cada resposta regulatória. Essa tarefa normalmente envolve a coleta de informações e sua avaliação por parte de especialistas. Característica peculiar dessa abordagem é a utilização de metodologias analíticas voltadas para conferir objetividade à avaliação das informações, o que também se presta para restringir a discricionariedade dos agentes envolvidos.[305] Portanto, dentro da abordagem racional-instrumental, o risco tecnológico é visto como algo que pode ser quantificável por especialistas, que conseguem reduzir o impacto de qualquer incerteza científica utilizando metodologias racionais.[306]

A segunda tarefa é a identificação, pela Administração Pública, das preferências relevantes de valores por meio de alguma forma de representação de interesses – um processo legislativo substituto (*a*

---

[303] *Ibidem*, p. 27.
[304] *Ibidem*, p. 28.
[305] *Idem*.
[306] *Ibidem*, p. 29.

surrogate legislative process) – que permita não somente a comunicação adequada sobre as preferências do público em relação ao risco em questão, como também o desenvolvimento de uma compreensão mais precisa sobre o remédio regulatório a ser aplicado. Assim, sob a ótica do modelo racional-instrumental, as disputas de valor que envolvem os riscos tecnológicos representam conflitos entre preferências endógenas que conseguem vocalizar eficazmente os seus pontos de vista por meio de um processo de representação de interesses. Nesse caso, a solução de tais disputas pode ocorrer por meio de uma barganha ou compromisso, sendo que o papel da Administração Pública se limita a garantir que esse processo seja justo.[307]

As anotações precedentes permitem inferir que o que está no cerne do modelo racional-instrumental é a preocupação com a legitimidade democrática das instituições que atuam na regulação de risco. Como consequência disso, o modelo racional-instrumental procura assegurar que a Administração Pública exercerá um papel limitado e controlado na realidade social, sem usurpar os processos democráticos. Para tanto, o modelo racional-instrumental procura limitar a discricionariedade do tomador de decisões de risco mediante um esquema legislativo que delimita, de maneira clara, as competências do tomador de decisão e os limites do poder normativo da Administração Pública. O tomador de decisão deve atuar de maneira vinculada a esse esquema legislativo, além de fazer uso de metodologias que viabilizem uma análise racional e objetiva. Sua discricionariedade é filtrada no sentido de que toda decisão deve ser justificada a partir de uma leitura restrita de seu mandato legal, do seu conhecimento objetivo e da descrição precisa da preferência pública manifestada por meio do processo legislativo substituto. Consequência desse modelo é que qualquer decisão pode ser facilmente escrutinizada. Por exemplo, é possível utilizar mecanismos de *accountability* como a análise de impacto regulatório para garantir que os tomadores de decisão atuem dentro dos limites legais.[308]

3.1.4 O modelo deliberativo-constitutivo

De maneira antagônica ao modelo racional-instrumental, o paradigma deliberativo-constitutivo preconiza a concessão de poderes discricionários amplos e contínuos para que a Administração Pública

---

[307] *Ibidem*, p. 28-29.
[308] *Ibidem*, p. 29.

possa endereçar as incertezas e as complexidades envolvidas no processo de avaliação de riscos tecnológicos. Sob os influxos do modelo deliberativo-constitutivo, a Administração Pública não é um agente do Legislativo, mas sim uma instituição semi-independente e permanente, cujo mandato se apoia em princípios gerais e comandos mais amplos a fim de proporcionar uma significativa margem de discricionariedade para os tomadores de decisão. A avaliação de riscos tecnológicos possui uma natureza que a impede de se conformar a um modelo rígido pré-definido de fórmulas metodológicas.[309]

A palavra dinamismo ajuda a compreender a diferença das abordagens propostas pelos modelos deliberativo-constitutivo e racional-instrumental. Segundo Fisher, para o modelo deliberativo-constitutivo, a informação é vista como algo dinâmico, de fluxo contínuo, que precisa ser incentivado. A ideia de informação "relevante" está diretamente vinculada ao problema específico objeto de abordagem e pode incluir questões como experiência e observações leigas do público. Em uma outra dimensão de análise, as incertezas científicas, que permeiam muitos dos desafios regulatórios da atualidade, sinalizam que a Administração Pública deve manter-se aberta a novos desenvolvimentos científicos. O dinamismo também se faz presente no campo das preferências sobre os riscos, pois elas não podem ser consideradas estáticas – as preferências podem mudar caso haja alteração nos regimes de informação e gerenciamento. A normatização de padrões também é dinâmica, evoluindo na mesma medida em que novos problemas são identificados. Todo esse cenário produz reflexos sobre a *expertise* regulatória. Os especialistas não possuem apenas treinamento em metodologia científica, mas também experiência profissional – o modelo deliberativo-constitutivo deposita significativa confiança no julgamento profissional. Em todo caso, a definição do que é *expertise* relevante dependerá da natureza do problema regulatório a ser abordado.[310]

Todo esse dinamismo gera uma significativa complexidade administrativa. Sob o modelo deliberativo-constitutivo, a Administração Pública deve analisar, caso a caso, a melhor forma de avaliar a aceitabilidade do risco. Por outro lado, o tomador de decisão não pode confiar, automaticamente, em metodologias ou fórmulas pré-estabelecidas.

---

[309] *Ibidem*, p. 30.
[310] *Ibidem*, p. 30-31.

É por isso que Fisher afirma que, no modelo deliberativo-constitutivo, o dever mais importante da Administração Pública é deliberar – deliberar sobre como as questões podem ser normatizadas, deliberar sobre a relevância da informação e da *expertise* e, finalmente, deliberar sobre como o risco deve ser avaliado. A deliberação é um processo informal de comunicação e de consideração coletiva de questões.[311]

Apesar de sua característica político-deliberativa, a deliberação deve ser isolada do processo político dominante, pois este responde excessivamente a interesses políticos particulares. O foco da deliberação não são votos, poder ou barganha de grupos de interesse, mas a razão pública (*public reason*). O diálogo deliberativo que a representação encarta não pode ser visto apenas como um choque de interesses. Antes, trata-se de um processo repetitivo que busca o encerramento (*closure*) da controvérsia. A pretensão é que os diferentes atores aprendam com esse processo e reconsiderem as suas perspectivas. O papel da Administração Pública é moldar e dirigir o debate, além de tomar a decisão final.[312]

A significativa extensão do poder discricionário conferido aos tomadores de decisão levanta preocupações com relação à *accountability* desses agentes. Processos de *accountability* se destinam a assegurar que os tomadores de decisão atuaram dentro de sua jurisdição constituída. Para tanto, esses tomadores de decisão devem justificar não somente a sua escolha por determinada solução, como também por que decidiram rejeitar outras soluções possíveis. O olhar retrospectivo do modelo deliberativo-constitutivo não foca apenas em assegurar que os limites metodológicos foram respeitados, mas também em garantir o desenvolvimento de um processo deliberativo adequado. A flexibilidade do modelo deliberativo-constitutivo – discricionariedade ampla dos tomadores de decisão, dinamismo acentuado da Administração Pública, abertura dos processos deliberativos – acaba por conferir significativa margem de discricionariedade aos encarregados de conduzir os processos de *accountability*, e isso suscita a discussão sobre

---

[311] A deliberação pode assumir diferentes formas: pode incluir processos de comunicação consensuais e contraditórios, pode envolver uma ampla gama de atores e, dependendo do problema a ser endereçado, pode ser direcionada a um pequeno grupo ou ser em grande escala (*Ibidem*, p. 31).

[312] "A deliberação não traz autoridade legítima para o estabelecimento de padrões porque é democrática, embora isso seja um benefício colateral, mas porque atua como um meio 'superior' de solução coletiva de problemas" (*Idem*).

quem controla o controlador. Para lidar com esse problema, o modelo deliberativo-constitutivo defende que os tribunais e outras instituições envolvidas na supervisão da tomada de decisões assumam um papel mais substantivo.[313]

3.1.5 Existe um modelo superior?

Como visto, ao abordar a avaliação dos riscos tecnológicos, Fisher coloca o seu foco de análise no papel desempenhado pela Administração Pública. A autora argumenta que a dicotomia ciência *vs.* democracia acaba por ignorar o fato de que a avalição dos riscos tecnológicos é uma atividade desempenhada pela Administração Pública.[314] Nesse sentido, as disputas sobre riscos tecnológicos não são propriamente disputas sobre ser a ciência ou a democracia a melhor maneira de regular riscos, mas sim sobre qual deveria ser o papel e a natureza da Administração no exercício dessa função.

Mas haveria um modelo ideal de regulação de risco? Fisher afirma existir uma predominância do modelo racional-instrumental nas diferentes culturas jurídicas que ela analisou. Para ela, isso decorre do fato de que esse paradigma preconiza um modelo simples de controle e *accountability* e esta é "a" obsessão da contemporaneidade.[315] Mas a autora afirma que uma das descobertas de seu estudo é que um modelo não é superior ao outro – "não há resposta perfeita para os dilemas de legitimidade da regulação do risco tecnológico".[316] Fisher argumenta que ambos os paradigmas possuem pontos fortes e fracos. O modelo deliberativo-constitutivo promete resolver de maneira efetiva os problemas específicos da avaliação dos riscos tecnológicos, mas isso prescindindo de um meio mais simples de *accountability* dos tomadores de decisão. Já o modelo racional-instrumental promete oferecer *accountability* e controle sobre a atividade desenvolvida pelos

---

[313] *Ibidem*, p. 31-32.

[314] "Em outras palavras, o que este livro mostrou é que a dicotomia ciência/democracia não é apenas irrelevante, mas também uma dicotomia obstrutiva" (*Ibidem*, p. 246, tradução nossa).

[315] "A simplicidade e eficácia do modelo é, obviamente, questionável, mas o que pode ser visto nesses diferentes capítulos é que a promoção do paradigma de RI raramente se deveu a algum impulso ideológico de desregulação grosseira, mas sim porque tribunais, legisladores e os administradores tentavam estabelecer a legitimidade da Administração Pública por meio de sua restrição" (*Ibidem*, p. 251, tradução nossa).

[316] *Idem*.

tomadores de decisão, porém às custas de soluções mais eficazes de problemas.³¹⁷

Não existiria, portanto, uma estrutura perfeita para a avaliação do risco tecnológico. Fisher, nesse ponto, destaca que qualquer utopia ou ingenuidade com relação a um ou outro modelo pode ser perigosa. Com efeito, a autora afirma não acreditar que os problemas identificados em seu estudo sobre o funcionamento do modelo racional-instrumental poderiam ser facilmente solucionados por uma abordagem baseada no modelo deliberativo-constitutivo,³¹⁸ uma advertência que parece adequada para os tempos atuais, em que, diante do domínio do modelo racional-instrumental, muitos críticos clamam por uma adoção integral de um modelo deliberativo-constitutivo. Fisher ressalta que os problemas de legitimidade da Administração Pública na avalição dos riscos tecnológicos são objeto de amplo debate e sem qualquer solução definitiva, sendo que a abordagem que parece ser mais legítima é a utilização simultânea dos dois modelos de Administração Pública, algo que, segundo ela, já vem ocorrendo em alguns contextos.³¹⁹

A obra de Elizabeth Fisher fornece um retrato abrangente da regulação de risco contemporânea, identificando a predominância de duas abordagens antagônicas nos extremos do leque de opções. Passa-se a analisar as abordagens defendidas por diferentes autores dentro de um mosaico de opções regulatórias mais amplo. Inicia-se com a abordagem tecnocrática, que tem como um de seus mais proeminentes defensores Stephen Breyer, professor de Harvard e ex-juiz da Suprema Corte dos Estados Unidos. Essa abordagem pode, de certo modo, ser associada ao modelo racional-instrumental de Administração Pública mencionado por Fisher, estando, portanto, situada em um dos extremos do leque de opções regulatórias.

---

³¹⁷ *Ibidem*, p. 251-252.
³¹⁸ "Isso não quer dizer que o paradigma DC seja tão falho a ponto de ser inutilizável, e é claro que a Administração Pública pode ser efetivamente responsabilizada sob ele. Meu ponto é que, assim como não devemos ser ingênuos sobre o paradigma RI, também não devemos ser ingênuos sobre o paradigma DC" (*Ibidem*, p. 252, tradução nossa).
³¹⁹ "Em outras palavras, os regimes de regulação de riscos tecnológicos mais legítimos são aqueles em que os tomadores de decisão estão sujeitos a teorias concorrentes sobre seu papel e natureza e, como tal, precisamos reconhecer a legitimidade e o valor dos paradigmas RI e DC" (*Idem*).

3.2 Abordagem tecnocrática e a legitimidade por meio da especialização burocrática: Stephen Breyer

Como ressaltado por Fisher no tópico anterior, a abordagem clássica e predominante de regulação de risco o identifica como um produto da probabilidade e extensão de um dano, que pode ser observado de maneira objetiva e calculado racionalmente por especialistas bem-informados. Essa abordagem tecnocrática foi desenvolvida de maneira articulada por Stephen Breyer, para quem a regulação de risco se desenvolve por meio de uma metodologia linear de duas etapas: uma parte técnica, chamada avaliação de risco, voltada para medir os riscos associados a certas substâncias,[320] e uma parte mais orientada para políticas, chamada gerenciamento de risco, que corresponde à tomada de decisão sobre o que deve ser feito em relação aos riscos, levando em consideração aquilo que a análise de risco revelou.[321]

Breyer argumenta que a regulação de risco é assolada por três principais falhas: visão de túnel (o que ele também denomina *the last ten percent*), que leva as agências reguladoras a intervirem sobre riscos insignificantes, com enorme custo social e político;[322] seleção

---

[320] Segundo o autor, a análise de risco pode ser desmembrada em quatro atividades: "(a) Identificar o perigo potencial, digamos, benzeno em relação ao câncer. É benzeno em qualquer contexto, ou apenas benzeno usado na indústria, ou benzeno não diluído, ou certas soluções de benzeno em certos lugares? (b) Traçando uma curva de dose-resposta: Como o risco de dano varia com a exposição da pessoa a essa substância? (...) Os reguladores tentarão usar estudos estatísticos de, digamos, câncer em humanos (estudos epidemiológicos), ou experimentos com altas doses de substâncias dadas a animais, para estimar os efeitos potenciais da exposição humana a doses baixas de substâncias em vários períodos de tempo. (c) Estimativa da quantidade de exposição humana: Quantas pessoas em uma determinada força de trabalho, ou em uma determinada região, ou no público em geral, serão expostas a diferentes doses da substância e por quanto tempo? (...) (d) Categorizando o resultado: A substância é, de fato, cancerígena? Um carcinógeno forte ou um carcinógeno fraco? Com base nos resultados de dose/resposta e exposição, como a avaliação de risco deve descrever (ou categorizar) o perigo?" (BREYER, Stephen G. *Breaking the Vicious Circle*: Toward Effective Risk Regulation. Cambridge: Harvard University Press, 1993. p. 9, tradução nossa).

[321] Já o gerenciamento de risco "determina o que o regulador deve fazer sobre os riscos que a avaliação revela. Idealmente, o gerenciador de risco considerará o que provavelmente ocorrerá caso ele escolha cada uma das várias opções regulatórias" (*Ibidem*, p. 9-10, tradução nossa).

[322] "O órgão regulador considera uma substância que oferece sérios riscos, pelo menos por exposição prolongada a altas doses. Em seguida, promulga padrões tão rigorosos – insistindo, por exemplo, em requisitos de limpeza do local rigorosamente rígidos – que a ação regulatória acaba por impor altos custos sem alcançar benefícios de segurança adicionais significativos" (*Ibidem*, p. 11, tradução nossa).

aleatória de agenda, em que os receios irracionais do público distorcem as prioridades nacionais;[323] e inconsistência, em que as agências reguladoras utilizam métodos diferentes para calcular os efeitos da regulação ou ignoram programas desenvolvidos por outra agência, revelando falta de coordenação regulatória.[324] Segundo o autor, essas falhas possuem três causas: as percepções do público (a maneira como o público leigo avalia os riscos difere radicalmente da avaliação dos *experts*);[325] ação e reação congressional (ao reagir a riscos percebidos e a problemas regulatórios, o Congresso edita leis detalhadas que podem criar dificuldades administrativas)[326] e incertezas no processo regulatório técnico (muitas incertezas, *gaps* de conhecimento, suposições e dificuldades de comunicação prejudicam o processo regulatório).[327] Esses três elementos tendem a criar um círculo vicioso: as percepções do público influenciam o Congresso; o Congresso ajuda a moldar a percepção do público e ambos influenciam a forma como as agências reguladoras respondem aos problemas que eles consideram importantes.[328] De acordo com Breyer, esse círculo vicioso diminui

---

[323] "Alguns críticos apontam que, das mais de sessenta mil substâncias químicas potencialmente sujeitas a regulação, apenas algumas milhares passaram por mais do que testes de toxicidade brutos" (*Ibidem*, p. 19, , tradução nossa). Mais adiante, o autor destaca o seguinte: "Agências e agendas de prioridades podem refletir mais de perto classificações públicas, política, história ou mesmo acaso do que o tipo de lista de prioridades que os especialistas ambientais criariam deliberadamente. Até certo ponto, isso é inevitável. Mas não se pode encontrar nenhuma lista governamental federal detalhada que priorize os problemas de risco de saúde ou segurança de modo a criar uma agenda geral racional – uma agenda que buscaria maximizar a segurança alcançável ou minimizar os danos relacionados à saúde" (*Ibidem*, p. 20, tradução nossa).

[324] *Ibidem*, p. 21-28.

[325] "Os riscos associados a depósitos de lixo tóxico e energia nuclear aparecem no final da lista da maioria dos especialistas; eles aparecem no topo da lista de preocupações do público, o que influencia mais diretamente as agendas regulatórias" (*Ibidem*, p. 33, tradução nossa).

[326] "Dificuldades com essas disposições estatutárias geralmente surgem de uma linguagem que, à primeira vista, parece conceder à agência uma discricionariedade razoável, mas que, por meio da interação com o processo administrativo, produz resultados estranhos" (*Ibidem*, p. 39-40, tradução nossa).

[327] "O terceiro elemento do círculo consiste nas incertezas incorporadas no processo regulatório e nas suposições que os reguladores devem fazer para chegar a recomendações de ações apesar dessas incertezas. Prever o risco é um empreendimento cientificamente relacionado, mas não envolve cientistas fazendo o que eles fazem de melhor, ou seja, desenvolvendo teorias sobre como x responde a y, outras coisas sendo iguais. Em vez disso, pede previsões de eventos em um mundo onde as 'outras coisas' incluem muitas circunstâncias potencialmente relevantes e que mudam rapidamente, exigindo o conhecimento de muitas disciplinas diferentes para chegar a uma conclusão" (*Ibidem*, p. 42-43, tradução nossa).

[328] *Ibidem*, p. 50.

"a confiança pública em instituições reguladoras" e inibe "uma regulação mais racional".[329]

Para romper esse círculo vicioso, o autor argumenta que um processo regulatório despolitizado pode produzir resultados melhores e gerar maior confiança, levando a reações mais favoráveis tanto do Congresso quanto do público.[330] Como solução, ele propõe duas principais mudanças institucionais: a criação de uma nova carreira de servidores públicos com experiência em trabalhar com agências de saúde e ambiental, Congresso e o Office of Management and Budget (OMB);[331] e a criação de um seleto e centralizado grupo administrativo, com competência transversal para produzir um sistema coerente de regulação de risco, insulado politicamente, dotado de prestígio e autoridade.[332] Esse grupo administrativo se beneficiaria de certas virtudes da burocracia, tais como racionalização, *expertise*, insulamento e autoridade.[333]

Breyer afirma que o seu modelo não enfraquece a legitimidade democrática. Pelo contrário. Para ele, "o público geralmente reconhece que tal delegação é essencial para alcançar um objetivo geral importante",[334] exatamente como ocorre com os objetivos visados no campo da regulação da saúde e segurança. Breyer destaca que a sua proposta facilita o controle democrático da atividade regulatória na medida em que a existência de um único grupo administrativo "reduziria uma massa de decisões individuais a um menor número de escolhas políticas, divulgaria os critérios usados para fazer essas escolhas e, assim, tornaria

---

[329] *Ibidem*, p. 33, tradução nossa.

[330] *Ibidem*, p. 56.

[331] O OMB é uma agência ligada à Presidência dos Estados Unidos que supervisiona as atividades das agências reguladoras a fim de assegurar o cumprimento da pauta política, orçamento, gestão, objetivos regulatórios e das responsabilidades estatutárias das agências (Disponível em: https://www.whitehouse.gov/omb/. Acesso em: 24 maio 2022).

[332] "Em resumo, minha proposta é para um tipo específico de grupo: orientado para a missão, buscando trazer um grau de uniformidade e racionalidade à tomada de decisão em áreas altamente técnicas, com autoridade ampla, um tanto independente e com prestígio significativo" (BREYER, *op. cit.*, nota 320, p. 61, tradução nossa).

[333] "As tendências de racionalização de uma burocracia correspondem à necessidade de consistência por meio da construção e priorização de sistemas; o uso de *expertise* de uma burocracia corresponde à necessidade de melhoria regulatória tecnicamente relacionada; e o isolamento de uma burocracia corresponde à necessidade de proteção contra as vicissitudes da opinião pública baseada em uma única substância ou em um único assunto e uma burocracia bem-sucedida pode começar a construir a confiança do público em seus sistemas, tornando assim seus resultados mais confiáveis" (*Ibidem*, p. 67-68, tradução nossa).

[334] *Ibidem*, p. 73, tradução nossa.

mais fácil para o Congresso, ou para o público, entender o que o Poder Executivo está fazendo e por quê".[335] A legitimidade do modelo também advém do sucesso que esse grupo alcançaria na sua missão de produzir decisões mais racionais: se o público passa a reconhecer o sucesso do grupo, naturalmente os políticos confiariam em suas decisões, inclusive as consideradas impopulares, o que, aliás, justifica o insulamento do grupo. Ainda assim, Breyer sugere que o trabalho do grupo seja suficientemente aberto à participação pública de modo a conquistar a confiança dos cidadãos.[336] Contudo, ele destaca que é necessário estabelecer limites sobre o impacto que a participação pública poderá produzir sobre o resultado da regulação.[337] Para ele, a confiança nas instituições públicas não decorre apenas da percepção do público de que elas são abertas à participação popular; a confiança está relacionada, também, com a capacidade que essas instituições possuem de cumprir suas missões com sucesso. Breyer cita o exemplo da confiança que a maioria dos norte-americanos possui nas Forças Armadas, que "não é uma instituição aberta, mas que tem cumprido com sucesso sua missão".[338]

Em resumo, o modelo de regulação de risco de Breyer preconiza uma rígida separação entre a análise de risco (ciência) e o gerenciamento de risco (política) a ser alcançada mediante o insulamento de um grupo seleto de servidores civis detentores de reconhecida *expertise* técnica, que desempenharão suas funções longe dos receios irracionais do público, que distorcem as prioridades nacionais. O modelo de Breyer envolve uma ênfase acentuada na legitimidade da ação regulatória por meio da *expertise* técnica, a qual, na visão do autor, é capaz de produzir resultados positivos e, consequentemente, de angariar o apoio do público e do Congresso.

---

[335] "Sistematizar, criar linhas claras de autoridade, facilitar a atribuição de responsabilidades é empoderar o público. A democracia representativa não é antidemocrática" (*Ibidem*, p. 73-74, tradução nossa).

[336] "Até certo ponto, é claro, as propostas, planos e descobertas do grupo estariam disponíveis abertamente para comentários e críticas" (*Ibidem*, p. 78, tradução nossa).

[337] "No entanto, um objetivo importante é limitar até que ponto o debate público sobre uma determinada substância determina o resultado regulatório, em relação a uma série de substâncias que não são automática ou inevitavelmente politicamente voláteis" (*Idem*).

[338] *Idem*.

3.3 Abordagem construtivista: Mary Douglas e Aaron Wildavsky

De maneira diametralmente oposta aos modelos racional-instrumental de Elizabeth Fisher e tecnocrático de Stephen Breyer, modelos construtivistas defendem que "os riscos e suas manifestações são artefatos sociais fabricados por grupos ou instituições sociais".[339] Essa perspectiva de análise é profundamente marcada pela obra da antropóloga britânica Mary Douglas, em conjunto com o cientista político norte-americano Aaron Wildavsky, na qual os autores procuram explicar como e por que as pessoas selecionam diferentes riscos.[340]

Douglas e Wildavsky partem da premissa de que as pessoas não têm conhecimento de todos os perigos que as rodeiam. E mesmo que tivessem, ainda teriam que entrar em acordo para definir uma classificação dos riscos.[341] Diante da inexistência de um conhecimento completo dos riscos, os autores argumentam que as pessoas avaliam a aceitabilidade dos riscos com base em um viés cultural. Com efeito, "a escolha dos riscos e a escolha de como viver são tomadas em conjunto",[342] o que leva cada forma de vida social a desenvolver o seu próprio "portfólio de risco".[343] Nesse sentido, as pessoas que comungam dos mesmos valores concordam em temer mais certos perigos do que outros, de modo que cada arranjo social desenvolve o seu próprio regime de risco, em que a aversão/assunção do risco decorre justamente do viés cultural do grupo social.[344]

Por outro lado, Douglas e Wildavsky rejeitam expressamente explicações tradicionais sobre a forma com que as pessoas classificam os riscos. Os autores refutam a noção de que as pessoas se preocupariam mais com os riscos sobre os quais não têm controle, destacando que a distinção entre escolhas voluntárias e involuntárias "não é objetivamente identificável".[345] Para eles, o que restringe as escolhas das pessoas são questões como trabalho e conhecimento limitado. Por

---

[339] RENN, op. cit., nota 37, p. 69, tradução nossa.
[340] DOUGLAS, Mary; WILDAVSKY, Aaron. Risk and Culture: An Essay on the Selection of Technological and Environmental Dangers. Berkeley: University of California Press, 1983.
[341] Ibidem, p. 5.
[342] Ibidem, p. 8, tradução nossa.
[343] Idem.
[344] "Esse viés cultural é parte integrante da organização social. A assunção e aversão ao risco, a confiança compartilhada e os medos compartilhados fazem parte do diálogo sobre a melhor forma de organizar as relações sociais" (Idem).
[345] Ibidem, p. 17, tradução nossa.

exemplo, uma pessoa pode escolher se sujeitar ao risco de poluição e/ou sofrer um acidente industrial a ficar desempregada. Além disso, muitas escolhas da vida envolvem simultaneamente riscos e benefícios, o que torna difícil afirmar que certos riscos que vêm acompanhados de recompensas são, na verdade, involuntários.[346] Douglas e Wildavsky também rejeitam a ideia de que alguns riscos merecem maior atenção por causa de seus efeitos irreversíveis, dado o contínuo reconhecimento de que as futuras gerações possivelmente detêm condições de reverter os supostos efeitos irreversíveis dos riscos.[347]

Com o objetivo de demonstrarem que os riscos são socialmente selecionados, os autores estabelecem um paralelo entre as visões dos tempos mais modernos e dos povos primitivos. Estes, dominados pela superstição, alimentavam a ideia de que a natureza era uma criação social e política: "(...) cada desastre era carregado de significado, cada pequeno infortúnio apontava o dedo da culpa (...). Eles politizaram a natureza inventando conexões misteriosas entre transgressões morais e desastres naturais, bem como selecionando os perigos".[348] O pensamento primitivo associava os perigos a feitiçarias e quebras de tabus, às "participações místicas da cultura".[349]

De outro lado, a modernização e o desenvolvimento da ciência proporcionam ao homem a liberdade intelectual necessária para enxergar a natureza como sendo moralmente neutra.[350] No entanto, Douglas e Wildavsky argumentam que o homem moderno desenvolve o mesmo processo de construção social do risco.[351] Nesse sentido, não se pode conceber "a reivindicação de uma visão privilegiada e inconteste sobre a natureza da realidade, que não admite discussão", pois, "se cada teoria é provisória, esperando ser substituída por uma melhor, até que também esta ceda, nenhuma teoria pode ser inteiramente privilegiada".[352] De igual modo, a definição das prioridades entre os perigos mais ameaçadores envolve escolhas políticas e morais.[353]

---

[346] *Ibidem*, p. 18.
[347] *Ibidem*, p. 23.
[348] *Ibidem*, p. 29-30, tradução nossa.
[349] *Ibidem*, p. 31, tradução nossa.
[350] *Ibidem*, p. 29.
[351] "Nós, modernos, podemos politizar muito apenas por nossa seleção de perigos" (*Ibidem*, p. 30, tradução nossa).
[352] *Idem*.
[353] "Insinuar que nenhum julgamento moral está envolvido implica que os principais perigos são tão óbvios que atingem a mente como um feixe de luz na retina" (*Idem*).

Para Douglas e Wildavsky, os avanços científicos e tecnológicos não tornaram o universo do homem moderno mais conhecido do que o universo do homem não moderno. A ciência "expandiu o universo sobre o qual não podemos falar com confiança".[354] O aumento da capacidade humana de detectar e medir as fontes de perigo acrescenta novas áreas de ignorância e conhecimento. Na busca por mais evidências, os especialistas conduzem análises a níveis mais profundos, em um processo contínuo que "aumenta a área de ignorância"[355] e produz discordâncias entre os próprios especialistas "sobre se há problemas, qual solução a propor e se a intervenção vai melhorar ou piorar as coisas".[356] Nesse contexto, o viés cultural da percepção do risco enseja uma reflexão sobre o próprio papel desempenhado pelos especialistas:

> Quando os cientistas debatem entre si questões que envolvem risco, eles são mais capazes do que outros de separar as questões científicas das políticas, de dizer o que a ciência diz ou de aplicá-las às políticas públicas? Eles devem ser capazes de tornar as questões mais administráveis ou o debate menos acrimonioso. Presumivelmente, eles podem quantificar custos e benefícios ou chegar a um acordo sobre uma estimativa dos perigos. Na medida em que os riscos são físicos, os cientistas podem chegar mais perto de um acordo sobre o que sabem ou não, por exemplo, os riscos de exposições a baixas doses. Mas se a percepção dos riscos é social, enraizada no viés cultural, os cientistas devem se comportar da mesma forma que os outros mortais. Alguns conclaves científicos parecem muito com disputas políticas, exceto que os participantes não são limitados por serem responsabilizado pelo que dizem.[357]

Nas questões envolvendo riscos, os valores divergem significativamente, muitos fatos não podem ser certificados e o que era certo se torna controvertido.[358] Se a polarização entre os cientistas gira em

---

[354] *Ibidem*, p. 49, tradução nossa.

[355] "Então, para encontrar mais evidências, eles os especialistas levam suas análises a níveis mais profundos. Se nenhum contaminante perigoso pode ser detectado por uma análise que vai até a centésima milésima parte, talvez ele possa ser encontrado se descermos até a milionésima parte, ou trilionésima? Mas expandir a medição apenas aumenta a área de ignorância. A frustração do cientista é uma característica do nosso tempo" (*Ibidem*, p. 49-50, tradução nossa).

[356] "Os cientistas discordam sobre se há problemas, qual solução a propor e se a intervenção vai melhorar ou piorar as coisas. (...) Não é de admirar que a pessoa leiga comum tenha dificuldade de seguir o argumento, e não é de admirar que os cientistas tenham dificuldade de se apresentarem em público" (*Ibidem*, p. 63, tradução nossa).

[357] *Ibidem*, p. 61, tradução nossa.

[358] *Ibidem*, p. 64-65.

torno de perguntas sobre os limites viáveis de risco – isto é, quanto risco é aceitável –, as respostas devem ser não apenas científicas (quanto a natureza irá suportar), mas sociais também (o que as pessoas irão defender).[359] Nesse contexto, os autores observam que as tentativas de resguardar a atividade científica diante das controvérsias entre os próprios cientistas se dão por meio da movimentação da linha demarcatória entre o conselho científico e o julgamento político. "Observando onde a linha de demarcação é estabelecida – mais para a ciência ou para a política –, o grau de dissenso pode ser indiretamente verificado".[360]

Diante das controvérsias entre os cientistas, como explicar a percepção e a tomada de decisão em relação aos riscos? A tese central dos autores é de que "a seleção dos perigos e a escolha da organização social andam de mãos dadas",[361] e a eleição dos riscos considerados mais importantes "nunca é feita diretamente, mas estabelecida por uma preferência entre os tipos de instituições sociais favorecidas".[362] Nesse contexto, Douglas e Wildavsky identificam "três tipos institucionais que participam da tomada de decisão pública",[363] cada um oferecendo a sua própria teoria sobre como a sociedade deve ser organizada e sua própria visão de risco.

No centro da sociedade os autores identificam dois tipos institucionais, que são o mercado e a hierarquia. Já na borda da sociedade se encontra a visão sectária.[364] Com relação ao mercado, sua grande promessa é o sucesso individual; sua justificativa fundamental é a crença na liberdade de troca; atribui a culpa pelas desigualdades aos perdedores[365] e se preocupa mais com riscos econômicos,[366] razão por que qualquer oscilação no mercado de ações leva o individualista de mercado a se preocupar mais do que qualquer outra pessoa.[367] Já a

---

[359] *Ibidem*, p. 64.
[360] *Ibidem*, p. 65, tradução nossa. Os autores mencionam que, em uma tentativa de mediação entre ciência e sociedade, o presidente da Academia Nacional de Ciências propôs que a atividade de estimar riscos é essencialmente científica, ao passo que o julgamento sobre o nível de risco aceitável é uma questão a ser decidida na arena política.
[361] *Ibidem*, p. 186, tradução nossa.
[362] *Ibidem*, p. 187, tradução nossa.
[363] *Ibidem*, p. 174, tradução nossa.
[364] *Idem*.
[365] *Ibidem*, p. 178.
[366] *Ibidem*, p. 188.
[367] *Ibidem*, p. 187.

hierarquia promete estabilidade e dignidade; é suscetível a inimigos externos e "seu interesse pelo risco é muito relacionado com a política externa",[368] por isso considera os riscos de guerra inaceitáveis.[369] Em razão disso, "a menor ameaça à lei e à ordem ou notícia de armamento estrangeiro deixa o hierarquista em estado de choque, muito antes de parecer provável para os outros que tumultos ou invasões são iminentes".[370] Finalmente, os sectários não toleram "nenhuma forma de desigualdade: sua grande promessa é introduzir a igualdade em todos os lugares",[371] e os riscos que mais os preocupam são os riscos da tecnologia.[372] Nesse sentido, "os ramos mais sectários do movimento ambientalista levam a sério uma pequena deterioração da qualidade do ar, por medo dos riscos mais distantes que isso pode representar".[373]

Assim, a teoria cultural dos autores defende que a percepção e aceitabilidade de risco é sustentada por um compromisso social anterior.[374] Douglas e Wildavsky rejeitam a divisão entre "a realidade do mundo externo" e "os tateios da psique humana", que aloca "o conhecimento real às ciências físicas e as ilusões e erros ao campo da psicologia".[375] Para os autores, "entre a percepção subjetiva e privada e a ciência física e pública encontra-se a cultura, uma área intermediária de crenças e valores compartilhados".[376] Porque o indivíduo se encontra inserido em sua própria cultura, ele só poderá perceber o ambiente à sua volta e realizar julgamentos sobre o risco por meio de lentes fabricadas culturalmente.[377]

Douglas e Wildavsky analisam a repercussão de sua teoria cultural sobre o gerenciamento de riscos. Para lidar com perigos desconhecidos, os autores afirmam ser necessário desviar o debate dos

---

[368] *Ibidem*, p. 180, tradução nossa.
[369] *Ibidem*, p. 188.
[370] *Ibidem*, p. 187, tradução nossa.
[371] *Ibidem*, p. 177, tradução nossa.
[372] *Ibidem*, p. 188.
[373] *Ibidem*, p. 187, tradução nossa.
[374] *Idem*.
[375] Segundo os autores, "a causalidade no mundo externo é geralmente tratada como radicalmente distinta dos resultados da percepção individual. De acordo com essa abordagem, o risco é uma consequência direta dos perigos inerentes à situação física, enquanto as atitudes em relação ao risco dependem das personalidades individuais. (...) Nesse relato, um abismo separa a percepção (que se passa no interior da psique) dos fatos físicos (que existem fora)" (*Ibidem*, p. 193, tradução nossa).
[376] *Ibidem*, p. 194, tradução nossa.
[377] *Idem*.

riscos e da segurança para a escolha entre as instituições sociais."[378] "Se a seleção de risco é uma questão de organização social, o gerenciamento de risco é um problema organizacional"."[379] Nesse contexto, os autores consideram que "a segurança relativa não é estática, mas sim um produto dinâmico de aprendizado com o erro ao longo do tempo".[380] Os autores rejeitam uma abordagem baseada no controle por antecipação[381] e ressaltam os benefícios de uma abordagem baseada na resiliência:[382] "Quando a única certeza é que não conseguiremos prever dificuldades importantes que a nação enfrentará no futuro, a diversidade e a flexibilidade podem ser as melhores defesas".[383] Douglas e Wildavsky concluem afirmando que, "como não sabemos quais riscos corremos, nossa responsabilidade é criar resiliência em nossas instituições".[384]

3.4 Estudos sobre percepção de risco: Paul Slovic, Baruch Fischhoff, Sarah Lichtenstein, Amos Tversky e Daniel Kahneman

Como o público leigo e os *experts* percebem os riscos? Por que essa é uma discussão importante em termos de política regulatória de risco? Pesquisadores começaram a analisar a opinião das pessoas quando perguntadas sobre como elas caracterizavam e avaliavam o risco associado a certas substâncias, atividades e tecnologias. Esse campo de pesquisa, denominado percepção de risco, se desenvolveu significativamente e se tornou bastante influente na literatura de regulação de risco. Mais especificamente, as pesquisas realizadas por psicólogos se notabilizaram por destacarem os vieses que caracterizam os julgamentos das pessoas leigas e dos *experts* e as estratégias mentais que as pessoas empregam ao lidarem com as incertezas do mundo.

---

[378] *Ibidem*, p. 195.
[379] *Ibidem*, p. 198, tradução nossa.
[380] *Ibidem*, p. 195, tradução nossa.
[381] Estratégia baseada no controle por antecipação envolve a mobilização de recursos maciços a fim de garantir a total estabilidade do sistema. Para os autores, essa é uma estratégia "ruim", pois pode esgotar os recursos excedentes e suprimir a capacidade de lidar com o inesperado (*Ibidem*, p. 195-196, tradução nossa).
[382] A abordagem baseada na resiliência corresponde à "capacidade de usar a mudança para lidar melhor com o desconhecido; é aprender a se recuperar" (*Ibidem*, p. 196, tradução nossa).
[383] *Idem*.
[384] *Ibidem*, p. 198, tradução nossa.

Na primeira vertente de estudo, se destacam as pesquisas realizadas por Paul Slovic, Baruch Fischhoff e Sarah Lichtenstein. Na segunda, os trabalhos de Amos Tversky e Daniel Kahneman.

Começando pela primeira vertente, uma abordagem de destaque é o paradigma psicométrico, que envolve a utilização de métodos de escala psicofísica e de técnicas de análise multivariada com o objetivo de produzir representações quantitativas de atitudes e percepções de risco. Esse paradigma surgiu com o potencial de explicar a aversão das pessoas a certos perigos e sua indiferença em relação a outros, bem como as discrepâncias entre as reações das pessoas e as opiniões dos *experts*. Em geral, dentro do paradigma psicométrico, as pessoas fazem julgamentos quantitativos sobre o risco de certas atividades, substâncias e tecnologias perigosas e indicam seus desejos de redução de risco e regulação. Os julgamentos pessoais são então relacionados a certos parâmetros de julgamento, como o *status* do perigo (por exemplo, voluntariedade, medo, conhecimento, controlabilidade), os benefícios que cada perigo fornece à sociedade, o número de mortes causadas pelo perigo em um ano médio e o número de mortes causadas pelo perigo em um acidente desastroso ou ano desastroso.[385]

Em uma possível generalização, pode-se dizer que os resultados oriundos dos estudos nessa área compreendem os seguintes achados: (i) O risco percebido é quantificável e previsível. O paradigma psicométrico mostrou-se eficaz na identificação de semelhanças e diferenças entre diferentes grupos com relação a percepções e atitudes de risco. (ii) A expressão risco possui diferentes significados para diferentes pessoas. A avaliação de risco levada a cabo pelos *experts* se relaciona com estimativas técnicas de fatalidades anuais. Já os leigos se mostram sensíveis a outros fatores, por exemplo, o potencial catastrófico do risco e a ameaça às gerações futuras. Caso sejam solicitados, os leigos podem avaliar as fatalidades anuais e as estimativas que fazem são relativamente parecidas com as estimativas técnicas. (iii) Mesmo quando discordam sobre o risco geral de perigos específicos, os diferentes grupos demonstram um certo alinhamento ao classificarem esses perigos em características de risco, tais como conhecimento, controlabilidade, medo (*dread*) e potencial catastrófico. (iv) Muitas dessas características de risco são correlacionadas de forma significativa. Por exemplo, perigos voluntários também tendem a ser controláveis e

---

[385] SLOVIC, Paul. Perception of risk. *Science*, [S. l.], v. 236, n. 4.799, p. 281, 1987. Disponível em: https://doi.org/10.1126/science.3563507. Acesso em: 14 fev. 2023.

bem conhecidos, perigos que ameaçam as gerações futuras tendem a ser vistos como tendo um potencial catastrófico. (v) Mais especificamente, as características associadas ao fator medo do risco correlacionam-se fortemente com a percepção de risco dos leigos. Quanto maior a pontuação de uma atividade no fator de medo, maior é o risco percebido, mais as pessoas desejam que seu risco seja reduzido e mais elas desejam uma regulação rígida para alcançar a redução de risco pretendida. (vi) A tolerância das pessoas ao risco pode ser relacionada à sua percepção de benefício. Sendo todos os outros fatores iguais, quanto maior o benefício percebido, maior será a tolerância da pessoa ao risco. Outros fatores que influenciam a aceitabilidade do risco são voluntariedade da atividade, familiaridade, controle, potencial catastrófico e incerteza sobre o nível de risco. (vii) A seriedade de perda de n vidas em um único acidente não pode ser adequadamente modelada por um expoente aplicado a n. Por exemplo, um acidente que resulta em muitas fatalidades pode produzir relativamente pouca perturbação social se ele fizer parte de um sistema familiar e bem compreendido (um acidente de trem, por exemplo). Mas um pequeno acidente ocorrido em um sistema pouco familiar ou mal compreendido pode ter consequências significativas se for percebido como um prenúncio de outros acidentes potencialmente catastróficos.[386] (viii) As pessoas tendem a julgar os níveis atuais de risco da maioria das atividades como sendo inaceitavelmente altos. A significativa distância entre os níveis de risco percebidos e os níveis de risco desejados sugere que as pessoas não estão satisfeitas com as soluções adotadas pelo mercado e pela regulação a fim de equilibrar os riscos e benefícios.[387]

E qual seria a importância destas descobertas para a formulação de políticas regulatórias de risco? As pesquisas desenvolvidas no campo da percepção do risco procuram ressaltar que uma melhor compreensão sobre como as pessoas pensam e respondem ao risco ajudaria na formulação de tais políticas. Paul Slovic, Baruch Fischhoff e Sarah Lichtenstein ressaltam que os estudos de percepção de risco podem realçar as preocupações das pessoas em situação de risco, além de prever a reação dessas pessoas e a forma como elas gerenciarão o risco. "O conhecimento psicométrico pode não garantir decisões sábias

---

[386] Os resultados citados até aqui foram extraídos de: SLOVIC, Paul; FISCHHOFF, Baruch; LICHTENSTEIN, Sarah. Why Study Risk Perception? *Risk Analysis*, [S. l.], v. 2, n. 2, p. 85-98, 1982.
[387] SLOVIC, *op. cit.*, nota 385, p. 283.

ou eficazes, mas a falta de tal conhecimento certamente aumenta a probabilidade de políticas bem-intencionadas falharem em atingir seus objetivos".[388]

Mais especificamente, estudos de percepção de risco podem auxiliar de duas maneiras a formulação de políticas. Em primeiro lugar, esses estudos fornecem uma base para entender e antecipar respostas públicas aos riscos associados a certas substâncias, atividades e tecnologias perigosas. Exemplo clássico envolve o uso da energia nuclear. O público situa os riscos associados a essa tecnologia em posições extremas nos estudos psicométricos, normalmente avaliando que os benefícios da energia nuclear são muito pequenos e os riscos inaceitavelmente grandes, potencialmente catastróficos. Os especialistas, por seu turno, criticam os receios do público argumentando que se trata de um medo irracional, baseado em uma avalição descolada da realidade. As pesquisas de percepção de risco demonstram que os receios do público estão relacionados a uma ampla cobertura desfavorável da mídia sobre essa tecnologia e à associação entre a energia nuclear e a proliferação e uso de armas nucleares. Nesse contexto, parece não fazer sentido qualquer tentativa de alinhar a percepção do público com a dos especialistas mediante ações educativas. As baixas probabilidades de acidentes graves com reatores nucleares tornam praticamente inviável a realização de demonstrações empíricas de segurança. As pesquisas de percepção de risco também demonstram que os riscos nucleares são percebidos pelo público leigo como sendo desconhecidos e potencialmente catastróficos. Nesse sentido, mesmo pequenos acidentes receberão ampla cobertura midiática, servindo de alerta para a sociedade de que acidentes ainda mais destrutivos poderão ocorrer.[389]

A segunda forma que os estudos de percepção de risco podem auxiliar na formulação de políticas é por meio da produção de conhecimentos relevantes que possibilitem uma melhor comunicação de informações de risco entre leigos, *experts* e tomadores de decisão.[390] Pesquisas de percepção de risco demonstram as limitações inerentes às tentativas de educar o público leigo por meio da divulgação de estimativas quantitativas dos mais diversos riscos. As percepções e atitudes de risco das pessoas são desenvolvidas de uma forma significativamente mais complexa, fruto de uma concepção mais

---

[388] SLOVIC; FISCHHOFF; LICHTENSTEIN, *op. cit.*, nota 386, p. 89, tradução nossa.
[389] SLOVIC, *op. cit.*, nota 385, p. 284-285.
[390] *Ibidem*, p. 280.

ampla do risco, que não corresponde apenas ao "número esperado de fatalidades".[391]

De modo geral, estudos de percepção de risco realçam a importância de se adotar uma noção ampla de risco nas políticas regulatórias, conectada às preocupações das pessoas.[392] Paul Slovic reconhece que as atitudes e percepções de risco do público leigo podem ser erráticas, notadamente em razão da falta de informações para a formação de juízos mais adequados. No entanto, o autor chama a atenção para o fato de que a conceituação básica de risco desenvolvida pelo público leigo é mais rica do que a dos especialistas e reflete preocupações legítimas que podem ser omitidas nas avaliações de risco que estes realizam. Ele conclui afirmando que se os esforços de comunicação e gerenciamento de riscos não forem estruturados como um processo de mão dupla, eles fatalmente fracassarão. "Cada lado, especialista e público tem algo válido com que contribuir. Cada lado deve respeitar os *insights* e a inteligência do outro".[393]

A segunda vertente de análise no campo da percepção de risco que desempenha um papel de significativa importância na regulação de risco é o estudo das heurísticas na tomada de decisão. Amos Tversky e Daniel Kahneman afirmam que as pessoas[394] costumam basear os julgamentos que efetuam em princípios heurísticos, que auxiliam a reduzir a complexidade de tarefas do cotidiano, como avaliar probabilidades e prever valores em situações de incerteza. Se em certas ocasiões tais heurísticas podem ser úteis, acelerando a tomada de decisão, em outras elas podem levar a erros graves e sistemáticos.[395]

Tversky e Kahneman descrevem três heurísticas empregadas em situações de incerteza. A primeira é a heurística da representatividade,

---

[391] *Ibidem*, p. 285, tradução nossa.

[392] "Seja como for que essas questões são resolvidas, parece claro em nosso trabalho que as tentativas de caracterizar perigos, estabelecer padrões de segurança e tomar decisões sobre perigos irão naufragar em conflito se os formuladores de políticas insistirem em uma definição restrita de risco que não corresponda às preocupações das pessoas" (SLOVIC, Paul; FISCHHOFF, Baruch; LICHTENSTEIN, Sarah. Characterizing Perceived Risk. *In*: KATES, R. W.; HOHENEMSER, C.; KASPERSON, J. X. (ed.). *Perilous Progress*: Managing the Hazards of Technology. New Jersey: Westview, 1985. p. 116, tradução nossa. Disponível em: https://ssrn.com/abstract=2185557. Acesso em: 14 fev. 2023).

[393] SLOVIC, *op. cit.*, nota 385, p. 285, tradução nossa.

[394] Os autores ressaltam que a confiança em heurísticas e a prevalência de vieses também ocorrem com pesquisadores experientes (TVERSKY, Amos; KAHNEMAN, Daniel. Judgment under uncertainty: Heuristics and biases. *Science*, [*S. l.*], v. 185, n. 4.157, p. 18, 1974).

[395] *Ibidem*, p. 3.

normalmente empregada pelas pessoas quando avaliam a probabilidade de um objeto ou evento "A" pertencer à classe ou processo "B". Sendo "A" altamente representativo de "B", a probabilidade de "A" originar-se de "B" é considerada alta. Mas se "A" não for semelhante a "B", a probabilidade de "A" originar-se de "B" é considerada baixa. Para exemplificar, os autores mencionam uma pesquisa em que descreveram certas características de um personagem fictício e indagaram às pessoas qual seria a profissão desse personagem (fazendeiro, vendedor, piloto de avião, bibliotecário ou médico). A pesquisa demonstrou que pessoas costumam avaliar esse tipo de probabilidade pelo grau em que tal personagem é representativo ou semelhante ao estereótipo de uma das referidas profissões. O problema é que a representatividade ou similaridade não é influenciada por diversos fatores que, necessariamente, deveriam afetar os julgamentos de probabilidade. Um desses fatores é a chamada probabilidade anterior (*prior probability*) ou frequência básica (*base-rate frequency*) dos resultados. Ao julgarem a probabilidade pela representatividade (os estereótipos, no caso do exemplo do personagem fictício), as pessoas deveriam levar em consideração que existem mais pessoas atuando em determinada profissão do que em outra (na pesquisa, as pessoas associaram o personagem a um bibliotecário, mas deixaram de levar em consideração que existem mais fazendeiros do que bibliotecários na população).[396]

A segunda heurística é a da disponibilidade. Para avaliar uma frequência ou probabilidade, as pessoas recorrem a exemplos ou ocorrências que vêm mais facilmente à mente. Como exemplo, os autores citam que as pessoas podem avaliar o risco de um ataque cardíaco entre pessoas de meia-idade ao simplesmente relembrarem essas ocorrências entre seus conhecidos. O problema é que a disponibilidade é afetada por outros fatores além da frequência e da probabilidade e esses fatores são sistematicamente ignorados pelas pessoas, levando a vieses previsíveis. Um deles é o viés da recuperabilidade, que leva as pessoas a julgarem o tamanho de uma classe a partir das instâncias mais facilmente recuperadas, a qual parecerá mais numerosa relativamente a uma classe que, embora seja de igual frequência, possui instâncias menos recuperáveis. Como exemplo, os autores citam pesquisa em que apresentaram para diferentes grupos de pessoas diferentes listas

---

[396] *Ibidem*, p. 4.

de personalidades conhecidas de ambos os sexos. Em algumas listas, os homens eram relativamente mais famosos do que as mulheres. Em outras, as mulheres eram mais famosas. Perguntadas se a lista tinha mais nomes de homens ou de mulheres, as pessoas julgaram erroneamente que a classe (sexo) que tinha as personalidades mais famosas era a mais numerosa.[397]

A terceira e última heurística é a de ajuste e ancoragem, que descreve situações em que as pessoas são influenciadas por um número ou valor como ponto de partida – uma verdadeira âncora – e posteriormente passam a ajustar esse número ou valor para produzir uma resposta final. Assim, diferentes pontos de partida geram diferentes estimativas, que são enviesadas em relação aos valores iniciais. Em um exemplo de ajustes insuficientes, indivíduos foram solicitados a estimar a porcentagem de países africanos nas Nações Unidas a partir de um número obtido em uma roda da fortuna, número esse que desempenhou um efeito marcante nas estimativas. Os grupos que receberam como ponto de partida 10 e 65 apresentaram estimativas medianas de 25 e 45, respectivamente.[398]

3.5 Análise de custo-benefício: Cass Sunstein e Richard Posner

Autores como Cass Sunstein e Richard Posner defendem o emprego de análise de custo-benefício como forma de proporcionar um grau de racionalidade e transparência à tomada de decisão em matéria de riscos. Sunstein explora uma divisão entre a tomada de decisões de risco baseada na percepção do público (caracterizada por uma série de falhas que levam a escolhas irracionais e ineficientes) e a tomada de decisões de risco baseada em análises científicas (que equilibram os custos e os benefícios).[399] Sunstein desenvolve o seu argumento defendendo um tipo de Estado de custo-benefício, que desconsidera as visões leigas ao mesmo tempo que atribui "grande importância ao conhecimento técnico e à ciência sólida",[400] em um modelo que traduz

---

[397] Ibidem, p. 11.
[398] Ibidem, p. 14.
[399] É nesse sentido que o autor distingue entre "ataques desinformados no escuro" e "equilíbrio custo-benefício" (SUNSTEIN, Cass. Risk and Reason: Safety, Law, and the Environment. New York: Cambridge University Press, 2002. p. 6. tradução nossa).
[400] Idem.

"um apelo para que os tecnocratas desempenhem um papel importante no processo de redução de riscos".[401] Sunstein observa que o Estado Regulatório norte-americano e outros ao redor do globo "estão se tornando Estados de custo-benefício" no sentido de que a intervenção governamental cada vez mais se desenvolve a partir de uma ótica que procura saber se os benefícios da regulação justificam os seus custos.[402] Esse Estado de custo-benefício enfatiza três aspectos abordados por Sunstein: necessidade de avaliar magnitudes, se possível numericamente, de modo a quantificar o tamanho do risco; necessidade de avaliar os *trade-offs* a fim de viabilizar o conhecimento acerca das consequências decorrentes da tentativa de diminuir o risco e a importância de lançar mão daquilo que ele chama de "ferramentas regulatórias sensatas", que são instrumentos de proteção voltados para minimizar os custos, em vez de maximizá-los, para maximizar a eficácia, em vez de em vez de minimizá-la, e para prejudicar a influência de grupos privados de interesse próprio com suas próprias agendas, em vez de promovê-la.[403]

Por outro lado, Sunstein se ampara na literatura sobre percepção de risco para ressaltar o equívoco daquilo que ele chama de "pensamento comum" (*ordinary thinking*)[404] sobre risco, que leva as pessoas a julgarem os riscos de maneira equivocada. Sunstein argumenta que o governo norte-americano aloca mal os limitados recursos que dispõe geralmente porque atende a julgamentos 'ordinários' sobre a magnitude dos riscos.[405] Tais julgamentos decorrem de uma série de fatores relacionados pelo autor, tais como heurística da disponibilidade (as pessoas julgam como sendo mais prováveis os eventos cuja ocorrência lhes vem à memória mais facilmente),[406] 'toxicologia intuitiva' (muitas pessoas veem o risco como uma questão de 'tudo ou nada', sem meio-termo; muitas pessoas creem na benevolência da natureza, em comparação com as realizações humanas; muitas pessoas adotam uma abordagem

---

[401] *Idem.*
[402] *Ibidem*, p. 4-5, tradução nossa.
[403] *Ibidem*, p. 27, tradução nossa.
[404] *Ibidem*, p. 29, tradução nossa.
[405] Para Sunstein, se o governo pudesse atuar de maneira insulada, longe de julgamentos mal-informados, "poderia salvar milhares de vidas e bilhões de dólares anualmente" (*Ibidem*, p. 33, tradução nossa).
[406] É o que ocorre, por exemplo, com o seguro de terremoto, cuja comercialização aumenta após o período de rescaldo, mas diminui progressivamente "à medida que memórias vívidas desaparecem" (*Idem*).

de 'risco-zero')[407] e 'cascatas sociais' (a heurística da disponibilidade e a toxicologia intuitiva são impulsionadas por forças informacionais e reputacionais presentes na sociedade).[408] Para Sunstein, a análise de custo-benefício é uma ferramenta útil para evitar que o governo regule riscos de maneira excessiva ou inadequada.[409]

Nesse contexto, Sunstein ressalta que, nas divergências entre os especialistas e o público leigo, "os especialistas geralmente estão certos e as pessoas comuns geralmente estão erradas".[410] O autor rejeita a "racionalidade rival" abordada por Paul Slovic,[411] argumentando que as pessoas operam em parte com base em avaliações estatísticas intuitivas e desinformadas, ao passo que os especialistas possuem mais informações e maior preparo para analisar os benefícios e riscos associados a produtos e atividades. Especialistas, afirma Sunstein, podem cometer erros e até ser tendenciosos, porém justamente por serem especialistas, "é mais provável que estejam certos" comparativamente às pessoas leigas.[412]

Sunstein explica que a análise de custo-benefício pressupõe um procedimento anterior à tomada de decisão que realiza uma contabilização das consequências da redução de riscos, tanto em termos quantitativos quanto qualitativos, e explica os fundamentos da ação, a menos que os benefícios justifiquem os custos. A análise de custo-benefício ajuda a superar as limitações cognitivas que prejudicam o julgamento do público, que passaria, assim, a ter uma noção completa

---

[407] Trata-se de pesquisa desenvolvida por Paul Slovic e outros estudiosos comparando a análise de riscos desenvolvida por especialistas e o público leigo sobre os riscos associados a produtos químicos. Sunstein afirma que os especialistas pensam de forma diametralmente oposta a essas três características do pensamento do público leigo (*Ibidem*, p. 35-36).

[408] Em uma "cascata informacional", as pessoas formam as suas crenças sobre um risco com base nas crenças de outras pessoas, sem buscar fontes independentes de conhecimento, o que pode gerar significativas consequências para o comportamento público e privado e distorcer a política regulatória. Já em uma "cascata de reputação", uma pessoa pode deixar de manifestar dúvidas sobre certos riscos que alarmam muitas pessoas simplesmente para não parecer "obtuso, cruel ou indiferente". Em outra, diversa, se muitas pessoas acham que um risco é trivial, alguém pode deixar de discordar "para não parecer covarde ou confuso" (*Ibidem*, p. 38, tradução nossa).

[409] *Ibidem*, p. 49.

[410] *Ibidem*, p. 55, tradução nossa.

[411] "Segundo essa visão, as pessoas comuns têm uma espécie de 'racionalidade rival', que é muito mais rica e melhor do que a racionalidade dos especialistas. Com relação aos riscos, a 'racionalidade rival' das pessoas dá sentido a seus julgamentos" (*Idem*).

[412] "Os cirurgiões cerebrais cometem erros, mas sabem mais do que o resto de nós sobre cirurgia cerebral; os advogados cometem erros, mas sabem mais do que a maioria das pessoas sobre o Direito" (*Ibidem*, p. 77, tradução nossa).

do que está em jogo. Além disso, a análise de custo-benefício exerceria um importante papel democrático ao produzir uma contabilidade justa dos perigos reais e, consequentemente, ao inibir qualquer manipulação por parte de grupos de interesse.[413]

Outro estudioso que defende o emprego de análise de custo-benefício é Richard Posner.[414] O autor explora os riscos catastróficos, isto é, aqueles que possuem probabilidades muitos baixas ou desconhecidas, mas que podem acabar com a vida na Terra.[415] Mais especificamente, Posner segrega quatro classes de riscos catastróficos relativamente homogêneos: (i) catástrofes naturais, como pandemias e colisões de asteroides; (ii) "laboratório ou outros acidentes científicos", que envolvem acidentes com aceleradores de partículas, nanotecnologia e inteligência artificial; (iii) catástrofes não intencionais, tais como o esgotamento dos recursos naturais, o aquecimento global e a perda de biodiversidade; e (iv) catástrofes perpetradas deliberadamente, tais como o "inverno nuclear", as armas biológicas, o ciberterrorismo e os meios digitais de vigilância e a criptografia.[416]

Por que tão pouco está sendo feito sobre os riscos catastróficos?[417] Posner relaciona uma série de fatores culturais, psicológicos e econômicos com o objetivo de responder a essa pergunta, dentre os quais o "analfabetismo científico"[418] que ele atribui ao público não científico, um problema que "coexiste perigosamente com uma veneração acrítica da ciência e dos cientistas", que tende a minimizar os perigos resultantes do progresso científico e da falta de controle sobre a atividade dos cientistas.[419] Posner também critica a ficção científica, que, em vez

---

[413] *Ibidem*, p. 106-107.
[414] POSNER, Richard A. *Catastrophe*: Risk and Response. New York: Oxford University Press, 2004.
[415] *Ibidem*, p. 6.
[416] *Idem*. O autor dedica especial atenção a um risco catastrófico de cada classe. Assim é que, na primeira classe, o autor enfatiza a análise sobre a colisão de asteroide. Na segunda, aceleradores de partículas. Na terceira, aquecimento global. E na quarta, bioterrorismo.
[417] Posner atribui o crescimento dos perigos de catástrofes à ascensão do terrorismo apocalíptico e "ao ritmo vertiginoso do avanço científico e tecnológico". Ele destaca que "o custo de tecnologias perigosas, como as de guerra nuclear e biológica, e o nível de habilidade exigido para empregá-las estão caindo", o que facilita que essas tecnologias caiam em mãos erradas (*Ibidem*, p. 92, tradução nossa).
[418] Para Posner, esse é um problema "particularmente agudo para os membros da profissão jurídica, porque muitos deles deliberadamente viraram as costas para a ciência quando decidiram entrar na advocacia" (*Ibidem*, p. 96, tradução nossa).
[419] "Um erro comum é supor que os cientistas são pessoas tão admiráveis que podem ser incumbidos com segurança da responsabilidade final de orientar a pesquisa científica. (...) As análises de políticas dos cientistas têm tanta probabilidade de ser deformadas por

de promover, acaba por impedir o desenvolvimento de uma maior consciência sobre os riscos catastróficos.[420] Outro fator destacado é que vieses cognitivos impedem as pessoas de se preocuparem com riscos dos quais não possuem memória.[421] Finalmente, Posner aborda os fatores econômicos, que incluem afirmações sobre as dificuldades que emanam de soluções que demandam a cooperação internacional, onde os custos de transação são significativos.[422]

Refletindo sobre como avaliar os riscos catastróficos e como respondê-los, Posner afirma ser necessário, em primeiro lugar, coletar dados técnicos que, na medida do possível, permitam realizar uma análise das consequências puramente físicas da materialização de tais riscos e da viabilidade de um conjunto de medidas destinadas a reduzir tais riscos ou a magnitude de suas consequências. Após, a estrutura desenvolvida por Posner ocupa-se em "incorporar os dados em uma análise de custo-benefício das respostas alternativas ao risco".[423]

Como forma de lidar com as características extremas dos riscos catastróficos, a estrutura idealizada por Posner conta com algumas peculiaridades.[424] Por exemplo, quando analisa os riscos que decorrem de um acelerador de partículas,[425] Posner oferece algumas alternativas ao desconto convencional na compensação de consequências presentes

---

considerações de carreira, financeiras e ideológicas quanto as dos não cientistas" (*Ibidem*, p. 98, tradução nossa).

[420] Posner analisa diversos filmes apocalípticos e identifica uma série de aspectos que impedem uma maior consciência sobre os riscos catastróficos. Um dos filmes analisados é *The Day After Tomorrow*, o qual, demonstrando que finais felizes são sempre possíveis, "alivia os medos criados pelos efeitos especiais do desastre" (*Ibidem*, p. 106, tradução nossa).

[421] É o caso da comparação entre os riscos de um acidente aéreo ("acidentes aéreos ocorrem a cada poucos anos") e os riscos de colisão de um asteroide ("não houve um grande impacto de asteroide desde 1908 e ocorreu em uma área desabitada") (*Ibidem*, p. 121, tradução nossa).

[422] O autor cita a dificuldade dos Estados Unidos de negociarem uma solução com as todas as nações do mundo para o problema do aquecimento global. Os custos de transação são imensos e estão crescendo, o que, segundo o autor, é uma das justificativas para o fracasso do protocolo de Kyoto: "Existem 193 nações; em 1950 havia apenas 87" (*Ibidem*, p. 125, tradução nossa).

[423] *Ibidem*, p. 139, tradução nossa.

[424] Posner afirma que o seu modelo não propõe que a análise de custo-benefício seja "o" procedimento de tomada de decisão envolvendo os riscos catastróficos. Mas ressalta se tratar de "um passo indispensável na tomada de decisões racionais", na medida em que "respostas efetivas para a maioria dos riscos catastróficos provavelmente seriam extremamente dispendiosas e seria loucura adotar tais medidas sem um esforço para estimar os custos e benefícios" (*Idem*).

[425] Trata-se do Colisor Relativístico de Íons Pesados (Relativistic Heavy Ion Collider) localizado no Brookhaven National Laboratory, em Upton, Nova York.

e futuras.[426] De igual modo, Posner discute a adoção de uma "versão modesta do princípio da precaução", que busca alcançar um equilíbrio entre progresso e segurança.[427] Para lidar com a incerteza, Posner propõe a criação de "mercados de informação", cujos títulos negociados não são ações, mas previsões de riscos,[428] e a adoção da "análise de custo-benefício inversa", que divide os gastos existentes por estimativas de perdas projetadas visando estabelecer a probabilidade aproximada de um risco catastrófico.[429]

Posner finalmente propõe medidas de gerenciamento de risco voltadas para lidar com os riscos catastróficos, que incluem reformas institucionais tais como a alfabetização científica dos advogados,[430] a especialização da justiça para analisar casos científicos[431] e o estabelecimento de um "Centro para a Análise e Resposta a Riscos Catastróficos".[432] Outras propostas de Posner incluem ferramentas fiscais, tais como a tributação de emissões de dióxido de carbono e subsídio para pesquisa sobre a biodiversidade,[433] e a criação de uma agência internacional de proteção ambiental.[434]

3.6 Análise crítica dos modelos tradicionais: ausência de abordagens sobre o papel da ciência na regulação

A revisão da literatura realizada nos tópicos anteriores demonstra a enorme riqueza dos modelos de regulação de risco, cada um proporcionando novas perspectivas e reflexões que oferecem respostas para certos problemas que podem ser identificados na prática regulatória e contribuem para o amadurecimento do campo de estudos da regulação de risco como um todo. Não obstante, é possível constatar que nenhum dos modelos apresentados oferece uma argumentação robusta e teoricamente informada sobre o papel da ciência na regulação, o que seria necessário e oportuno ante a relevância, cada vez mais acentuada, da ciência para o sucesso da ação estatal.

---

[426] POSNER, *op. cit.*, nota 386, p. 140-148.
[427] *Ibidem*, p. 148-150, tradução nossa.
[428] *Ibidem*, p. 175-176, tradução nossa.
[429] *Ibidem*, p. 176-184.
[430] *Ibidem*, p. 200-209.
[431] *Ibidem*, p. 209-213.
[432] *Ibidem*, p. 213-215, tradução nossa.
[433] *Ibidem*, p. 155-165.
[434] *Ibidem*, p. 216-218.

As análises desenvolvidas pelos autores relacionados ao longo deste capítulo abordam temas diversos, estabelecendo como foco central o papel da Administração Pública em face dos riscos tecnológicos (Fisher), as virtudes da burocracia governamental e os receios "irracionais" do público (Breyer), os padrões de crenças culturais que distinguem diferentes grupos e condicionam suas respostas aos riscos (Douglas e Wildavsky), os vieses que caracterizam a percepção de risco do público leigo e dos especialistas (Slovic, Fischhoff, Lichtenstein, Tversky e Kahneman) e a racionalização da tomada de decisão por meio do uso de análise de custo-benefício (Sunstein e Posner).

Essas análises, como dito, possuem significativo valor para o crescimento e consolidação do campo de estudos da regulação de risco e proporcionam soluções para variados problemas que desafiam a capacidade regulatória dos Estados de lidarem com os riscos contemporâneos. No entanto, nenhum desses modelos possui uma base teórica voltada para lidar com as duas dimensões de problemas identificados nesta pesquisa.

A primeira dimensão (*déficit* de legitimidade democrática da ação regulatória) se relaciona com a constatação de que as reivindicações científicas utilizadas para realizar análises de risco não podem ser consideradas uma fonte de conhecimento neutra e universal como a visão mertoniana[435] da ciência supõe, o que levanta questionamentos sobre a forma de legitimação da atividade de análise de risco realizada por cientistas e especialistas das agências reguladoras no processo regulatório.

A segunda dimensão do problema (qualidade da regulação) se relaciona com o caráter multidimensional do risco. Riscos são construídos por especialistas e pelo público leigo, sendo necessário desenvolver abordagens que viabilizam a acomodação das mais diferentes perspectivas de risco. A análise de risco desenvolvida de maneira insulada pelos especialistas, mediante o emprego de ferramentas analíticas, resulta em um enquadramento limitado do risco, o que repercute nas estratégias regulatórias voltadas para lidar com esse mesmo risco, afetando, assim, a eficácia do gerenciamento de risco.

Ambas as dimensões do problema de pesquisa estão intimamente relacionadas às complexidades que emergem dos processos de construção do conhecimento científico utilizado para fins regulatórios.

---

[435] A visão mertoniana da ciência será abordada no tópico 3.7.3.3, infra.

Assim é que, para deter condições de oferecer soluções para tais problemas, o modelo de regulação de risco necessitaria deter uma base teórica voltada para discutir criticamente as questões que decorrem da relação entre ciência e regulação.

Ocorre, contudo, que nenhum dos modelos de regulação de risco relacionados ao longo deste capítulo oferece uma argumentação teoricamente fundamentada sobre o papel da ciência na regulação, não detendo, portanto, aptidão para endereçar os problemas identificados na pesquisa.

Nesse contexto, surge a oportunidade para a formulação de um modelo de regulação de risco baseado em estudos desenvolvidos em STS, que procuram justamente discutir as complexas relações entre a ciência, o Estado e a sociedade. Em vez de simplesmente tomarem como certo o papel que a ciência desempenha no âmbito da regulação, esses estudos analisam, criticamente, a forma como a ciência tem servido aos propósitos da regulação.

É exatamente a partir dessa constatação que a pesquisa avança com o objetivo de propor um modelo de regulação de risco voltado para o oferecimento de respostas a um conjunto de questões que surgem a partir da análise crítica do papel da ciência na regulação de risco.

3.7 Modelo de regulação à luz de STS

Regulação de risco é um campo de estudos relativamente novo. À medida que o campo cresce e amadurece, novos modelos são propostos visando endereçar questões que ensejam aprofundamento, discussão e, principalmente, solução. Cada modelo voltado para discutir como os riscos devem ser identificados, analisados e respondidos ajuda a aprimorar a compreensão sobre um tema que comporta múltiplas análises, porquanto múltiplas são as camadas de complexidade que a presença do risco acrescenta ao estudo do Estado em sua função reguladora. Assim, o campo da regulação de risco continua aberto para receber novas abordagens, novos modelos, novas reflexões, que procurem dirimir questões novas ou que já são objeto de debate doutrinário.

Por outro lado, nenhum modelo é capaz de endereçar todos os problemas que desafiam os regimes regulatórios de risco constituídos. A própria Elizabeth Fisher, que limita a sua análise a dois tipos de Administração Pública, afirma não existir um modelo ideal de regulação de risco, e que o melhor talvez seja conjugar o modelo racional-instrumental com o deliberativo-constitutivo.⁴³⁶ Portanto, nem mesmo modelos claramente competidores entre si geram o aniquilamento da posição contrária, sendo possível, e muitas vezes desejável, a convivência simultânea de múltiplas abordagens, com a criação de uma estrutura que reconhece os pontos fortes e fracos de cada modelo e procura se valer das virtudes para endereçar os problemas particulares do regime regulatório constituído.

O modelo construído a partir da realização desta pesquisa procura preencher uma lacuna deixada pelos modelos tradicionais de regulação de risco, que não oferecem uma abordagem voltada para o desenvolvimento de uma análise crítica sobre o papel da ciência na regulação de risco.

Essas considerações iniciais são necessárias para ressaltar que, ao se oferecer um modelo de regulação de risco para a realidade brasileira, não se quer apregoar que os modelos discutidos anteriormente – ou mesmo outros modelos não contemplados nessa análise – são falhos ou inúteis. Muito pelo contrário. A revisão da literatura realizada nos tópicos anteriores demonstra a enorme riqueza das análises, cada uma proporcionando novas perspectivas e reflexões que contribuem para o amadurecimento do campo de estudos como um todo. Tampouco defende-se que a adoção desse modelo leva à exclusão *a priori* de outras abordagens. A pretensão da pesquisa é acrescentar uma nova reflexão ao campo da regulação de risco no Brasil, apoiada em estudos desenvolvidos no campo de STS que não costumam ser referenciados pela literatura pátria, com o objetivo final de endereçar os problemas específicos que foram identificados na pesquisa.⁴³⁷

---

⁴³⁶ Conforme tópico 3.1.5, supra.
⁴³⁷ Não há muitos trabalhos na literatura brasileira sobre os modelos de regulação de risco aqui pesquisados. Embora não tenha como foco específico a regulação de risco, Natasha Salinas discute os aspectos positivos e negativos envolvendo os modelos racional-instrumental e deliberativo-constitutivo na regulação (SALINAS, Natasha. Os perigos de uma produção normativa puramente racional-instrumental. *Conjur*, Rio de Janeiro, 6 dez. 2022. Disponível em: https://www.conjur.com.br/2022-dez-06/fabrica-leis-perigos-producao-normativa-puramente-racional-instrumental. Acesso em: 22 jun. 2023). Destaque-se que a doutrina brasileira, ao debater as questões que envolvem a aplicação do conhecimento científico na esfera regulatória, tem focado a possível existência de uma "reserva da regulação" no país. Ver: MOREIRA, Egon Bockmann. Regulação sucessiva: quem tem a última palavra? Caso pílula do câncer: ADI nº 5.501, STF. *In*: MARQUES NETO, Floriano de Azevedo; MOREIRA, Egon Bockmann; GUERRA, Sérgio (org.). *Dinâmica da regulação*. 2. ed. Belo Horizonte: Fórum, 2021; NASCIMENTO, Roberta Simões. A legislação baseada em evidências empíricas e o controle judicial dos fatos determinantes da decisão legislativa. *Revista Eletrônica da Procuradoria-Geral do Estado do Rio de Janeiro – PGE-RJ*, Rio de Janeiro, v. 4 n. 3, set./dez. 2021; NASCIMENTO, Roberta

3.7.1 O que é STS?

STS é um campo interdisciplinar de estudos e pesquisa relativamente novo, que começou a se desenvolver no período entre guerras até o início da Guerra Fria, quando historiadores, sociólogos da ciência e os próprios cientistas passaram a pesquisar a relação entre o conhecimento científico, sistemas tecnológicos e a sociedade. O livro de Thomas Kuhn *The Structure of Scientific Revolutions*,[438] publicado em 1962, se tornou um clássico dessa nova abordagem e deflagrou novas ramificações de pesquisa, que incluem investigações sobre como a descoberta científica e suas aplicações tecnológicas se relacionam com outros desenvolvimentos sociais no campo do Direito, da política, das políticas públicas, da ética e da cultura.[439]

Mas o que significa STS? Seria um acrônimo de Science, Technology & Society ou de Science and Technology Studies? Sheila Jasanoff afirma que a resposta para essa questão se relaciona com as duas correntes de estudo que convergiram para formar esse novo campo de estudo. A corrente internalista, associada à Science and Technology Studies, enxerga a natureza e as práticas de ciência e tecnologia como instituições sociais que possuem os seus próprios compromissos, estruturas, práticas e discursos normativos, que evoluem ao longo do tempo e variam de acordo com o contexto cultural.[440] Essa corrente possui três importantes tradições de pesquisa: a primeira tradição é caracterizada pelo foco dos pesquisadores na relação entre a prática científica e seus produtos de trabalho;[441] a segunda se destaca pelo

---

Simões. Qual peso devem ter as evidências científicas para tomar uma decisão legislativa? *Jota*, São Paulo, 27 out. 2021. Disponível em: https://www.jota.info/opiniao-e-analise/colunas/defensor-legis/inibidores-de-apetite-27102021. Acesso em: 17 nov. 2022; PINHO, Clóvis Alberto Bertolini de. Reserva de administração (ou regulação) e leis de iniciativa parlamentar em matéria de regulação: uma análise da posição do Supremo Tribunal Federal. *Revista de Direito Público da Economia*, Belo Horizonte, ano 20, n. 78, p. 23-43, 2022.

[438] KUHN, Thomas B. *The Structure of Scientific Revolutions*. Chicago: University of Chicago Press, 1962.

[439] Disponível em: https://sts.hks.harvard.edu/about/whatissts.html. Acesso em: 23 fev. 2023.

[440] JASANOFF, Sheila. A Field of Its Own: the emergence of science and technology studies. *In*: FRODEMAN, Robert (ed.). *The Oxford Handbook of Interdisciplinarity*. 2nd. ed. Oxford: Oxford Handbooks, 2017. p. 174. Disponível em: https://doi-org.ezp-prod1.hul.harvard.edu/10.1093/oxfordhb/9780198733522.013.15. Acesso em: 17 fev. 2023.

[441] Nesse contexto, a obra de Thomas Kuhn se notabilizou por desviar a atenção acadêmica do conteúdo teórico e da coerência das afirmações científicas para os meios sociais de sua produção. Essa mudança de perspectiva levou estudiosos britânicos a investigarem o funcionamento da ciência, o que resultou na criação da escola de "sociologia do conhecimento científico" (Sociology of Scientific Knowledge – SSK), que tinha como objetivo avaliar o que os cientistas fazem, como eles fazem e como seu trabalho alcança autoridade (*Ibidem*, p. 175, tradução nossa).

emprego de métodos etnográficos para estudar os cientistas em seus locais de trabalho;[442] a terceira aborda a ciência e a tecnologia como formações culturais, demonstrando particular interesse nos significados que as pessoas atribuem aos produtos de ciência e tecnologia e questionando como o poder social se traduz em autoridade científica e vice-versa.[443]

Enquanto a corrente internalista aborda a natureza e a prática da ciência e tecnologia, a corrente externalista discute a relação da ciência e tecnologia com a sociedade. Essa corrente, associada à Science, Technology & Society, nasce da preocupação dos cientistas e, de modo crescente, dos cidadãos e movimentos sociais com os impactos que certos desenvolvimentos de ciência e tecnologia passaram a produzir sobre a saúde, segurança e valores humanos fundamentais, tais como privacidade, democracia, desenvolvimento e sustentabilidade ambiental. Eventos extraordinários, como o lançamento das bombas atômicas em Hiroshima e Nagasaki e a corrida armamentista nuclear entre os Estados Unidos e a ex-União Soviética, deram início a uma "política de ansiedade tecnológica". A Guerra do Vietnã turbinou os debates sobre a cumplicidade de cientistas com a guerra, a falta de *accountability* democrática da tecnologia e as implicações ambientais da ciência e tecnologia. Os estudiosos dessa corrente de STS começaram a debater os riscos que certas tecnologias ofereciam para indivíduos e, de modo geral, para a sociedade, indagando se os benefícios desses desenvolvimentos superam as eventuais violações à liberdade, privacidade, autonomia e igualdade. Também passaram a debater o desenvolvimento tecnológico dos computadores e suas possíveis ofensas à natureza humana, bem como os desequilíbrios globais na inovação de ciência e tecnologia e suas implicações para os direitos humanos e justiça social.[444]

---

[442] Na obra clássica *Laboratory Life: The Social Construction of Scientific Facts*, Bruno Latour e Steve Woolgar argumentam que, se alguém quiser compreender como as observações feitas no laboratório ou no campo se transformam em fatos, deverá "seguir o cientista". Latour e outros estudiosos desenvolveram a "Teoria Ator-Rede" (Actor-Network Theory – ANT), que realça os elementos materiais das redes de conhecimento e defende o tratamento simétrico de agentes humanos e não humanos (*Idem*).

[443] Uma das abordagens desenvolvidas por esse corpo de estudos envolve a aplicação da ciência e tecnologia na área médica, com o desenvolvimento de investigações mais centradas no ser humano do que em ciências e tecnologias físicas, enfatizando temas de identidade e subjetividade, especialmente daqueles afetados por classificações de doenças (*Ibidem*, p. 176).

[444] *Ibidem*, p. 177.

Embora seja analiticamente útil retratar STS a partir dessa caracterização bifurcada, Jasanoff destaca que essas duas correntes de estudo convergiram para uma atuação mais próxima. Com efeito, enquanto a corrente voltada para o estudo da natureza da ciência tornou-se mais preocupada com a forma como os entendimentos ou arranjos sociais são incorporados à produção de conhecimento e artefatos, a corrente que estudava as interações entre ciência/tecnologia e a sociedade passou a reconhecer que as essas interações têm início em um momento anterior à entrada no mercado dos produtos tecnológicos. Consequência dessa convergência é que o poder da ciência e tecnologia deixou de ser visto como algo separável de outros tipos de poder. De igual modo, a formação e a aplicação do conhecimento deixaram de ser consideradas distintas de seus eventuais usos e impactos. Nesse processo evolutivo de STS, as maneiras pelas quais a autoridade epistêmica da ciência interpenetra outros tipos de autoridade social e psicológica se tornaram uma importante vertente de investigação.[445]

Outra convergência importante e relativamente consolidada em STS diz respeito à abordagem integrada da ciência e tecnologia. O termo tecnociência descreve a interação e a interdependência entre a tecnologia e a ciência e retrata o compromisso dos estudiosos em STS em integrar as análises das descobertas científicas com as análises dos sistemas tecnológicos que sustentam ou resultam dos avanços da ciência. A ideia é que, assim como não é possível gerar inovações tecnológicas sem a resolução de problemas científicos, as descobertas científicas não seriam viabilizadas sem o uso de tecnologias que permitissem novos métodos e abordagens experimentais.[446]

STS é um campo de estudos e pesquisa que evoluiu e que hoje se encontra suficientemente estabelecido, especialmente nos Estados Unidos e na Europa, onde foram criados programas e departamentos universitários em STS,[447] além de associações profissionais,[448]

---

[445] Ibidem, p. 178.
[446] Ibidem, p. 176.
[447] Dentre as universidades norte-americanas que possuem departamentos e programas em STS, podem-se citar Berkeley, Cornell, Michigan, MIT e Harvard. Na Europa, podem-se mencionar Maastricht (Holanda), Mines Paris (França), Technical University of Munich (Alemanha), Oxford e York (Reino Unido).
[448] Algumas iniciativas são The Society for Social Studies of Science (4S), The European Association for the Study of Science and Technology (EASST) e The Science and Democracy Network (SDN).

publicações[449] e eventos periódicos.[450] STS congrega estudiosos de diferentes disciplinas, tais como sociologia, antropologia, sociologia, história, filosofia e Direito, e as abordagens desenvolvidas nesse campo de estudo e pesquisa são bastante diversificadas, de maneira que não há uma única suposição teórica ou metodológica dominante.

3.7.2 STS, construtivismo social e o idioma da coprodução

Uma das linhas teóricas desenvolvidas em STS é o construtivismo social. A ótica construtivista desenvolvida em STS não enxerga nenhuma circunstância epistemologicamente especial na natureza do conhecimento científico, sendo essa apenas uma dentre diversas outras culturas de conhecimento.[451] Nesse sentido, a ciência não difere de outras atividades desenvolvidas na sociedade. Seus achados, as certezas que ela produz, não gozam de qualquer forma de privilégio na sociedade.[452] Em razão disso, os acordos, desacordos, sucessos e falhas não precisam ser explicadas em termos diferentes ao que se faz com relação a outros atores sociais,[453] sendo essa, portanto, uma tarefa sociológica, e não epistemológica.[454]

Por causa dessas características, a abordagem construtivista enseja uma análise mais crítica por parte de produtores e consumidores de ciência e tecnologia acerca dos contextos sociais em que elas são produzidas, avaliadas e implementadas. Nesse sentido, Sergio Sismondo ressalta que o construtivismo social desenvolvido em STS oferece três importantes lembretes: a ciência e tecnologia (i) são essencialmente sociais, (ii) são ativas, exatamente na linha da metáfora da construção, que sugere uma atividade, e (iii) não oferecem uma passagem direta

---

[449] *Social Studies of Science*; *Science, Technology and Society* e *Science, Technology & Human Values*, todos publicados pela Sage Journals.
[450] SND e 4S realizam conferências anuais. Já a EASST realiza conferências bianuais desde 1983.
[451] BIJKER, Wiebe E.; HUGHES, Thomas Parke; PINCH, Trevor (Eds.). *The Social Construction of Technological Systems*: New Directions in the Sociology and History of Technology. Cambridge: MIT Press, 2012. p. 19.
[452] CALLON, Michel. Four Models for the Dynamics of Science. *In*: JASANOFF, Sheila; MARKLE, Gerald E.; PETERSEN, James C.; PINCH, Trevor (ed.). *Handbook of Science and Technology Studies*. Thousand Oaks: Sage, 1995. p. 30.
[453] *Idem*.
[454] BIJKER; HUGHES; PINCH, *op. cit.*, nota 451, p. 19.

da natureza para as ideias sobre a natureza – os produtos da ciência e da tecnologia não são naturais em si. Apesar de sua clareza e robustez, essas importantes suposições abrem margem para uma ampla gama de interpretações, o que levou a literatura em STS a desenvolver diferentes "construções sociais".[455]

Para fins analíticos, parece útil distinguir duas linhas de abordagem construtivistas em STS. De um lado, pode-se identificar uma escola europeia que desenvolve análises mais voltadas para os processos sociais que moldam a ciência e a tecnologia. Obra clássica nesse campo é *Laboratory Life: The Construction of Scientific Facts*,[456] em que Bruno Latour e Steve Woolgar examinam as maneiras pelas quais os fatos científicos são conquistas do empreendimento coletivo em laboratórios por meio de processos de observação e comunicação entre redes de cientistas, que dão sentido às observações. Latour e Woolgar rejeitam a possibilidade de analisarem as práticas desenvolvidas no laboratório a partir das explicações fornecidas pelos próprios cientistas. Em razão disso, eles assumem a posição de antropólogos que se inserem em uma tribo isolada, passando a descrever *in loco* o trabalho desenvolvido rotineiramente por cientistas no laboratório.[457] A argumentação dos autores é de que o fato científico não faz parte de uma realidade natural; antes, todo conhecimento científico é socialmente construído, sendo resultado de comunicação, interação, negociações e interpretações feitas por cientistas. Mais especificamente, o conhecimento científico é apresentado como o resultado de um consenso disciplinar.

Outra obra clássica é *The Social Construction of Facts and Artifacts: Or How the Sociology of Science and the Sociology of Technology Might*

---

[455] SISMONDO, Sergio. *An Introduction to Science and Technology Studies*, Blackwell, 2003. p. 51, tradução nossa.

[456] LATOUR, Brunio; WOOLGAR, Steve. *Laboratory Life*: The Social Construction of Scientific Facts. Thousand Oaks: Sage Publications, 1979.

[457] O estudo fundacional de Latour and Woolgar sobre as práticas realizadas no laboratório abriu as portas para que outros estudiosos em STS desenvolvessem abordagens semelhantes. Cf. BOWKER, Geoffrey; STAR, Susan L. *Sorting Things Out*: Classification and its Consequences. Cambridge: MIT Press, 1999; DOING, Park. *Velvet Revolution at the Synchrotron*: Biology, Physics, and Change in Science. Cambridge: MIT Press, 2009; FUJIMURA, Joan. *Crafting Science*: Standardized Packages, Boundary Objects, and "Translation". Cambridge: Harvard University Press, 1996; KNORR CETINA, Kain. *The Manufacture of Knowledge*: An Essay on the Constructivist and Contextual Nature of Science. Oxford: Pergamon Press, 1981; LYNCH, M. *Art and Artifact*: A Study of Shop Work and Shop Talk in a Research Laboratory. London: Routledge & Kegan Paul, 1985; TRAWEEK, Sharon. *Beamtimes and Lifetimes*: The World of High Energy Physicists. Cambridge: Harvard University Press, 1988.

Benefit Each Other,[458] em que Wiebe Bijker e Trevor Pinch demonstram as contingências sociais envolvidas na criação da bicicleta. Os autores desenvolvem uma abordagem integrada com base em dois programas: o Programa Empírico de Relativismo (Empirical Programme of Relativism – EPOR), desenvolvido no campo da sociologia do conhecimento científico, e a Construção Social da Tecnologia (Social Construction of Technology – SCOT), desenvolvida no campo da sociologia da tecnologia. Partindo de uma ótica construtivista, os autores foram na contramão de abordagens que realizam uma rígida distinção entre ciência e tecnologia – a ciência diz respeito a descobertas de verdades, ao passo que a tecnologia se refere à aplicação da verdade.[459] Para eles, modelos simplistas e generalizações como essa têm sido abandonados dado o reconhecimento de que ciência e tecnologia não são estruturas monolíticas bem definidas. Pelo contrário, ciência e tecnologia se misturam no sentido de que a moderna tecnologia envolve cientistas que "fazem" tecnologia e tecnólogos que atuam como cientistas. Ciência e tecnologia, assim, constroem seus conhecimentos e técnicas valendo-se dos recursos do outro sempre que isso puder ser feito de forma lucrativa. "Em outras palavras, tanto a ciência quanto a tecnologia são culturas socialmente construídas e utilizam quaisquer recursos culturais apropriados para os propósitos em questão".[460] Nessa abordagem construtivista, os autores estabelecem paralelos entre EPOR e SCOT e procuram demonstrar como a sociologia do conhecimento científico e a sociologia da tecnologia podem se beneficiar mutuamente com a criação de um novo modelo integrado de abordagem.

De outro lado, é possível identificar uma escola americana do construtivismo social, que se apoia na noção de coprodução desenvolvida especialmente por Sheila Jasanoff. Coprodução significa que as formas pelas quais as pessoas conhecem e representam o mundo – tanto a natureza quanto a sociedade – são inseparáveis das formas pelas quais as pessoas escolhem viver nesse mesmo mundo. O conhecimento e suas incorporações materiais podem ser retratados, simultaneamente,

---

[458] PINCH, Trevor J.; BIJKER, Wiebe E. The Social Construction of Facts and Artifacts. *In*: PINCH, Trevor J.; BIJKER, Wiebe E. *The Social Construction of Technological Systems*. The MIT Press, 2012.

[459] Outra linha de investigação procura investigar empiricamente em que grau as inovações tecnológicas incorporam ou se originam da ciência básica. Os autores afirmam que o resultado de tais estudos é decepcionante, dada a dificuldade de especificar essa interdependência (*Ibidem*, p. 19-20).

[460] *Ibidem*, p. 20, tradução nossa.

de duas maneiras: são produtos do trabalho social "e" constitutivos de formas de vida social. Isso significa que, assim como a sociedade não pode funcionar sem conhecimento, o conhecimento não pode existir sem suportes sociais apropriados. Essa noção irradia importantes efeitos sobre o conhecimento científico: não é ele um espelho transcendente da realidade; antes, o conhecimento científico tanto incorpora quanto é incorporado em todos os blocos da construção social – práticas sociais, identidades, normas, convenções, discursos, instrumentos e instituições.[461]

Dentro de uma perspectiva coproducionista, a ciência não é vista nem como um simples reflexo da verdade sobre a natureza e nem como uma mera decorrência de interesses sociais e políticos. O idioma[462] da coprodução pressupõe uma abordagem simétrica ao salientar as dimensões sociais dos compromissos e entendimentos cognitivos e, ao mesmo tempo, chamar a atenção para os correlatos epistêmicos e materiais das formações sociais. A coprodução, assim, revela-se um quadro analítico adequado para lidar com as complexidades decorrentes da relação entre ciência, tecnologia e sociedade. A coprodução busca não somente oferecer interpretações analíticas mais convincentes da ordem social e política, iluminando as interações entre os domínios científicos e experimentais da existência humana, como também evitar qualquer forma de determinismo natural e social nas abordagens que STS realiza sobre o mundo.[463]

Indo além, a coprodução não procura fornecer explicações causais determinísticas sobre as maneiras pelas quais a ciência e a tecnologia influenciam a sociedade, ou sobre as maneiras pelas quais a sociedade influencia a ciência e a tecnologia. Tampouco almeja oferecer um modelo metodológico rígido para futuras pesquisas em STS. Em vez disso, a coprodução oferece recursos que viabilizam uma reflexão sistemática sobre os processos de criação de sentido por meio dos quais os seres humanos se deparam com o mundo onde a ciência e a tecnologia

---

[461] JASANOFF, Sheila. The idiom of co-production. *In*: JASANOFF Sheila (ed.). *States of Knowledge*: The Co-Production of Science and the Social Order. New York: Routledge, 2004. p. 2-3.

[462] Sheila Jasanoff afirma que a noção de coprodução "não deve ser apresentada como uma teoria totalmente desenvolvida, reivindicando consistência legal e poder preditivo. É muito mais um idioma – uma forma de interpretar e explicar fenômenos complexos de modo a evitar as omissões e eliminações estratégicas da maioria das outras abordagens nas ciências sociais" (*Ibidem*, p. 3, tradução nossa).

[463] *Ibidem*, p. 3.

se tornaram dispositivos permanentes. O coproducionismo não nega a realidade e nem o poder da ciência. Pelo contrário, procura explicar por que os produtos da ciência e da tecnologia adquirem domínios tão profundos sobre os instintos normativos das pessoas, bem como sobre suas faculdades cognitivas.[464]

Coprodução pressupõe que ciência e tecnologia podem ser estudadas como práticas sociais que estabelecem diversas formas de estrutura e autoridade. Nesse sentido, a atividade científica e tecnológica são analisadas de maneira integrada a outras formas de atividade social como elementos indispensáveis no processo de evolução da sociedade. Para Jasanoff, "cada vez mais, as realidades da experiência humana emergem como realizações conjuntas de empreendimentos científicos, técnicos e sociais: ciência e sociedade, em uma palavra, são coproduzidas, cada uma subsidiando a existência da outra".[465]

Esse figurino permite ao idioma coproducionista endereçar dois tipos de problema que normalmente afetam o construtivismo social. O primeiro problema diz respeito ao fato de que a rubrica "construção social" carrega uma conotação capaz de conferir uma espécie de primazia causal ao social. Construtivismo, contudo, não implica dizer que a realidade social é ontologicamente anterior à realidade natural, e nem que os fatores sociais determinam, isoladamente, o funcionamento da natureza. O segundo problema é que o discurso da construção social ensejaria uma análise menos atenta sobre os aspectos que compõem o social, tais como interesse, capital, mercado, Estado, inibindo, assim, a investigação simétrica dos elementos constitutivos da sociedade e da ciência. Viu-se, no entanto, que o idioma do coproducionismo não confere qualquer primazia aos elementos sociais, preconizando, ao contrário, uma abordagem simétrica.[466]

Essas observações iniciais permitem que a pesquisa avance para se analisar os momentos em que ocorre um profundo entrelaçamento do cognitivo, do material, do social e do normativo que pressupõe o idioma coproducionista. Jasanoff afirma que a coprodução se torna mais aparente quando uma determinada ordem social passa por mudanças perceptíveis. Mais especificamente, a autora aponta quatro

---

[464] JASANOFF, Sheila. Ordering knowledge, ordering society. In: JASANOFF, Sheila (ed.). States of Knowledge: The Co-Production of Science and the Social Order. New York: Routledge, 2004. p. 38.
[465] Ibidem, p. 17, tradução nossa.
[466] Ibidem, p. 19-20.

distintos momentos para se observar o processo coproducionista: (i) "emergência e estabilização": diz respeito ao surgimento e estabilização de novos objetos e fenômenos e discute questões sobre como as pessoas reconhecem esses objetos e fenômenos, como elas os investigam, os nomeiam e lhes atribuem significado, e como eles são diferenciados de outras entidades existentes por meio da criação de novas linguagens para referi-los e novas formas visuais para representá-los; (ii) "resolução de conflitos científicos e técnicos": tem como objeto a análise de práticas e processos e objetiva explicar como certas ideias sobrepujam, ou não, outras ideias; (iii) "padronização": tem como foco a inteligibilidade e portabilidade dos produtos da ciência e tecnologia através do tempo, lugar e contextos institucionais; (iv) "importação de ideias de uma fonte para outros contextos": examina as práticas culturais da ciência e da tecnologia nos contextos que lhes conferem legitimidade e significado e discute como a suposta universalidade de fatos e artefatos se comporta em cenários políticos e culturais díspares e como diferentes domínios de pesquisa e desenvolvimento adquirem e retêm características culturais particulares.[467]

Se esses são os momentos, quais seriam os lugares para onde deve-se olhar para observar o desenrolar dos processos de coprodução na conexão entre a ordem natural e social? Jasanoff afirma que, naqueles momentos de mudança da ordem social, a coprodução ocorre ao longo de certos caminhos bem documentados pela literatura produzida em STS. Esses caminhos podem ser organizados a partir de quatro ideias: (i) "fazendo identidades": o relato coproducionista de ciência e tecnologia frequentemente aborda fenômenos emergentes e controversos; nesse sentido, redefinir identidades é um importante recurso que as pessoas utilizam para restaurar a ordem do mundo, colocando as coisas em lugares familiares; (ii) "fazendo instituições": sendo detentoras de conhecimento e poder, as instituições dispõem de instrumentos prontos e acessíveis para colocar as coisas em seus lugares em momentos de incerteza e desordem; as instituições, assim, desempenham um papel importante nas explicações coproducionistas da construção do mundo; (iii) "fazendo discursos": muitas vezes a solução da desordem no mundo vem por meio da criação de novas linguagens ou pela apropriação de discursos existentes, tendo como objetivo identificar novos fenômenos, relatar experimentos, persuadir audiências céticas etc.; (iv) "fazendo

---

[467] JASANOFF, op. cit., nota 461, p. 5-6, tradução nossa.

representações": estudos em STS se dedicam a investigar como as representações científicas são produzidas e tornadas inteligíveis em diversas comunidades, abordando, inclusive, as conexões entre a representação nos estudos científicos e a representação política e social.[468]

Coprodução, portanto, pode ser observada em diferentes momentos de mudança da ordem social e ao longo de caminhos bem documentados pela literatura produzida em STS. Diante desse quadro, a questão que surge é: como seria possível relacionar a coprodução e a regulação de risco? Como mencionado, a coprodução pressupõe o entrelaçamento de conhecimento, materialidade e normas e se torna mais visível quando ocorrem mudanças em uma determinada ordem social. Nesse sentido, a regulação de risco, por envolver a contínua necessidade de os governos reconhecerem perigos emergentes e endereçarem medidas para lidar com eles, consubstancia um rico domínio para a observação do desenrolar de processos de coprodução.

No tópico seguinte, será analisada a regulação de risco sob as lentes coproducionistas de Sheila Jasanoff. A autora aborda o tema em um conjunto de trabalhos que proporcionam uma reflexão crítica e profunda sobre as complexas questões que exsurgem do emprego da ciência para a realização de análises de risco em sociedades democráticas, como é exatamente o caso do Brasil.

3.7.3 Risco como uma construção social: uma visão coproducionista da regulação de risco

Dentro de uma visão tradicional, a regulação de risco se desenvolve a partir de uma metodologia linear, que aloca, em compartimentos distintos, ciência e política. Primeiramente, os *experts* entram em ação para definir a probabilidade e severidade dos danos que certas atividades ou substâncias podem produzir à saúde humana, à segurança e ao meio ambiente, consubstanciando aquilo que se convencionou denominar de análise de risco. Na etapa seguinte, o tomador de decisão, com base naquela avaliação "neutra" da realidade, define as estratégias voltadas para endereçar os riscos amplamente identificados, selecionados e mensurados, comumente denominada de gerenciamento de risco.

---

[468] JASANOFF, *op. cit.*, nota 464, p. 39-43, tradução nossa.

A visão coproducionista desenvolvida em STS coloca em xeque essa rígida separação entre ciência e política. O conhecimento científico tanto incorpora quanto é incorporado pela sociedade, e, nesse sentido, o risco não pode ser visto como uma característica neutra e imutável que existe em um espaço objetivo. Ao contrário, risco é uma construção social, algo incorporado culturalmente que a imaginação limitada humana identifica no mundo exterior, tendo textura e significado que variam de um grupo social para outro.

O coproducionismo, nesse contexto, desafia a noção convencional de que a gestão da ciência se resume a dizer a verdade às instituições políticas a partir de uma posição de independência, chamando a atenção para questões sobre como os riscos são enquadrados cientificamente, quais pressupostos sociais e culturais estão frequentemente incorporados nos enquadramentos de risco e como são demarcados os territórios da ciência e política nas decisões de risco.

3.7.3.1 Enquadramento (*framing*)

Parece oportuno iniciar esta abordagem a partir da noção de enquadramento (*framing*), uma noção aparentemente singela, porém capaz de produzir consequências significativamente relevantes. Analisando a mídia de massa, a Nova Esquerda[469] e suas complexas relações históricas, Todd Gitlin argumenta que "o que faz o mundo além da experiência parecer natural é um enquadramento de mídia".[470] Deveras, o mundo retratado pela mídia não corresponde exatamente àquilo que é encontrado "lá fora", já que existe uma enorme quantidade de eventos que se desenrolam concomitantemente e cada evento é dotado de uma infinidade de detalhes perceptíveis, o que torna necessário "moldar a realidade para negociá-la, administrá-la, gerenciá-la e escolher repertórios apropriados de conhecimento e ação".[471]

---

[469] A Nova Esquerda (New Left) foi um movimento de intelectuais radicais que emergiu na década de 1960 nos principais países ocidentais. De inspiração socialista, a Nova Esquerda concentrava sua atenção em fatores culturais da época, como os meios de comunicação de massa e o crescimento da cultura de consumo. Suas ideias influenciaram movimentos contrários à Guerra do Vietnã e à revolta dos estudantes em Paris, conhecido como "Maio de 1968" (NEW LEFT. *In*: OXFORD Reference. [*S. l.*]: Oxford, [2023]. Disponível em: https://www.oxfordreference.com/display/10.1093/oi/authority.20110803100231661. Acesso em: 20 dez. 2023).

[470] GITLIN, Todd. *The Whole World Is Watching*: Mass Media in the Making; Unmaking of the New Left. Berkeley: University of California Press, 1980. p. 6, tradução nossa.

[471] *Ibidem*, p. 6-7, tradução nossa.

Enquadramentos, nesse sentido, são "princípios de seleção, ênfase e apresentação composta de pequenas teorias tácitas sobre o que existe, o que acontece e o que importa".[472] Mais especificamente, os enquadramentos de mídia "são padrões persistentes de cognição, interpretação e apresentação, de seleção, ênfase e exclusão, pelos quais os manipuladores de símbolos rotineiramente organizam o discurso, seja verbal ou visual".[473] Eles possuem uma dupla dimensão organizacional: organizam o mundo tanto para jornalistas, que fornecem relatos sobre o mundo, quanto para o público, que confia nesses relatos. Esse papel permite que os jornalistas "processem grandes quantidades de informações de forma rápida e rotineira: reconhecê-las como informações, atribuí-las a categorias cognitivas e empacotá-las para uma retransmissão eficiente ao público".[474] Os enquadramentos, assim, são reputados inevitáveis apenas para fins organizacionais, "e o jornalismo é organizado para regular sua produção".[475] Por essa razão, Gitlin destaca que qualquer abordagem analítica da produção do jornalismo deve se preocupar em indagar qual enquadramento foi adotado e por que razão.[476]

Outro autor que aborda o tema do enquadramento é Steven Epstein, que analisa as controvérsias envolvendo as causas e os tratamentos da Acquired Immune Deficiency Syndrome (AIDS), ou Síndrome de Deficiência Imunológica Adquirida, e discute o papel dos enquadramentos na forma como indivíduos e grupos diagnosticam problemas sociais e propõem soluções. Segundo Epstein, os enquadramentos são uma metáfora utilizada para descrever a dimensão construtiva em diferentes arenas da prática social. Eles impõem ordem à experiência, mas não de forma arbitrária ou neutra. Movimentos sociais, por exemplo, procuram enquadrar eventos com o objetivo de mobilizar potenciais adeptos, angariar apoio do espectador e desmobilizar antagonistas.[477]

---

[472] Ibidem, p. 6, tradução nossa.
[473] Ibidem, p. 7, tradução nossa.
[474] Idem.
[475] Idem. O autor chama a atenção para o fato de que os enquadramentos de mídia não têm sido objeto de análise e reconhecimento. Para ele, qualquer abordagem analítica da produção do jornalismo deve se preocupar em indagar qual enquadramento foi adotado e por que razão (Idem).
[476] Idem.
[477] EPSTEIN, Steven. Impure Science: Aids, Activism, and the Politics of Knowledge. Berkeley: University of California Press, 1996. p. 24-25.

No contexto do caso analisado, Epstein ressalta que os mais variados atores procuram "enquadrar a AIDS, ou construir conhecimento, ou afirmar suas reivindicações de especialização de maneiras bastante diferentes, dependendo em parte de seus interesses, suas posições sociais e as organizações às quais pertencem".[478] Quando começou a ser detectada nos anos de 1981 e 1982, a AIDS foi enquadrada como uma doença *gay* ligada à promiscuidade.[479] Segundo o autor, enquadramentos exercem significativo poder como "organizadores da experiência", pois eles militam contra formas alternativas de interpretar uma experiência. Por ter sido inicialmente considerada uma doença *gay*, médicos e pesquisadores relutavam em admitir que a AIDS seria capaz de afetar outras pessoas, pois isso poderia abalar a sua credibilidade perante a comunidade científica.[480]

Sheila Jasanoff ressalta que o enquadramento de risco é fundamentalmente uma escolha política e social. Com efeito, o risco se torna alvo da regulação estatal somente porque entendimentos coletivos anteriores definiram que certos danos são merecedores da atenção do Estado e que certas causas devem ser controladas. Em verdade, muitos riscos despertam preocupação coletiva, porém apenas alguns chegam a movimentar a agenda política, e nesse caso a ciência é chamada para realizar a análise de risco e subsidiar a intervenção regulatória. O aspecto a ser sublinhado é que somente por causa de um enquadramento inicial que um determinado risco se torna um problema regulatório.[481]

A autora ressalta que, caso o problema seja enquadrado de maneira muito restrita, ampla ou mesmo incorretamente, a solução regulatória sofrerá da mesma distorção.[482] Nas palavras de Jasanoff:

---

[478] *Ibidem*, p. 25, tradução nossa.

[479] "Coloquialmente, a epidemia tornou-se conhecida entre alguns profissionais médicos e pesquisadores no início de 1982 como 'GRID'": Gay-Related Immune Deficiency" (*Ibidem*, p. 50, tradução nossa).

[480] "Um pediatra de Nova York foi ridicularizado por sua alegação já em 1981 de que estava atendendo crianças que sofriam da mesma disfunção imunológica que os pacientes homossexuais" (*Idem*).

[481] JASANOFF, Sheila. Constitutions of Modernity: Science, risk and governable subjects. In: WEIMER, Maria; RUIJTER, Anniek de (ed.). *Regulating Risks in the European Union*: The Co-Production of Expert and Executive Power. Oxford: Hart Publishing, 2017. p. 20-21. Disponível em: http://dx.doi.org.ezp-prod1.hul.harvard.edu/10.5040/9781509912650. Acesso em: 25 mar. 2023.

[482] JASANOFF, Sheila. Technologies of Humility: Citizen participation in governing science. *Minerva*, [S. l.], v. 41, p. 240, 2003.

Para dar um exemplo simples, uma política de testes químicos centrada em produtos químicos únicos não pode produzir conhecimento sobre as consequências para a saúde ambiental de exposições múltiplas. O enquadramento da questão regulatória é mais restritivo do que a distribuição real dos riscos induzidos por produtos químicos e, portanto, é incapaz de fornecer estratégias de gestão óptimas. Da mesma forma, a crença de que a violência é genética pode desencorajar a procura de influências sociais controláveis no comportamento. A concentração na biologia da reprodução pode atrasar ou impedir políticas sociais eficazes para conter o crescimento populacional. Quando os fatos são incertos, as divergências sobre o enquadramento apropriado são virtualmente inevitáveis e muitas vezes permanecem intratáveis durante longos períodos. No entanto, poucas culturas políticas adotaram métodos sistemáticos para rever o enquadramento inicial das questões. A análise do enquadramento continua, portanto, a ser uma ferramenta extremamente importante, embora negligenciada, de elaboração de políticas que poderiam se beneficiar de uma maior contribuição pública."[483]

O National Research Council, em seu documento *Understanding Risk: Informing Decisions in a Democratic Society*, fornece um exemplo de enquadramento de risco que gerou significativa controvérsia nos Estados Unidos. No debate público envolvendo o depósito de resíduos nucleares de Yucca Mountain, bilhões de dólares foram gastos na realização de análises quantitativas de risco tendo como objeto o descarte permanente desses resíduos em um local. No entanto, o documento cita que muitas pessoas acreditavam que o foco deveria ter sido outro: a análise de risco deveria ter tido como objeto o armazenamento temporário dos resíduos, enquanto se aprofundava o debate sobre o cabimento de uma solução permanente.[484]

3.7.3.2 Trabalho de fronteira (*boundary work*)

Se a regulação de riscos é fortemente condicionada pelo enquadramento inicial do risco, cumpre avaliar como ocorre o processo

---

[483] *Ibidem*, p. 240-241, tradução nossa.
[484] NATIONAL RESEARCH COUNCIL. *Understanding Risk:* Informing Decisions in a Democratic Society. Washington, D.C.: The National Academies Press, 1996. p. 39. O documento cita que a forma como o governo caracterizou o risco presumiu que a questão a ser respondida era óbvia e por isso se baseou demasiadamente em um único subconjunto de informações científicas. Mas os opositores estavam preocupados com outras questões que não foram abordadas nas análises de risco. Por exemplo, os opositores indagavam se era justo depositar resíduos nucleares em uma região que não possui qualquer central nuclear e que já acolhe instalações de testes nucleares (*Ibidem*, p. 18).

de identificação e demarcação das fronteiras entre os mundos da ciência e da política, que em uma visão tradicional seriam rigidamente separados. Essa é uma questão significativamente relevante para a regulação de risco, especialmente porque grande parte das controvérsias envolvendo a ciência regulatória surge da dificuldade de se delimitar a linha divisória entre esses dois mundos.

Estudos desenvolvidos em STS denominam essas controvérsias de trabalho de fronteira (*boundary work*) e procuram identificar as características essenciais que distinguem a ciência de outras atividades intelectuais. Tais estudos são relevantes porque procuram explicar como o estabelecimento da linha fronteiriça entre os territórios da ciência e política retira a credibilidade ou autoridade científica de pessoas, instituições e reivindicações (ou seja, de quem está fora do território da ciência), ao mesmo tempo que assegura a autoridade científica de cientistas e especialistas (que estão dentro desse território).

Os estudos de Thomas Gieryn sobre trabalho de fronteira chamam a atenção para o caráter contingente e mutável da ciência, que não seria um meio coerente de se alcançar a verdade; antes, "suas fronteiras são desenhadas e redesenhadas de forma flexível, historicamente mutável e, às vezes, ambígua".[485] Para Gieryn, as características da ciência fazem parte de um esforço ideológico dos cientistas voltado para diferenciar o trabalho que eles desenvolvem (e os produtos que são fruto deste trabalho) de atividades intelectuais não científicas.[486]

Disputas de fronteira estão sempre presentes na sociedade[487] e os cientistas normalmente saem vitoriosos, o que lhes proporciona credibilidade, poder, influência e verbas públicas para o desenvolvimento de pesquisas. Um dos exemplos discutidos pelo autor é o do físico John Tyndall, que se notabilizou por protagonizar disputas com a religião e a engenharia e mecânica visando expandir a autoridade dos cientistas, angariar apoio público e financiamento para pesquisas e criar oportunidades educacionais necessárias ao crescimento da ciência

---

[485] GIERYN, Thomas F. Boundary-work and the demarcation of science from non-science: Strains and interests in professional ideologies of scientists. *American Sociological Review*, [S. l.], v. 48, n. 6, p. 781, 1983, tradução nossa.
[486] *Ibidem*, p. 782.
[487] Nesse artigo, publicado em 1983, o autor cita como exemplo de trabalho de fronteira as disputas então verificáveis sobre o criacionismo. De fato, essas disputas parecem sempre estarem presentes na sociedade. Mais recentemente, ganharam destaque no noticiário de vários países as ideias conspiratórias de terraplanistas, que creem que a terra possui um formato plano em vez de circular.

na Inglaterra vitoriana do século XIX.[488] Nesses debates públicos, a atuação de Tyndall se caracteriza basicamente pelo estilo retórico de trabalho de fronteira: "(...) ele atribuiu características selecionadas à ciência que efetivamente a demarcavam da religião ou da mecânica, fornecendo uma justificativa para a superioridade dos cientistas em domínios técnicos e intelectuais designados".[489]

Em seus embates com a religião, Tyndall argumenta, por exemplo, que enquanto a ciência inspira o progresso tecnológico para melhorar as condições materiais da nação, a religião ajuda e conforta em questões emocionais; que enquanto a ciência é empírica no sentido de que procura demonstrar a verdade a partir da experimentação com fatos observáveis da natureza, a religião é metafísica pois suas verdades dependem de forças invisíveis, que não podem ser verificadas.[490] Mas em seus embates com engenheiros e artesãos industriais, Tyndall atribui à ciência um conjunto diferente de características: a investigação científica é a fonte de conhecimento da qual depende o progresso tecnológico de inventores e engenheiros; os cientistas adquirem conhecimento através da experimentação sistemática com a natureza, o que não acontece com mecânicos e engenheiros, que confiam apenas na mera observação, tentativa e erro e bom senso, o que os impossibilita de explicar seus sucessos ou fracassos práticos; e os cientistas buscam descobrir fatos como um fim em si mesmos, ao passo que os mecânicos buscam invenções para aumentar o lucro pessoal.[491]

---

[488] Ambas as instituições eram vistas como obstáculos à ciência na Inglaterra vitoriana do século XIX. A religião Vitoriana gozava de autoridade intelectual e poder político que impedia a disseminação das explicações científicas de fenômenos naturais. Os mecânicos e engenheiros ofereciam outro tipo de resistência. Muitos britânicos acreditavam que as principais realizações da Revolução Industrial foram realizadas não por causa da pesquisa científica, mas sim por homens humildes, que adquiriram conhecimento prático na oficina. "Se o progresso tecnológico fosse separado da pesquisa científica, então a necessidade de maior apoio financeiro aos cientistas e educação científica ampliada não seria apreciada pelo público britânico e seus políticos" (*Ibidem*, p. 785, tradução nossa).

[489] *Ibidem*, p. 784, tradução nossa.

[490] Argumentos adicionais apresentados por Tyndall são: enquanto a ciência é cética porque não respeita outra autoridade senão os fatos da natureza, a religião é dogmática porque continua a respeitar a autoridade das ideias de seus criadores; enquanto a ciência representa o conhecimento objetivo, livre de emoções e preconceitos, a religião é subjetiva e emocional (*Ibidem*, p. 785).

[491] *Ibidem*, p. 786. Argumentos adicionais são: "A ciência é teórica. Os mecânicos não são cientistas porque não vão além dos fatos observados para descobrir os princípios causais que governam os processos ocultos subjacentes"; "A ciência não precisa justificar seu trabalho apontando para suas aplicações tecnológicas, pois a ciência tem usos mais nobres como meio de disciplina intelectual e como epítome da cultura humana" (*Ibidem*, p. 786-787, tradução nossa).

O ponto a ser observado é que, diante de cada adversário, Tyndall emprega uma estratégia peculiar, atribuindo à ciência um conjunto diferente de características em resposta aos diferentes obstáculos oferecidos pela religião e pela engenharia e mecânica. Diante do conhecimento metafísico da religião, Tyndall afirma que o conhecimento científico é empírico, porém argumenta que esse mesmo conhecimento é teórico ao contrastá-lo com as observações práticas dos mecânicos. Em outra dimensão, Tyndall justifica a ciência por sua utilidade prática ao compará-la com as contribuições poéticas da religião, mas ressalta os seus usos mais nobres como meio de cultura e disciplina puras quando a comparou com a engenharia.[492] Tyndall procura explorar certas ambivalências da ciência – ciência básica e aplicada, investigação empírica e teórica – a fim de selecionar as características que se mostravam mais eficazes para distinguir a ciência da religião e da engenharia e mecânica e, com isso, aumentar a autoridade dos cientistas e angariar o apoio público.[493]

O trabalho seminal de Gieryn ressalta duas dimensões do trabalho de fronteira. Quanto ao estilo retórico, o trabalho de fronteira baseia-se na seleção de características da ciência para demarcar o seu território de outras atividades profissionais ou intelectuais não científicas. Nesse contexto, o trabalho de fronteira pode perseguir diferentes objetivos e adotar diferentes estratégias: se o objetivo for a expansão da autoridade da ciência, o trabalho de fronteira acentua o contraste entre atividades rivais; se for o monopólio da autoridade profissional e dos recursos, o trabalho de fronteira exclui os rivais por meio de rótulos tais como pseudo ou amador; se for a proteção da autonomia, o trabalho de fronteira procura isentar os cientistas de qualquer responsabilidade pelos frutos de seu trabalho, atribuindo a responsabilidade a personagens externos.[494]

Quanto ao conteúdo, o trabalho de fronteira ressalta que a ciência não é algo único; suas características podem variar de acordo com os rivais não científicos e com os objetivos particulares do trabalho de fronteira; seus limites, portanto, "são ambíguos, flexíveis, historicamente mutáveis, contextualmente variáveis, internamente inconsistentes e às vezes contestados".[495] A conclusão é que os argumentos utilizados

---

[492] *Ibidem*, p. 787.
[493] *Idem*.
[494] *Ibidem*, p. 791-792.
[495] *Ibidem*, p. 792, tradução nossa.

para defender uma pretensa superioridade da ciência podem ser vistos como ideologias: "imagens incompletas e ambíguas da ciência, sendo, no entanto, úteis para a busca dos cientistas por autoridade e recursos materiais".[496]

Em outro trabalho,[497] Gieryn analisa a pesquisa desenvolvida por Sheila Jasanoff[498] sobre o papel exercido pelos *experts* na regulação norte-americana, fornecendo perspectivas úteis de análise para a pesquisa aqui desenvolvida. Segundo o autor, os territórios da ciência e da política convergem porque os participantes de ambos os territórios "possuem um bom motivo para manter o outro por perto".[499] Mas é necessário criar limites visíveis para que a política e a ciência sejam bons vizinhos. De um lado, políticos, burocratas e partes interessadas mantêm a ciência por perto para legitimar sua discricionariedade e poder, mas não tão perto a ponto de aniquilar o caráter político de sua escolha (seja ela democrática, burocrática ou judicial).[500] De outro lado, cientistas receiam que os políticos possam ameaçar a sua autonomia, inclusive por meio da captura política da ciência – "uma perda de controle dos cientistas sobre suas agendas de pesquisa e, no caso limite, sobre o que é representado como 'conhecimento científico'".[501] Segundo Gieryn, o trabalho de Jasanoff aponta o caráter socialmente construído das disputas territoriais entre a ciência e a política, disputas estas que se revelam "uma estratégia crucial por meio da qual interesses distintos de diversos atores são promovidos ou frustrados".[502]

---

[496] *Ibidem*, p. 792-793.
[497] GIERYN, Thomas F. The Boundaries of Science. *In*: JASANOFF, Sheila (ed.). *Handbook of Science and Technology Studies*. Thousand Oaks: Sage Publications. p. 393-443, 1995.
[498] O trabalho de Sheila Jasanoff analisado por Gieryn é *The Fifthy Branch*: Science Advisers as Policymakers. Cambridge: Harvard University Press, 1990.
[499] GIERYN, *op. cit.*, nota 497, p. 435, tradução nossa.
[500] "Se a política pode ser totalmente determinada por fatos sob o controle dos cientistas, que lugar resta para a escolha política – seja ela democrática, burocrática ou judicial? O dilema para os formuladores de políticas (no sentido mais amplo) é claro: aproximar a ciência o suficiente para que as escolhas políticas sejam legitimadas por sua base percebida em entendimentos oficiais e objetivos dos fatos, como apenas a ciência fornece, mas não tão perto que escolhas e futuros se tornem exclusivamente 'técnico' e além do alcance e, portanto, do controle de não cientistas" (*Ibidem*, p. 436, tradução nossa).
[501] *Idem*.
[502] "Os cientistas podem ou não ter interesse em qualquer resultado político específico, mas eles têm um interesse profissional em proteger sua reivindicação de autoridade sobre a produção de fatos, o que molda como eles distinguem assuntos científicos de assuntos políticos (e como eles respondem às questões dos outros). Políticos, burocratas e outros envolvidos na formulação de políticas podem se preocupar pouco com a autoridade cultural dos cientistas, exceto na medida em que legitima políticas e programas preferidos sem antecipar suas escolhas discricionárias sobre quais promulgar – e, portanto, eles também

Gieryn identifica nas pesquisas de Jasanoff alguns exemplos do trabalho de fronteira envolvendo ciência e política na esfera regulatória. Primeiramente, indústrias, indivíduos e até mesmo outros cientistas questionam a legitimidade de normas regulatórias atacando a credibilidade da ciência empregada pela agência reguladora para produção do ato, mas sem comprometer a autoridade cultural da própria ciência:

> Tal movimento deixa a ciência intocada como o espaço cultural capaz de produzir conhecimento especializado, credível e autorizado pertinente para a formulação de políticas e, além disso, aponta o caminho para iniciativas políticas mais salutares para os interesses dos críticos: mais ciência melhor.[503]

Outro exemplo é que os participantes do processo regulatório (burocratas da agência, políticos, juízes, grupos de interesse etc.) disputam autoridade para canalizar a regulação em direção aos seus próprios interesses, modificando a caracterização de questões regulatórias de ciência para política ou vice-versa:

> Quando representantes da indústria descreveram a promulgação de diretrizes de avaliação de risco como um assunto científico, eles estavam simultaneamente definindo as fronteiras da ciência para incluir essa tarefa e anunciando quem sozinho poderia fazer o trabalho.[504]

Por fim, reguladores deixam as fronteiras entre ciência e política confusas com o objetivo de aproveitar a autoridade da ciência em suporte a suas iniciativas políticas, ao mesmo tempo que retêm o controle político, administrativo ou judicial sobre a direção de tais iniciativas. Esse exemplo "sugere que as cercas porosas e ambíguas às vezes são melhores vizinhas do que as impermeáveis".[505]

---

desenham mapas mostrando fronteiras localizadas de várias maneiras entre ciência e política" (*Ibidem*, p. 436-437, tradução nossa).
[503] *Ibidem*, p. 437, tradução nossa.
[504] *Ibidem*, p. 438, tradução nossa.
[505] *Idem*.

3.7.3.3 Abrindo a caixa-preta e enfrentando o caráter multidimensional do risco

Descreveram-se até aqui os aspectos teóricos que envolvem as categorias de STS utilizadas para a criação de um modelo de regulação de risco. Essas categorias chamam a atenção para os complexos processos subjacentes à construção do conhecimento científico, algo que não costuma ser objeto de análise por parte da doutrina em regulação. É possível cogitar que a escassez de análises sobre o papel da ciência na regulação esteja relacionada à visão mertoniana de ciência desinteressada e universal. Sobre esse primeiro traço, o sociólogo Robert Merton afirma que a ciência, diferentemente da política, é desinteressada, uma característica que se relaciona com a integridade da ciência. Nas palavras de Merton:

> Por envolver a verificabilidade dos resultados, a pesquisa científica está sob o rigoroso escrutínio de colegas especialistas. Visto de outro modo (...)[,] as atividades dos cientistas estão sujeitas a um policiamento rigoroso, em um grau talvez sem paralelo em qualquer outro campo de atividade. A exigência de desinteresse tem uma base firme no caráter público e testável da ciência e essa circunstância, pode-se supor, contribuiu para a integridade dos homens de ciência.[506]

Isso significa dizer que, para assegurar a qualidade e integridade da produção científica, basta que a própria comunidade científica desenvolva os seus próprios métodos de *accountability*, pois são os próprios cientistas, e não o público externo, que detêm a qualificação necessária para julgar a relevância e a verdade das reivindicações feitas por seus pares. Eventuais desacordos entre os cientistas devem ser resolvidos internamente, sem qualquer recurso ao mundo exterior. A ciência, nessa leitura, ocupa um espaço longe da influência de fatores sociais e políticos.

---

[506] MERTON, Robert K. *The Normative Structure of Science*. The Sociology of Science: Theoretical and Empirical Investigations. Chicago: University of Chicago Press. 1973. p. 275, tradução nossa. Merton relaciona o imperativo do "comunalismo" com o imperativo do desinteresse: "As descobertas substantivas da ciência são um produto da colaboração social e são atribuídas à comunidade. Eles constituem uma herança comum na qual o patrimônio do produtor individual é severamente limitado. Uma lei ou teoria homônima não entra na posse exclusiva do descobridor e de seus herdeiros, nem os costumes lhes conferem direitos especiais de uso e disposição. Os direitos de propriedade na ciência são reduzidos ao mínimo pela lógica da ética científica" (*Ibidem*, p. 273, tradução nossa).

Já com relação ao caráter universal da ciência, Merton afirma que

> o universalismo encontra expressão imediata no cânone de que as reivindicações de verdade, qualquer que seja sua fonte, devem ser submetidas a critérios impessoais preestabelecidos: consoante com a observação e com o conhecimento previamente confirmado. A aceitação ou rejeição de reivindicações que entram nas listas da ciência não depende dos atributos pessoais ou sociais de seu protagonista; sua raça, nacionalidade, religião, classe e qualidades pessoais são irrelevantes. A objetividade exclui o particularismo.[507]

A visão mertoniana de ciência desinteressada e universal é amplamente difundida e exerce significativa influência sobre as mais variadas atividades sociais que empregam o conhecimento científico. Na regulação parece não ser diferente. Mais especificamente, na regulação de risco identifica-se a convergência de duas instituições independentes: a ciência, vista sob a perspectiva mertoniana de ciência desinteressada e universal, e a agência reguladora, que possui diversos mecanismos de blindagem institucional que a colocam relativamente distante de influências externas. Assim, é possível afirmar que a interação entre essas duas instituições independentes produz uma dupla perspectiva de proteção contra interferências externas, o que parece inibir o desenvolvimento de análises mais profundas sobre o papel da ciência na regulação.

Recorrendo aos estudos em STS, pode-se cogitar que a escassez de análises sobre o papel da ciência na esfera regulatória (e, mais especificamente, na etapa de análise de risco) está relacionada à metáfora da caixa-preta, que, como explica Bruno Latour, refere-se

> à forma como o trabalho científico e técnico é invisibilizado pelo seu próprio sucesso. Quando uma máquina funciona de forma eficiente, quando uma questão de fato é resolvida, é preciso concentrar-se apenas nas suas entradas e saídas e não na sua complexidade interna. Assim, paradoxalmente, quanto mais a ciência e a tecnologia têm sucesso, mais opacas e obscuras elas se tornam.[508]

---

[507] *Ibidem*, p. 270, tradução nossa. Mais adiante, o autor ressalta outra dimensão do universalismo: "O universalismo encontra maior expressão na exigência de que as carreiras sejam abertas a talentos. A justificativa é fornecida pelo objetivo institucional. Restringir as carreiras científicas por outros motivos que não a falta de competência é prejudicar o avanço do conhecimento" (*Ibidem*, p. 272, tradução nossa).

[508] LATOUR, Bruno. *Pandora's Hope*: Essays on the Reality of Science Studies. Cambridge: Harvard University Press, 1999. p. 304, tradução nossa.

Os sistemas de caixa-preta estão presentes em todos os espaços da sociedade moderna. Da bicicleta ao sistema de transporte público, esses sistemas simplificam a vida em sociedade. À medida que alcançam sucesso, transmitem confiança e adquirem estabilidade social, tornando irrelevante, ao menos para a maioria das pessoas, o seu funcionamento, a sua complexidade interna. Na perspectiva da regulação de risco, a metáfora da caixa-preta sugere que, quanto mais o regulador realiza análises científicas que adquirem estabilidade social e proporcionam benefícios para a sociedade, mais esse trabalho se torna invisível.

O problema é que, ao se tomar como certo o interior dessa caixa-preta, deixa-se de questionar os processos de construção do conhecimento científico desenvolvidos pelos cientistas e especialistas de agências reguladoras no exercício da função regulatória. E essa não é uma questão irrelevante, como a metáfora da caixa-preta parece sugerir. No mundo tecnológico contemporâneo, a ciência regulatória pode criar uma relevante reserva de poder político no âmbito das agências reguladoras. A forma como o regulador analisa os riscos à saúde, à segurança e ao meio ambiente interfere profundamente em aspectos essenciais do cotidiano das pessoas, com significativas repercussões políticas, sociais e econômicas. Por outro lado, a qualidade e a integridade da ciência regulatória condicionam fortemente o desenho de estratégias de gerenciamento de risco eficazes. Não obstante, toda essa atividade permanece longe do conhecimento público e até daqueles que militam no campo da regulação.

Coproducionismo, enquadramento e trabalho de fronteira permitem o desenvolvimento de uma reflexão crítica sobre a regulação de risco, mais especificamente sobre a atividade de análise de risco. Ao ressaltarem o caráter socialmente construído das reivindicações científicas, tais categorias demonstram a existência de uma série de contingências envolvidas na produção do conhecimento científico, que influenciam a forma como os cientistas e especialistas de agências reguladoras tradicionalmente realizam a análise de risco, tornando bastante problemático presumir que tal atividade possa ser desenvolvida de maneira neutra, objetiva, apolítica.

Segundo Sheila Jasanoff, três determinantes costumam condicionar o enquadramento quantitativo de risco tradicionalmente realizado por cientistas e especialistas de agências reguladoras. A primeira delas é a causalidade. Trata-se de fenômeno linear e mecanicista que permite ao analista de risco estabelecer uma relação de causa-efeito. Por exemplo, a exposição ao amianto causa câncer. Ao longo do tempo, os modelos quantitativos de avaliação de risco utilizados pelos reguladores evoluíram com o objetivo de espelhar, com maior fidedignidade, a complexidade da realidade social. Porém, uma pergunta sempre se fará presente: com que precisão esses modelos representam a totalidade do que se sabe sobre o risco analisado?[509]

A metáfora do micromundo artificial (*artificial micro-world*) reflete apropriadamente esses modelos criados pelos especialistas para realizar análises científicas de risco de certos produtos, substâncias e atividades. Diante da complexidade e imprevisibilidade do comportamento da natureza e da sociedade, os especialistas realizam uma série de suposições simplificadoras (*simplifying assumptions*) a respeito do contexto no qual os riscos são identificados, restringindo, de maneira artificial, as variações observadas. Nesse micromundo artificial, a projeção da realidade depende de fatores relacionados aos próprios *experts*, tais como seus objetivos, valores, treinamento e experiência. Isso significa dizer que, na prática, os riscos analisados pelos especialistas não existem lá fora, "na realidade", mas sim no micromundo criado por eles mesmos.[510]

Nesse contexto, vieses e omissões podem criar distorções inadequadas e gerar resultados regulatórios socialmente indesejados. Jasanoff cita como exemplo casos envolvendo os National Institutes of Health (NIH), que sistematicamente subrepresentavam as mulheres em investigações científicas envolvendo algumas das doenças mais comuns na sociedade americana.[511]

Estudo realizado por Brian Wynne ressalta as distorções causadas por uma análise científica de risco que negligencia o conhecimento leigo. Para Wynne, as perspectivas predominantes sobre a sociedade de risco e as transformações da modernidade "tratam implicitamente o mundo não especializado como epistemicamente vazio":[512]

---

[509] JASANOFF, *op. cit.*, nota 11, p. 141-142; JASANOFF, Sheila. The political science of risk perception. *Reliability Engineering & System Safety*, [S. l.], v. 59, n. 1, p. 97, 1998. Disponível em: https://doi.org/10.1016/S0951-8320(97)00129-4. Acesso em: 7 nov. 2023.

[510] JASANOFF, Sheila. Bridging the two cultures of risk analysis. *Risk Analysis*, [S. l.], v. 13, n. 2, p. 124, 1993, tradução nossa . Disponível em: https://doi.org/10.1111/j.1539-6924.1993.tb01057.x. Acesso em: 7 nov. 2023.

[511] *Ibidem*, p. 125-126.

[512] WYNNE, Brian. May the sheep safely graze? A reflexive view of the expert-lay knowledge divide. *In*: WYNNE, Brian. *Risk, Environment, and Modernity*: Towards a New Ecology. Thousand Oaks: Sage Publications, 1996. p. 61, tradução nossa.

O mundo não especializado pode ser reflexivo, mas tal reflexividade implica ter pouco ou nenhum conteúdo intelectual no sentido de ter acesso cognitivo à natureza ou à sociedade. Não tem nenhum valor instrumental aparente quando comparado com uma visão científica do mundo, por isso presume-se que não tem nenhum conteúdo real ou autoridade além do mundo paroquial, subjetivo e emocional de seus portadores. Essa é uma visão diminuída tanto da ciência quanto do conhecimento leigo. Não reconhece nada da fluidez, porosidade e construção das fronteiras estabelecidas entre eles; e além de conceber mal os conflitos entre conhecimentos públicos e científicos, não reconhece nada dos tipos construtivos de interação e de inspiração mútua ou dependência que possam existir entre eles.[513]

Em um estudo de caso envolvendo os criadores de ovelhas no condado de Cúmbria, no Noroeste da Inglaterra, cujas terras e rebanhos foram atingidos pela radiação oriunda do acidente nuclear de Chernobyl em 1986, Wynne analisa diferentes fatores envolvidos na relação entre os conhecimentos especializado e não especializado. Um desses fatores diz respeito à "maneira como os especialistas oficiais negligenciaram elementos da situação local, incluindo os conhecimentos agrícolas especializados, que eram relevantes para a compreensão e gerenciamento social da crise".[514] Wynne relaciona diversos episódios em que os especialistas enquadraram os riscos da radiação de maneira equivocada porque excluíram de suas análises a experiência dos criadores de ovelhas, gerando significativas distorções no gerenciamento de riscos.[515]

Mas não são apenas vieses e omissões que resultam em micromundos de risco defeituosos e, consequentemente, em estratégias de gerenciamento de risco ineficazes. Sheila Jasanoff ressalta a existência de questões que normalmente não são incorporadas nos modelos de avaliação quantitativa do risco, como por exemplo o impacto de múltiplas rotas de exposição e possíveis efeitos sinérgicos, bem como padrões comportamentais capazes de agravar o risco para subpopulações específicas, como é o caso do tabagismo entre os

---

[513] *Ibidem*, p. 61-62, tradução nossa.
[514] *Ibidem*, p. 66, tradução nossa.
[515] "Grande parte desse conflito entre epistemologias especializada e leiga se centrou no choque entre a cultura científica de previsão e controle, tida como certa, e a cultura dos agricultores, na qual a falta de controle era dada como certa sobre muitos fatores ambientais e sociais circundantes nas decisões de gerenciamento na fazenda" (*Ibidem*, p. 67, tradução nossa).

trabalhadores de amianto. Jasanoff destaca ainda que somente mais recentemente, com a crescente pressão exercida por movimentos de justiça social, é que fatores socioeconômicos, que tendem a concentrar riscos para as populações pobres, minoritárias e desprivilegiadas, passaram a ser levados em consideração.[516]

A segunda determinante de risco abordada por Jasanoff é a agência humana. Segundo Jasanoff, análises quantitativas de risco tendem a focar nos agentes materiais como as principais fontes de risco, o que diminui a percepção da agência e responsabilidade humanas. Consequência disso é que a análise de risco gira em torno de questões que interessam aos modeladores matemáticos, e não aos cientistas sociais de forma mais ampla. Aparentemente, a suposição de que o risco se origina no mundo inanimado é conveniente para as pessoas, por atender ao seu desejo de manter um senso de controle e ordem social. O mesmo sucede com os reguladores, que creem ser mais fácil gerenciar coisas inanimadas (como poluentes) ou entidades impessoais (como corporações) do que o comportamento humano individual. Não obstante, a literatura sociológica de há muito questiona tal suposição, seja afirmando que os elementos físicos e humanos dos sistemas tecnológicos interagem de forma complexa para produzir situações de riscos e desastres periódicos, seja, até mesmo, defendendo a total dissolução das fronteiras entre atores animados e inanimados.[517]

Jasanoff menciona o desastre envolvendo o foguete Challenger, nos Estados Unidos, para ilustrar o seu argumento. Apesar de a comissão encarregada de investigar as causas do acidente ter atribuído a responsabilidade a toda uma estrutura de gestão, que ia dos engenheiros aos escalões superiores, ganhou repercussão a declaração de um dos membros dessa comissão, o físico Richard Feynman, que atribuiu a responsabilidade pelo acidente a uma peça defeituosa do foguete. E essa não é uma posição isolada. Jasanoff afirma que, em análises prospectivas de risco, os avaliadores de risco geralmente focam em objetos, ignorando a permeabilidade das esferas humana e material e a agência compartilhada de pessoas e coisas.[518]

Os riscos da tecnologia não podem ser simplesmente encontrados como uma característica inalterável de um sistema físico inanimado. Antes, eles são criados por meio de práticas sociais que, continuamente,

---

[516] JASANOFF, op. cit., nota 11, p. 142; JASANOFF, op. cit., nota 509, p. 97.
[517] JASANOFF, op. cit., nota 11, p. 142-143; JASANOFF, op. cit., nota 509, p. 97.
[518] JASANOFF, op. cit., nota 11, p. 143; JASANOFF, op. cit., nota 509, p. 97.

constroem e reconstroem artefatos tecnológicos. Jasanoff cita como exemplo o vazamento catastrófico de gás ocorrido no Bhopal. Uma empresa norte-americana construiu uma fábrica no Bhopal empregando a mesma tecnologia utilizada nos Estados Unidos. Os trabalhadores da fábrica, portadores de uma cultura tecnológica fundamentalmente diferente, contextualizaram a tecnologia alienígena de acordo com suas próprias necessidades e pressuposições culturais. No caso, os trabalhadores desenvolveram uma maneira peculiar de lidar com as constantes avarias existentes nos sistemas de válvulas e alarmes: eles confiavam no olfato para identificar vazamentos de gás, um tipo de alerta que se provou completamente ineficaz no caso. Os desastres envolvendo tecnologias fornecem exemplos de interações entre coisas materiais e pessoas que acabam por produzir consequências imprevisíveis.[519]

A terceira e última determinante de risco que condiciona o enquadramento de problemas regulatórios é a incerteza. As sociedades contemporâneas observam uma mudança da natureza dos riscos que enfrentam: se antes lidavam com riscos familiares e recorrentes, que podiam ser mensurados e mapeados por meio de estudos estatísticos (inundações, acidentes automobilísticos ou ataques cardíacos), atualmente, lidam com perigos "difusos, interligados e sinérgicos, cujos efeitos combinados não podem ser facilmente previstos, mesmo com o auxílio de tecnologias sofisticadas de modelagem computadorizada".[520]

Essa impossibilidade de previsão afeta até mesmo os perigos cientificamente determinados. Por exemplo, as mudanças climáticas – uma ameaça cientificamente demonstrada e possivelmente catastrófica – não podem ser definidas com relação aos tempos, locais, gravidade ou distribuição específicos de suas consequências. As sociedades contemporâneas enfrentam riscos ainda menos determinados, como o aumento da resistência antimicrobiana, as pandemias globais, a devastação de safras e as quebras dos mercados financeiros globais. E terroristas e criminosos cibernéticos desenvolveram a capacidade de atacar pessoas em lugares outrora seguros, como nos metrôs, nos cafés e na *internet*. "A esse respeito, a promessa de controle total embutida em muitos dos sistemas tecnológicos mais avançados da modernidade torna-se um convite à subversão, produzindo mais uma fronteira de risco".[521]

---

[519] JASANOFF, *op. cit.*, nota 510, p. 128.
[520] JASANOFF, *op. cit.*, nota 481, p. 21, tradução nossa.
[521] *Ibidem*, p. 21-22, tradução nossa.

É verdade que a análise quantitativa de risco – "um método importante e poderoso de organizar o que é conhecido, o que é apenas presumido e o grau de certeza das pessoas sobre o que pensam que sabem" –[522] evoluiu em sua capacidade de conceituar e matematizar a incerteza, podendo, assim, representar, de forma útil e compreensível, as zonas de incerteza que preocupam os reguladores. No entanto, técnicas quantitativas, quando buscam representar a incerteza como um fenômeno objetivo, podem produzir resultados enganosos. Estudos comparados sobre risco têm sido úteis para demonstrar o caráter socialmente construído de muito daquilo que não se sabe e do que se afirma saber sobre as interações da natureza e da sociedade. Mesmo quando empregam análises quantitativas para promoverem políticas públicas, as sociedades diferem significativamente no tratamento da incerteza. Mais especificamente, as sociedades diferem em como classificam e medem fenômenos naturais, em como caracterizam a incerteza, em quais técnicas consideram objetivas ou confiáveis e em quais recursos utilizam para o enquadramento da incerteza.[523]

Em estudo que analisa os programas de controle de substâncias cancerígenas desenvolvidos por quatro diferentes jurisdições – Estados Unidos, Alemanha Ocidental, Canadá e Reino Unido –, Sheila Jasanoff observa que fatores culturais exercem significativa influência sobre os objetivos e as prioridades dos sistemas de gerenciamento de risco nacionais, notadamente nas situações de incerteza[524] e nas visões divergentes dos especialistas. Jasanoff identifica que as sociedades "respondem de maneira diferente a questões de processo político e desenho institucional: quem deve participar, quanto deve saber, como as disputas devem ser respondidas e por qual autoridade final?"[525]

---

[522] JASANOFF, *op. cit.*, nota 11, p. 144, tradução nossa.

[523] *Ibidem*, p. 144-145; JASANOFF, *op. cit.*, nota 509, p. 98.

[524] Sobre a incerteza que permeia as substâncias cancerígenas, Sheila Jasanoff destaca o seguinte: "Para a grande maioria dos carcinógenos potenciais, a base científica para determinar se eles aumentarão a incidência de câncer é altamente incerta. Devido a essa incerteza, rotular uma substância como 'cancerígena' para fins regulatórios quase sempre envolve um exercício hipotético. A pergunta que os reguladores devem fazer não é 'Essa substância causa câncer em humanos?' mas 'Essa substância deve ser tratada como se causasse câncer em humanos?'. Na maioria dos sistemas regulatórios, as autoridades governamentais têm considerável liberdade para decidir sob quais condições tratarão um carcinógeno suspeito como um carcinógeno humano real" (JASANOFF, Sheila. *Risk Management and Political Culture*. New York: Russell Sage Foundation, 1986. p. 17, tradução nossa).

[525] *Ibidem*, p. 79, tradução nossa.

Dentro dessa perspectiva, a autora avalia como os fatores culturais moldam a forma como as sociedades interpretam os dados científicos e resolvem as controvérsias que surgem. As abordagens que aquelas quatro jurisdições adotaram para lidar com as incertezas que envolviam as substâncias cancerígenas podem ser enquadradas em três padrões básicos de política. Na Alemanha Ocidental, a opção foi delegar a resolução das questões científicas a especialistas técnicos. Já no Canadá e no Reino Unido, as substâncias cancerígenas foram analisadas dentro de um processo científico e político, mas os governos não precisaram explicar a análise científica de risco detalhadamente. Finalmente, os Estados Unidos adotaram um processo aberto e adversarial, promovendo amplo debate sobre a base científica do risco.[526]

A consequência desse retrato pode ser observada no estudo de caso que Jasanoff realizou sobre a regulação do formaldeído naquelas jurisdições.[527] Tanto nos países europeus quanto no Canadá, o debate científico nos fóruns públicos sobre os riscos envolvendo a substância foi mínimo e as decisões políticas foram mais rápidas e mais prontamente aceitas pela indústria e pelos grupos de interesse em comparação aos Estados Unidos, muito embora os dados científicos disponíveis – e as incertezas – fossem os mesmos.[528] Nos Estados Unidos, o debate foi mais fragmentado (a discussão sobre a carcinogenicidade do formaldeído envolveu quatro grandes agências reguladoras, enquanto nos outros países apenas uma), mais contencioso (a primeira proibição de uso da substância, emitida pela Consumer Product Safety Commission, foi logo anulada por um tribunal federal por falta de "evidências substanciais"), mais demorado (com base nessas mesmas evidências, a FDA e a OSHA decidiram que era prematuro tomar uma decisão sobre a substância) e mais aberto (a base científica para avaliar o potencial carcinogênico

---

[526] Ibidem, p. 80.
[527] Nesse livro, publicado em 1986, Jasanoff afirma que a carcinogenicidade do formaldeído era conhecida com razoável certeza a partir de estudos com roedores. Essa substância era amplamente empregada para fabricar uma variedade de produtos, "desde madeira compensada e isolamento doméstico até fluidos de embalsamento e cosméticos" (Ibidem, p. 41, tradução nossa).
[528] "As razões de suas ações, no entanto, nunca foram completamente articuladas, de modo que as decisões deixam a desejar em termos de rigor intelectual. Por exemplo, embora a questão da carcinogenicidade do formaldeído claramente tenha desempenhado um papel na tomada de decisão tanto britânica quanto canadense, as autoridades reguladoras nunca avaliaram explicitamente o risco de câncer ou declararam quanta importância atribuíam a essa questão. De fato, tanto o Reino Unido quanto o Canadá acabaram evitando a questão de saber se o formaldeído deveria ser tratado como se fosse um carcinógeno humano" (Ibidem, p. 52, tradução nossa).

do formaldeído foi exposta a extensa revisão e comentários por parte de grupos favoráveis e desfavoráveis à regulação da substância, que exploraram as incertezas científicas para construírem argumentações diametralmente opostas).[529] Há, portanto, uma dimensão política na maneira de se pensar a incerteza, mas os especialistas e formuladores de políticas raramente demonstram estar cientes dos vieses políticos e culturais capazes de influenciar a forma como lidam com o desconhecido.[530] Segundo a autora,

> longe de ser uma afirmação neutra sobre o desconhecido, a incerteza sobre o meio ambiente aparece cada vez mais como produto de uma forma muito especial de atividade social. É um acordo endossado coletivamente de que existem coisas sobre a nossa condição que não sabemos; mas tal admissão só é possível porque pensamos que temos os meios e a vontade de saber mais.
>
> A incerteza, então, é em parte um produto das próprias técnicas com as quais procuramos resolvê-la.[531]

A preferência pela objetividade dos números pode encobrir os vieses incorporados em métodos quantitativos. Jasanoff argumenta que não está afirmando que os métodos qualitativos estão menos sujeitos a vieses. No entanto, não se pode deixar de observar que "as análises históricas, sociológicas, ou etnográficas têm menos probabilidade de naturalizar o funcionamento do mundo social do que os métodos que lutam pela exatidão quantitativa".[532] Isso significa dizer que a tentativa de traduzir a incerteza em linguagem quantitativa formal detém maior potencial de eliminar as origens culturais e políticas desse conceito. Na prática, isso significa desconsiderar certas esferas da experiência humana, tais como a força das relações familiares e de trabalho, a robustez das comunidades e a credibilidade das instituições, que, muito

---

[529] Ibidem, p. 45-46, tradução nossa. Interessante observar que, apesar de tanto debate buscando alcançar um consenso científico sobre a carcinogenicidade do formaldeído, as agências reguladoras dos Estados Unidos não conseguiram alcançar uma avaliação definitiva do risco que a substância oferecia à saúde humana. "Se há benefícios que compensam a indecisão do processo de gerenciamento de risco dos EUA, eles parecem residir não tanto no domínio da política substantiva, mas na qualidade das relações que o gerenciamento de riscos promove entre cidadãos, cientistas e o Estado" (Ibidem, p. 52-53, tradução nossa).
[530] JASANOFF, op. cit., nota 11, p. 145.
[531] JASANOFF, op. cit., nota 509, p. 98, tradução nossa.
[532] Idem.

embora exerçam um papel de significativa importância na percepção de risco das pessoas, não são apreendidas pelas técnicas quantitativas formais de análise de risco.[533]

As questões precedentes, que envolvem as formas tradicionais de enquadramento do risco, ressaltam o caráter socialmente construído do risco e apontam para a dificuldade de se tentar analisá-lo tão somente mediante o uso de técnicas de avaliação quantitativa. Inevitavelmente, a análise sobre a natureza e a gravidade dos riscos acabam por incorporar entendimentos tácitos sobre causalidade, agência e incerteza, e tais entendimentos "não são de modo algum compartilhados universalmente, mesmo em sociedades ocidentais situadas de forma semelhante".[534]

Finalmente, não se pode ignorar que a atividade científica está sujeita a comportamentos ilícitos. Sheila Jasanoff cita o caso ocorrido na década de 1980 envolvendo o biólogo laureado com o Prêmio Nobel, David Baltimore, que dirigia o laboratório do Massachusetts Institute of Technology (MIT) e foi exonerado após anos de investigação por parte do Congresso Nacional e do Federal Bureau of Investigation (FBI).[535]

Há, assim, uma série de fatores que problematizam o ideal de ciência universal e desinteressada no contexto da regulação de risco. Isso torna necessário promover, desde os estágios menos avançados do processo regulatório, uma maior abertura da atividade regulatória em direção às partes interessadas e ao público leigo. Mais especificamente, torna-se necessário estabelecer diferentes pontos de contato entre, de um lado, os cientistas e especialistas da agência reguladora (território da ciência) e, de outro, as partes interessadas e o público leigo (território da política), a fim de viabilizar a apreensão da complexidade social e cultural que caracteriza o risco que se torna alvo da regulação, bem como o controle social das práticas científicas adotadas pela agência reguladora.

---

[533] Idem.
[534] JASANOFF, op. cit., nota 11, p. 150, tradução nossa.
[535] JASANOFF, op. cit., nota 482, p. 230.

4

REGULAÇÃO DE RISCO NO BRASIL: ESTUDO DE CASO NO CAMPO DE ATUAÇÃO DA ANVISA

No presente capítulo, realiza-se um estudo de caso cotejando-se a realidade brasileira com as teorias anteriormente investigadas sobre a regulação de risco; isto é, pretende-se investigar, na prática, a modelagem e outras características da governança regulatória nacional a fim de compreender como é realizada a regulação de risco no país e, mais especificamente, qual modelo de regulação parece ser adotado pelas instituições públicas que atuam na esfera regulatória.

Estabeleceu-se, como foco de investigação, o campo da regulação da vigilância sanitária. Em tal contexto, serão analis ados o desenho institucional da Anvisa e os três mecanismos de participação social que a lei torna obrigatórios: o Conselho Consultivo, as consultas públicas e as audiências públicas. Também serão analisados três casos em que se identifica uma situação de conflito entre o Congresso Nacional e a Anvisa, casos estes que proporcionam perspectivas úteis sobre a forma como as instituições se comportam diante da interação entre ciência e política na atividade de análise de risco. Finalmente, serão analisadas as decisões proferidas pelo STF em dois desses casos.

O campo da regulação da vigilância sanitária proporciona uma profícua oportunidade de análise sobre a delegação epistêmica. Trata-se da atribuição de poder aos especialistas da agência reguladora para realizarem análises de risco em nome e benefício do conjunto dos cidadãos. Nesse contexto, observa-se que o Congresso Nacional estruturou a Anvisa e lhe concedeu um arsenal de ferramentas para o exercício de competências amplas e altamente técnicas e especializadas, tudo com o objetivo definido de salvaguardar a saúde da população – um bem tutelado pela Constituição Federal de 1988 – mediante o controle sanitário da produção e da comercização de produtos e serviços submetidos à vigilância sanitária.

Ao conceber esse modelo de atuação, o Congresso Nacional estabeleceu – e ao longo do tempo aperfeiçoou – uma série de mecanismos de proteção institucional que fortalecem a independência[536] da Anvisa e contribuem para a sua autonomia técnico-científica perante os demais atores que atuam na esfera regulatória, incluindo os atores políticos e grupos de interesse. Ao mesmo tempo, é possível observar que o Congresso Nacional, o Poder Executivo e a própria Anvisa criaram e aperfeiçoaram mecanismos de participação que procuram assegurar ao público uma maior participação nas atribuições técnicas da Anvisa.

Portanto, a tendência de insulamento da Anvisa foi acompanhada de providências voltadas para assegurar uma maior abertura da atividade especializada em direção ao grande público. A análise da estruturação e do funcionamento desse arranjo regulatório no Brasil – que, na perspectiva da regulação de risco, parece buscar um equilíbrio entre ciência (análise de risco) e política (gerenciamento de risco) – tem o condão de fornecer informações relevantes sobre o modelo de atuação que inspira as ações no campo da regulação da vigilância sanitária, viabilizando, assim, a formulação de um diagnóstico.

Para o desenvolvimento da investigação, utiliza-se o potencial descritivo e explicativo das categorias de STS abordadas neste trabalho (coproducionismo, enquadramento e trabalho de fronteira), as quais ressaltam certos detalhes da regulação do campo da vigilância sanitária que não costumam ser objeto de análise doutrinária mais profunda. E ao desvendarem tais aspectos, contribuem para a formulação de um diagnóstico sobre o modelo que parece dominar a regulação no campo da vigilância sanitária no Brasil.[537]

---

[536] No desenvolvimento da pesquisa, utilizam-se as expressões independência e autonomia de maneira intercambiável.

[537] A propósito do potencial descritivo e explicativo do coproducionismo, Sheila Jasanoff destaca o seguinte: "O coproducionismo traz de volta ao campo de visão do analista as conexões entre as ordens natural e social que as convenções disciplinares muitas vezes procuram obliterar, fazendo injustiça à complexidade e à estranheza da experiência humana. Essa capacidade de ressignificar os fenômenos do mundo de novas maneiras é o que também dá às histórias de coprodução seu poder explicativo. Sem serem reducionistas ou monocausais, esses relatos tentam, no entanto, responder a certos tipos de questões que, de outra forma, poderiam permanecer desconcertantes ou, pior, nem mesmo reconhecidas como importantes. (...) Ao tornar visíveis tais questões e propor respostas

4.1 Desenho institucional da Anvisa: insulamento e abertura

Até a data de criação da Anvisa, a regulação do campo da vigilância sanitária era realizada por meio da atuação direta do próprio Poder Executivo. De acordo com o Decreto nº 79.056, de 30 de dezembro de 1976, a competência para regular o campo da vigilância sanitária era exercida pelo Ministério da Saúde, por intermédio da Secretaria Nacional de Vigilância Sanitária (SNVS).[538] Especificamente quanto à atividade normativa, o Conselho Nacional de Saúde (CNS), por meio de suas câmaras técnicas (que foram criadas pelo mesmo decreto), detinha a competência para elaborar normas e encaminhá-las para a deliberação do ministro de Estado.[539]

Essa realidade foi profundamente modificada pela Medida Provisória (MP) nº 1.791, de 30 de dezembro de 1998, posteriormente transformada pelo Congresso Nacional na Lei nº 9.782, de 26 de janeiro de 1999. A Anvisa foi criada com o objetivo de proteger a saúde da população mediante o controle sanitário da produção e da comercialização de produtos e serviços submetidos à vigilância sanitária.[540] Mais especificamente, à Anvisa foi atribuída a competência para coordenar o Sistema Nacional de Vigilância Sanitária (SNVS)[541] e regular um conjunto amplo e heterogêneo de produtos e serviços que oferecem elevado risco para a saúde humana, sendo eles medicamentos de uso humano; alimentos, inclusive suas embalagens e aditivos; medicamentos veterinários; cosméticos; produtos de higiene pessoal; perfumes; saneantes destinados à higienização, desinfecção ou desinfestação em ambientes domiciliares, hospitalares e coletivos; conjuntos, reagentes e insumos destinados a diagnóstico; equipamentos e materiais médico-hospitalares, odontológicos, hemoterápicos, de diagnóstico

---

que não estavam previamente sobre a mesa, a análise coproducionista desempenha uma função crítica negligenciada" (JASANOFF, op. cit., nota 461, p. 39-43, tradução nossa).
[538] Art. 1º combinado com o art. 13 do Decreto nº 79.056, de 30 de dezembro de 1976.
[539] Art. 8º do Decreto nº 79.056, de 30 de dezembro de 1976.
[540] Art. 6º da Lei nº 9.782, de 26 de janeiro de 1999.
[541] O art. 1º da Lei nº 9.782, de 26 de janeiro de 1999, institui o Sistema Nacional de Vigilância Sanitária (SNVS), que compreende um amplo rol de providências executadas por instituições da Administração Pública Direta e Indireta da União, dos estados, do Distrito Federal e dos municípios, que exerçam atividades de regulação, normatização, controle e fiscalização na área de vigilância sanitária, voltadas para eliminar, diminuir ou prevenir riscos à saúde e para intervir nos problemas sanitários decorrentes do meio ambiente, da produção e circulação de bens e da prestação de serviços de interesse da saúde, em conformidade com o art. 6º, 15, 16, 17 e 18 da Lei nº 8.080, de 19 de setembro de 1990.

laboratorial e por imagem; imunobiológicos e suas substâncias ativas, sangue e hemoderivados; órgãos, tecidos humanos e veterinários para uso em transplantes ou reconstituições; radioisótopos para uso diagnóstico *in vivo*, radiofármacos e produtos radioativos utilizados em diagnóstico e terapia; cigarros e quaisquer outros produtos fumígenos; e, finalmente, quaisquer produtos que envolvam a possibilidade de risco à saúde, obtidos por engenharia genética, por outro procedimento ou ainda submetidos a fontes de radiação.[542]

A competência da Anvisa abrange o controle dos ambientes, dos processos, dos insumos e das tecnologias relacionados aos produtos e serviços submetidos à vigilância sanitária. Abrange, ainda, o controle de portos, aeroportos e fronteiras.[543] Para se exercer essa extensa e diversificada competência e salvaguardar a saúde da população, a Anvisa é dotada de competências que compreendem a utilização de mecanismos de fiscalização, sanção, monitoramento, coordenação, fomento, intervenção, interdição, normatização e adjudicação, conforme descrição detalhada contida na lei.[544]

A Anvisa exerce um papel essencial para a proteção da vida das pessoas e para a economia do país. A agência regula setores sensíveis da sociedade, que estão diretamente relacionados com a saúde e bem-estar das pessoas. Na pandemia, por exemplo, a atuação da Anvisa ganhou destaque pela aprovação das vacinas contra o coronavírus. Além disso, segundo estudo realizado por Lucas Gomes, as normas técnicas da Anvisa foram as mais citadas pelos demais órgãos da Administração Pública Federal, o que a alçou ao posto de principal referência técnica para um amplo conjunto de órgãos da Administração Pública que tiveram que adaptar suas atividades ao contexto da pandemia.[545] Os números superlativos também demonstram a importância da Anvisa. Os setores sob a regulação da Anvisa representam mais de 20% do Produto Interno Bruto (PIB) brasileiro.[546]

---

[542] Art. 8º, §1º, da Lei nº 9.782, de 26 de janeiro de 1999.
[543] Art. 2º, IV, e art. 6º da Lei nº 9.782, de 26 de janeiro de 1999.
[544] Art. 7º da Lei nº 9.782, de 26 de janeiro de 1999.
[545] GOMES, Lucas Thevenard. A produção normativa da Anvisa como referência para o Governo Federal em tempos de pandemia. *In*: SOCIOLOGY OF LAW, 6., 2021, Canoas. *Anais* (...). Canoas: Unilasalle, 2021. v. 1. p. 1069-1094. Disponível em: https://direitorio.fgv.br/sites/default/files/arquivos/a_producao_normativa_da_anvisa_como_refe.pdf. Acesso em: 18 out. 2023.
[546] Disponível em: https://www.gov.br/anvisa/pt-br/assuntos/noticias-anvisa/2023/anvisa-completa-24-anos-de-defesa-da-saude-publica. Acesso em: 18 out. 2023.

Como se mencionou no início deste tópico, a criação da Anvisa significou uma mudança radical no estilo de intervenção estatal, especialmente porque a agência recebeu o *status* de "entidade administrativa independente".[547] Desde a sua criação, esse modelo de agência reguladora independente passou por alguns processos de aperfeiçoamento, especialmente aqueles promovidos pela Lei nº 9.986, de 18 de julho de 2000, e pela Lei nº 13.848, de 25 de junho de 2019, as quais estabeleceram novos mecanismos de proteção institucional e aperfeiçoaram outros já existentes.

A independência da Anvisa está relacionada com a natureza especial que a legislação brasileira confere às agências reguladoras. Essa condição foi inicialmente assegurada pela Lei nº 9.782/1999,[548] tendo sido aperfeiçoada posteriormente pela Lei nº 13.848/2019, que forneceu uma descrição mais ampla: a natureza especial das agências reguladoras é caracterizada pela ausência de tutela ou de subordinação hierárquica, autonomia funcional, decisória, administrativa e financeira e investidura a termo de seus dirigentes e estabilidade durante os mandatos.[549]

Primeiro aspecto a ser destacado é que a vinculação da Anvisa ao Ministério da Saúde[550] é meramente administrativa. Com efeito, as decisões da agência não podem ser revistas pelo órgão ministerial, apenas pela Diretoria Colegiada, que é considerada a última instância na esfera administrativa.[551] Nesse contexto, conforme esclarece Sérgio Guerra, o chamado recurso hierárquico impróprio somente seria admissível em situações extremas, caso a agência reguladora decidisse fora do seu plexo de competência, invadindo a seara do Poder Legislativo ou Executivo.[552]

---

[547] Art. 4º da Lei nº 9.782, de 26 de janeiro de 1999.
[548] De acordo com o parágrafo único do art. 3º da Lei nº 9.782, de 26 de janeiro de 1999, a natureza especial da Anvisa é caracterizada pela independência administrativa, estabilidade de seus dirigentes e autonomia financeira.
[549] Art. 3º da Lei nº 13.848, de 25 de junho de 2019.
[550] Art. 3º da Lei nº 9.782, de 26 de janeiro de 1999.
[551] §2º, do art. 14, da Lei nº 9.782, de 26 de janeiro de 1999 c/c art. 3º da Lei nº 13.848, de 25 de junho de 2019.
[552] GUERRA, *op. cit.*, nota 71, p. 224-231. Embasando o seu entendimento, o autor menciona o Parecer nº AGU/MS-04/06, de 23 de maio de 2006, da Consultoria da União, aprovado pelo Parecer AGU nº AC-51/2006, do advogado-geral da União, este aprovado pelo presidente da República em 13 de junho de 2006, de modo que toda a Administração Federal ficou vinculada ao entendimento de que é viável o recurso hierárquico impróprio em face das decisões das agências reguladoras "referentes às suas atividades administrativas ou que ultrapassem os limites de suas competências materiais definidas em lei ou regulamento,

A Diretoria Colegiada da Anvisa exerce a direção, a administração e a gerência da agência. É composta de cinco diretores, sendo um deles o diretor-presidente.[553] Há uma série de regras relacionadas ao ingresso, permanência e saída desses diretores. Eles devem ser brasileiros, detentores de reputação ilibada, formação universitária e elevado conceito no campo de especialidade, sendo indicados e nomeados pelo presidente da República para um mandato de cinco anos após aprovação prévia pelo Senado Federal, vedada a recondução.[554]

Não podem ser indicados como membro da Diretoria Colegiada ministro de Estado; secretário de Estado; secretário municipal; dirigente estatutário de partido político e titular de mandato no Poder Legislativo de qualquer ente da Federação; pessoa que tenha atuado, nos últimos 36 meses, como participante de estrutura decisória de partido político ou em trabalho vinculado à organização, à estruturação e à realização de campanha eleitoral; pessoa que exerça cargo em organização sindical; pessoa que tenha participação, direta ou indireta, em empresa que atue no campo da vigilância sanitária; pessoa que se enquadre nas hipóteses de inelegibilidade previstas na legislação especial e, finalmente, membro de conselho ou de diretoria de associação que representa interesses patronais ou trabalhistas ligados às atividades reguladas pela respectiva agência.[555]

O membro da Diretoria Colegiada da Anvisa somente perde o mandato em caso de renúncia, condenação transitada em julgado (processo judicial ou administrativo disciplinar) ou caso incida em um dos comportamentos expressamente vedados pela lei, tais como receber honorários, exercer outra atividade profissional, exercer atividade sindical ou político-partidária, dentre outros.[556] Ao deixar o mandato, o membro fica impedido de exercer qualquer atividade no campo da vigilância sanitária pelo período de seis meses, assegurada a remuneração compensatória.[557]

A Anvisa pode solicitar diretamente ao Ministério competente uma série de providências, tais como a realização de concursos públicos, o provimento dos cargos autorizados em lei para seu quadro de pessoal

---

ou, ainda, violem as políticas públicas definidas para o setor regulado pela Administração Direta" (*Ibidem*, p. 233).

[553] Art. 9º e 10 da Lei nº 9.782, de 26 de janeiro de 1999.
[554] Art. 5º da Lei nº 9.986, de 18 de julho de 2000.
[555] Art. 8º-A da Lei nº 9.986, de 18 de julho de 2000.
[556] Art. 9º c/c art. 8º-B da Lei nº 9.986, de 18 de julho de 2000.
[557] Art. 8º da Lei nº 9.986, de 18 de julho de 2000.

e alterações em seu quadro de pessoal. Além disso, a Anvisa pode conceder diretamente diárias e passagens em deslocamentos nacionais e internacionais, autorizar afastamentos do país a servidores da agência e celebrar e prorrogar contratos administrativos relativos a atividades de custeio, independentemente do valor.[558] O órgão também pode assinar convênios com entidades e organismos nacionais e internacionais.[559]

No que tange à capacidade da Anvisa de gerar recursos e custear suas atividades, a Lei nº 9.782/1999 estipula um rol de receitas próprias da agência. A lei prevê, inclusive, que algumas dessas receitas devem ser recolhidas diretamente aos cofres da agência, tais como a taxa de fiscalização de vigilância sanitária e as multas resultantes das ações fiscalizadoras, o que tem como objetivo assegurar uma maior autonomia financeira à agência.[560]

A criação e o aperfeiçoamento de mecanismos de blindagem institucional voltados para assegurar a independência da Anvisa contribuem para o fortalecimento de sua autonomia técnico-científica e, consequentemente, para o desenvolvimento da sua *expertise* no campo da vigilância sanitária. De acordo com Floriano de Azevedo Marques Neto, "é típico da atividade regulatória que o ente regulador seja detentor de profundo conhecimento sobre o setor regulado e que, portanto, sua atuação seja focada na sua área de especialidade".[561] O autor destaca que a capacitação técnica das agências opera em duas etapas: primeiro, no recrutamento de seus agentes, que incluem dirigentes e funcionários, os quais devem ostentar conhecimento técnico e até experiência no setor regulado; segundo, na preservação de condições para que as agências mantenham o seu conhecimento técnico continuamente atualizado.[562]

Todos esses aspectos que se relacionam com a independência da Anvisa tornam possível reconhecer que a agência desempenha uma "função neutra regulatória legalmente independente", expressão

---

[558] §2º, do art. 3º, da Lei nº 13.848, de 25 de junho de 2019.
[559] Art. 16, XII c/c art. 32-A da Lei nº 9.782, de 26 de janeiro de 1999.
[560] Parágrafo único, do art. 22, da Lei nº 9.782, de 26 de janeiro de 1999.
[561] MARQUES NETO, Floriano de Azevedo. *Agências reguladoras independentes*: fundamentos e seu regime jurídico. Belo Horizonte: Fórum, 2005. p. 48-49.
[562] "A perda de capacitação técnica pelo esvaziamento dos meios do regulador (restrição de cargos, achatamento de salários, contingenciamento de verbas) se dá por duas vias: perda dos melhores técnicos atraídos pelas oportunidades do mercado ou perecimento da base de informações pela sua desatualização (dado que o investimento em acervo de informações técnicas há de ser permanente)" (*Ibidem*, p. 63).

cunhada por Sérgio Guerra[563] para realçar a singularidade da função que as agências reguladoras exercem no Brasil. De acordo com o autor, no exercício da função regulatória prevista na Constituição Federal de 1988, o Estado brasileiro criou, por meio de lei, entidades reguladoras autônomas que detêm competência para planejar, fiscalizar, editar normas sobre determinados setores e dirimir conflitos entre os agentes regulados. Nesse contexto, a ampliação da autonomia administrativa, financeira e decisória afasta as agências reguladoras das burocracias típicas da Administração Direta, da arena político-partidária e dos mais variados grupos de interesses, tornando-as menos suscetíveis à captura.[564] Portanto, é possível observar que o exercício de uma função neutral por parte da Anvisa está atrelado ao correto estruturamento e funcionamento de mecanismos de blindagem institucional.

Destacou-se no início deste capítulo que, ao mesmo tempo que o Congresso Nacional criou e aperfeiçoou os mecanismos de blindagem institucional que reforçam a independência da Anvisa, o próprio Congresso Nacional, o Poder Executivo e a Anvisa criaram e aperfeiçoaram os mecanismos de participação social que viabilizam uma maior abertura da atividade técnica desenvolvida pela agência em direção às partes interessadas e ao conjunto dos cidadãos.

Com efeito, na mesma oportunidade em que criou a Anvisa e atribuiu a ela o *status* de entidade administrativa independente, a Lei nº 9.782/1999 criou o Conselho Consultivo,[565] órgão de participação institucionalizada da sociedade que detêm a competência para requerer informações à Diretoria Colegiada e propor a ela diretrizes e recomendações técnicas de assuntos de competência da agência, opinar sobre as propostas de políticas governamentais na área de atuação da Anvisa, apreciar e emitir parecer sobre os relatórios anuais da Diretoria Colegiada e requerer informações e fazer proposições a respeito das ações de competência da agência.[566]

O Conselho Consultivo é composto por cinco representantes de governo (um do Ministério da Saúde, um do Ministério da Agricultura e do Abastecimento, um do Ministério da Ciência e Tecnologia, um do Conselho Nacional dos secretários estaduais de Saúde e um Conselho Nacional dos Secretários Municipais de Saúde) e oito externos ao

---

[563] GUERRA, *op. cit.*, nota 71, p. 198.
[564] *Ibidem*, p. 198-202.
[565] Art. 9º, parágrafo único, da Lei nº 9.782, de 26 de janeiro de 1999.
[566] Art. 19 do Regulamento da Anvisa.

governo (um do Conselho Nacional de Saúde, um da Confederação Nacional das Indústrias, um da Confederação Nacional do Comércio, dois da comunidade científica, dois de órgãos de Defesa do Consumidor e um da Confederação Nacional de Saúde).[567] O diretor-presidente da Anvisa participa das reuniões do Conselho Consultivo, sem direito a voto.[568] Os conselheiros não recebem remuneração e podem permanecer como membros do Conselho Consultivo pelo prazo de até três anos, vedada a recondução.[569]

Logo após a promulgação da Lei nº 9.782/1999, o Poder Executivo editou o Decreto nº 3.029, de 16 de abril de 1999, aprovando o Regulamento da Anvisa, que regulamentou as consultas e audiências públicas no âmbito da agência. As primeiras, de caráter facultativo, seriam formalizadas em *Diário Oficial* e teriam como objetivo submeter ao escrutínio público as minutas de atos normativos elaboradas pela agência, que deveria examinar e responder às críticas e sugestões recebidas.[570] Com relação às audiências públicas, a norma estipulou que a Anvisa poderia realizá-las nos processos decisórios de registros de novos produtos, bens e serviços, bem como seus procedimentos e de edição de normas, sendo, igualmente, facultativa. Mas a norma previu que, caso o assunto tratasse de anteprojeto de lei a ser proposto pela Anvisa, a audiência pública seria obrigatória.[571]

Outro importante ato normativo editado pelo Poder Executivo foi o Decreto nº 6.062, de 16 de março de 2007, que instituiu o Programa de Fortalecimento da Capacidade Institucional para Gestão em Regulação (PRO-REG). Um dos objetivos do programa era contribuir para o fortalecimento do desenvolvimento e aperfeiçoamento de mecanismos para o exercício do controle social e transparência no âmbito do processo regulatório.[572] A Anvisa foi uma pioneira na adesão ao PRO-REG, tendo instituído o Programa de Melhoria do Processo de Regulamentação por meio da Portaria nº 422, de 16 de abril de 2008.[573] Nesse mesmo

---

[567] Art. 17 do Regulamento da Anvisa.
[568] §1º do art. 17 do Regulamento da Anvisa.
[569] Art. 18 do Regulamento da Anvisa.
[570] Art. 35 do Regulamento da Anvisa.
[571] Art. 32 do Regulamento da Anvisa.
[572] Disponível em: http://www.planalto.gov.br/ccivil_03/_ato2007-2010/2007/decreto/d6062.htm#:~:text=Institui%20o%20Programa%20de%20Fortalecimento,REG%2C%20e%20d%C3%A1%20outras%20provid%C3%AAncias. Acesso em: 25 set. 2023. Atualmente, o PRO-REG é regulamentado pelo Decreto nº 11.738, de 18 de outubro de 2023.
[573] Disponível em: http://antigo.anvisa.gov.br/documents/10181/2718376/PRT_422_2008_COMP.pdf/0724382d-3736-4226-9405-d8942dfbac4e. Acesso em: 25 set. 2023. Atualmente, o programa é regulado por meio da Portaria nº 162, de 12 de março de 2021.

ano, a agência lançou *Boas Práticas Regulatórias. Guia para o Programa de Melhoria do Processo de Regulamentação da Anvisa*, dando significativa atenção ao tema da participação.[574] Vinte anos depois da criação da Anvisa, o Congresso Nacional editou a Lei nº 13.848/2019, que, dentre outros aspectos, promoveu significativos avanços com relação ao tema dos mecanismos de participação social. Nesse sentido, a lei disciplinou as consultas e audiências públicas, inclusive fornecendo o conceito desses mecanismos de participação pública.

Quanto à consulta pública, a lei estipulou que se trata de instrumento de apoio à tomada de decisão por meio do qual a sociedade é consultada previamente sobre proposta de norma regulatória aplicável ao setor de atuação da agência reguladora.[575] A consulta pública tornou-se obrigatória para as minutas e propostas de alteração de atos normativos de interesse geral dos agentes econômicos, consumidores ou usuários dos serviços prestados. Nesse sentido, a Anvisa deve disponibilizar, previamente à tomada de decisão pelo colegiado, todo material utilizado como fundamento para as propostas submetidas à consulta pública, com duração mínima de 45 dias, ressalvados aqueles de caráter sigiloso.[576]

A participação social se materializa por meio de críticas, sugestões e contribuições por quaisquer interessados, que devem ser disponibilizadas na sede da agência e no respectivo sítio na *internet* dentro do prazo de 10 dias úteis após o término do prazo da consulta pública. Após a deliberação da Diretoria Colegiada, a Anvisa deve disponibilizar o seu posicionamento oficial sobre as críticas ou as contribuições apresentadas no processo de consulta pública dentro do prazo de 30 dias úteis.[577]

Com relação à audiência pública, a Lei nº 13.848/2019 a definiu como sendo o "instrumento de apoio à tomada de decisão por meio

---

[574] Por exemplo, o documento cita "a recente Parceria com Instituto de Defesa do Consumidor (Idec), voltada para o fortalecimento da capacidade técnica para participação social na regulação (BID/BR-M1035)" (BRASIL. Ministério da Saúde. Agência Nacional de Vigilância Sanitária. *Boas Práticas Regulatórias. Guia para o Programa de Melhoria do Processo de Regulamentação da Anvisa.* Brasília, DF: Ministério da Saúde; Anvisa, 2008. p. 7. Disponível em: https://www.gov.br/anvisa/pt-br/centraisdeconteudo/publicacoes/regulamentacao/guia-para-o-programa-de-melhoria-do-processo-de-regulamentacao-da-anvisa.pdf. Acesso em: 25 set. 2023).

[575] §1º do art. 9º da Lei nº 13.848, de 25 de junho de 2019.

[576] Art. 9º e seu §2º da Lei nº 13.848, de 25 de junho de 2019.

[577] §§4º e 5º do art. 9º da Lei nº 13.848, de 25 de junho de 2019.

do qual é facultada a manifestação oral por quaisquer interessados em sessão pública previamente destinada a debater matéria relevante".[578] A Anvisa, por meio de decisão colegiada, pode convocá-la para a formação de juízo e tomada de decisão sobre matéria que considerar relevante.[579] Esse mecanismo de participação social, portanto, continua tendo caráter facultativo.

Também aqui a lei procedimentaliza e confere transparência a esse mecanismo de participação social. Nesse sentido, o período de audiência pública somente terá início após transcorrer o prazo de cinco dias úteis a contar do despacho ou aviso de abertura publicado no *Diário Oficial da União* e em outros meios de comunicação, devendo a Anvisa disponibilizar, também com cinco dias úteis de antecedência, uma série de documentos descritos na lei que fundamentaram a proposta de ato normativo ou outras propostas submetidas à audiência pública. Encerrado o processo, a agência tem o prazo de 30 dias úteis para disponibilizar os relatórios da audiência pública.[580]

Vale destacar que a Lei nº 13.848/2019 permite que cada agência reguladora estabeleça, em seu regulamento, "outros meios de participação de interessados em suas decisões, diretamente ou por meio de organizações e associações legalmente reconhecidas".[581] Nesse caso, as críticas ou contribuições recebidas devem ser analisadas e respondidas pela agência em até 30 dias úteis após a reunião do Conselho Diretor ou da Diretoria Colegiada, sendo disponibilizado o posicionamento da agência bem como o relatório do meio de participação social na sede da agência e em seu respectivo sítio na *internet*.[582]

É importante destacar que a própria Anvisa positivou mecanismos ampliados de participação social para o campo da regulação da vigilância sanitária. A tomada pública de subsídios é um mecanismo de consulta aberto ao público que tem como objetivo a coleta de dados e informações acerca do relatório parcial de análise de impacto regulatório ou do relatório de monitoramento e análise do resultado regulatório. A consulta dirigida também visa à coleta de dados e informações, porém é direcionada a públicos pré-determinados interessados e afetados pela atuação regulatória. Podendo ser realizada em qualquer etapa do

---

[578] §1º do art. 10 da Lei nº 13.848, de 25 de junho de 2019.
[579] Art. 10 da Lei nº 13.848, de 25 de junho de 2019.
[580] §§2º e 3º do art. 10 e art. 12 da Lei nº 13.848, de 25 de junho de 2019.
[581] Art. 11 da Lei nº 13.848, de 25 de junho de 2019.
[582] Art. 11 c/c §5º do art. 9º e art. 12 da Lei nº 13.848, de 25 de junho de 2019.

processo regulatório, a consulta dirigida visa a ampliar as evidências disponíveis e coletar dados ou validar informações levantadas previamente. Finalmente, por meio do diálogo setorial, a Anvisa promove encontros presenciais ou virtuais normalmente direcionados a públicos específicos a fim de validar, de uma maneira mais célere, as informações coletadas durante uma etapa do processo regulatório ou recolher demandas e esquadrinhar cenários ainda não considerados.[583]

A descrição efetuada neste tópico demonstra que a Anvisa possui um desenho institucional voltado para lhe conferir significativa independência diante da arena político-partidária e dos mais variados grupos de interesses. Não obstante, toda essa blindagem institucional não é absoluta, pois o modelo de regulação por meio de agências reguladoras adotado no Brasil não tem como objetivo criar um poder incontido e incontrolável. Muito pelo contrário. Como ressalta Sérgio Guerra, o modelo de agências pressupõe o abandono de um viés estatal autoritário, "em prol de uma maior interlocução do poder público com a sociedade".[584] Nesse sentido, mecanismos de participação social procuram justamente promover a interlocução das agências reguladoras com a sociedade. No caso da Anvisa, tais mecanismos foram criados e aperfeiçoados no mesmo passo em que o Congresso Nacional criava e aperfeiçoava os mecanismos de blindagem institucional da agência, estabelecendo, assim, múltiplos pontos de contato entre a atividade técnica desenvolvida pela agência e os mais variados atores sociais.

Sob essa perspectiva de análise, observa-se haver uma nítida e intencional correlação entre as dinâmicas de fechamento (independência) e abertura (participação social) da Anvisa. Essa é uma constatação importante, que aponta para uma estratégia que busca, continuamente, promover o difícil equilíbrio entre, de um lado, a ciência, a *expertise* técnica e, de outro, a democracia, os valores. Tal constatação torna possível afirmar que a identificação de eventual falha na estruturação

---

[583] Cadastrou-se solicitação no FalaBR no dia 6 de julho de 2023, autuada sob o nº 25072.039978/2023-43, para que a Anvisa informasse a base legal desses três mecanismos de participação social. Em resposta postada no dia 14 de julho de 2023, a Anvisa informou que a tomada pública de subsídios tem sua base legal definida pelo art. 2º, XXIV, arts. 28 e 73 da Portaria nº 162/2021; arts. 11 e 12 da Lei nº 13.848/2019 e arts. 8º e 10 do Decreto nº 10.411, de 30 de junho de 2020. Já a consulta dirigida tem sua base legal definida pelo art. 27 da Portaria nº 162/2021 e arts. 11 e 12 da Lei nº 13.848/2019. Finalmente, o diálogo setorial tem sua base legal definida pelo art. 27 da Portaria nº 162/2021 e arts. 11 e 12 da Lei nº 13.848/2019.

[584] GUERRA, Sérgio. *Discricionariedade, regulação e reflexividade*: uma nova teoria sobre as escolhas administrativas. 6. ed. rev. e atual. Belo Horizonte: Fórum, 2021. p. 151.

ou no funcionamento desses mecanismos de participação social produz um abalo nas dinâmicas de fechamento e abertura da agência que resulta no desequilíbrio dessa equação, com o aumento do grau de insulamento da agência e, consequentemente, com a diminuição do seu grau de abertura em direção à sociedade, revelando-se nisso uma tendência de aproximação ao modelo tecnocrático de risco.

4.2 Mecanismos obrigatórios de participação social

Passa-se a analisar os mecanismos de participação social que a lei tornou obrigatórios no contexto institucional da Anvisa. Aqui se identificam vieses na estrutura e no funcionamento desses mecanismos, que condicionam fortemente a participação e o controle social sobre as práticas científicas desenvolvidas pela Anvisa e deixam a agência excessivamente insulada especificamente no desenvolvimento da atividade de análise de risco. Tal constatação é compatível com o modelo tecnocrático de risco, que preconiza a rígida separação entre a análise (território da ciência) e o gerenciamento de risco (território da política).

4.2.1 Conselho Consultivo da Anvisa

Alguns anos antes do surgimento da Anvisa no cenário regulatório nacional, o Brasil criou as suas primeiras agências reguladoras e as obrigou a realizar audiências ou consultas públicas em seus processos decisórios. A primeira agência criada foi a Agência Nacional de Energia Elétrica (Aneel), voltada para regular os serviços de energia elétrica. A lei de criação da agência – Lei nº 9.427, de 26 de dezembro de 1996 – impôs a obrigação de realização de audiência pública antes do processo decisório capaz de afetar os direitos dos agentes econômicos do setor elétrico ou dos consumidores.[585] A segunda agência foi a Agência Nacional de Telecomunicações (Anatel), com competência para regular os serviços de telecomunicações. Nesse caso, a Lei nº 9.472, de 16 de julho de 1997, previu que as minutas de atos normativos deveriam ser submetidas à consulta pública.[586] No mesmo ano, o país criou a Agência Nacional do Petróleo, Gás Natural e Biocombustíveis (ANP) para regular as indústrias de petróleo e gás natural e de biocombustíveis.

---

[585] Art. 4º, §3º, da Lei nº 9.427, de 26 de dezembro de 1996.
[586] Art. 42 da Lei nº 9.472, de 16 de julho de 1997.

A Lei nº 9.478, de 6 de agosto de 1997, tornou obrigatória a realização de audiência pública antes de iniciativas de projetos de lei ou de alteração de normas que afetem os direitos dos agentes econômicos ou de consumidores e usuários de bens e serviços das indústrias de petróleo, de gás natural ou de biocombustíveis.[587] Diferentemente do que ocorreu com as três agências que a precederam, a Anvisa não foi obrigada a realizar consultas ou audiência públicas tendo como objeto a sua produção normativa. Na verdade, a lei de criação da Anvisa sequer positivou tais mecanismos de participação social. A tarefa coube ao Decreto nº 3.029/1999, que, no entanto, somente obrigou a Anvisa a realizar audiências públicas em relação a anteprojeto de lei a ser proposto pela Anvisa.[588]

Essa breve comparação entre a Anvisa e as agências que precederam (Anatel, Aneel e ANP) revela que o tema da participação social foi enquadrado de maneira mais restrita no campo da regulação da vigilância sanitária. No momento da criação da Anvisa, o único mecanismo obrigatório de participação social previsto na lei foi o Conselho Consultivo, mas esse mecanismo somente confere uma maior possibilidade de engajamento nas atividades desenvolvidas pela agência aos seus 13 membros. As consultas e audiências públicas, por seu turno, permitem a ampla participação de partes interessadas e do público em geral, detendo, assim, um potencial de abrangência significativamente maior em comparação ao Conselho Consultivo. Aparentemente, não há uma condição manifesta capaz de justificar a diferença de tratamento entre as três primeiras agências reguladoras do país e a Anvisa.

Nesse contexto, a composição do Conselho Consultivo não parece ser suficiente para espelhar a variedade de interesses que decorrem do caráter significativamente abrangente e heterogêneo dos produtos e serviços submetidos à regulação da Anvisa (medicamentos, alimentos, cosméticos etc.) e as variáveis sujeitas ao controle da Anvisa (ambientes, processos, tecnologias, portos, aeroportos etc.).

Assim, observa-se que o desenho institucional do Conselho Consultivo da Anvisa não é voltado para facilitar o engajamento de uma miríade de partes interessadas e do público em geral, que detêm o potencial interesse – e direito – de participar dos trabalhos técnicos desenvolvidos pela agência. Sob essa perspectiva, pode-se inferir

---

[587] Art. 19 da Lei nº 9.478, de 6 de agosto de 1997.
[588] Art. 32 do Regulamento da Anvisa.

que o Conselho Consultivo poderia ser um mecanismo de apoio de participação social, mas não uma alternativa radical às consultas e audiências públicas, como parece ter ocorrido no momento da criação da Anvisa.

Tudo isso leva à conclusão de que o legislador enquadrou inicialmente o tema da participação social no campo da regulação da vigilância sanitária de forma significativamente restrita, resultando em um alijamento *ex ante* de partes interessadas relevantes e do grande público da atividade regulatória desenvolvida pela Anvisa, dificultando ou até mesmo inviabilizando uma ampla participação e controle social sobre as práticas científicas desenvolvidas pela agência.

Outro aspecto relacionado ao Conselho Consultivo é a baixa representação dos cidadãos. Dos 13 assentos existentes no Conselho, 5 representantes são do governo e 8 externos ao governo, sendo que, destes, apenas 2 podem ser realmente associados ao cidadão usuário (órgãos de defesa do consumidor legalmente constituídos), o que corresponde a menos do que 20% dos assentos. Embora não seja possível estimar, a partir da noção de "órgão de participação institucionalizada da sociedade",[589] qual seria o percentual adequado de assentos para o cidadão usuário, uma comparação com o Conselho Nacional de Saúde (CNS) serve de parâmetro para demonstrar que o Conselho Consultivo da Anvisa possui uma representação insuficiente de um segmento que parece ser essencial à sua natureza ontológica.

O CNS é um órgão colegiado do Sistema Único de Saúde (SUS) com competência para fiscalizar, acompanhar e monitorar as políticas públicas de saúde.[590] É composto por 48 conselheiros, sendo que 50% são representantes de entidades e dos movimentos sociais de usuários do SUS.[591]

A significativa disparidade entre os assentos destinados ao cidadão usuário no Conselho Consultivo da Anvisa (menos de 20%) e no Conselho Nacional de Saúde (CNS) (50%) se torna ainda menos

---

[589] Art. 15 do Regulamento da Anvisa.
[590] De acordo com §2º do art. 1º da Lei nº 8.142, de 28 de dezembro de 1990, o Conselho de Saúde é um órgão colegiado de caráter permanente e deliberativo, atuando na formulação de estratégias e no controle da execução da política de saúde na instância correspondente, inclusive nos aspectos econômicos e financeiros.
[591] Os outros 50% são destinados a representantes de entidades de profissionais de saúde, incluída a comunidade científica da área de saúde, de representantes do governo, de entidades de prestadores de serviços de saúde, do Conselho Nacional de Secretários de Saúde (CONASS), do Conselho Nacional de Secretários Municipais de Saúde (CONASEMS) e de entidades empresariais com atividade na área de saúde.

compreensível diante do fato de que a Constituição Federal de 1988 estabeleceu que uma das diretrizes a serem observadas no SUS seria a "participação da comunidade",[592] dispondo, logo a seguir, que a vigilância sanitária está incluída no campo de atuação do SUS.[593] Isso quer dizer que, enquanto para o CNS, órgão do SUS, a "participação da comunidade" prevista na Constituição Federal de 1988 significou destinar ao cidadão usuário metade dos assentos no órgão, para o Conselho Consultivo da Anvisa, o mesmo critério resultou em uma destinação de menos do que 20% dos assentos ao cidadão usuário.

É possível ir além e destacar outro aspecto do Conselho Consultivo capaz de inibir a participação e o controle social no campo da regulação da vigilância sanitária. Além da baixa representação cidadã destacada anteriormente, observa-se que o Conselho Consultivo congrega uma maciça representação de setores e entidades que tendem a possuir um conhecimento especializado e, via de consequência, a empregar uma linguagem técnica nas discussões envolvendo o campo da regulação da vigilância sanitária, tais como representantes de Ministérios, entidades de saúde, comunidade científica etc.

A percepção da predominância de uma linguagem técnica é corroborada pelo fato de que o Decreto nº 8.037, de 28 de junho de 2013, criou a Comissão Científica em Vigilância Sanitária (CCVISA) junto à estrutura do Conselho Consultivo, sendo acrescentada a esse órgão mais uma instância produtora de discurso técnico. Nesse sentido, a CCVISA tem como objetivo assessorar a agência na avaliação e regulação de novas tecnologias de interesse da saúde e nos temas e discussões estratégicas de cunho técnico-científico relacionados à vigilância sanitária.[594] E para ser membro do CCVISA, a pessoa deve possuir notório saber técnico-científico em relação aos produtos e serviços sujeitos à vigilância sanitária.[595]

A estruturação de um órgão de participação social cujo desenho institucional contém elementos explicitamente tendentes a fomentar discursos técnicos pode suscitar a alegação de se que trata de uma tática de política regulatória voltada para reduzir a influência do público leigo no processo regulatório,[596] já que um maior envolvimento desse

---

[592] Art. 198, inc. III, da Constituição Federal de 1988.
[593] Art. 200, inc. II, da Constituição Federal de 1988 e art. 6º, inc. I, "a", da Lei nº 8.080, de 19 de setembro de 1990.
[594] Art. 19-A do Regulamento da Anvisa.
[595] Art. 19-C, §1º, do Regulamento da Anvisa.
[596] POTTER, Rachel Augustine. *Bending the Rules*: Procedural Politicking in the Bureaucracy. Chicago: The University of Chicago Press, 2019.

público no processo regulatório de risco poderia ocasionar uma série de 'inconvenientes' para a Anvisa. Por exemplo, poderia gerar uma carga extra de trabalho para os especialistas da agência, causando atrasos na conclusão do processo regulatório. Poderia, ainda, acrescentar ao processo regulatório receios irracionais, capazes de distorcer as prioridades nacionais, na linha do argumento de Stephen Breyer.[597]

Partindo da análise da estrutura do Conselho Consultivo para focar em seu funcionamento, identificam-se diversos problemas – especialmente com a transparência do órgão – que dificultam ou até mesmo inviabilizam o acompanhamento e controle das atividades que ele desenvolve, o que também aponta para uma tendência de adoção de um modelo tecnocrático de risco.

A Anvisa disponibiliza uma página na *internet* contendo informações sobre o Conselho Consultivo.[598] Ao acessar a página, não é possível identificar qualquer informação sobre o Regimento do Conselho Consultivo, que, de acordo com o Regulamento da Anvisa, deve ser aprovado pela maioria dos conselheiros e publicado pelo seu presidente.[599] Isso ensejou a formulação de uma indagação à Anvisa, via Lei de Acesso à Informação,[600] para saber se o Conselho Consultivo já havia elaborado o seu Regimento Interno e, em caso positivo, quando foi elaborado e onde estaria disponível. Indagou-se também quando o Conselho Consultivo realizou sua última reunião e onde seria possível acessar tal informação.[601]

Em resposta, a Anvisa informou que "não possui conselho, apenas Diretoria Colegiada".[602] A insuficiência da resposta ensejou a interposição de "recurso em primeira instância", no qual foi esclarecida a base legal do Conselho Consultivo.[603] A Anvisa acatou o recurso e

---

[597] Conforme tópico 3.2, supra.
[598] Disponível em: https://www.gov.br/anvisa/pt-br/acessoainformacao/participacaosocial/conselho-consultivo. Acesso em: 16 jul. 2023.
[599] Art. 20 do Regulamento da Anvisa.
[600] A Lei nº 12.527, de 18 de novembro de 2011, estipula regras para assegurar o direito fundamental de acesso à informação (Disponível em: https://www.planalto.gov.br/ccivil_03/_ato2011-2014/2011/lei/l12527.htm. Acesso em: 25 ago. 2023).
[601] Cadastrou-se solicitação no Fala.BR no dia 29 de junho de 2023, autuada sob o nº 25072.038119/2023-37.
[602] A resposta da Anvisa foi postada na plataforma eletrônica no dia 6 de julho de 2023.
[603] Apresentou-se recurso em 6 de julho de 2023, no qual se esclareceu que o Conselho Consultivo mencionado na solicitação era aquele previsto no art. 9º, parágrafo único, da Lei nº 9.782, de 26 de janeiro de 1999.

respondeu aos questionamentos,[604] porém apenas formalmente, visto que as respostas não atenderam à essência da solicitação. Com efeito, a Anvisa apenas repetiu disposições regulamentares acerca do Conselho Consultivo e, especificamente com relação ao Regimento Interno do órgão, transcreveu o disposto no parágrafo único do artigo 33 da Resolução da Diretoria Colegiada (RDC) nº 585, de 10 de dezembro de 2021, que dispõe que "o funcionamento do Conselho Consultivo será disposto em Regimento Interno próprio, aprovado pela maioria dos Conselheiros e publicado pelo seu presidente".

Formulou-se novo recurso (dessa vez à segunda instância) ressaltando que os questionamentos apresentados inicialmente ainda não haviam sido respondidos.[605] Em resposta, o diretor-presidente da Anvisa proferiu decisão, *ad referendum*, no sentido de que "a informação a que se pretende acesso é inexistente", conforme esclarecimento prestado pela Secretaria-Geral da Diretoria Colegiada.[606]

A resposta oferecida pela Anvisa pode significar que o Conselho Consultivo já elaborou o seu Regimento Interno, porém a agência não o mantém em seu acervo, ou pode simplesmente significar que o Conselho Consultivo não chegou a elaborar o documento. Cada hipótese aponta para um problema distinto. Na primeira hipótese, haveria um problema clássico de transparência: o órgão elaborou o seu Regimento Interno, porém o documento não está disponível para o público. Na segunda hipótese, o problema seria de descumprimento da norma que atribui ao Conselho Consultivo a obrigação de elaborar o ato normatizador de sua atuação, o que poderia ter como causa uma série de fatores, inclusive a precariedade da atuação do órgão ou a baixa ou mesmo ausência de relevância do seu funcionamento para a Anvisa.

Outra falha envolvendo o Conselho Consultivo é que essa mesma página na *internet* disponibilizada pela Anvisa não oferece informações atualizadas sobre a composição do órgão. Com efeito, sob o título "Composição do Conselho Consultivo", a referida página veicula a Portaria nº 1.982, de 2 de julho de 2018, que designa os representantes

---

[604] A resposta ao recurso foi apresentada por meio do Despacho nº 130/2023/SEI/SGCOL/ANVISA, datado de 11 de julho de 2023.

[605] Formulou-se recurso à segunda instância no dia 16 de julho de 2023, no qual se reproduziram expressamente os questionamentos: "O Conselho Consultivo já elaborou o seu Regimento Interno? Se sim, quando? Onde está disponível? Quando o Conselho Consultivo realizou a sua última reunião? Onde está disponível?"

[606] A resposta do diretor-presidente foi instrumentalizada por intermédio do Voto nº 286/2023/SEI/DIRETOR-PRESIDENTE/ANVISA, datado de 21 de julho de 2023.

dos órgãos e setores previstos na legislação. Essa informação, contudo, aparenta estar desatualizada, na medida em que, de acordo com o artigo 18 do Regulamento da Anvisa, aprovado pelo Decreto nº 3.029/1999, a investidura dos conselheiros é de 3 anos, sendo vedada a recondução. Desse modo, a investidura daqueles representantes nomeados pela Portaria nº 1.982/2018 se encerrou em julho de 2021.

Solicitaram-se esclarecimentos à Anvisa sobre a questão, indagando especificamente sobre a aparente desatualização das informações. Além disso, solicitou-se informação sobre a atual composição do Conselho Consultivo, com a indicação do ato de designação dos membros.[607]

Em resposta, a Anvisa relacionou os órgãos e entidades previstos na legislação cujos representantes integram o Conselho Consultivo, bem como os objetivos do órgão previstos na legislação. A agência informou ainda que "a última reunião do Conselho aconteceu em 2022". Por fim, sugeriu direcionar a solicitação para o Ministério da Saúde, considerando que o órgão preside o Conselho Consultivo.[608]

Formulou-se recurso argumentando que, mesmo que a presidência do Conselho Consultivo seja exercida pelo Ministério da Saúde, "a Anvisa possui o dever de manter a sua página atualizada com relação ao Conselho, visto tratar-se de órgão de sua própria estrutura organizacional".[609] Nesse sentido, reiterou-se a solicitação para que a Anvisa esclarecesse a desatualização das informações com relação ao Conselho Consultivo e informasse a sua atual composição.

Em resposta, a agência afirmou que a solicitação para esclarecimentos sobre a desatualização das informações constantes do *site* da agência com relação ao Conselho Consultivo se encontra fora do conceito de informação previsto pelo artigo 4º, inciso I, da Lei nº 12.527/2011. Já com relação à composição do Conselho Consultivo, afirmou que a informação é "inexistente no âmbito desta Agência", reiterando o entendimento de que a informação deveria ser buscada perante o Ministério da Saúde.[610]

Seguindo a orientação da Anvisa, formulou-se requerimento de informações sobre o Conselho Consultivo da Anvisa ao Ministério

---

[607] Cadastrou-se solicitação no Fala.BR no dia 18 de julho de 2023, autuada sob o nº 25072.042595/2023-52.
[608] A resposta da Anvisa foi postada na plataforma eletrônica no dia 28 de julho de 2023.
[609] Formulou-se recurso no dia 2 de agosto de 2023.
[610] A resposta da Anvisa foi instrumentalizada por intermédio do DESPACHO Nº 290/2023/SEI/GADIP/ANVISA, datado de 7 de agosto de 2023.

da Saúde. Especificamente, solicitaram-se informações sobre a atual composição do órgão e sobre o seu Regimento Interno, bem como as atas e pautas de suas últimas cinco reuniões.[611] Em resposta, o Ministério da Saúde informou que "ao analisar o presente pedido verificou que o mesmo trata de tema que não é da competência deste Ministério".[612]

É possível identificar uma outra falha de transparência envolvendo essa página na *internet* da Anvisa. Nela há um *link* específico para obter atas, pautas e *briefings* das reuniões do Conselho Consultivo ("Acesse aqui as atas, pautas e *briefings* das reuniões".) No entanto, ao clicar no *link*, o usuário é encaminhado para a página inicial da Anvisa na *internet* (https://www.gov.br/anvisa/pt-br), e não para uma página específica contendo os referidos documentos.

Diante disso, descreveu-se o problema para a Anvisa e solicitou-se a disponibilização desses documentos.[613] Em resposta,[614] a agência informou que os documentos "disponíveis" poderiam ser acessados no *link* informado.[615]

Ao acessar a página, constatou-se que a Anvisa não disponibilizou todas as atas e pautas das reuniões realizadas pelo Conselho Consultivo. Com efeito, na parte dedicada às atas das reuniões, foram disponibilizadas as atas das seguintes reuniões do Conselho Consultivo: 26ª, 27ª, 28ª, 29ª, 30ª, 31ª, 32ª, 33ª, 34ª, 35ª, 37ª, 38ª, 39ª, 40ª, 41ª, 42ª, 43ª e 45ª, além da 5ª Reunião Extraordinária. Já na parte dedicada às pautas das reuniões, constam apenas as pautas da 41ª, da 42ª, da 43ª e da 44ª Reunião do Conselho Consultivo da Anvisa. Em uma análise superficial dessas informações, pode-se presumir que a Anvisa deixou de disponibilizar, pelo menos, 31 atas (da 1ª a 25ª, 36ª e 44ª reunião, e da 1ª a 4ª reunião extraordinária) e 46 pautas (da 1ª a 40ª, 45ª e da 1ª a 5ª reunião extraordinária) do Conselho Consultivo.

Analisando o conteúdo desses documentos, observou-se que o problema de transparência é ainda mais grave. A ata de reunião mais recente que a Anvisa disponibilizou em seu *site* na *internet* é a ata da

---

[611] Cadastrou-se solicitação no Fala.BR no dia 2 de agosto de 2023, autuada sob o nº 25072.046013/2023-15.

[612] A resposta do Ministério da Saúde foi postada na plataforma eletrônica no dia 4 de agosto de 2023.

[613] Cadastrou-se solicitação no Fala.BR no dia 27 de setembro de 2023, autuada sob o nº 25072.057541/2023-91.

[614] A resposta da Anvisa foi postada na plataforma eletrônica no dia 10 de outubro de 2023.

[615] A página informada foi: https://www.gov.br/anvisa/pt-br/acessoainformacao/participacaosocial/arquivos/conselho-consultivo.

45ª Reunião do Conselho Consultivo, realizada no dia 16 de setembro de 2015, o que representa uma defasagem de 8 anos em relação à data em que a Anvisa atualizou o seu *site* em resposta ao questionamento (outubro de 2023). Ou seja, há uma lacuna no registro das atividades iniciais do Conselho Consultivo (da 1ª a 25ª reunião), bem como das atividades realizadas a partir de setembro de 2015 (data da 45ª Reunião do Conselho Consultivo) até outubro de 2023.

Diante da precariedade dos registros da Anvisa com relação às atividades desenvolvidas pelo Conselho Consultivo, decidiu-se não realizar uma análise das atas das reuniões visando aprofundar o conhecimento sobre os tipos de atividades que o órgão realiza. Essencialmente, isso se deve a dois motivos. Em primeiro lugar, as significativas lacunas existentes – ausência de registros da 1ª à 25ª reunião, bem como dos últimos 8 anos – inviabilizam a realização de diagnósticos úteis sobre o funcionamento do Conselho Consultivo. Deveras, existem diversos fatores que podem influenciar as dinâmicas de funcionamento do Conselho Consultivo ao longo do tempo, o que torna necessário estabelecer como foco da investigação todo o período de funcionamento do órgão.

A criação da Comissão Científica em Vigilância Sanitária (CCVISA) em meados de 2013 exemplifica o quão fundamental é a análise de todo o período de funcionamento do órgão para a formulação de diagnósticos. A CCVISA foi criada para assessorar técnica e cientificamente a Anvisa, tendo sido vinculada à estrutura do Conselho Consultivo. Assim, para verificar-se se o CCVISA desempenhou algum papel junto ao Conselho Consultivo – que incluiria o possível acréscimo de uma fonte de discurso técnico, como se especulou anteriormente –, seria necessário compreender o padrão de atuação do Conselho Consultivo antes e depois da criação da CCVISA, o que se torna inviável por conta daquelas significativas lacunas dos registros de atas antes e depois da criação da CCVISA.[616]

O segundo motivo que inviabiliza a análise das atas das reuniões do Conselho Consultivo disponibilizadas pela Anvisa decorre da impossibilidade de verificar-se se essas atas podem ser consideradas uma amostra válida das atividades do órgão. Como mencionado, não foi possível o acesso ao Regimento Interno do Conselho Consultivo – na verdade, sequer é possível afirmar que o documento existe –, o que

---

[616] Valendo destacar que, com relação ao período posterior à criação da CCVISA, a Anvisa disponibilizou apenas 4 atas (41ª, 42ª, 43ª e 45ª), sendo que a última reunião foi realizada no dia 16 de setembro de 2015.

torna inviável a identificação dos critérios que definem a designação das reuniões do órgão. Consequentemente, não há possibilidade de estimar-se o número de reuniões que efetivamente ocorreram a partir do último registro disponibilizado pela Anvisa (setembro de 2015), impossibilitando, assim, a definição de um critério de amostragem.[617]

O conjunto dos fatos narrados demonstra que há significativos problemas de desenho institucional do Conselho Consultivo, bem como de transparência no seu funcionamento. A última constatação se afigura inusitada: o órgão de participação institucionalizada da sociedade nas atividades desenvolvidas pela Anvisa possui falhas de transparência que impedem a prestação de contas para a mesma sociedade que ele representa. Em suma, as deficiências detectadas ao longo da pesquisa sinalizam um desequilíbrio nas dinâmicas de fechamento e abertura da Anvisa, apontando para uma tendência ao modelo tecnocrático de risco.

4.2.2 Consultas e audiências públicas

Da análise empreendida no tópico 4.1, supra, é possível concluir que a legislação enquadra o tema da participação social no campo da vigilância sanitária de maneira significativamente restrita, na medida em que a Anvisa somente está obrigada a adotar mecanismos de participação social em duas ocasiões: quando elaborar anteprojeto de lei, caso em que a agência deve realizar audiência pública,[618] e quando elaborar "minutas e propostas de alteração de atos normativos",[619] quando a agência fica obrigada a realizar consulta pública.

Com relação à etapa de análise de risco, a utilização, ou não, de mecanismos de participação social é uma decisão discricionária da Anvisa, o que pode prejudicar tanto o controle das práticas científicas da agência (em prejuízo à legitimidade democrática da agência) quanto a apropriação da perspectiva de risco das partes interessadas e do grande público (em prejuízo à qualidade da regulação).

Partindo da análise da legislação para a realidade, constata-se que a Anvisa não tem viabilizado, de forma sistemática, o controle e

---

[617] Comparando as datas das três últimas reuniões sequenciais disponíveis na Anvisa – 41ª, 42ª e 43ª –, conclui-se que sequer é possível identificar um padrão de intervalo de tempo entre as reuniões. A 41ª reunião foi realizada no dia 13 de novembro de 2013. A 42ª reunião foi realizada no dia 19 de março de 2014 (intervalo de 4 meses). E a 43ª reunião foi realizada no dia 29 de abril de 2015 (intervalo de 13 meses).
[618] Art. 32 do Regulamento da Anvisa.
[619] Art. 9º da Lei nº 13.848, de 25 de junho de 2019.

a participação social das partes interessadas e do público em geral nos estágios iniciais do processo regulatório, o que, na perspectiva da regulação de risco, abrange a etapa de análise de risco.

Analisando a base de dados construída pelo projeto Regulação em Números, da FGV Direito Rio, verifica-se que, entre 2 de janeiro de 2008 e 31 de dezembro de 2022,[620] a Anvisa realizou 1.750 consultas e audiências públicas, das quais apenas 71 (ou 5,1%) tinham como objetivo a "Produção de Conhecimento", categoria na qual se inserem os mecanismos de participação social voltados para a "elaboração de materiais de orientação, tais como guias e manuais, ou que propõem reuniões e debates com o objetivo essencial de agregar conhecimentos e informações sobre determinado tema, sem que haja uma proposta normativa".[621]

A Tabela 1 segrega os resultados antes e depois do início da vigência[622] da Lei nº 13.848/2019 e fornece uma classificação dividida em 4 categorias, que levam em consideração o objetivo declarado das consultas e audiências públicas analisadas.[623]

---

[620] A Anvisa realizou a Consulta Pública nº 1 no dia 2 de janeiro de 2008, sendo essa, portanto, a data de realização do primeiro mecanismo de participação social pela agência. A última atualização da base de dados do Regulação em Números realizada até a data desta pesquisa foi em 31 de dezembro de 2022.

[621] "Trata-se de uma categoria que pode ter utilidade para a agência tanto na etapa de formulação de seus posicionamentos regulatórios, quanto para a comunicação com a sociedade de aspectos relevantes da função regulatória, por meio de materiais explicativos e de conteúdo didático" (SALINAS, Natasha Schmitt Caccia; SAMPAIO, Patrícia Regina Pinheiro; GUERRA, Sérgio; PORTO, Antônio Maristrello. *Mecanismos de participação da Agência Nacional de Vigilância Sanitária (Anvisa) 2008-2019*. Rio de Janeiro: FGV Direito Rio, 2020. p. 20. Disponível em: https://repositorio.fgv.br/server/api/core/bitstreams/da9331b0-61ed-4f61-8c06-bcaa8390de4a/content. Acesso em: 2 dez. 2023).

[622] A Lei nº 13.848, de 25 de junho de 2019, entrou em vigor no dia 25 de setembro de 2019, considerando o disposto em seu art. 53.

[623] A "agenda regulatória" se refere ao planejamento temático e temporal do conjunto de atividades a serem realizadas pela Anvisa no período subsequente. Já as "normas e regulamentos" se referem às consultas e audiências públicas destinadas à produção normativa. E "políticas públicas" dizem respeito à coleta de dados para a estruturação de um plano ou programa de política pública relacionado à atuação da Anvisa.

Tabela 1 - Mecanismos sobre estágios iniciais do processo regulatório da Anvisa (antes e depois da Lei nº 13.848/2019 – Lei Geral das Agências ou LGA)

Objetivo da participação	Antes da LGA	Após a LGA	Total
Agenda regulatória		1	1
Normas e regulamentos	1.285	388	1.673
Políticas públicas	5		5
Produção de conhecimento (estágios iniciais)	70	1	71
Total Geral	**1.360**	**390**	**1.750**

Fonte: Elaboração nossa a partir de FGV DIREITO RIO. *Projeto Regulação em Números*, Rio de Janeiro, [2023]. Disponível em: https://regulacaoemnumeros-direitorio.fgv.br/. Acesso em: 19 jul. 2023.

Interessante notar a mudança de comportamento da Anvisa a partir do início da vigência da Lei nº 13.848/2019. Se antes da lei a Anvisa havia realizado 70 consultas e audiências públicas de forma aberta e menos dirigida (produção de conhecimento), após o início da vigência da lei, a Anvisa realizou apenas uma consulta pública nesse sentido, o que corresponde a 0,3% do total:

Gráfico 1 - Mecanismos (consultas e audiências) sobre estágios iniciais do processo regulatório da Anvisa (Antes e depois da Lei nº 13.848/2019 – Lei Geral das Agências ou LGA)

	Antes da LGA	Depois da LGA
% dos mecanismos	5,1%	0,3%

Fonte: Elaboração nossa a partir de FGV DIREITO RIO. *Projeto Regulação em Números*, Rio de Janeiro, [2023]. Disponível em: https://regulacaoemnumeros-direitorio.fgv.br/. Acesso em: 19 jul. 2023.

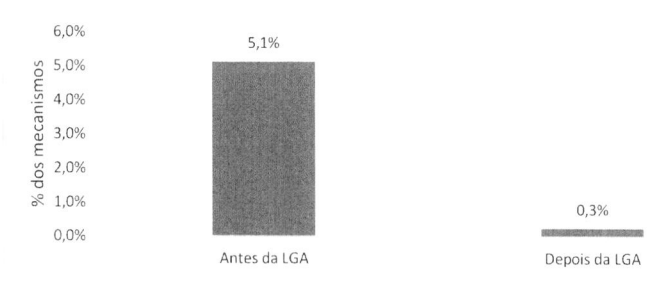

A justificativa para a significativa redução do número de consultas públicas nos estágios menos desenvolvidos do processo regulatório (produção de conhecimento) pode estar relacionada com o fato de que a Lei nº 13.848/2019 impôs um ônus adicional às agências reguladoras para a realização de consultas e audiências públicas – oferecimento de resposta às críticas ou contribuições recebidas dentro do prazo de até 30 dias úteis após a reunião da Diretoria Colegiada para deliberação final sobre a matéria.[624] Esse fato pode ter levado a Anvisa a utilizar outros mecanismos de participação social nas etapas iniciais do processo regulatório que não lhe impõem esse ônus adicional, tais como a consulta dirigida e o diálogo setorial,[625] que não constam do Regimento Interno da Anvisa e que, portanto, não estão obrigados ao cumprimento daquelas providências.[626]

A obrigação de oferecer resposta às críticas ou contribuições recebidas proporciona uma outra importante dimensão de análise para a pesquisa. Novamente recorrendo à base de dados construída pelo projeto Regulação em Números, da FGV Direito Rio, constata-se que, de um universo de 1.750 consultas e audiências públicas realizadas entre os anos de 2008 e 2022, o percentual de respostas (Relatório de Análise de Contribuições ou RAC) oferecidas pela Anvisa vem crescendo anualmente:

---

[624] §5º do art. 9º da Lei nº 13.848, de 25 de junho de 2019.

[625] Analisando os dados disponíveis no site da Anvisa, constatou-se um significativo aumento no uso da consulta dirigida após a vigência da LGA (passou de uma média de um procedimento a cada 6 meses para um procedimento a cada dois meses). Não se observou mudança na média de utilização da tomada pública de subsídios. Finalmente, constatou-se que a Anvisa realizou 10 procedimentos de diálogo setorial, sendo o primeiro em 12 de novembro de 2019, após, portanto, o início de vigência da LGA (Disponível em: https://www.gov.br/anvisa/pt-br/acessoainformacao/participacaosocial. Acesso em: 28 set. 2023).

[626] O art. 12 da Lei nº 13.848/2019 prevê que a possibilidade de a agência reguladora estabelecer, em regimento interno, outros mecanismos de participação social, sendo exigido, nesse caso, que a agência responda às críticas e contribuições recebidas em até 30 dias úteis após a reunião do Conselho Diretor ou da Diretoria Colegiada para deliberação final sobre a matéria.

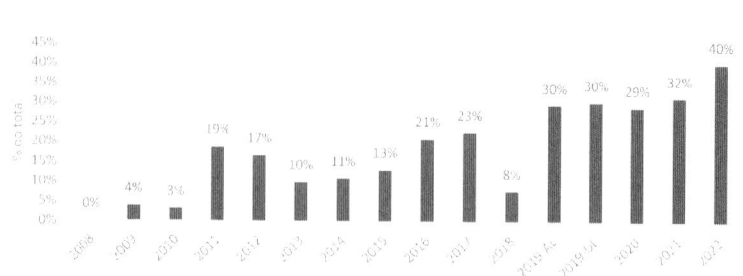

Gráfico 2 - Disponibilidade de RAC de participação da Anvisa (2008-2022)

Fonte: Elaboração nossa a partir de FGV DIREITO RIO. *Projeto Regulação em Números*, Rio de Janeiro, [2023]. Disponível em: https://regulacaoemnumeros-direitorio.fgv.br/. Acesso em: 19 jul. 2023.

Das 1.360 consultas públicas realizadas antes do início da vigência da Lei nº 13.848/2019, a Anvisa disponibilizou respostas em seu *site* em apenas 193 casos (ou 14%). Após o início da vigência da lei, a Anvisa realizou um total de 390 consultas públicas, tendo providenciado resposta em 124 delas, o equivalente a cerca de 32% do total das consultas públicas realizadas no período:

Gráfico 3 - Disponibilidade de RAC de participação da Anvisa (antes e depois da LGA)

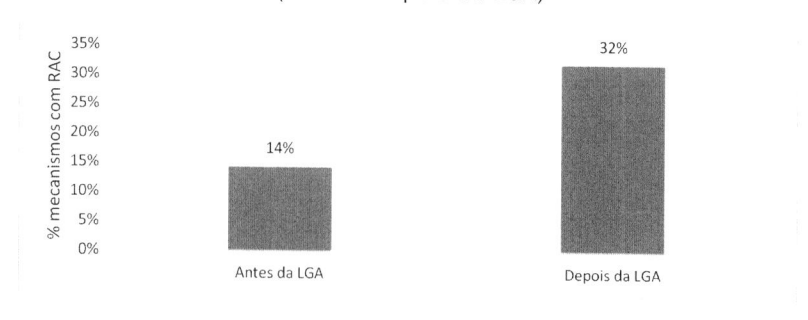

Fonte: Elaboração nossa a partir de FGV DIREITO RIO. *Projeto Regulação em Números*, Rio de Janeiro, [2023]. Disponível em: https://regulacaoemnumeros-direitorio.fgv.br/. Acesso em: 19 jul. 2023.

Os dados até aqui apresentados parecem sinalizar que a Lei nº 13.848/2019 tem levado a Anvisa a se engajar mais ativamente na relação com as partes interessadas e com o público em geral, especificamente no que tange às críticas e contribuições que recebe durante as consultas públicas. Nesse sentido, observa-se que, de 2021 para 2022, a Anvisa passou de 32% para 40% de casos em que ofereceu resposta às críticas e contribuições recebidas. Não obstante, merece destaque o fato de que, mesmo considerando o melhor cenário (2022), a Anvisa ainda deixou de responder a mais da metade das críticas e contribuições que recebeu, o que pode desestimular futuros engajamentos em um ambiente que deveria ser dialógico, voltado para fomentar uma cultura de responsividade e transparência.

4.3 Ciência nas disputas entre o Congresso Nacional e Anvisa

Neste tópico, serão investigados três casos em que o Congresso Nacional aprovou leis que envolvem questões técnico-científicas que são da competência normativa da Anvisa, conforme mandato legal outorgado pelo próprio Congresso Nacional. Dois desses casos foram decididos pelo STF, cujos pronunciamentos, por terem sido proferidos em controle concentrado de constitucionalidade, possuem eficácia *erga omnes* e efeito vinculante[627] e, por essa razão, constituem fontes de pesquisa significativamente relevantes. Os fundamentos utilizados em cada caso também constituem importante fonte de pesquisa, pois eles orientam os posicionamentos futuros das instituições que atuam na esfera regulatória (de risco). Ao longo da análise, serão destacados aspectos relacionados diretamente ao papel da ciência e da política na atividade de análise de risco.

4.3.1 Caso da pílula do câncer

No final da década de 1980, o professor de química Gilberto Orivaldo Chierice, do Instituto de Química de São Carlos (IQSC) da Universidade de São Paulo (USP), começou a produzir uma substância chamada fosfoetanolamina sintética. Trata-se de um composto que existe naturalmente nas células humanas e que, de acordo com as

---

[627] Art. 102, §2º, da Constituição da República Federativa do Brasil.

pesquisas realizadas pela equipe do professor Chierice, apresentou resultados positivos para um tipo de câncer de pele em camundongos. Por iniciativa própria, o professor Chierice passou a distribuir a chamada pílula do câncer gratuitamente a pacientes com câncer, muito embora a substância não tenha passado por todos os testes devidos, não detendo, consequentemente, registro e autorização por parte das autoridades competentes.[628]

Em 10 de junho de 2014, o IQSC expediu a Portaria IQSC nº 1.389, estabelecendo que a produção e distribuição de drogas com a finalidade medicamentosa só poderiam ser realizadas mediante comprovação "das devidas licenças e registros expedidos pelos órgãos competentes".[629] Diante da suspensão do fornecimento da fosfoetanolamina, inúmeros pacientes recorreram ao Judiciário, que passou a deferir medidas liminares obrigando a USP a realizar o fornecimento da substância.[630] No dia 11 de novembro de 2015, o Órgão Especial do Tribunal de Justiça do Estado de São Paulo (TJSP) suspendeu centenas de liminares que autorizavam o fornecimento da fosfoetanolamina.[631]

Esse ambiente social de conflagração gerou diferentes reações políticas. A Anvisa emitiu a Nota Técnica nº 56, de 2015, descrevendo os aspectos técnicos e jurídicos relacionados à concessão de registro de medicamento, incluindo a comprovação de sua segurança e eficácia, e chamando a atenção para o fato de inexistir qualquer solicitação para concessão de registro para medicamentos com o princípio ativo fosfoetanolamina. A Anvisa ainda alertou para o fato de que não tinha "como reconhecer, por absoluta falta de dados científicos, a suposta eficácia da fosfoetanolamina para o tratamento do câncer" e que "todos os tipos

---

[628] DRAUZIO Varella alerta sobre cápsulas distribuídas como cura do câncer. *G1*, Rio de Janeiro, 18 out. 2015. Disponível em: https://g1.globo.com/fantastico/noticia/2015/10/drauzio-varella-alerta-sobre-capsulas-distribuidas-como-cura-do-cancer.html. Acesso em: 19 jul. 2023.

[629] SÃO PAULO. Universidade de São Paulo. Instituto de Química de São Carlos. *Portaria nº 1.389/2014*. São Paulo: USP, 2014. Disponível em: https://www5.iqsc.usp.br/files/2015/09/Portaria-distribuicao-de-medicamentos.pdf. Acesso em: 19 jul. 2023.

[630] A "guerra" de liminares chegou ao STF: no dia 6 de outubro de 2015, o ministro Luiz Fachin proferiu liminar suspendendo decisão do TJSP e determinando, via de consequência, a distribuição da fosfoetanolamina a uma paciente do Rio de Janeiro. No dia 15 de outubro de 2015, o ministro Fachin extinguiu o processo diante da reconsideração da decisão por parte do presidente do TJ/SP (BRASIL. Supremo Tribunal Federal. Petição 5.828. Relator: Min. Edson Fachin, 18 de fevereiro de 2016. *Dje*: Brasília, DF, 2016. Disponível em: https://portal.stf.jus.br/processos/detalhe.asp?incidente=4862001. Acesso em: 19 jul. 2023).

[631] TJSP proíbe fornecimento de fosfoetanolamina sintética. *PGESP*, São Paulo, 12 nov. 2015. Disponível em: http://www.portal.pge.sp.gov.br/tjsp-proibe-fornecimento-de-fosfoetanolamina-sintetica/. Acesso em: 19 jul. 2023.

de tratamento devem ser fundamentados em resultados de estudos cientificamente comprovados".[632]

Já do lado do Congresso Nacional, o clamor social levou a Comissão de Seguridade Social e Família da Câmara dos Deputados a criar o Grupo de Trabalho da Fosfoetanolamina. Fruto dos trabalhos desenvolvidos por essa comissão e por outros parlamentares, o Projeto de Lei (PL) nº 4.639, de 2016, foi apresentado com o objetivo de criar um regime de exceção para permitir que pacientes com neoplasia maligna tivessem acesso à fosfoetanolamina sintética.[633]

O PL foi aprovado pelo Congresso Nacional e sancionado pela presidente Dilma Rousseff, resultando na Lei nº 13.269, de 13 de abril de 2016, que autorizou que agentes regularmente autorizados e licenciados pela autoridade sanitária competente produzissem a fosfoetanolamina sintética no país "independentemente de registro sanitário, em caráter excepcional, enquanto estiverem em curso estudos clínicos acerca dessa substância". A lei também autorizou o seu uso por pacientes diagnosticados com neoplasia maligna, desde que houvesse laudo médico comprovando o diagnóstico e o paciente ou seu responsável assinasse um termo de consentimento e responsabilidade.[634]

Após a promulgação da lei, a Anvisa publicou nota manifestando profunda preocupação diante da criação, por norma legal, de uma situação de exceção que colocava a substância fora do ambiente regulatório, impedindo a agência de fiscalizar o seu processo de fabricação e distribuição, fato que colocava a população diante de riscos sanitários. A Anvisa afirmou ainda que sem os estudos clínicos não seria possível assegurar a segurança e eficácia da fosfoetanolamina.[635]

Ato contínuo, a Associação Médica Brasileira (AMB) ajuizou a Ação Direta de Inconstitucionalidade (ADI) nº 5.501 perante o STF, que, por meio de uma medida liminar proferida em maio de 2016,

---

[632] BRASIL. Ministério da Saúde. Agência Nacional de Vigilância Sanitária. *Nota Técnica nº 56/2015*. Brasília, DF: Ministério da Saúde; Anvisa, 2015. Disponível em: https://antigo.anvisa.gov.br/documents/33836/349757/. Acesso em: 20 jul. 2023.

[633] BRASIL. Câmara dos Deputados. *Projeto de Lei nº XXX, de 2016*. Brasília, DF: Câmara dos Deputados, 2016. Disponível em: https://www.camara.leg.br/proposicoesWeb/prop_mostrarintegra?codteor=1440430&filename=PL%204639/2016. Acesso em: 25 dez. 2022.

[634] BRASIL. Lei nº 13.269, de 13 de abril de 2016. *Diário Oficial da União*: Brasília, DF, 2016. Disponível em: https://www.planalto.gov.br/ccivil_03/_ato2015-2018/2016/lei/l13269.htm. Acesso em: 19 jul. 2023.

[635] ANVISA expressa profunda preocupação com liberação da fosfoetanolamina. *G1*, Rio de Janeiro, 14 abr. 2016. Disponível em: http://g1.globo.com/sp/sao-carlos-regiao/noticia/2016/04/anvisa-expressa-profunda-preocupacao-com-liberacao-da-fosfoetanolamina.html. Acesso em: 25 dez. 2022.

suspendeu a eficácia da lei por maioria de votos.[636] Em outubro de 2020, novamente por maioria de votos,[637] o Tribunal decidiu que a lei era inconstitucional por autorizar o fornecimento de substância sem registro no órgão competente, considerados o princípio da separação de Poderes e o direito fundamental à saúde (artigos 2º e 196 da Constituição Federal de 1988, respectivamente).

O caso da chamada pílula do câncer fornece um exemplo extremado de disputa entre diferentes instituições sobre questões que envolvem a aplicação do conhecimento técnico-científico. Analisar o comportamento das instituições políticas envolvidas nesse embate proporciona relevantes perspectivas para a formulação de um diagnóstico acerca do modelo de regulação predominante no campo da regulação da vigilância sanitária.

4.3.1.1 Congresso Nacional: escolha política

Os ensinamentos de Gieryn ajudam a visualizar a forma como o Congresso Nacional procurou demarcar os territórios da ciência e da política de modo a viabilizar uma maior influência da política no campo da regulação da vigilância sanitária. No momento em que o tema começou a ser debatido no Congresso Nacional, não existiam estudos científicos comprovando a segurança e eficácia da fosfoetanolamina sintética. Consequentemente, nenhum pedido de registro havia sido submetido à Anvisa. A ausência de uma análise de risco realizada pelo regulador trazia para os congressistas o dilema mencionado por Gieryn: manter a ciência por perto, de modo a legitimar a sua discricionariedade, mas não tão perto a ponto de aniquilar o componente político de suas escolhas.

---

[636] Seis ministros (Luiz Fux, Marco Aurélio, Ricardo Lewandowski, Cármen Lúcia, Roberto Barroso e Teori Zavascki) votaram pela suspensão da lei, enquanto quatro ministros (Edson Fachin, Rosa Weber, Dias Toffoli e Gilmar Mendes) votaram pela concessão parcial do pedido a fim de dar interpretação conforme a Constituição Federal ao artigo 2º da Lei nº 13.269/2016 e reconhecer o uso da fosfoetanolamina sintética por pacientes terminais (BRASIL. STF suspende eficácia da lei que autoriza uso da fosfoetanolamina. *Portal STF*, Brasília, DF, 19 maio 2016. Disponível em: https://portal.stf.jus.br/noticias/verNoticiaDetalhe.asp?idConteudo=317011&ori=1. Acesso em: 24 dez. 2022).

[637] Novamente seis ministros (Luiz Fux, Marco Aurélio, Ricardo Lewandowski, Cármen Lúcia, Roberto Barroso e Alexandre de Moraes) votaram pela inconstitucionalidade da lei, enquanto três ministros (Edson Fachin, Dias Toffoli e Gilmar Mendes) votaram por conferir interpretação conforme à Constituição Federal ao art. 2º da Lei nº 13.269/2016, reconhecendo o uso da fosfoetanolamina sintética por pacientes terminais (Disponível em: https://portal.stf.jus.br/processos/detalhe.asp?incidente=4966501. Acesso em: 19 jul. 2023).

Como forma de resolver essa questão, os congressistas decidiram criar um regime excepcional de análise de risco em que aparentemente confiaram na *expertise* dos pesquisadores responsáveis pelo desenvolvimento da fosfoetanolamina sintética do IQSC, estabelecendo uma presunção de segurança e eficácia da substância com base no trabalho que esses pesquisadores haviam desenvolvido até aquele momento.

Também com o objetivo de conferir credibilidade científica à substância, os congressistas mencionaram que, durante audiência pública realizada no Congresso Nacional,

> foram inúmeros os médicos e pesquisadores renomados que aqui compareceram para oferecer aos parlamentares seus testemunhos da eficácia da fosfoetanolamina no combate às mais variadas formas de câncer, seja na população pediátrica, seja em adultos.[638]

Os congressistas agregaram a esse regime excepcional percepções do público leigo, além de valores éticos, sociais e políticos. Na justificativa do PL nº 4.639/2016, os congressistas argumentaram que, em audiências públicas realizadas no âmbito da Comissão de Seguridade Social e Família da Câmara dos Deputados, pacientes que utilizaram a fosfoetanolamina sintética relataram que "essa substância se mostrou muito promissora ao apresentar efeitos antitumorais em testes in vitro e em animais de laboratório". Também argumentaram a necessidade de preservar "o direito que cada indivíduo tem de fazer suas próprias escolhas e assumir a responsabilidade por elas" em um cenário de pouca ou nenhuma esperança.[639]

É possível constatar, portanto, que a estrutura do regime de análise de risco desenvolvida pelos congressistas consubstancia uma mescla de valores e perspectivas subjetivas do público leigo com uma aparente crença na *expertise* dos pesquisadores desenvolvedores da substância e no relato de médicos e pesquisadores renomados. No caso,

---

[638] BRASIL. Senado Federal. *Parecer nº XXX, de 2016*. Brasília, DF: Senado Federal, 2016. Disponível em: https://legis.senado.leg.br/sdleg-getter/documento?dm=3738814&ts=1630 411242453&disposition=inline&_gl=1*i79fuc*_ga*MjEwNzQ2ODE3My4xNjgwMTAwNT Az*_ga_CW3ZH25XMK*MTY5Mjg5ODMzMC44LjAuMTY5Mjg5ODMzMC4wLjAuMA. Acesso em: 24 ago. 2023.

[639] "Ora, se não há mais alternativas terapêuticas eficazes, se o estágio do câncer não deixa muitas saídas médicas para o paciente, nada mais justo que ele possa ter o direito de escolher o que consumir, de tentar outros caminhos e alternativas, mesmo que estes ainda estejam no campo experimental" (BRASIL. Câmara dos Deputados, *op. cit.*, nota 633).

os congressistas parecem ter adotado uma das estratégias descritas por Gieryn,[640] deixando as fronteiras entre ciência e política confusas – "cercas porosas e ambíguas às vezes são melhores vizinhas do que as impermeáveis" –[641]com o objetivo de aproveitar uma suposta autoridade da ciência (a *expertise* dos pesquisadores e o relato de "médicos e pesquisadores renomados") em suporte à sua iniciativa política.

Outro aspecto destacado por Gieryn pode ser observado na lei aprovada pelo Congresso Nacional. No caso, a autorização para o uso da fosfoetanolamina sintética sem estudos científicos que comprovassem sua eficácia e segurança poderia representar um menosprezo ao trabalho da ciência e da própria Anvisa. A ressalva de que a autorização para o uso da fosfoetanolamina sintética foi concedida pelo Congresso Nacional "em caráter excepcional", apenas enquanto estivessem em curso estudos clínicos acerca dessa substância, pode ser vista como uma resposta a tal questão. Nesse sentido, o regime de exceção criado pelo Congresso Nacional perderia a validade caso o desenvolvimento de estudos científicos apontasse a ausência de eficácia da substância ou mesmo a existência de riscos significativos.

Além disso, o Congresso Nacional estipulou que apenas "agentes regularmente autorizados e licenciados pela autoridade sanitária competente"[642] poderiam produzir a substância. Com isso, o Congresso Nacional parece ter procurado amenizar o grau de sua intervenção na seara de competência da regulação da vigilância sanitária, que o próprio Congresso Nacional havia delegado à Anvisa.

4.3.1.2 Manifestação do STF

Promulgada a Lei nº 13.269/2016, a Associação Médica Brasileira (AMB) ajuizou a ADI nº 5.501 perante o STF buscando fosse declarada a sua incompatibilidade com a Constituição Federal ante a necessidade de evitar-se precarização do Sistema Nacional de Saúde e Vigilância com a autorização de medicamento que não apresentava indícios mínimos de eficácia, havendo, por outro lado, potencial dano à integridade física dos pacientes que vierem a utilizar uma droga cuja toxicidade ao organismo humano era desconhecida.

---

[640] GIERYN, *op. cit.*, nota 497, p. 438.
[641] Idem.
[642] BRASIL. Câmara dos Deputados, *op. cit.*, nota 633.

O Plenário do STF concedeu liminar no dia 19 de maio de 2016 para suspender a eficácia da Lei nº 13.269/2016 até o julgamento final da ação. Posteriormente, na sessão virtual de 16 de outubro de 2020 a 23 de outubro de 2020, o Tribunal, por maioria, confirmou a medida liminar e julgou procedente o pedido para declarar a inconstitucionalidade da lei, nos termos do voto do relator, vencidos os ministros Edson Fachin, Dias Toffoli e Gilmar Mendes, que conferiam interpretação conforme ao artigo 2º da lei. O acórdão foi redigido de maneira sucinta:

> SAÚDE – MEDICAMENTO – AUSÊNCIA DE REGISTRO – INCONSTITUCIONALIDADE. É inconstitucional ato normativo mediante o qual autorizado fornecimento de substância, sem registro no órgão competente, considerados o princípio da separação de Poderes e o direito fundamental à saúde – artigos 2º e 196 da Constituição Federal.[643]

Para aprofundar o conhecimento sobre os termos do acórdão, recorre-se ao voto do ministro Marco Aurélio, relator da ação e responsável por redigi-lo. Primeiro aspecto que chama a atenção no voto é a argumentação voltada para demarcar, de forma significativamente nítida, a linha divisória entre os territórios da ciência e da política, sendo então alocado o caso em discussão dentro dos limites do território de atuação da ciência (isto é, da Anvisa).

De um lado, o voto do ministro Marco Aurélio delimitou o campo da ciência e o associou à criação e atuação da Anvisa. Com efeito, o ministro afirmou que a Constituição da República Federativa do Brasil atribuiu ao governo o dever de cuidar da saúde dos cidadãos, sendo a Anvisa fruto do modelo constitucional que prevê a descentralização técnica como medida "necessária à fiscalização de atividades sensíveis",[644] à qual cabe "permitir a distribuição de substâncias químicas, segundo protocolos cientificamente validados".[645] Nesse contexto, o controle dos medicamentos pressupõe um "aparato técnico especializado supervisionado pelo Executivo",[646] sendo a fiscalização exercida "mediante atos administrativos concretos de liberação, devidamente precedidos de estudos técnico-científicos e experimentais".[647]

---

[643] BRASIL. Supremo Tribunal Federal. Ação Direta de Inconstitucionalidade 5.501. Relator: Min. Marco Aurélio, 5 nov. 2020. *Dje*: Brasília, DF, 2020. Disponível em: https://portal.stf.jus.br/processos/detalhe.asp?incidente=4966501. Acesso em: 19 jul. 2023.
[644] *Idem.*
[645] *Idem.*
[646] *Idem.*
[647] *Idem.*

De outro lado, o voto do ministro Marco Aurélio delimitou o campo de atuação do Legislativo, afirmando que "a Constituição Federal reservou, aos parlamentares, instrumentos adequados à averiguação do correto funcionamento das instituições pátrias, quais sejam, convocação de autoridade a fim de prestar esclarecimentos e instauração de comissão parlamentar de inquérito".[648] Mas essa competência não permite que o Legislativo substitua o papel exercido pela agência reguladora e autorize a distribuição de droga, "atuando de forma abstrata e genérica".[649]

Observa-se, assim, que a argumentação desenvolvida no voto do ministro Marco Aurélio associa a atuação da Anvisa ao campo da ciência e a atuação do Legislativo ao campo da política, separando, de maneira rígida, os territórios da ciência e da política, o que é compatível com o modelo tecnocrático de regulação de risco.

Após efetuar a delimitação dos territórios, o voto do ministro Marco Aurélio passa a utilizar uma técnica de argumentação consistente com o estilo retórico do trabalho de fronteira descrito por Gieryn, atribuindo implicitamente à política – e, via de consequência, ao Legislativo – rótulos que depreciam as atividades consideradas não científicas. Recorde-se que, de acordo com Gieryn, essa atribuição de rótulos visa, ao fim e ao cabo, assegurar o monopólio da atividade científica no caso em disputa. Nesse sentido, o voto do ministro Marco Aurélio afirma o seguinte:

> A esperança depositada pela sociedade nos medicamentos, especialmente naqueles destinados ao tratamento de doenças como o câncer, não pode se distanciar da ciência. Foi-se o tempo da busca desenfreada pela cura sem o correspondente cuidado com a segurança e eficácia das substâncias. O direito à saúde não será plenamente concretizado sem que o Estado cumpra a obrigação de assegurar a qualidade das drogas distribuídas aos indivíduos mediante rigoroso crivo científico, apto a afastar desenganos, charlatanismos e efeitos prejudiciais ao ser humano.[650]

Na sequência, o voto transcreve, ao longo de uma página e meia, artigo escrito por professor do Departamento de Cirurgia da Faculdade de Medicina da USP, publicado na *Folha de São Paulo*. Nesse artigo, o

---

[648] Idem.
[649] Idem.
[650] Idem.

autor delimita o território da ciência enaltecendo o papel positivo que ela exerce na sociedade ("Talvez a maior contribuição de Hipócrates (século 4º a.c.) à medicina tenha sido afirmar que as doenças deveriam ser entendidas à luz da ciência e não como castigo dos deuses, como apregoavam sacerdotes e curandeiros"),[651] ao mesmo tempo que atribui rótulos que depreciam as atividades consideradas não científicas (os médicos devem oferecer esperança aos seus pacientes em suas batalhas contra o câncer, "mas não devem oferecê-la sem o devido embasamento científico, sob o risco de promover o charlatanismo").[652]

A maneira rígida que o ministro Marco Aurélio delimitou os territórios da Anvisa e do Congresso Nacional o ajudou a concluir em seu voto que o princípio da separação de Poderes impede o Congresso Nacional de autorizar a distribuição de drogas no Brasil. Além disso, o ministro Marco Aurélio concluiu que a lei suprimiu, casuisticamente, o controle efetuado pela Anvisa, o que configura uma omissão do Congresso Nacional com relação ao dever de proteger a saúde da população, conforme previsto no artigo 196 da Constituição Federal de 1988. Assim, o acórdão lavrado pelo ministro Marco Aurélio adotou uma concepção de análise de risco que separou, de maneira rígida, a atividade científica da política, sendo, portanto, compatível com um modelo tecnocrático de risco.

Esse julgamento, como mencionado antes, não foi unânime. O ministro Edson Fachin abriu a divergência para conferir interpretação conforme à Constituição Federal de 1988 ao artigo 2º da Lei nº 13.269/2016, reconhecendo o uso da fosfoetanolamina sintética por pacientes terminais, no que foi seguido pelos ministros Dias Toffoli e Gilmar Mendes.

Apesar de considerar a lei inconstitucional por ter protegido a saúde de forma insuficiente, o ministro Edson Fachin afirmou que ela pode ser considerada constitucional em situações de estágio terminal, cujo risco envolvido "parece demonstrar que as exigências relativas à segurança de substâncias cedem em virtude da própria escolha das pessoas eventualmente acometidas da enfermidade".[653] De acordo com o ministro Edson Fachin, essa escolha decorre tanto do direito à autonomia como também do direito da autodefesa, considerado como

---

[651] Idem.
[652] Idem.
[653] Idem.

o direito do cidadão de preservar a própria vida. Nessa hipótese, o uso da fosfoetanolamina sintética deve ser admitido. Esse entendimento, contudo, não foi acolhido pelo Plenário.

4.3.2 Caso das substâncias para combater a obesidade

Diferentemente do caso anterior, em que a disputa entre o Congresso Nacional e a Anvisa teve início com um ato proveniente do Legislativo, no caso das substâncias para combater a obesidade, a Anvisa iniciou a controvérsia ao publicar a RDC nº 52, de 5 de outubro de 2011, proibindo o uso de anfepramona, femproporex e mazindol e limitando o uso da sibutramina até a dose diária recomendada de 15 mg/dia (quinze miligramas por dia).[654]

O tema, que já vinha sendo acompanhado pelo Congresso Nacional mesmo antes da publicação da RDC nº 52/2011,[655] passou a gerar debates ainda mais intensos na Casa, debates estes que normalmente colocavam em lados opostos entidades médicas e representantes da Anvisa.[656] Os parlamentares, por sua vez, passaram a questionar a proibição imposta pela Anvisa,[657] em um movimento crescente que culminou com a aprovação do DL nº 273, de 2014, sustando o ato da Anvisa.[658]

---

[654] BRASIL. Ministério da Saúde. Agência Nacional de Vigilância Sanitária. *Resolução da Diretoria Colegiada nº 52, de 6 de outubro de 2011*. Brasília, DF: Ministério da Saúde; Anvisa, 2011. Disponível em: http://antigo.anvisa.gov.br/documents/10181/2723752/%281%29 RDC_52_2011_COMP.pdf/08d437e2-7d92-4095-bc75-77f6100ec5b2. Acesso em: 17 nov. 2022. Destaque-se que, antes da RDC nº 52/2011, vigoravam os limites estabelecidos pela RDC nº 25, de 30 de junho de 2010, que permitiam a utilização das substâncias até as seguinte dose diária recomendada: femproporex: 50,0 mg/dia; anfepramona: 120,0 mg/dia; mazindol: 3,00 mg/dia; e sibutramina: 15 mg/dia.

[655] Em audiência pública realizada no dia 5 de abril de 2011 na Comissão de Segurança Social e Família da Câmara dos Deputados, representantes da Sociedade Brasileira de Endocrinologia e Metabologia (SBEM) e da Anvisa debateram a proposta da agência que resultou na RDC nº 52/2011 (BRASIL. Entidade médica e Anvisa divergem sobre veto a emagrecedores. *Agência Câmara de Notícias*, Brasília, DF, 5 abr. 2011. Disponível em: https://www.camara.leg.br/noticias/212282-entidade-medica-e-anvisa-divergem-sobre-veto-a-emagrecedores/. Acesso em: 20 jul. 2023).

[656] BRASIL. Câmara dos Deputados. Proibição de emagrecedores gera polêmica em audiência. *Agência Câmara de Notícias*, Brasília, DF, 9 out. 2012. Disponível em: https://www.camara.leg.br/noticias/386015-proibicao-de-emagrecedores-gera-polemica-em-audiencia/. Acesso em: 20 jul. 2023.

[657] BRASIL. Deputados querem manter acesso da população a remédios para emagrecer. *Agência Câmara de Notícias*, Brasília, DF, 26 mar. 2013. Disponível em: https://www.camara.leg.br/noticias/399316-deputados-querem-manter-acesso-da-populacao-a-remedios-para-emagrecer. Acesso em: 20 jul. 2023.

[658] BRASIL. Câmara dos Deputados. *Decreto Legislativo nº 273, de 2014*. Brasília, DF: Câmara dos Deputados, 2014. Disponível em: https://www2.camara.leg.br/legin/fed/

Ato contínuo, a Anvisa publicou a RDC nº 50, de 25 de setembro de 2014, que, em termos práticos, restaurou o regime regulatório que vigorava antes da RDC nº 52/2011. A Anvisa informou ter publicado essa nova resolução porque o ato do Congresso Nacional criou uma lacuna normativa, sendo necessária a edição de uma nova regulação para amparar o cumprimento ao DL.[659]

O tema continuou sendo debatido no Congresso Nacional, que, em junho de 2017, aprovou a Lei nº 13.454. A norma se resume a autorizar a produção, a comercialização e o consumo, sob prescrição médica no modelo B2,[660] dos anorexígenos sibutramina, anfepramona, femproporex e mazindol.

Em 13 de setembro de 2017, a Confederação Nacional dos Trabalhadores na Saúde ajuizou a ADI nº 5.779 perante o STF, que, em 2021, por maioria de votos,[661] considerou a lei inconstitucional. De acordo com o voto do ministro Edson Fachin, que inaugurou a divergência e ficou responsável por redigir o acórdão, ao não atribuir àquelas substâncias as mesmas garantias proporcionadas pela Lei nº 6.360, de 23 de setembro de 1976,[662] e pela atuação da Anvisa, a norma padece de inconstitucionalidade material, ante a proteção insuficiente do direito à saúde.

---

decleg/2014/decretolegislativo-273-4-setembro-2014-779343-publicacaooriginal-144957-pl.html. Acesso em: 20 jul. 2023. A RDC nº 52/2011 da Anvisa foi o primeiro e único ato normativo sustado pelo Congresso Nacional até os dias de hoje. Ver, a respeito: JORDÃO, Eduardo Ferreira; SALINAS, Natasha Schmitt Caccia; SAMPAIO, Patrícia Regina Pinheiro; OLIVEIRA, Beatriz Scamilla Jardim de Moraes. Sustação de normas de agências reguladoras pelo Congresso Nacional: pesquisa empírica sobre a prática do art. 49, V, da CRFB. *Revista Direito GV*, São Paulo, v. 19, 2023.

[659] Conforme Nota Técnica nº 2/2017/SEI/COADI/GADIP/ANVISA, anexada pela Anvisa nos autos da ADI nº 5.779 (BRASIL. Supremo Tribunal Federal. Ação Direta de Inconstitucionalidade 5.779. Relator: Min. Nunes Marques, 23 de fevereiro de 2022. *Dje*: Brasília, DF, 2022. Disponível em: https://portal.stf.jus.br/processos/detalhe.asp?incidente=5263364. Acesso em: 28 ago. 2023).

[660] Trata-se de documento necessário para a dispensação das substâncias psicotrópicas anorexígenas que constam na lista "B2" e seu adendo da Portaria nº SVS/MS 344/1998, que trata de substâncias e medicamentos sujeitos a controle especial no país. A Notificação de Receita "B2" tem a cor azul, validade de 30 dias a contar de sua emissão e restrita à Unidade Federativa (UF) que concedeu a numeração (Disponível em: https://bvsms.saude.gov.br/bvs/saudelegis/svs/1998/prt0344_12_05_1998_rep.html. Acesso: em 3 set. 2023).

[661] Sete ministros votaram pela inconstitucionalidade da lei (Luiz Fux, Gilmar Mendes, Ricardo Lewandowski, Cármen Lúcia, Dias Toffoli, Rosa Weber e Edson Fachin) e três pela constitucionalidade (Nunes Marques, Alexandre de Moraes e Roberto Barroso).

[662] A Lei nº 6.360, de 23 de setembro de 1976, dispõe sobre a Vigilância Sanitária a que ficam sujeitos os Medicamentos, as Drogas, os Insumos Farmacêuticos e Correlatos, Cosméticos, Saneantes e Outros Produtos, e dá outras Providências.

O caso das substâncias para combater a obesidade proporciona um terreno significativamente fértil para o desenvolvimento das investigações sobre a forma como as instituições políticas dispõem sobre a análise de risco em questões que envolvem a aplicação do conhecimento científico para fins regulatórios. Isso porque, nesse caso, a Anvisa efetivamente analisou o risco envolvendo aquelas substâncias e, com base nessa análise, emitiu uma norma regulatória, o que, além de ampliar significativamente o acervo documental a ser analisado na pesquisa, torna as discussões no STF mais densas.

4.3.2.1 Escolha regulatória da Anvisa

De acordo com o documento intitulado "Relatório sobre a eficácia e segurança dos inibidores do apetite", anexado ao processo administrativo que culminou com a publicação da RDC nº 52/2011,[663] o tema vinha sendo pautado na vigilância sanitária desde o ano de 1993, sendo que a avaliação mais recente se encontrava em processo na Anvisa desde 2010. Esse novo impulso regulatório[664] está atrelado às repercussões causadas pelo estudo Sibutramine Cardiovascular Outcomes (SCOUT) (ou simplesmente Estudo Scout) que a Abbot realizou a pedido da European Medicines Agency (EMA) para avaliar o risco da sibutramina entre usuários obesos com antecedente cardiovascular, tendo apontado os seguintes resultados: apenas 30% dos tratados com sibutramina perderam pelo menos 5% do peso em

---

[663] Solicitou-se à Anvisa, via Lei de Acesso à Informação (Protocolo nº 25072.044108/2023-96), cópia do processo que culminou com a publicação da RDC nº 52/2011 e da RDC nº 50/2014. Em resposta, a agência informou ter identificado um processo relacionado às duas normas. Trata-se do Processo nº 25351.100670/2011-32, que tem como assunto a audiência pública sobre segurança e eficácia dos medicamentos inibidores de apetite realizada em 23 de fevereiro de 2011. A Anvisa disponibilizou cópia do referido processo. O primeiro relatório foi elaborado por duas áreas técnicas da Anvisa – NUVIG e GGMED – em abril de 2011, e encontra-se anexado nas páginas 353-368. Um segundo relatório foi elaborado pelas mesmas áreas técnicas em agosto de 2011 e está anexado nas páginas 572-600. Finalmente, também em agosto de 2011, as mesmas áreas técnicas elaboraram uma 'complementação' ao referido relatório especificamente com relação às medidas de controle para a sibutramina (páginas 608-621) (BRASIL. Ministério da Saúde. Agência Nacional de Vigilância Sanitária. *Processo 25351.100670/2011-32.* Audiência Pública sobre a Segurança e Eficácia dos Medicamentos Inibidores do Apetite a Realizar-se dia 23 de fevereiro de 2011. Brasília, DF: Ministério da Saúde; Anvisa, 16 fev. 2011).

[664] O relatório é expresso em afirmar que o Estudo Scout desencadeou um novo impulso regulatório na Anvisa: "Tanto os cancelamentos de registro nos países citados, quanto a Nota Técnica da Anvisa e o parecer da CATEME, foram baseados nos resultados do Estudo Scout e que motivaram uma avaliação homogênea das agências regulatórias desses países (...)" (*Ibidem*, p. 364).

três meses; aumento de 16% do risco cardiovascular com o uso de sibutramina. O relatório destaca que, em razão desses achados, a EMA recomendou aos países membros que suspendessem a comercialização da sibutramina. Nesse mesmo ano, a Food and Drug Administration (FDA) recomendou a suspensão da prescrição e consumo da sibutramina e as agências reguladoras do Canadá e da Austrália suspenderam a sibutramina de seus mercados internos. No Brasil, os resultados do Estudo Scout levaram a área técnica GFARM/Nuvig/Anvisa a emitir parecer em outubro de 2010 recomendando o cancelamento do registro da sibutramina no país. De posse desse parecer, a Diretoria Colegiada da Anvisa solicitou manifestação da Câmara Técnica de Registro de Medicamentos (CATEME), que em reunião realizada no mesmo mês recomendou o cancelamento do registro de todos os medicamentos que contivessem não somente sibutramina, mas também anfepramona, femproporex e mazindol, pois estes últimos apresentam baixo perfil de eficácia em longo prazo e com o cancelamento do registro da sibutramina, haveria risco de aumento do consumo de tais substâncias.

A Diretoria Colegiada da Anvisa solicitou ao Núcleo de Vigilância (NUVIG) a realização de uma audiência pública "para obter subsídios e informações adicionais à proposta de retirada do mercado brasileiro dos medicamentos inibidores do apetite por problemas relacionados com segurança e eficácia destes produtos".[665] No dia 17 de fevereiro de 2011, a Anvisa publicou a Nota Técnica sobre eficácia e segurança dos medicamentos inibidores de apetite e dados de notificação de reações adversas relacionadas com o uso dos inibidores de apetite. Nesse mesmo dia, foi publicado no *Diário Oficial* o aviso da audiência pública, que foi realizada no dia 23 de fevereiro de 2011 com a participação de 277 pessoas.

Nessa audiência, após a Anvisa apresentar a mencionada nota técnica, o Ministério da Saúde, a Associação Nacional de Farmacêuticos Magistrais (ANFARMAG), a Sociedade Brasileira de Vigilância de Medicamentos (SOBRAVIME) e a Associação Médica Brasileira (AMB) apresentaram suas considerações iniciais. Na sequência, 19 participantes se manifestaram oralmente. A Anvisa recepcionou documentos protocolados pela AMB, ANFARMAG, Conselho Regional

---

[665] *Ibidem*, p. 362.

de Farmácia de São Paulo (CFR-SP), além de um abaixo assinado, "manifestação interestadual de médicos especialistas no tratamento da obesidade e síndrome metabólica contra a proibição dos medicamentos anorexígenos no Brasil", e uma Moção da Câmara Municipal de São Caetano do Sul, em apoio à proibição dos medicamentos.[666]

O Relatório cita que, em abril de 2011, a Câmara dos Deputados, por meio da Comissão de Seguridade Social e Família, realizou uma audiência pública para discutir a Nota Técnica da Anvisa sobre a eficácia e segurança dos inibidores de apetite. Nessa audiência pública, realizaram apresentações a Anvisa, a Sociedade Brasileira de Endocrinologia e Metabologia (SBEM), o Conselho Federal de Medicina (CFM) e a ANFARMAG. Em maio e junho, o Senado Federal realizou audiências públicas sobre o tema, por meio de sua Comissão de Direitos Humanos e Legislação Participativa.

O documento também faz menção ao Painel Técnico Internacional sobre Eficácia e Segurança dos Medicamentos Inibidores de Apetite, realizado no dia 14 de junho de 2011, com o objetivo de "aprofundar as discussões técnicas acerca dos pontos em que houve discordância entre a Anvisa e outros atores".[667] Diversas entidades e órgãos participaram dessa reunião, tais como membros da CATEME e representantes de entidades representativas de médicos. O encontro contou com a participação de um representante do Estudo Scout.

O Conselho Federal de Medicina (CRM) anexou ao processo regulatório ofício dirigido ao ministro da Saúde, datado de 12 de agosto de 2011, em que manifesta preocupação com a possibilidade de proibição do comércio dos medicamentos no país, o que "representa uma interferência na autonomia dos profissionais e pode trazer sérias consequências à proteção da saúde da população, especialmente do segmento que luta com problemas graves de obesidade".[668] Anexa a tal ofício consta nota pública assinada pelo CRM e pelos 27 conselhos regionais de medicina, na qual argumentam, dentre outras coisas, a existência de estudos internacionais atestando a eficácia dos inibidores de apetite e que seu uso apresenta maiores benefícios do que riscos para os pacientes. Ponderam, ainda, que a Anvisa, em vez de proibir, deveria definir critérios rigorosos para o controle dos medicamentos.

---

[666] Ibidem, p. 363-364.
[667] Ibidem, p. 438. O Termo de Referência (p. 438-443) detalha os pontos de discordância envolvendo cada um dos medicamentos.
[668] Ibidem, p. 603.

Finalmente, na Reunião Pública Ordinária nº 10, realizada no dia 4 de outubro de 2011, a Diretoria Colegiada da Anvisa aprovou, por unanimidade, o voto do relator Dirceu Barbano no sentido de vedar o uso das substâncias anfepramona, femproporex e manzidol, seus sais e isômeros, bem como intermediários; e aprovou, por maioria, o voto do relator Dirceu Barbano no sentido de manter e eventualmente conceder novos registros de medicamentos que contenham a substância sibutramina, seus sais e isômeros, bem como intermediários, com a adoção de medidas de maior controle da prescrição e dispensação.[669]

À primeira vista, a análise do processo administrativo conduzido pela Anvisa poderia sugerir que o amplo debate promovido pela agência previamente à tomada de decisão, que envolveu a realização de audiência pública e painel internacional, teria o condão de assegurar a legitimidade e a qualidade da RDC nº 52/2011.

No entanto, as categorias de STS abordadas anteriormente ajudam a demonstrar que houve um enquadramento limitado do risco, isto é, do problema regulatório, resultando na exclusão *ex ante* de partes interessadas relevantes (p. ex., as sociedades médicas especialistas) e do público em geral da atividade de análise de risco, com significativo prejuízo para a legitimidade e a qualidade da regulação no caso concreto.

Enquadramento, como dito, consiste nas atividades de seleção, ênfase e apresentação daquilo que efetivamente importa, de modo a viabilizar a administração de uma realidade que se revela por demais complexa para ser tomada em sua integralidade.[670] Na perspectiva da regulação de risco, o enquadramento corresponde às atividades de identificação e seleção de risco, o que pode ser associado, no caso das substâncias para combater a obesidade, ao conjunto de premissas e conclusões trazidas pelo Estudo Scout, pois foram essas informações que delimitaram o micromundo artificial (*artificial micro-world*) criado pela Anvisa para refletir o contexto no qual os riscos relacionados aos medicamentos podiam ser encontrados.

Ocorre que essa forma de enquadrar o risco acaba por excluir a perspectiva das partes interessadas relevantes e do grande público, como explica Sheila Jasanoff:

---

[669] *Ibidem*, p. 700-701. O diretor José Agenor registrou voto contrário para conferir à sibutramina o mesmo tratamento dado às substâncias anfepramona, femproporex e manzidol.

[670] Conforme tópico 3.7.3.1, supra.

Os enquadramentos analíticos dos *experts* criam grandes barreiras de entrada contra posicionamentos legítimos que não conseguem se expressar nos termos do discurso dominante. As reivindicações de objetividade escondem o exercício do julgamento, de modo que os pressupostos normativos não são submetidos ao debate geral. O trabalho de fronteira que demarca o espaço de análise das políticas "objetivas" é realizado pelos *experts*, de modo que as políticas de demarcação permanecem isoladas da revisão e da crítica públicas.[671]

Ao excluírem a perspectiva de risco das partes interessadas relevantes e do grande público, esses "enquadramentos analíticos dos *experts*" produzem uma representação parcial – portanto imperfeita – da realidade, que se reflete na mensuração do risco e, principalmente, nas estratégias de gerenciamento de risco, contaminando, assim, todo o processo regulatório. Mais especificamente, o enquadramento limitado da realidade causa prejuízo à legitimidade democrática, na medida em que a sociedade fica alijada do controle da qualidade e integridade das práticas científicas adotadas pela Anvisa. Além disso, resulta em prejuízo à qualidade da intervenção, pois as estratégias de gerenciamento de risco são produzidas com base em um retrato imparcial da realidade, gerando, como consequência, estratégias distorcidas.

No momento em que a Diretoria Colegiada da Anvisa realizou a audiência pública e o painel internacional, finalmente viabilizando a participação de partes interessadas relevantes e do público em geral no processo regulatório, a agência (i) já havia identificado e selecionado o problema regulatório (acolhimento integral das premissas e conclusões constantes do Estudo Scout), (ii) já havia mensurado o risco (manifestação da GFARM/Nuvig apontando uma relação benefício/risco desfavorável ao uso de sibutramina e manifestação da CATEME apontando baixo perfil de eficácia em longo prazo no caso das demais substâncias) e (iii) já havia até mesmo sugerido uma solução regulatória (a GFARM/Nuvig recomendou o cancelamento do registro dos medicamentos contendo sibutramina, ao passo que a CATEME sugeriu o cancelamento do registro de todas as substâncias).

Isso significa dizer que a Anvisa realizou a atividade de análise de risco de maneira totalmente insulada, sem contar com a participação de qualquer personagem externo à agência. Somente depois de encerrada a etapa "científica" do processo regulatório, e já tendo inclusive

---

[671] JASANOFF, *op. cit.*, nota 482, p. 239, tradução nossa.

apresentado sugestões de estratégias regulatórias de gerenciamento de risco, é que a agência passou a discutir o tema com os partes interessadas e com o grande público. A maneira insulada que a Anvisa realizou a atividade de análise de risco fica sujeita a algumas críticas. Na audiência pública realizada pela Anvisa para discutir os pareceres técnicos da agência que sugeriam a retirada do mercado brasileiro dos medicamentos inibidores do apetite, alguns participantes chamaram a atenção para a necessidade de a análise de risco levar em consideração a perspectiva do obeso.[672] Já na petição juntada nos autos da ADI nº 5.779, a Associação Brasileira para o Estudo da Obesidade e Síndrome Metabólica (ABESO) afirmou que a CATEME não incluiu nenhum especialista no tratamento em obesidade, o que comprometia as conclusões da reunião que recomendou o cancelamento do registro dos medicamentos contendo as substâncias. Também ressaltou que os participantes do Estudo Scout eram, em sua maioria, idosos com doença cardiovascular e mais de 90% tinham contraindicação para o uso da sibutramina, sendo indevida a extrapolação destes dados para outros grupos de pacientes, sem risco cardiovascular elevado.[673]

Esse último aspecto – a extrapolação dos dados do Estudo Scout para outros grupos de pacientes, sem risco cardiovascular elevado – talvez seja o mais sensível decorrente do enquadramento analítico efetuado pelas áreas técnicas da Anvisa. Apesar de a CATEME[674] e a Gerência de Farmacovigilância[675] da Anvisa sustentarem que a extrapolação era possível, alguns aspectos do Estudo Scout foram

---

[672] No Relatório da Audiência Pública sobre eficácia e segurança dos medicamentos anorexígenos registrado no Brasil (p. 153-164 do Processo Administrativo nº 25351.100670/2011-32), consta a seguinte fala do presidente da Associação Brasileira de Nutrologia (ABRAN): "Será que o obeso está sendo ouvido/considerado? Será que todos sabem que o melhor tratamento para a obesidade é a prevenção? Por que não olhar para o obeso? Por que tirar do obeso a medicação, que é um ponto de apoio para ele (sic). Entender o drama do obeso e não discriminá-lo ainda mais" (BRASIL. Ministério da Saúde. Agência Nacional de Vigilância Sanitária, op. cit., nota 663).
[673] BRASIL. Supremo Tribunal Federal, op. cit., nota 659.
[674] Conforme voto do diretor relator (p. 696 do Processo Administrativo nº 25351.100670/2011-32) (BRASIL. Ministério da Saúde. Agência Nacional de Vigilância Sanitária, op. cit., nota 663).
[675] No Relatório do Painel Internacional realizado pela Anvisa (p. 453-467 do Processo Administrativo nº 25351.100670/2011-32), consta o seguinte registro atribuído à representante da Gerência de Farmacovigilância/NUVIG da Anvisa: "Afirmou que o SCOUT é extrapolável para a população com indicação de fazer uso de inibidores de apetite, uma vez que também apresenta elevado risco de doença cardiovascular" (BRASIL. Ministério da Saúde. Agência Nacional de Vigilância Sanitária, op. cit., nota 663).

rebatidos por especialistas. Por exemplo, o presidente da SBEM argumentou que a sibutramina somente é eficaz caso haja perda de peso, mas no Estudo Scout o paciente continuava tomando o medicamento mesmo não respondendo ao tratamento. Argumentou, ainda, que não há estudos clínicos mostrando aumento de mortalidade, sendo que o Estudo Scout "mostra o índice de morbidade e não de mortalidade. Então paciente diabético e controle de risco não é contra-indicado para o uso desse medicamento".[676] Mais especificamente, afirmou que o Estudo Scout não é extrapolável, "pois fator de risco é diferente de doença cardiovascular", não sendo razoável "extrapolar resultados obtidos em uma população de cardiopatas para pacientes sem doença cardiovascular".[677]

Outro ator institucional que parece não concordar com a extrapolação dos resultados do Estudo Scout é a Food and Drug Administration (FDA). Segundo o voto do diretor relator da Anvisa, a FDA "considerou que não há estudos que permitam extrapolar os resultados do SCOUT para pacientes que não se enquadram nos critérios de inclusão do estudo".[678]

4.3.2.2 Sustação do ato regulatório pelo Congresso Nacional

Após a publicação da RDC nº 52/2011, o Congresso Nacional passou a discutir a proibição do uso de mazindol, femproporex e anfepramona. Até que, em setembro de 2014, o Congresso Nacional publicou o DL nº 273, de 2014, sustando o ato da Anvisa. Diferentemente do que ocorreu no caso da pílula do câncer, aqui a Anvisa havia efetuado a análise de risco das substâncias, o que gerava um significativo ônus para os congressistas: como superar uma análise técnica mediante uma decisão política?

Na justificativa do projeto que deu origem ao DL nº 273/2014, o senador Beto Albuquerque abordou três aspectos que podem ser utilizados para responder a esse questionamento. Em primeiro lugar,

---

[676] Conforme Relatório do Painel Internacional realizado pela Anvisa (p. 453-467 do Processo Administrativo nº 25351.100670/2011-32) (*Idem*).
[677] *Idem*.
[678] Conforme voto do diretor relator (p. 696 do Processo Administrativo nº 25351.100670/2011-32) (*Idem*).

o autor do projeto atacou os estudos que a Anvisa utilizou para proibir o uso das substâncias, tendo invocado questionamentos levantados por sociedades brasileiras de especialistas em obesidade e síndrome metabólica.[679] Segundo o parlamentar, "infelizmente, um órgão da importância da Anvisa ainda não possui dados técnicos e científicos conclusivos a respeito desses medicamentos que neste momento estão em discussão".[680] Ao rotular a ciência empregada pela Anvisa como "má ciência" (*bad science*), o parlamentar movimenta a linha divisória entre ciência e política de modo a aumentar a influência política sobre o tema controvertido.

Em segundo lugar, o parlamentar baseou o seu projeto na *expertise* e credibilidade da SBEM, afirmando que "o uso controlado dos medicamentos foi defendido, em audiência nesta Casa, por representante da Sociedade Brasileira de Endocrinologia e Metabologia".[681] Além disso, o parlamentar também invocou a autoridade do médico de "avaliar se o paciente pode e deve receber este ou aquele medicamento".[682]

Por fim, o parlamentar invocou aspectos sociais e políticos para justificar a liberação das substâncias:

> A obesidade é uma doença grave que afeta, sobretudo, a população mais carente. As doenças associadas à obesidade terão sua prevalência aumentada em curto espaço de tempo, sendo que, em muitos casos, é impossível um bom resultado no tratamento da obesidade apenas com dietas e exercícios, por se tratar de doenças com determinantes complexos (...).
>
> Pacientes com mais recursos podem contar com outros tratamentos como uma academia, uma dieta sofisticada e outras alternativas, porém, o mais pobre não tem essas possibilidades.[683]

---

[679] "De fato, as sociedades médicas brasileiras de especialistas em obesidade e síndrome metabólica, contestaram a proibição questionando o estudo em que se baseou a Anvisa para efetuar o veto aos anorexígenos em questão" (BRASIL. Câmara dos Deputados. *Projeto de Decreto Legislativo nº XXX, de 2013*. Brasília, DF: Câmara dos Deputados, 2013. Disponível em: https://www.camara.leg.br/proposicoesWeb/prop_mostrarintegra?codteor=1115399&filename=PDC%201123/2013. Acesso em: 26 jan. 2023).
[680] *Idem.*
[681] *Idem.*
[682] *Idem.*
[683] *Idem.*

4.3.2.3 Lacuna normativa e nova normatização pela Anvisa

Apenas 20 dias após o Congresso Nacional derrubar a RDC nº 52/2011, a Anvisa publicou a RDC nº 50/2014. A Anvisa informou ter publicado essa nova regulação porque o ato do Congresso Nacional criou uma lacuna normativa, sendo necessária a edição de uma nova regulação para amparar o cumprimento ao DL.[684]

Em termos práticos, a nova norma da Anvisa autorizou o uso de todas as substâncias até certa dosagem, seguindo os limites estipulados pelo regime regulatório anterior.[685] A novidade é que a nova norma determinou que somente seriam registrados os medicamentos que contivessem as referidas substâncias caso fossem comprovadas a eficácia e a segurança de acordo com as normas sanitárias em vigor.[686] Essa condicionante acabava por representar a proibição da anfepramona, femproporex e mazindol, uma vez que inexistiam estudos mais robustos acerca dessas substâncias capazes de atender às normas em vigor, e a indústria farmacêutica parecia não ter maiores incentivos em produzi-los.[687]

Posteriormente, a Anvisa editou a RDC nº 133, de 15 de dezembro de 2016, que "reúne regras que estavam dispersas em outras normas da Anvisa que tratam de anorexígenos do tipo anfetamínico (anfepramona, mazindol, femproporex e fentermina) e sibutramina, como a RDC

---

[684] Conforme Nota Técnica nº 2/2017/SEI/COADI/GADIP/ANVISA, anexada pela Anvisa nos autos da ADI nº 5.779 (BRASIL. Supremo Tribunal Federal, *op. cit.*, nota 659).

[685] Antes da RDC nº 52 de 5 de outubro de 2011 (que proibiu o uso de mazindol, femproporex e anfepramona e limitou o uso da sibutramina), vigoravam os limites estabelecidos pela RDC nº 25/2010, que permitiam a utilização das substâncias até os seguintes limites: femproporex: 50,0 mg/dia; anfepramona: 120,0 mg/dia; mazindol: 3,00 mg/dia e sibutramina: 15 mg/dia.

[686] "Art. 2º O registro de medicamentos que contenham as substâncias tratadas nesta norma somente poderá ser concedido mediante a apresentação de dados que comprovem a eficácia e segurança, de acordo com as normas sanitárias vigentes."

[687] Conforme "Parecer da Associação Brasileira da Obesidade e Síndrome Metabólica ao Supremo Tribunal Federal", anexado nos autos da ADI nº 5.779, os registros das substâncias anfepramona, femproporex e mazindol haviam sido concedidos há mais de 40 anos, de acordo com a regulamentação vigente à época, de características significativamente mais simples. Por terem baixo custo de mercado, a indústria farmacêutica parecia não ter maiores interesses em produzir os estudos mais robustos exigidos no momento da edição da RDC nº 50/2014. Assim, ao exigir estudos mais robustos para a concessão de novos registros, a Anvisa na prática estava proibindo tais medicamentos (BRASIL. Supremo Tribunal Federal, *op. cit.*, nota 659).

50/2014 e a RDC 58/2007".[688] A norma consolidou as doses diárias recomendadas dessas substâncias e estabeleceu que o monitoramento de todo e qualquer evento adverso relacionado ao seu uso será realizado por meio do Sistema Nacional de Notificações para a Vigilância Sanitária (Notivisa), disponível no sítio eletrônico da Anvisa.[689]

4.3.2.4 Disciplinamento por meio de lei

Em junho de 2017, o Congresso Nacional aprovou a Lei nº 13.454 /2017, cujo artigo 1º possui a seguinte redação: "Ficam autorizados a produção, a comercialização e o consumo, sob prescrição médica, dos anorexígenos: sibutramina, anfepramona, femproporex e mazindol". O lacônico texto normativo gerou diferentes interpretações sobre seu significado prático,[690] tendo prevalecido, no STF, o entendimento de que a lei dispensou o registro sanitário e as demais ações de vigilância sanitária a cargo da Anvisa.[691]

O projeto de lei que originou a Lei nº 13.454/2017 foi protocolado ainda no contexto das discussões que culminaram com a publicação da RDC nº 52/2011, não tendo, portanto, levado em consideração a sustação da norma promovida por intermédio do DL nº 273/2014, e nem as duas normas da Anvisa que sucederam a RDC nº 52/2011.[692] As justificativas apresentadas naquela época pelo autor do PL, deputado

---

[688] BRASIL. RDC reúne regras para venda dos anorexígenos. *Gov.br*, Brasília, DF, 4 jul. 2022. Disponível em: https://www.gov.br/anvisa/pt-br/assuntos/noticias-anvisa/2017/rdc-reune-regras-para-venda-dos-anorexigenos. Acesso em: 23 set. 2023.

[689] As doses diárias recomendadas são: femproporex, 50,0 mg/dia; fentermina, 60,0 mg/dia; anfepramona, 120,0 mg/dia; mazindol, 3,0 mg/dia e sibutramina, 15 mg/dia (BRASIL. Ministério da Saúde. Agência Nacional de Vigilância Sanitária. *Resolução da Diretoria Colegiada nº 133, de 15 de dezembro de 2016*. Brasília, DF: Ministério da Saúde; Anvisa, 2016. Disponível em: http://antigo.anvisa.gov.br/documents/10181/3136242/RDC_133_2016_COMP.pdf/0628bfef-9385-427e-a89b-394ea9dfc9cb. Acesso em: 22 set. 2023).

[690] Em sua manifestação dirigida ao STF, a Procuradoria-Geral da República afirmou que a lei, diferentemente do que ocorreu com a Lei nº 13.269/2016 (a Lei da Pílula do Câncer), não dispensava o registro das substâncias perante a Anvisa. A própria Anvisa requereu fosse dada à Lei nº 13.454/2017, interpretação conforme a Constituição para reconhecer que não houve dispensa do registro e das demais ações de vigilância sanitária (BRASIL. Supremo Tribunal Federal, *op. cit.*, nota 659).

[691] Como será demonstrado a seguir, esse foi o entendimento dos ministros que formaram a corrente majoritária do julgamento.

[692] O deputado federal Felipe Bornier apresentou o PL nº 2.431 na Câmara Federal no dia 28 de setembro de 2011, uma semana antes de a Anvisa publicar a RDC nº 52, de 5 de outubro de 2011, que proibiu as substâncias femproporex, anfepramona e mazindol e limitou o uso da substância sibutramina.

Felipe Bornier, parecem seguir a mesma estrutura adotada pelo senador Beto Albuquerque no projeto que deu origem ao DL nº 273/2014.

Em primeiro lugar, o parlamentar questionou os estudos realizados pela Anvisa, invocando as análises desenvolvidas por entidades médicas. Nas palavras do deputado Felipe Bornier, "a atitude da Anvisa, baseada em pesquisas amplamente questionadas pela classe médica, resulta autoritária e antidemocrática, pois não conta com o aval dos maiores especialistas, aqueles que realmente enfrentam, em seu dia a dia, o problema da obesidade".[693]

Em segundo lugar, o parlamentar amparou-se na *expertise* e credibilidade do Conselho Federal de Medicina (CFM), de sociedades médicas e dos próprios médicos prescritores do medicamento:

> Os médicos especialistas e suas respectivas sociedades representativas, com o apoio total do Conselho Federal de Medicina – o órgão que regulamenta o exercício profissional do médico –, discordam totalmente da posição da Anvisa em proibir o uso da sibutramina, do femproporex, da anfepramona e do mazindol, devido à frágil alegação de que causam mais riscos do que benefícios. Tal argumento, inclusive, é uma desconsideração com a diretriz científica elaborada e publicada pelas Sociedades Médicas de Especialistas, envolvendo a Sociedade Brasileira de Endocrinologia e Metabologia (SBEM), a Associação Brasileira de Nutrologia (ABRAN), a Sociedade Brasileira de Clínica Médica (SBCM), a Sociedade Brasileira de Medicina de Família e Comunitária (SBMFC), para as quais o grau de evidência científica na utilização desses agentes farmacológicos é "A" e "B". Estas associações médicas fundamentam-se na prática clínica diária, envolvendo centenas de médicos prescritores especialistas, e em trabalhos científicos publicados em revistas indexadas.[694]

Finalmente, o parlamentar invocou aspectos sociais e políticos para fundamentar o seu PL:

> A obesidade classificada como perturbação biológica é um grave problema de saúde pública, que envolve o aspecto sanitário e psicossocial daqueles que sofrem desta doença, cuja incidência vem crescendo em nosso país de forma muito preocupante. Segundo o IBGE e o Ministério da Saúde, em 2008/2009 o Brasil contava com cerca de 38,6 milhões de

---

[693] BRASIL. Senado Federal. *Projeto de Lei da Câmara nº 61, de 2015*. Brasília, DF: Senado Federal, 2015. Disponível em: https://legis.senado.leg.br/sdleg-getter/documento?dm=35 21413&ts=1635452483213&disposition=inline. Acesso em: 27 jan. 2023.
[694] *Idem*.

pessoas com peso acima do recomendado, o equivalente a 40,6% de sua população adulta. Desse total, 10,5 milhões são obesos. Em abril de 2011, o percentual de obesidade chegou a 15%, representando um acréscimo de 3,6 pontos percentuais em cinco anos.[695]

4.3.2.5 Controle de constitucionalidade: vinculação da atuação legislativa aos padrões de controle de vigilância sanitária

A constitucionalidade da Lei nº 13.454/2017 foi submetida ao STF, sendo relator o ministro Nunes Marques. O acórdão foi redigido pelo ministro Edson Fachin, que abriu a divergência:

EMENTA: AÇÃO DIRETA DE INCONSTITUCIONALIDADE. LEI 13.454/ 2017. PRODUÇÃO E COMERCIALIZAÇÃO DE MEDICAMENTOS. CONFEDERAÇÃO NACIONAL DOS TRABALHADORES DE SAÚDE. LEGITIMIDADE ATIVA. FUNÇÃO REGULATÓRIA. ANVISA. DIREITO À SAÚDE. PROIBIÇÃO DA PROTEÇÃO DEFICIENTE. PROIBIÇÃO DO RETROCESSO. PEDIDO JULGADO PROCEDENTE.

1. A Confederação Nacional dos Trabalhadores na Saúde – CNTS tem representatividade e pertinência em relação ao tema da regulação referente à segurança de medicamentos.

2. Nos termos do art. 200, I, da Constituição da República, compete ao Sistema Único de Saúde controlar e fiscalizar procedimentos, produtos e substâncias de interesse para a saúde e participar da produção de medicamentos, equipamentos, imunobiológicos, hemoderivados e outros insumos. A formulação dessa política encontra fundamento na função regulatória do Estado e, mais genericamente, na atuação do Estado na economia (art. 174 da Constituição).

3. A execução dessa política de controle está a cargo da Anvisa, a agência responsável pelas ações de vigilância sanitária (art. 6º, I, a, e §1º, da Lei 8.080/90 e art. 4º da Lei 9.782/99) que detém a competência para regulamentar, controlar e fiscalizar os produtos e serviços que envolvam risco à saúde pública (art. 8º, *caput*, da Lei 9.782/99). Por sua vez, a Lei n. 6.360/1976 dispõe sobre a Vigilância Sanitária a que ficam sujeitos os Medicamentos, as Drogas, os Insumos Farmacêuticos e Correlatos, Cosméticos, Saneantes e Outros Produtos, e dá outras Providências.

4. A atuação do Estado por meio do Poder Legislativo não poderia, sem elevadíssimo ônus de inércia indevida ou dano por omissão à proteção da saúde por parte da agência reguladora, autorizar a liberação de

---
[695] *Idem.*

substâncias sem a observância mínima dos padrões de controle previstos em lei e veiculados por meio das resoluções da Anvisa, decorrentes de cláusula constitucional expressa.

5. O texto da lei n.º 13.454/2017 e sua interpretação conduzem à indevida dispensa do registro sanitário e das demais ações de vigilância sanitária, razão pela qual é materialmente inconstitucional.

6. Pedido julgado procedente (...).[696]

Diferentemente do entendimento contido no voto do ministro Marco Aurélio na ADI nº 5.501, que demarcou os territórios da Anvisa (ciência) e do Congresso Nacional (política) de modo rígido a ponto de viabilizar a conclusão de que houve violação ao princípio da separação de Poderes, o voto do ministro Edson Fachin partiu da premissa de que a competência da Anvisa para regular o campo da vigilância sanitária não é privativa, podendo também o Legislativo concretizar os atos voltados para a proteção à saúde.

No entanto, de acordo com o voto do ministro Edson Fachin, "a liberação da produção e comercialização de qualquer substância que afete à saúde humana deve ser acompanhada de medidas necessárias para garantir a proteção suficiente do direito à saúde".[697] Essa afirmação é central para compreender a forma como o ministro Edson Fachin promoveu a delimitação dos territórios da ciência e da política e como assegurou a expansão da autoridade da ciência sobre a atividade política no caso concreto.

O voto do ministro Edson Fachin fixou como parâmetros de proteção do direito à saúde os ditames da Lei nº 6.360/1976 e as resoluções aprovadas pela Anvisa, destacando que tais medidas "consubstanciam verdadeiras conquistas relativamente à proteção à saúde, razão pela qual não podem ser suplantadas sem que norma que lhe venha a derrogar não garanta igual proteção".[698] Destacou ainda que, no caso, incide o princípio da proibição do retrocesso, que impede a desconstituição de conquistas já alcançadas pelo cidadão em temas que envolvem direitos fundamentais de caráter social.

Mais adiante, ao proclamar a inconstitucionalidade da lei, o voto do ministro Edson Fachin afirmou que a regulação das substâncias não dispensa o prévio registro sanitário nem as demais ações de vigilância

---

[696] BRASIL. Supremo Tribunal Federal, *op. cit.*, nota 659.
[697] Idem.
[698] Idem.

sanitária a cargo da Anvisa, "a quem cabe avaliar e decidir em cada caso à luz dos estudos científicos e da proteção à saúde".[699]

É possível observar que a argumentação desenvolvida no voto do ministro Edson Fachin vinculou as conquistas da população na área da saúde ao trabalho desenvolvido pela Anvisa, ao mesmo tempo que posiciona a agência no território da ciência (cabe à Anvisa "avaliar e decidir em cada caso à luz dos estudos científicos"). Por dedução, isso significa atribuir à ciência as conquistas da população na área da saúde: se as conquistas sociais advêm do trabalho da Anvisa e se a Anvisa atua no terreno da ciência, o silogismo se completa com a conclusão de que a ciência é responsável pelas conquistas sociais no campo da saúde.

O Legislativo, por sua vez, até poderia autorizar o uso, a produção e a comercialização de medicamentos, mas teria que proporcionar as mesmas garantias de segurança que a Anvisa oferece para a população. Nesse sentido, o Congresso Nacional precisaria emitir "minudente regulamentação", o que incluiria a indicação de "formas de apresentação do produto, disposições relativas à sua validade e condições de armazenamento, dosagem máxima a ser administrada".[700]

Trata-se, pois, de uma argumentação que promove, por meio de um raciocínio sofisticado, a expansão da autoridade da ciência sobre o território da política. Quer dizer, se o Congresso Nacional quiser legislar sobre um assunto que o próprio Congresso Nacional resolveu delegar para a Anvisa, terá que empregar um conhecimento científico no mínimo igual àquele que fundamenta a atuação da Anvisa. Isso significa admitir o aumento da influência da ciência sobre a política – ou, em Gieryn, a expansão do território da ciência sobre o território da política.

Assim, o voto do ministro Edson Fachin considerou que a Lei nº 13.454/2017 deixou de atribuir aos anorexígenos sibutramina, anfepramona, femproporex e mazindol as mesmas garantias de segurança por quais passam os demais produtos destinados à saúde humana, tendo concluído pela existência de inconstitucionalidade material ante a proteção insuficiente do direito à saúde.

Como mencionado anteriormente, o caso das substâncias para combater a obesidade proporcionou um julgamento mais denso por parte do STF comparativamente ao caso da pílula do câncer. Aqui houve, de fato, uma discordância substancial quanto ao regime regulatório excepcional criado pelo Congresso Nacional. Em particular,

---

[699] Idem.
[700] Idem.

enquanto o voto do ministro Edson Fachin – que formou a maioria em Plenário – entendeu que o Congresso Nacional ofereceu uma proteção insuficiente do direito à saúde, os ministros que formaram a corrente vencida entendem que tal ofensa não se verifica na prática.

A corrente minoritária desse julgamento foi formada pelos ministros Nunes Marques, relator da ADI nº 5.779, Alexandre de Moraes e Roberto Barroso. Em seus votos, esses ministros salientaram que o Congresso Nacional promoveu amplo debate sobre o tema e que, em tal contexto, diversas sociedades de especialistas se manifestaram favoravelmente à liberação dos medicamentos, tais como o Conselho Federal de Medicina (CFM), a Sociedade Brasileira de Endocrinologia e Metabologia (SBEM), a Associação Brasileira de Nutrologia (ABRAN), a Sociedade Brasileira de Clínica Médica (SBCM) e a Sociedade Brasileira de Medicina de Família e Comunidade (SBMFC).[701]

Os votos desses ministros também ressaltaram a inexistência de consenso científico sobre o uso dos medicamentos. O voto do ministro Nunes Marques ofereceu detalhes sobre as diferenças que caracterizavam o comportamento de outros países com relação ao tema:

> A supressão repentina da possibilidade de uso de substância antes permitida também gera abalos no mercado das patentes farmacêuticas, nomeadamente para os interessados que aguardavam a caducidade de certa patente. E isso é tanto mais danoso para o mercado quando a Anvisa não apresenta um critério estritamente objetivo para tal medida extrema. Por exemplo, no caso em tela, poderíamos pensar que ela seguiu o critério de alinhamento às agências estrangeiras mais renomadas. Porém, não foi o que ocorreu. Basta ver que a sibutramina, a qual não foi banida no Brasil, é rejeitada tanto pelo FDA (Estados Unidos) como pela EMA (Europa). Já a anfepramona (dietilpropiona), droga mais antiga e barata que a sibutramina, embora aceita pelo FDA, foi vedada pela agência brasileira. Ou seja, não há consenso técnico absoluto no tema, no plano internacional, que permita qualificar a decisão do Congresso Nacional como anticientífica, consoante quer fazer crer a autora da ação.

> Para bem situar a divergência regulatória em âmbito internacional, segue breve lista das substâncias permitidas em alguns países, segundo informações que pude colher: República Theca: Fenproporex; Dinamarca: Fenproporex; Austrália: Fenproporex; Grécia: Amfepramona; Alemanha:

---

[701] A ênfase dada ao apoio de tais entidades parece ser compreensível, dada a necessidade de justificar, sob uma perspectiva técnico-científica, o regime excepcional de análise de risco criado pelo Congresso Nacional.

Amfepramona; Luxemburgo: Amfepramona; Romênia: Amfepramona; Argentina: Mazindol; África do Sul: Fenproporex; Bolívia: Fenproporex; Chile: Amfepramona e Fenproporex; El Salvador: Mazindol, Amfepramona e Fenproporex; Japão: Mazindol e Amfepramona; Coreia do Sul: Mazindol, Amfepramona e Fenproporex; México: Mazindol, Amfepramona e Fenproporex; Paraguai: Mazindol e Amfepramona; Peru: Fenproporex; e EUA: Amfepramona.[702]

O voto do ministro Alexandre de Moraes menciona outros aspectos que também justificam esse regime excepcional de análise de risco. Ao ressaltar a inexistência de consenso científico e o apoio de diversas entidades de especialistas da área, o ministro Alexandre de Moraes afirmou que tais aspectos proporcionariam um embasamento válido e científico ao regime excepcional criado pelo Congresso Nacional. Ele também afirmou que, diferentemente do que ocorreu no caso da pílula do câncer, o presente caso não envolve substâncias experimentais. Finalmente, ressaltou que o médico é o responsável por analisar as contraindicações em cada caso, responsabilizando-se pela prescrição dos medicamentos. Assim, o ministro Alexandre de Moraes chamou a atenção para a presença do médico no regime excepcional de análise de risco, o que representaria uma camada adicional de proteção à saúde da população que necessita dos medicamentos.

Observa-se que tanto o ministro Alexandre de Moraes quanto o ministro Nunes Marques destacaram o problema do enquadramento analítico de risco feito por especialistas de agências reguladoras, que, conforme advertência de Sheila Jasanoff, "cria grandes barreiras de entrada contra posicionamentos legítimos que não conseguem se expressar nos termos do discurso dominante".[703]

Ao contextualizar o embate entre a Anvisa e a classe médica, o ministro Alexandre de Moraes ressaltou que a Associação Brasileira para o Estudo da Obesidade e Síndrome Metabólica (ABESO), na condição de *amicus curiae* na ADI nº 5.779, apresentou manifestação salientando que a tomada de decisão que culminou com a edição da RDC nº 52/2011 (que proibiu as substâncias) "não contou com a participação de um endocrinologista".[704]

---

[702] BRASIL. Supremo Tribunal Federal, *op. cit.*, nota 659.
[703] JASANOFF, *op. cit.*, nota 482, p. 239, tradução nossa.
[704] BRASIL. Supremo Tribunal Federal, *op. cit.*, nota 659.

No mesmo sentido, o ministro Nunes Marques afirmou que o PL que deu origem à Lei nº 13.454/2017 foi uma resposta ao "*déficit* de participação democrática no processo de formação da norma editada pela Anvisa".[705] Para ele, "o fato de as próprias entidades médicas, no Parlamento, terem se colocado contra a referida regulamentação é sintomático da ausência de diálogo profícuo na via regulatória".[706]

Assim, é possível identificar nas abordagens de ambos os ministros a ideia subjacente de que a percepção de risco dos especialistas médicos responsáveis por diagnosticar e tratar a obesidade é importante, senão fundamental, para o correto enquadramento do problema regulatório. Nesse contexto, a exclusão de tal percepção do processo regulatório pode ter levado a Anvisa a enquadrar o problema de forma deficiente, com significativo prejuízo ao gerenciamento de risco.

Por fim, observa-se que os ministros Nunes Marques, Alexandre de Moraes e Roberto Barroso ponderaram aspectos de índole política e social relacionados ao problema da obesidade, que afeta especialmente as camadas mais pobres da população ante os altos custos envolvidos para o tratamento da doença. O ministro Nunes Marques, por exemplo, ressaltou que a Anvisa proibiu

> os três fármacos mais baratos do Brasil (na época dos fatos custavam entre R$20,00 e R$50,00), usados há bastante tempo no combate à obesidade e talvez os únicos acessíveis à população pobre. Ao mesmo tempo, ocorreu a liberação de outros mais caros, de aquisição inviável à maior parcela da sociedade brasileira e cujos efeitos colaterais também são sujeitos a controvérsias no âmbito internacional.

Percebe-se, portanto, que os ministros Nunes Marques, Alexandre de Moraes e Roberto Barroso reconheceram a validade de um espaço deliberativo (o Congresso Nacional) para contestação da atividade técnica desenvolvida pela Anvisa e admitiram a possibilidade de que outras esferas, incluindo as entidades de especialistas da área e até o próprio médico responsável por prescrever o medicamento, podem ser integrados à atividade de análise científica do risco associado ao uso das substâncias.[707]

---

[705] *Idem*.
[706] *Idem*.
[707] A propósito, o ministro Nunes Marques parece ter reconhecido expressamente esse modelo de viés plural e deliberativo ao afirmar que a *expertise* técnica da Anvisa, embora fundamental para o exercício de suas atribuições, não elimina o caráter político "na escolha

4.3.3 Caso da importação de produtos para combater a pandemia de Covid-19

O caso envolvendo a importação de produtos para combater a pandemia de Covid-19 não gerou um tensionamento aparente entre a Anvisa e o Congresso Nacional, tampouco foi contestado perante o STF. Ainda assim, o caso fornece importantes perspectivas de análise acerca do diagnóstico sobre o modelo de regulação predominante no campo da vigilância sanitária.

Logo no início da pandemia de Covid-19, o Congresso Nacional aprovou a Lei nº 13.979, de 6 de fevereiro de 2020, disciplinando uma série de medidas voltadas para o enfrentamento da pandemia. Dentre essas medidas, o Congresso Nacional autorizou, de maneira excepcional e temporária, a importação de produtos sujeitos à vigilância sanitária sem registro na Anvisa, desde que esses produtos fossem registrados por autoridade sanitária estrangeira e tivessem sido previstos pelo Ministério da Saúde.[708]

Poucos meses depois, o Congresso Nacional aprovou a Lei nº 14.006, de 28 de maio de 2020, que alterou a Lei nº 13.979/2020, para estabelecer uma nova disciplina legal para essa autorização. A nova lei autorizou a "importação e a distribuição de quaisquer materiais, medicamentos, equipamentos e insumos da área de saúde sujeitos à vigilância sanitária sem registro na Anvisa considerados essenciais para auxiliar no combate à pandemia do coronavírus". O aspecto mais significativo dessa lei foi que ela modificou as condições para que tais insumos fossem importados e distribuídos no Brasil: eles deveriam ser registrados por pelo menos uma das autoridades sanitárias estrangeiras relacionadas pela lei – Food and Drug Administration (FDA), European Medicines Agency (EMA), Pharmaceuticals and Medical Devices Agency (PMDA) e National Medical Products Administration (NMPA); além disso, deveriam ser autorizados em seus respectivos

---

dos meios que a sociedade deseja usar para vencer os desafios que lhe são apresentados", sendo necessário buscar "o justo equilíbrio entre a abertura democrática, por um lado, e as exigências técnico-científicas, por outro" (*Idem*).

[708] BRASIL. Lei nº 13.979, de 6 de fevereiro de 2020. Dispõe sobre as medidas para enfrentamento da emergência de saúde pública de importância internacional decorrente do coronavírus responsável pelo surto de 2019. *Diário Oficial da União*: Brasília, DF, 2020. Disponível em: https://www.planalto.gov.br/ccivil_03/_ato2019-2022/2020/lei/l13979.htm. Acesso em: 28 jan. 2023.

países.⁷⁰⁹ Nesse caso, a Anvisa deveria conceder a autorização em até 72 horas após a submissão do pedido à Agência. Caso esgotado o prazo sem manifestação da Anvisa, a autorização seria concedida automaticamente.⁷¹⁰

Observa-se, assim, que o regime regulatório excepcional criado pela lei delegou, de um certo modo, as atividades de análise e gerenciamento de risco a reguladores estrangeiros, tendo fixado um prazo reduzido para que a Anvisa confirmasse, ou não, a decisão tomada por esses reguladores, valendo o seu silêncio como uma concordância tácita.

Apesar de representar uma certa intromissão na independência da Anvisa, o regime excepcional estabelecido pelo Congresso Nacional não foi questionado pela agência e não houve qualquer ação sobre o tema no STF, tendo funcionado regularmente ao longo de toda a pandemia.

A ausência de questionamentos não torna o caso desimportante para a análise desenvolvida neste tópico. Muito pelo contrário. As duas leis aprovadas pelo Congresso Nacional fornecem relevantes perspectivas para o diagnóstico sobre o modelo de regulação de risco dominante no campo da vigilância sanitária.

4.3.3.1 Congresso Nacional: atribuição da análise de risco a reguladores estrangeiros

A necessidade de oferecer respostas céleres à crise gerada pela pandemia, que incluía a importação e a distribuição da vacina – naquele momento, as vacinas estavam em processo de pesquisa e desenvolvimento –, trazia para os congressistas o mesmo dilema dos casos da pílula do câncer e das substâncias para combate à obesidade: como equilibrar aspectos científicos com valores éticos, políticos e sociais

---

[709] Esses reguladores pertencem às seguintes jurisdições, respectivamente: Estados Unidos, União Europeia, Japão e China.

[710] BRASIL. Lei nº 14.006, de 28 de maio de 2020. Altera a Lei nº 13.979, de 6 de fevereiro de 2020, para estabelecer o prazo de 72 (setenta e duas) horas para que a Agência Nacional de Vigilância Sanitária (Anvisa) (...). *Diário Oficial da União*: Brasília, DF, 2020. Disponível em: https://www.planalto.gov.br/ccivil_03/_ato2019-2022/2020/lei/l14006.htm. Acesso em: 28 jan. 2023. Destaque-se que o presidente da República chegou a vetar o trecho da lei que estabeleceu o prazo de 72 horas para a Anvisa conceder a autorização, alegando que esse tipo de matéria somente poderia ser tratada por meio de lei de iniciativa exclusiva do Poder Executivo. Porém, o Congresso Nacional derrubou o veto, permanecendo, assim, a redação original do projeto (Disponível em: https://www.planalto.gov.br/ccivil_03/_ato2019-2022/2020/Msg/VEP/VEP-309.htm. Acesso em: 28 jan. 2023).

na atividade de análise de risco? Como realizar a análise de risco de substâncias que ainda não haviam sido registradas na Anvisa? Como confiar na segurança e eficácia de substâncias sem o aval do regulador brasileiro? Veja-se que essas questões eram cruciais no desenvolvimento de um regime regulatório excepcional, pois foi justamente no âmbito das discussões que elas suscitam que o STF declarou a inconstitucionalidade das leis que autorizaram o uso da pílula do câncer e das substâncias para combater a obesidade.

A justificativa do PL nº 864, de 2020 – que deu origem à Lei nº 14.006/2020 – oferece algumas diretrizes para responder a tais questionamentos. Com relação ao aspecto técnico-científico da etapa de análise de risco, a lei estipulou como condição necessária à importação dos produtos voltados para combater a pandemia que esses produtos já deveriam estar registrados por alguma daquelas autoridades sanitárias estrangeiras. Destaque-se que os parlamentares autores do PL nº 864/2020 argumentaram, na justificativa deste, que tais autoridades possuem "qualidade e competência" reconhecidas internacionalmente.[711]

Por outro lado, esses parlamentares também ponderaram aspectos de política de saúde pública no desenvolvimento desse regime excepcional. Como consta na justificativa do PL nº 864/2020, a pandemia havia gerado uma "iminente necessidade de dotar nossas instalações de saúde pública e privada para atenção ambulatorial, hospitalar e diagnóstica de materiais, medicamentos, insumos e equipamentos", inexistindo, àquela altura, uma estimativa de prazo para o fim da pandemia no Brasil. Assim, tornava-se urgente dotar os profissionais de saúde brasileiros dos "principais recursos já existentes em outros países que já validaram os itens supracitados nos seus órgãos de controle sanitário".

Seria possível cogitar que esse regime excepcional de análise de risco, por ter sido desenvolvido no Congresso Nacional, por intermédio de representantes eleitos pelo conjunto dos cidadãos brasileiros,

---

[711] O PL nº 864/2020 foi apresentado pelos deputados federais Luiz Antônio Teixeira Júnior, Carmen Zanotto, Hiran Gonçalves, Zacharias Calil, Soraya Manato, Pedro Westphalen, Jorge Solla, Alexandre Padilha, Alexandre Serfiotis, Mariana Carvalho Frederico e Jandira Feghali, Mario Heringer e General Peternelli (BRASIL. Câmara dos Deputados. *Projeto de Lei nº 864, de 2020*. Brasília, DF: Câmara dos Deputados, 2020. Disponível em: https://www.camara.leg.br/proposicoesWeb/prop_mostrarintegra?codteor=1870052;filename= PL%20864/2020. Acesso em: 2 fev. 2023).

sopesaram aspectos técnico-científicos e políticos, teria uma feição mais plural e deliberativa, contrapondo-se, assim, ao modelo tecnocrático? A resposta parece ser negativa. Inicialmente, observa-se que o fato de a decisão política ter encontrado estabilidade sugere que os congressistas identificaram o local ideal para instalar a cerca que demarca os territórios da política e da ciência, tornando-as, nas palavras de Gieryn, "boas vizinhas". Na demarcação dos territórios da ciência e da política, o Congresso Nacional teve sucesso na difícil tarefa de equilibrar aspectos técnico-científicos e políticos no desenho do regime de análise e gerenciamento de risco envolvendo os produtos destinados a combater a pandemia, adotando uma solução que assegurou a intangibilidade da autonomia e autoridade técnica e científica das agências reguladoras – ainda que estrangeiras –, ao mesmo tempo que preservou a discricionariedade política dos congressistas para decidir como enfrentar os desafios oriundos da pandemia de coronavírus.

A estratégia de confiar na *expertise* de reguladores independentes estrangeiros, de renome internacional, representa uma novidade em relação aos casos analisados anteriormente, nos quais o Congresso Nacional confiou na *expertise* dos próprios pesquisadores desenvolvedores da substância (no caso da pílula do câncer) e de entidades médicas brasileiras (no caso das substâncias para combater a obesidade). Pode-se especular, justificadamente, que a mudança de estratégia adveio de um processo de aprendizagem institucional.

Com efeito, na época em que as leis nº 13.979/2020 e 14.006/2020 foram promulgadas, o Congresso Nacional já convivia com a contestação das leis que haviam autorizado o uso da pílula do câncer e das substâncias utilizadas para combater a obesidade. Naquela época, inclusive, a lei que autorizou a pílula do câncer já estava suspensa por força de uma medida liminar concedida pelo STF. Os congressistas, portanto, já possuíam uma sinalização mais clara de que precisariam adotar uma solução "mais científica" se quisessem interferir na atividade de análise de risco realizada pela Anvisa.

A própria jurisprudência do STF já sinalizava qual poderia ser essa solução "mais científica". Pouco tempo antes da aprovação das leis nº 13.979/2020 e 14.006/2020 – mais precisamente, no dia 22 de maio de 2019 –, o Supremo julgou o Recurso Extraordinário (RE) nº 657.718/MG, que tratava da possibilidade de fornecimento de medicamento pelo Estado sem registro na Anvisa. A tese fixada pelo Tribunal reconheceu que o Estado não pode ser obrigado a fornecer medicamentos experimentais. Excepcionalmente, contudo, seria possível a concessão judicial de medicamento sem registro sanitário caso houvesse mora irrazoável da Anvisa em apreciar o pedido de registro e, cumulativamente, (i) existisse pedido de registro do medicamento no Brasil, (ii) existisse registro do medicamento em renomadas agências de regulação no exterior e (iii) não houvesse substituto terapêutico com registro no Brasil.[712]

Em seu voto, o ministro Roberto Barroso, que abriu a divergência e ficou responsável por redigir o acórdão, destacou que uma das condições para a concessão judicial de medicamento sem registro sanitário seria a existência de registro junto a renomados órgãos ou agências de regulação no exterior, tais como a Food and Drug Administration (FDA) dos Estados Unidos, a European Agency for the Evaluation of Medicinal Products (EMEA) da União Europeia e a Japanese Ministry of Health & Welfare do Japão. Segundo o ministro Barroso, "a aprovação da droga (ainda não registrada no Brasil) em países que possuem sistemas de vigilância sanitária sérios e respeitados fora do país mitiga os riscos à saúde envolvidos no seu fornecimento a pacientes por determinação judicial".[713]

E é justamente a invocação da *expertise* de reguladores estrangeiros, de renome internacional, que demonstra haver uma tendência de adoção do modelo tecnocrático. A invocação da *expertise* de reguladores estrangeiros demonstra uma confiança exacerbada no caráter universal e objetivo do conhecimento científico, base do modelo tecnocrático de risco. Trata-se de afirmar que todos os reguladores de risco, diante dos mesmos dados relacionados a produtos, serviços e atividades sujeitos à regulação, formulam (ou deveriam formular) as mesmas reivindicações científicas.[714]

---

[712] O relator original do RE nº 657.718/MG era o ministro Marco Aurélio, cujo entendimento (no sentido de que a obrigação do Estado de fornecer o medicamento depende do registro na Anvisa) foi acompanhado somente pelo ministro Dias Toffoli. Em seguida, o Tribunal fixou a tese segundo a qual o Estado somente poderia ser obrigado judicialmente a fornecer medicamentos não registrados na Anvisa mediante o preenchimento de certos requisitos. Além do ministro Roberto Barroso, autor da proposta, votaram a favor da tese os ministros Dias Toffoli, Gilmar Mendes, Ricardo Lewandowski, Cármen Lúcia, Luiz Fux, Rosa Weber, Edson Fachin e Alexandre de Moraes. O julgamento foi efetuado sob o regime de recurso repetitivo (artigos 1036 a 1041 do CPC) (BRASIL. Supremo Tribunal Federal. Recurso Extraordinário 657.718. Relator: Min. Marco Aurélio, 22 de maio de 2019. *Dje*: Brasília, DF, 2019. Disponível em: https://portal.stf.jus.br/processos/downloadPeca. asp?id=15344900727&ext=.pdf. Acesso em: 26 jul. 2023).

[713] *Idem.*

[714] Será aprofundada a análise sobre a estratégia de invocar a *expertise* de reguladores estrangeiros renomados no tópico 5.4, infra.

Como se destacou anteriormente, Elizabeth Fisher afirma que um dos motivos que justificam a predominância do modelo tecnocrático de risco é que a rígida divisão entre análise e gerenciamento de risco transmite a ideia de neutralidade e de que poderia operar em qualquer contexto, respeitando, assim, os problemas de diferenças legais, culturais e regulatórias entre diferentes jurisdições, algo sensível em uma era de globalização regulatória.[715] Nessa concepção, a atividade de análise de risco (território da ciência) é vista como uma atividade objetiva e universal, ao passo que a atividade de gerenciamento de risco (território da política) corresponde a uma atividade que respeita e valoriza as diferenças de cada jurisdição. Isso sinaliza que a estratégia de confiar na *expertise* de reguladores estrangeiros renomados está relacionada, essencialmente, com o modelo tecnocrático de risco.

Por outro lado, é importante observar que, nesse caso, o Congresso Nacional modificou a sua estratégia para "interferir" nas atividades típicas da Anvisa, tendo adotado uma solução "por dentro", interna ao próprio modelo de "Estado Regulador", que pressupõe a existência de uma estrutura burocrática dotada de reconhecida *expertise* para lidar com os desafios de setores complexos. A análise de risco, nesse regime excepcional, permanece sob os auspícios de um regulador técnico, seja ele um regulador estrangeiro de renome internacional, que eventualmente tenha registrado o produto em sua jurisdição, seja ele a própria Anvisa, que tem o prazo de 72 horas para referendar, ou não, a análise de risco realizada pelo regulador estrangeiro.

Assim, autorizando ou não autorizando a importação do produto no prazo de 72 horas, a análise de risco realizada pela Anvisa deve ser acatada. Por outro lado, caso a Anvisa deixe de se manifestar nesse prazo, a autorização é automática, tendo como base a análise de risco realizada pelo regulador estrangeiro. Em todos os casos, há uma "rede de proteção" assegurando que a análise de risco relativa aos produtos importados para combater a pandemia será realizada por um regulador técnico. Tudo isso viabiliza a conclusão de que o caso da importação de produtos para combater a pandemia de Covid-19 fornece um exemplo de abordagem que tende ao modelo tecnocrático de risco.

---

[715] Conforme tópico 2.4.4, supra.

4.4 Diagnóstico da regulação de risco no campo da vigilância sanitária

A análise sobre a estrutura e o funcionamento do Conselho Consultivo e das consultas e audiências públicas, bem como sobre os casos da pílula do câncer, das substâncias para combater a obesidade e da importação de produtos para combater a pandemia de Covid-19 proporciona um diagnóstico com elevado grau de precisão acerca do modelo de regulação de risco predominante no campo da vigilância sanitária no Brasil. Essa precisão decorre da capacidade que esses aspectos possuem de moldar ativamente o campo da regulação da vigilância sanitária.

Primeiramente, os mecanismos de participação pública são uma peça-chave do desenho institucional da Anvisa, notadamente sob a perspectiva das dinâmicas de fechamento e abertura da agência. O seu potencial de produzir mudanças no campo da regulação da vigilância sanitária é significativo. Nesse sentido, as diferentes teorias institucionais asseveram, em uníssono, que "a estrutura e os arranjos institucionais, bem como os processos sociais, moldam significativamente a regulação".[716]

Ao analisar-se o Conselho Consultivo, foram identificados problemas na estrutura e no funcionamento do órgão, que potencializam o insulamento da etapa de análise de risco desenvolvida pela Anvisa e tornam bastante problemático assumir que esse mecanismo de participação pública funciona como um veículo para a *accountability* da atividade técnica e científica desenvolvida pela Anvisa.

Primeiramente, a partir de uma análise histórica, contextualizada e comparada entre a Anvisa e a Anatel, Aneel e ANP – as quais precederam a Anvisa no cenário regulatório nacional –, constatou-se que o Conselho Consultivo da Anvisa foi criado como uma alternativa às consultas e audiências pública. No entanto, o Conselho Consultivo não detém o potencial de abertura social que caracteriza estes últimos mecanismos, de modo que é possível afirmar que houve um enquadramento limitado do tema da participação social no momento da criação da Anvisa.

Além disso, foi possível identificar na composição do órgão, de um lado, poucos assentos destinados aos cidadãos e, de outro lado, a presença maciça de representantes de setores e entidades que

---

[716] BALDWIN; CAVE; LODGE, *op. cit.*, nota 40, p. 53, tradução nossa.

tendem a adotar uma linguagem técnica nas discussões envolvendo o campo da regulação da vigilância sanitária, o que detém o potencial de comprometer a participação do público leigo. Também em seu funcionamento identificou-se uma série de problemas, especialmente com relação à sua transparência do órgão.

A situação não se altera quando se analisam as consultas e audiências públicas. O único mecanismo cuja realização é obrigatória por lei é a consulta pública, e mesmo assim somente na fase de tomada de decisão, o que contribui para o insulamento da atividade de análise de risco. Assim, embora seja perceptível que os mecanismos de participação social foram criados e aperfeiçoados no mesmo passo em que a blindagem institucional da Anvisa era criada e aperfeiçoada, uma análise mais atenta desses mecanismos deixa evidente a existência de diversas falhas que desequilibram essa equação e exacerbam o insulamento da agência, orientando a regulação no campo da vigilância sanitária para um modelo tecnocrático do risco.

A análise efetuada sobre a tomada pública de subsídios, a consulta dirigida e o diálogo setorial corroboram essa percepção. Esses mecanismos ampliados de participação social poderiam ser úteis para potencializar a participação de partes interessadas e do grande público na atividade de análise de risco, lidando, assim, com alguns dos problemas discutidos nesta pesquisa. Contudo, ao contrário do que ocorre com o Conselho Consultivo e com as consultas e audiências públicas, tais mecanismos não possuem previsão específica em lei, constando apenas de atos administrativos que sequer estabelecem condições objetivas para sua realização pela Anvisa, ficando, portanto, a critério da agência envolver, ou não, o público nas etapas preliminares do processo regulatório (isto é, na atividade de análise de risco).

Essa constatação envolvendo os referidos mecanismos ampliados de participação social corrobora a percepção quanto à existência de uma tendência de adesão ao modelo tecnocrático de risco. Como dito, a decisão final pela realização de tais mecanismos fica totalmente nas mãos da Anvisa, decisão essa que não segue os ritos e as formalidades legalmente estabelecidos e não conta com a necessária transparência, especialmente no que toca aos motivos que levam a agência a utilizá-los ou não. Tudo isso revela uma confiança demasiada na discricionariedade da Anvisa e, consequentemente, uma deferência ao papel que a agência exerce na atividade de análise de risco, que também por isso fica excessivamente insulada em relação às partes interessadas e ao grande público.

Quanto aos três casos que colocaram em lados opostos o Congresso Nacional e a Anvisa, destaca-se, primeiramente, que eles também moldam ativamente o campo da regulação da vigilância sanitária e, por essa razão, proporcionam um diagnóstico com significativo grau de precisão acerca do modelo de regulação adotado nesse campo. Dois desses casos – o caso da pílula do câncer e o caso das substâncias para combater a obesidade – chegaram ao STF por meio de controle concentrado de constitucionalidade e as decisões proferidas pelo Tribunal formam uma jurisprudência vinculante.[717] Já os fundamentos dos acórdãos, apesar de não serem vinculantes, são relevantes, pois que orientam os futuros posicionamentos das instituições que atuam na esfera regulatória (de risco).

No caso da pílula do câncer, a escolha política do Congresso Nacional foi considerada inconstitucional pelo STF, em uma decisão que pode ser associada ao modelo tecnocrático de regulação de risco. A lei foi considerada inconstitucional por ofensa ao princípio da separação de Poderes e ao direito fundamental à saúde, já que a fosfoetanolamina não tinha registro na Anvisa. Aqui, a separação entre ciência e política foi feita de maneira bastante explícita. O voto do ministro Marco Aurélio, responsável por redigir o acórdão, contém uma argumentação que entroniza a ciência como uma atividade a ser desenvolvida livre da influência da política, estabelecendo, assim, uma rígida demarcação dos respectivos territórios.

O segundo caso ora pesquisado envolve as substâncias para combater a obesidade. A análise de risco realizada pela Anvisa previamente à edição da RDC nº 52/2011 pode ser associada ao modelo tecnocrático de risco, tendo em vista o significativo grau de insulamento que caracterizou a atividade técnico-científica realizada pela agência, com a consequente exclusão dos partes interessadas relevante e do público em geral da fase do processo regulatório em que a Anvisa identificou, selecionou e mensurou os riscos.

O Congresso Nacional, por sua vez, abordou a análise de risco sob uma perspectiva mais plural e deliberativa, proporcionando um espaço para a contestação pública da análise de risco efetuada pela Anvisa. Podem-se destacar alguns aspectos do regime excepcional de análise de risco criado pelos congressistas: (i) reconhecimento de que

---

[717] As decisões proferidas pelo STF em controle concentrado de constitucionalidade possuem eficácia *erga omnes* e efeito vinculante, na forma do art. 102, §2º, da Constituição Federal de 1988.

não havia um consenso científico envolvendo o uso dos medicamentos em questão; (ii) promoção de amplo debate sobre o tema; (iii) diversas sociedades de especialistas se posicionaram favoravelmente à liberação dos medicamentos; (iv) os medicamentos não eram substâncias experimentais; antes, vinham sendo utilizados no Brasil ao longo de décadas, sob a chancela da própria Anvisa; e (v) o médico que prescreve o medicamento se responsabiliza por analisar as contraindicações em cada caso.

Ao julgar a ADI nº 5.779, o STF decidiu, por maioria de votos, que a Lei nº 13.454/2017 era inconstitucional. O acórdão assentou que o Congresso Nacional não poderia ter autorizado a liberação de medicamentos "sem a observância mínima dos padrões de controle previstos em lei e veiculados por meio das resoluções da Anvisa, decorrentes de cláusula constitucional expressa". Analisando o voto do ministro Edson Fachin, redator do acórdão, é possível constatar a existência de uma argumentação que preserva a ciência como fonte imprescindível para qualquer providência em matéria de saúde, inclusive legislativa.

Finalmente, o caso da importação de produtos para o enfrentamento da pandemia de Covid-19 não gerou decisões conflitantes entre o Congresso Nacional e a Anvisa e, portanto, não chegou a ser discutido pelo STF. Mas as escolhas políticas materializadas nas leis nº 13.979/2020 e 14.006/2020 fornecem importantes perspectivas para a formulação de um diagnóstico. Dessa vez, os congressistas criaram um regime excepcional de análise de risco cujo componente técnico-científico se vincula ao próprio modelo de Estado Regulador, que pressupõe uma burocracia especializada voltada para a realização de análises de risco. Seguindo a jurisprudência do STF, os congressistas invocaram a *expertise* de reguladores estrangeiros, de renome internacional, para a realização da atividade de análise de risco.

Essa estratégia, como mencionado anteriormente, pode ser associada ao modelo tecnocrático do risco, pois ela incorpora uma confiança exacerbada no caráter universal e objetivo da ciência e, consequentemente, subscreve o processo linear de duas etapas (análise e gerenciamento de risco). Nesse sentido, essa estratégia não representa uma mudança de abordagem com relação ao caráter essencialmente científico e insulado da atividade de análise de risco, pois ela simplesmente "substitui" um regulador técnico (a Anvisa) por outro (um regulador estrangeiro de renome). Não há, nessa estratégia, qualquer inovação com relação à *accountability* do conhecimento científico utilizado para fins regulatórios.

Observa-se, assim, que os três mecanismos de participação social no âmbito da Anvisa previstos em lei (Conselho Consultivo, consultas e audiências públicas) orientam a regulação desenvolvida no campo da vigilância sanitária para um modelo tecnocrático de risco, haja vista a existência de significativas barreiras para um adequado controle e participação social na etapa de análise de risco. Corroborando essa percepção, as decisões que prevaleceram nos três relevantes casos analisados buscam preservar a ciência de uma maior influência da política. Tudo isso viabiliza a conclusão de que a regulação desenvolvida no campo da vigilância sanitária no Brasil tende a um modelo tecnocrático de risco, que separa, rigidamente, os territórios da ciência e da política.[718]

4.5 Risco como uma construção social: uma releitura coproducionista da regulação da vigilância sanitária no Brasil

Até aqui, explorou-se o potencial descritivo dos aportes teóricos desenvolvidos em STS que fundamentam o modelo de regulação de risco aqui proposto. Por meio da teoria coproducionista e dos métodos de enquadramento e trabalho de fronteira, realizou-se um diagnóstico da prática regulatória brasileira no campo da vigilância sanitária e apontou-se a existência de uma tendência de adoção do modelo tecnocrático de risco por parte de relevantes instituições – Anvisa, Congresso Nacional e STF – que atuam nessa esfera regulatória.

A partir de agora, utilizam-se essas mesmas categorias para um propósito distinto. No encerramento deste capítulo, tais categorias auxiliam na demonstração de que o risco objeto da regulação no campo da vigilância sanitária é uma construção social.

---

[718] Segundo Elizabeth Fisher, a maioria dos regimes prevê alguma forma de participação social na regulação e essa participação coexiste com o papel desempenhado pela ciência e pelos especialistas. Portanto, a tomada de decisão de risco não pode ser descrita como sendo uma escolha entre abordagens científicas ou democráticas (FISHER, *op. cit.*, nota 114, p. 73). A pesquisa demonstrou que o mesmo sucede no Brasil. A questão é que a participação social no país se concentra na etapa de gerenciamento de risco, isto é, após a realização da análise técnico-científica do risco, o que torna possível formular um diagnóstico no sentido de que há uma tendência de adoção do modelo tecnocrático de risco.

Como afirmado nesta pesquisa, o risco é objeto de uma construção social – ou coproduzido, na linha desenvolvida por Sheila Jasanoff. Mas, de modo prático, onde exatamente é possível observar o desenrolar do processo coproducionista do risco no campo da regulação da vigilância sanitária? No presente tópico, utilizam-se os aportes teóricos desenvolvidos em STS para demonstrar o caráter socialmente construído do risco que é objeto de regulação por parte da Anvisa, o que é feito a partir de uma releitura dos aspectos da regulação de risco no Brasil que foram analisados ao longo da pesquisa, confirmando a hipótese a partir deste estudo de caso.

4.5.1 Risco é construído por especialistas e pelo público leigo

A ótica coproducionista não rejeita o papel desempenhado pelos cientistas e especialistas na etapa de análise de risco, tampouco acredita que essa atividade deve ser guiada pela percepção do público leigo. Em verdade, a ótica coproducionista pressupõe uma abordagem simétrica, que reconhece a importância de ambos os conhecimentos – o científico e o leigo – na reprodução de uma realidade que se afigura demasiadamente complexa. O caso da pílula do câncer ajuda a visualizar que ambos os conhecimentos são essenciais na construção do risco que envolve a referida substância.

Diante da ampla comoção social causada pela decisão do Instituto de Química de São Carlos de proibir a produção e a distribuição da fosfoetanolamina sintética, a Anvisa emitiu uma Nota Técnica nº 56/2015, que tinha como assunto "Esclarecimentos sobre a fosfoetanolamina".[719] Esse documento narra, com detalhes, o processo pelo qual o risco é construído pelos especialistas da agência, sendo possível apontar algumas de suas características essenciais.

Processo formal: a Nota Técnica nº 56/2015 afirma que o registro de medicamentos segue o disposto em leis previamente aprovadas pelo Parlamento. Nesse sentido, o documento cita a Lei nº 5.991, de 17 de dezembro de 1973, que dispõe sobre o controle sanitário do comércio de drogas, medicamentos, insumos farmacêuticos e correlatos, a Lei nº 6.360/1976, que dispõe sobre a vigilância sanitária a que ficam sujeitos os medicamentos e outros produtos, e a Lei nº 9.782/1999, que criou a Anvisa e definiu a sua competência:

---

[719] BRASIL. Ministério da Saúde. Agência Nacional de Vigilância Sanitária, *op. cit.*, nota 632.

Esclarecemos 3. Que, e ainda mais importante, a Lei nº. 5.991/1973 prescreve que medicamento é todo produto farmacêutico, tecnicamente obtido ou elaborado, com finalidade profilática, curativa, paliativa ou para fins de diagnóstico. Assim, qualquer produto, independentemente da natureza (vegetal, animal, mineral ou sintética) que possuir alegações terapêuticas, deve ser considerado medicamento e precisa de registro para ser fabricado e comercializado.

4. Assim, ressaltamos que o registro de medicamentos no Brasil tem como fundamento a Lei nº 6.360/76, e que, desde 1999, com a criação da Agência Nacional de Vigilância Sanitária (Anvisa), com competências estabelecidas por meio da Lei nº 9.782, de 26 de janeiro de 1999, essa atividade tornou-se responsabilidade da Agência. Logo, para que um medicamento venha a ser registrado e comercializado, é necessário que a Anvisa avalie a documentação administrativa e técnico-científica relacionada à qualidade, à segurança e à eficácia do medicamento. Veja-se o que diz o art. 16 da Lei nº 6.360, de 1976.

"Art. 16 O registro de drogas, medicamentos, insumos farmacêuticos e correlatos, dadas as suas características sanitárias, medicamentosas ou profiláticas, curativas, paliativas, ou mesmo para fins de diagnóstico, fica sujeito, além do atendimento das exigências próprias, aos seguintes requisitos específicos:

(...)

II - que o produto, através de comprovação científica e de análise, seja reconhecido como seguro e eficaz para o uso a que se propõe, e possua a identidade, atividade, qualidade, pureza e inocuidade necessárias;

III - tratando-se de produto novo, que sejam oferecidas amplas informações sobre a sua composição e o seu uso, para avaliação de sua natureza e determinação do grau de segurança e eficácia necessários".[720]

Processo vinculado: a Nota Técnica nº 56/2015 destaca que o processo visando à concessão de registro sanitário somente se inicia mediante prévia solicitação por parte do interessado na fabricação e comercialização do produto. Uma vez instaurado o processo, a concessão do registro consubstancia ato administrativo vinculado, ficando na dependência do estrito cumprimento das condicionantes estipuladas na legislação. Nesse sentido, caso alguém pretenda obter registro de medicamento com princípios ativos sintéticos ou semissintéticos (que seria o caso da fosfoetanolamina), deve formular requerimento próprio perante a Anvisa, instruído da ampla documentação descrita no documento. Na análise dessa documentação, a Anvisa busca atestar

---

[720] Ibidem, p. 1.

a qualidade, a segurança e a eficácia do medicamento a partir de uma análise vinculada, somente autorizando a sua produção e utilização mediante o estrito cumprimento da regulamentação sanitária.

Processo analítico: outra característica do processo de construção do risco por parte dos especialistas da Anvisa é que esse processo se desenvolve por meio de análises detalhadas, que seguem uma metodologia específica. Segundo a Nota Técnica nº 56/2015, a Anvisa analisa uma ampla documentação fornecida pelo interessado, somente concedendo registro aos medicamentos cujos estudos comprovam uma relação positiva entre os benefícios e riscos. Dentre os documentos exigidos, destacam-se os relatórios de estudos não clínicos (realizados em laboratórios e em animais de experimentação) e os relatórios de estudos clínicos fases I, II e III (realizados em seres humanos):

> 7. Importante esclarecer que antes de começar a testar novos medicamentos em seres humanos, devem ser realizados os estudo não clínicos, os quais são realizados em laboratórios e em animais de experimentação.
> 8. De forma geral, na pesquisa clínica de fase I, avalia-se a segurança e a toxicidade do produto em humanos. Esta fase é realizada na maioria das vezes em voluntários saudáveis. Na fase 2, inicia-se a pesquisa da eficácia do medicamento contra a doença, ou seja, se o medicamento funciona para tratar determinada doença. Ainda na fase II são obtidas informações mais detalhadas sobre a toxicidade. Somente se os resultados forem bons é que o medicamento será estudado em um estudo clínico fase III. Essa fase envolve um número muito maior de pacientes, geralmente é feita em vários centros de pesquisa de diferentes países. Somente depois disso é que o medicamento novo pode ser submetido à agência reguladora para que o pedido de registro seja avaliado. Já os estudos fase IV são realizados para se confirmar que os resultados obtidos na fase anterior (fase III) são aplicáveis em uma grande parte da população doente. Nesta fase, o medicamento já foi aprovado para ser comercializado.[721]

Processo científico: a Nota Técnica nº 56/2015 ressalta que a análise desenvolvida pela Anvisa é vinculada ao cumprimento de critérios científicos. Segundo o documento, a Anvisa somente concede o registro a determinado medicamento após efetuar uma análise "técnico-científica" para verificar a qualidade, segurança e eficácia do medicamento. O documento transcreve o artigo 16, inciso II, da Lei nº 6.360/1976, que condiciona a concessão do registro de medicamento à

---
[721] *Ibidem*, p. 2.

"comprovação científica" de sua segurança e eficácia. Por fim, a Nota Técnica nº 56/2015 ressalta que a Anvisa jamais efetuou uma avaliação de qualidade, segurança e eficácia com relação à fosfoetanolamina, ficando, assim, impossibilidade de reconhecer, "por absoluta falta de dados científicos", a suposta eficácia dessa substância.

Processo objetivo: viu-se que a construção do risco por parte dos especialistas da Anvisa se caracteriza por ser um processo formal, vinculado, analítico e científico. A conjugação dessas características aponta para uma última característica desse processo. Trata-se de um processo objetivo, no sentido de que o foco da análise são as condições do risco aferíveis mediante critérios impessoais preestabelecidos, sendo desinfluentes os atributos pessoais ou sociais do autor das reivindicações científicas, na linha do universalismo descrito por Robert Merton.[722] A objetividade que caracteriza o processo regulatório de risco desenvolvido pela Anvisa é compatível com o modelo tecnocrático de risco, que promove uma rígida separação entre a atividade de análise de risco (território da ciência) e o gerenciamento de risco (território da política).

Além de demonstrar que o risco é construído pelos especialistas, o caso da pílula do câncer também evidencia a dimensão social do risco. A necessidade de se levar em consideração o conhecimento leigo na construção do risco pode ser demonstrada por meio dos atos produzidos no Congresso Nacional que precederam a promulgação da Lei nº 13.269/2016 (parecer da Comissão de Ciência, Tecnologia, Inovação, Comunicação e Informática do Senado Federal e justificativa do PL nº 4.639/2016) e do voto divergente do ministro Edson Fachin na ADI nº 5.501, em que reconheceu a possibilidade jurídica do uso da fosfoetanolamina sintética em pacientes em estágio terminal. Todos esses atos procuraram incorporar, na construção de seus modelos de análise de risco, o ponto de vista do público-alvo da Lei nº 13.269/2016: os pacientes diagnosticados com neoplasia maligna.

Do lado do Congresso Nacional, o PL nº 4.639/2016 foi apresentado por um grupo de parlamentares como resposta ao clamor social gerado pela proibição da distribuição da fosfoetanolamina sintética. O objetivo declarado da proposição legislativa era "viabilizar o acesso de pacientes com neoplasia maligna à fosfoetanolamina sintética, criando, para tanto, um regime de exceção para essa substância no que

---

[722] Conforme tópico 3.7.3.3, supra.

tange à obrigatoriedade do registro sanitário".⁷²³ O PL, portanto, tinha como objetivo endereçar um problema específico (ausência de registro sanitário da fosfoetanolamina sintética) em prol de um público restrito (pacientes com neoplasia maligna).

Na justificativa da proposição, os parlamentares consignaram alguns aspectos que podem ser associados à percepção dos próprios pacientes com neoplasia maligna, que na época tinham que lidar com a falta de registro sanitário da fosfoetanolamina sintética e a consequente impossibilidade de acesso à substância. Em especial, os argumentos utilizados pelos parlamentares aduziram a hipótese extrema de pacientes que possuem pouca ou nenhuma esperança de tratamento da doença:

> Muitos pacientes viram na fosfoetanolamina a esperança final, a última opção na tentativa de frear o crescimento dos tumores, melhorar a qualidade de vida, ou até a cura. Segundo alguns relatos de pacientes que a utilizaram, feitos inclusive no âmbito da Comissão de Seguridade Social e Família, em audiências públicas, essa substância mostrou-se muito promissora ao apresentar efeitos antitumorais em testes in vitro e em animais de laboratório.
>
> (...)
>
> Ora, se não há mais alternativas terapêuticas eficazes, se o estágio do câncer não deixa muitas saídas médicas para o paciente, nada mais justo que ele possa ter o direito de escolher o que consumir, de tentar outros caminhos e alternativas, mesmo que estes ainda estejam no campo experimental.⁷²⁴

Na tramitação do PL, a Comissão de Ciência, Tecnologia, Inovação, Comunicação e Informática do Senado Federal se manifestou favoravelmente à proposição, também fazendo considerações que podem ser associadas à percepção de risco de pacientes terminais. Após afirmar que o Ministério da Saúde havia criado um grupo de trabalho para apoiar as etapas necessárias ao desenvolvimento clínico da fosfoetanolamina, o parecer ponderou o seguinte:

> Infelizmente, contudo, os pacientes oncológicos, especialmente aqueles com doença avançada, não podem se dar ao luxo de aguardar os frutos desse trabalho. O tempo não milita a seu favor.

---

⁷²³ BRASIL. Câmara dos Deputados. *Projeto de Lei nº XXX, de 2016, op. cit.*, nota 633.
⁷²⁴ *Idem.*

Dessa forma, o Congresso Nacional não pode permanecer inerte diante da possibilidade de aliviar o sofrimento e salvar as vidas de milhares de brasileiros. Deve fazer uso de suas prerrogativas e, diante da excepcionalidade da situação que lhe é apresentada, buscar uma solução legal que contemple a necessidade dos pacientes, sem abrir mão da necessidade de pesquisa clínica no desenvolvimento dos medicamentos.[725]

O voto divergente do ministro Edson Fachin na ADI nº 5.501, reconhecendo a constitucionalidade da lei para autorizar o uso e distribuição da fosfoetanolamina sintética para pacientes em situação de estágio terminal, guarda congruência com os aspectos que foram ressaltados no Parlamento durante a tramitação do PL nº 4.639/2016. Nessa perspectiva de análise, é possível efetuar uma releitura desse voto para demonstrar que o ministro Edson Fachin reconheceu a dimensão social do risco envolvendo a fosfoetanolamina.

De acordo com o ministro Edson Fachin, a Lei nº 13.269/2016 oferecia proteção insuficiente à saúde e, por essa razão, deveria ser considerada inconstitucional. Não obstante, o ministro Edson Fachin ponderou que ela poderia ser considerada constitucional em situações que envolviam pacientes em estágio terminal da doença. Segundo o ministro Edson Fachin, a própria normatização da Anvisa admitia a adoção de procedimento simplificado de liberação de medicamento ("medicamento novo promissor") para tratamento de doenças debilitantes graves ou que ameaçam a vida e sem alternativa terapêutica satisfatória. Mas a normativa da Anvisa previa uma série de requisitos que não podiam ser atendidos no caso da pílula do câncer. Nesse contexto, o ministro Edson Fachin argumentou o seguinte:

> Em casos tais, a situação de risco parece demonstrar que as exigências relativas à segurança de substâncias cedem em virtude da própria escolha das pessoas eventualmente acometidas da enfermidade. Essa escolha não decorre apenas do direito à autonomia, mas da auto-defesa, ou seja, do direito de agir em prol da qualidade de vida.
>
> Observe-se que essa dimensão protetiva alcança a possibilidade de realizar graves ofensas aos bens jurídicos de terceiros, como ocorre, v.g., na legítima defesa. É à luz do direito de preservar a própria vida que as restrições relativas à segurança da substância poderiam ser mitigadas.[726]

---

[725] BRASIL. Senado Federal, *op. cit.*, nota 638.
[726] BRASIL. Supremo Tribunal Federal, *op. cit.*, nota 659, p. 28.

O ministro Edson Fachin reconhece que "os riscos decorrentes da ausência de comprovação da eficácia da substância poderiam trazer maiores prejuízos à saúde do paciente",[727] mas não é razoável supor que "a proteção à saúde dependa apenas de tratamentos considerados razoavelmente seguros".[728] As próprias agências reguladoras têm feito uma diferenciação para pacientes crônicos. Assim, "no caso de pacientes em estágio terminal, a substância, ainda que eventualmente arriscada, torna-se de possível administração":[729]

> É nessa dimensão estrita do estágio terminal que se pode considerar aplicável a Lei em questão. Isto é, apenas quando não houver outras opções eficazes é que a relativização do controle estabelecido por ela pode ser tido por consentâneo com a Constituição. Em casos tais, pode o Congresso Nacional, no exercício de sua competência privativa para regular o funcionamento do sistema único de saúde, reconhecer o direito de pacientes terminais a agirem, ainda que tendo que assumir riscos desconhecidos, em prol de um mínimo de qualidade de vida.[730]

Em suma, para concluir pela possibilidade de atribuir interpretação conforme à Constituição Federal de 1988 ao artigo 2º da Lei nº 13.269/2016, admitindo o uso da fosfoetanolamina sintética por pacientes terminais, o ministro Edson Fachin desenvolveu uma argumentação em que invoca norma produzida pela própria Anvisa (RDC nº 38, de 12 de agosto de 2013), o direito à autonomia e à autodefesa e até precedentes da Suprema Corte dos Estados Unidos.[731]

Na releitura coproducionista, é possível enxergar essa argumentação à luz de um processo multidimensional de construção do risco. Com efeito, a argumentação desenvolvida pelo ministro Edson Fachin demonstra que a análise de risco em relação à fosfoetanolamina possui uma dimensão social, que contempla a percepção das pessoas que estão direta e imediatamente sujeitas aos efeitos da (não) produção, distribuição e utilização da substância. Mais especificamente, a argumentação do ministro Edson Fachin reconhece expressamente que a análise e o gerenciamento adequados do risco que envolve a

---

[727] Idem.
[728] Ibidem, p. 29.
[729] Idem.
[730] Idem.
[731] Os precedentes da Suprema Corte dos Estados Unidos citados pelo ministro Edson Fachin são: United States v. Rutherford, 442, U.S. 5444, 555-56 (1979) e Abigail Alliance for Better Access to Developmental Drugs v. Von Eschenbach, 495 F. 3Ed 695 (D.C. Cir. 2008).

fosfoetanolamina exige a compreensão da situação envolvendo os pacientes diagnosticados com neoplasia maligna, que constituem o público-alvo da Lei nº 13.269/2016.

4.5.2 Risco no campo da vigilância sanitária é um produto da cultura local

No livro *Cybernetic Revolutionaries: Technology and Politics in Allende's Chile*,[732] Eden Medina narra a tentativa do governo chileno de Salvador Allende de construir, na década de 1970, um sistema informático de gerenciamento da economia que ajudasse a levar o país ao seu próprio modelo de socialismo democrático.

O projeto, elaborado por tecnólogos chilenos e britânicos, consistia na criação de um sistema que permitiria ao governo gerenciar a atividade industrial e a economia como um todo. Para tanto, o sistema coletaria diariamente dados provenientes das indústrias controladas pelo Estado e realizaria previsões estatísticas sobre o comportamento econômico do país, permitindo, assim, que o governo resolvesse rapidamente questões emergenciais (por exemplo, a escassez de matéria-prima) e adaptasse as suas políticas em consonância com as dinâmicas da realidade.

No ponto que interessa ao desenvolvimento desta pesquisa, o estudo realizado por Medina demonstra que o desenho do projeto incorporou os valores políticos daquele governo, bem como os limitados recursos tecnológicos, financeiros e humanos do país. Com efeito, as ferramentas do sistema foram concebidas para funcionar de maneira consistente com o ideal chileno de socialismo democrático.[733] Tais ferramentas facilitariam o gerenciamento estatal *top-down*, mas incluíam mecanismos de participação *botton-up*, preservando, assim, a autonomia das indústrias.[734] Além disso, o projeto envolvia a utilização

---

[732] MEDINA, Eden. *Cybernetic Revolutionaries*: Technology and Politics in Allende's Chile. Cambridge: MIT Press, 2011.

[733] Em diversos aspectos o projeto se afastava do modelo de socialismo executado na União Soviética. Por exemplo, o sistema almejava viabilizar a prestação de contas responsável entre o governo e a indústria. Nesse sentido, "os perfis estatísticos gerados pelo *software* de computador tornariam difícil aos interventores falsificar dados de produção, da mesma forma que os gestores de fábrica na União Soviética falsificaram dados quando pressionados a cumprir os objetivos de produção" (*Ibidem*, p. 72, tradução nossa).

[734] Aqui, o projeto almejava encontrar um equilíbrio entre autonomia e coesão: as empresas teriam assegurado um grau de autonomia razoável para solucionarem eventuais anomalias. Caso não conseguissem, o órgão governamental responsável interviria (*Ibidem*, p. 73).

de computadores para aumentar a produção industrial, mas sem resultar na completa automatização dos trabalhadores e gestores e, consequentemente, na eliminação de postos de trabalho, refletindo, dessa forma, o compromisso do presidente Allende de aumentar o emprego no país.[735]

Num outro giro, o projeto precisou levar em consideração as limitações técnicas e econômicas do país. A Empresa Nacional de Informática possuía apenas quatro computadores, todos com alta demanda, de modo que somente pôde oferecer ao projeto uma dessas máquinas. Para fazer uma rede de comunicação funcionar com apenas um computador, os responsáveis precisaram incorporar ao projeto máquinas de telex, que ficariam encarregadas de transmitir dados numéricos e texto por longas distâncias, em tempo quase real.[736]

A obra de Medina sublinha o caráter contingente da tecnologia, deixando evidente os processos coproducionistas das experiências tecnológicas e políticas no Chile da década de 1970. Nesse sentido, o detalhado relato oferecido pela autora serve para questionar qualquer forma de determinismo envolvendo as inovações tecnológicas: elas não constituem uma força unidirecional, incontrolável e irresistível; não determinam a história; não se explicam por si sós. Para compreender as inovações tecnológicas, é necessário mergulhar no contexto social e cultural de sua produção e utilização. Este brevíssimo arrazoado da obra de Medina ajuda na compreensão daquilo que foi proclamado no título deste tópico: "os riscos no campo da vigilância sanitária são um produto da cultura local".

Como premissa central dessa argumentação, assume-se a Anvisa como o principal lócus para a realização de análises de risco e adjudicação de controvérsias no Brasil no campo da regulação da vigilância sanitária. Nesse contexto, o desenho institucional da Anvisa molda ativamente a regulação em seu campo de atuação e, mais especificamente, as análises de risco que a agência desenvolve no giro de suas atividades. Isso porque as práticas científicas adotadas pela Anvisa para representar a natureza e a sociedade são fruto de escolhas traduzidas na criação de instituições, normas e processos,

---

[735] *Idem*.
[736] *Ibidem*, p. 71-72. A solução tecnológica levou em consideração que o governo chileno possuía 400 máquinas de telex armazenadas. Assim, a rede de comunicação poderia ser viabilizada sem a necessidade de aquisição de máquinas de telex adicionais, o que seria problema em virtude das reduzidas reservas cambiais do Chile e do embargo promovido pelos Estados Unidos.

cujas características moldam a forma como os dados científicos são interpretados e influenciam a forma como as controvérsias científicas são resolvidas. Isso leva a pesquisa a investigar o processo de criação da Anvisa e a sua relação com a cultura local.

Antes do surgimento da Anvisa, a área da vigilância sanitária no Brasil era submetida ao controle direto do Ministério da Saúde. Como relata Ediná Alves Costa, a Secretaria Nacional de Vigilância Sanitária foi criada em 1976 no contexto de reformas que, inseridas em um processo de racionalização e modernização da máquina estatal, procuravam solucionar o agravamento das condições de saúde que se tornavam aparentes com o esgotamento do modelo econômico, então denominado como "o fim do milagre".[737]

Assim como aconteceu com a Secretaria Nacional de Vigilância Sanitária em 1976, a criação da Anvisa em 1999 também estava atrelada a fatores econômicos, políticos e sociais. A Exposição de Motivos da minuta da MP nº 1.791/1998, que criou a Anvisa para regular o campo da vigilância sanitária no Brasil, contém informações relevantes sobre o contexto de então.

Primeiro aspecto a ser observado é que a criação da Anvisa ocorreu em um contexto de mudança de perfil do Estado em curso no país – e no mundo ocidental – na década de 1990. Grande parte do texto da Exposição de Motivos da MP nº 1.791/1998 foi dedicada a abordar esse aspecto. O texto destaca que o desenho institucional da Anvisa, então denominada "ANVS", seguia um modelo já adotado em outros países, "em particular nos Estados Unidos da América, onde a atividade do Food and Drugs Administration (FDA) é altamente reconhecida pelo conjunto da sociedade".[738]

Após descrever as características e finalidades da nova agência, o texto faz menção ao Plano Diretor de Reforma do Estado, voltado para substituir o Estado executor pelo Estado Regulador e fortalecer a sua capacidade de fiscalizar e regulamentar as atividades, almejando, com isso, "conferir eficácia e eficiência às ações estatais de regulação e

---

[737] COSTA, Edna Alves. *Vigilância sanitária*. Proteção e defesa da saúde. 2. ed. São Paulo: Sociedade Brasileira de Vigilância de Medicamentos, 2004. p. 252-253.
[738] BRASIL. Câmara dos Deputados. *Medida Provisória nº 1.791, de 30 de dezembro de 1998*. Brasília, DF: Câmara dos Deputados, 1998. Disponível em: https://www2.camara.leg. br/legin/fed/medpro/1998/medidaprovisoria-1791-30-dezembro-1998-370219-norma-pe. html. Acesso em: 29 jun. 2023.

controle de setores vitais da sociedade".⁷³⁹ Nesse sentido, a Exposição de Motivos aduz que a criação da Anvisa é essencial para

> ampliar a eficiência na utilização dos recursos públicos, melhorar o desempenho e a qualidade dos serviços prestados no âmbito da saúde inerentes à vigilância sanitária, assegurar maior autonomia de gestão orçamentária, financeira, operacional e de recursos humanos e eliminar fatores restritivos de sua atuação institucional.⁷⁴⁰

A reforma da Administração Pública brasileira ocorrida na década de 1990, em consonância com o Plano Diretor da Reforma do Estado, é um tema amplamente documentado pela doutrina regulatória brasileira. Nesse contexto, Sérgio Guerra destaca o seguinte:

> Naquele momento político (década de 1990), e diante da forte crise econômica, o governo brasileiro precisava desenvolver consistente esforço institucional para implantar o modelo constitucional de Estado Regulador sem se valer da regra clássica da hierarquia. Por isso criou uma espécie de entidade estatal sem subordinação ao poder central e que teria, nas suas decisões, o "poder" de dizer a última palavra em sede administrativa.
>
> O fator fundamental para a adoção desse modelo estava atrelado à premente necessidade de atrair investimentos, sobretudo estrangeiros, e gerar salvaguardas institucionais que significassem, para o setor privado globalizado, um compromisso com a manutenção de regras e contratos a longo prazo.
>
> De fato, com aquele gesto, o governo do presidente Fernando Henrique Cardoso, com a aprovação do Congresso Nacional, pretendeu na verdade demonstrar que a regulação deixava de ser um assunto de governo para ser um assunto de Estado.⁷⁴¹

Após delimitar o contexto maior de reforma da Administração Pública, a Exposição de Motivos da MP nº 1.791/1998 assinala que o campo da vigilância sanitária, "um setor de relevante interesse nacional, por interferir diretamente na saúde da população",⁷⁴² apresentava

---

⁷³⁹ Idem.
⁷⁴⁰ Idem.
⁷⁴¹ GUERRA, Sérgio. Regulação estatal sob a ótica da organização administrativa brasileira. In: GUERRA, Sérgio (org.). Regulação no Brasil: uma visão multidisciplinar. Rio de Janeiro: FGV Editora, 2014. p. 375.
⁷⁴² BRASIL. Câmara dos deputados, op. cit., nota 738.

"diversas irregularidades, com destaque para a falsificação de medicamentos e problemas em clínicas e hospitais, como, por exemplo, falhas em aparelhos de hemodiálise, gerando uma crescente inquietação da sociedade".[743]

De fato, no final da década de 1990, o campo da vigilância sanitária enfrentava uma grave crise. Novamente recorrendo ao relato de observa Ediná Alves Costa, a sociedade brasileira se deparava com inúmeros casos de medicamentos falsificados e defeituosos por falta de boas práticas de fabricação, distribuidoras clandestinas, fábricas de "fundo de quintal", em uma teia complexa que ainda envolvia farmácias comerciais e de manipulação e o roubo de cargas de medicamentos. Amplamente divulgado na época, o "caso Schering" ilustra bem a crise: diversas mulheres foram vítimas de "anticoncepcionais de farinha", fruto do roubo de 644 mil cartelas fabricadas com amido para serem utilizadas como teste em uma nova máquina de embalagem, segundo informou a empresa.[744]

Finalmente, a Exposição de Motivos da MP nº 1.791/1998 ressalta um conjunto de limitações que impediam o Estado brasileiro de oferecer respostas aos desafios contemporâneos:

> A atual estruturação dos organismos públicos federais não oferece as condições ideais para a implementação e execução das competências da União no âmbito da saúde pública, como também não oferece as condições ideais para o controle eficaz das atividades de vigilância sanitária no território nacional. Da mesma forma, os órgãos à disposição do governo federal para atuar na área da saúde pública têm apresentado deficiências que comprometem o conjunto do aparelho do Estado.[745]

Assim, a Anvisa surgiu como uma resposta política a uma situação de crise na saúde pública do país, em um contexto de profundas mudanças da Administração Pública brasileira. A análise contextualizada da criação da Anvisa deixa claro que a agência não surgiu no vácuo. Antes, ela é um produto da cultura local, que possui profundas raízes econômicas, jurídicas, sociais e políticas.

Além de produto da cultura local, a Anvisa é produtora do contexto no qual se insere. Com efeito, a Exposição de Motivos da MP nº 1.791/1998 ressalta que a autonomia da Anvisa é um dos fatores

---

[743] *Idem.*
[744] COSTA, *op. cit.*, nota 737, p. 370-371.
[745] BRASIL. Câmara dos Deputados, *op. cit.*, nota 738.

que conferem à agência a capacidade de solucionar os desafios que ensejaram a reforma institucional realizada naquele momento. Essa autonomia, como destacou-se anteriormente,[746] contribui para o desenvolvimento da capacidade técnico-científica da agência, com impacto direto sobre a forma como ela realiza análises de risco e resolve as controvérsias científicas. Ou seja, a autonomia da Anvisa molda ativamente o espaço que ela ocupa.

A atividade de análise de risco desenvolvida pela Anvisa não é um simples espelho transcendente da realidade. Dito de outro modo, o resultado da atividade de identificação, seleção e mensuração do risco não pode ser concebido como uma verdade não mediada sobre o mundo. Nisso se observam os acordos simultâneos do "ser" e do "dever ser"' a que se refere Sheila Jasanoff: os riscos identificados, selecionados e mensurados no campo da regulação da vigilância sanitária (aquilo que se sabe sobre o mundo) estão intimamente ligados às escolhas traduzidas na criação da Anvisa e na definição de seu desenho institucional e dos processos que norteiam a sua atuação (aquilo que se pode fazer sobre esse mesmo mundo).[747] Essa releitura coproducionista da regulação desenvolvida pela Anvisa torna possível afirmar que o risco objeto da regulação no campo da vigilância sanitária é um produto da cultura local.

4.5.3 Se o risco é construído, ele pode ser descontruído

Corolário lógico do caráter socialmente construído do risco é que ele também está sujeito à desconstrução. Os principais desafios da regulação de risco no campo da vigilância sanitária envolvem questões situadas na fronteira do conhecimento científico, onde a incerteza é acentuada e o consenso científico é improvável ou materialmente impossível de se alcançar. Aqui a ciência empregada para fins regulatórios inevitavelmente implica a realização de julgamentos subjetivos por parte de cientistas e especialistas, além de encobrir fatores contextuais destes atores, tais como a sua afiliação profissional, institucional, política e cultural. Nesse contexto, quanto maior for a incerteza, o estresse político ou clamor social, mais provavelmente as verdades científicas serão contestadas e desconstruídas por outros atores que atuam na arena regulatória.

---

[746] Conforme tópico 4.1, supra.
[747] Conforme tópico 3.7.2, infra.

Analisando a realidade do processo regulatório norte-americano, Sheila Jasanoff afirma o seguinte:

> Afinal, o princípio central do construtivismo social é que as percepções da "realidade" científica são sempre coloridas por características contextuais como as afiliações profissionais, institucionais, políticas e culturais do cientista. Se alguém aceita essa visão, desacordos entre cientistas em situação adversa – por exemplo, um consultor da EPA e os painéis de especialistas nomeados para criticar seu trabalho – parecem totalmente previsíveis, até mesmo inevitáveis. Em outras palavras, em um ambiente politizado como o processo regulatório dos EUA, a desconstrução de "fatos" científicos em interpretações conflitantes e socialmente restritas parece ser mais a norma do que a exceção.[748]

O caso das substâncias para combater a obesidade oferece um terreno especialmente fértil para analisar-se como as reivindicações científicas são utilizadas na construção e desconstrução do risco. A análise coproducionista coloca em evidência a forma como cada instituição regulatória atuou para desacreditar a versão de realidade criada por outra instituição cuja visão lhe era rival.

Antes do início da disputa entre a Anvisa e o Congresso Nacional, a análise de risco realizada pela Anvisa estava consubstanciada na RDC nº 25/2010, que liberava a utilização de todas as substâncias até uma determinada dosagem. A divulgação do Estudo Scout, realizado pela Abbot a pedido da European Medicines Agency (EMA) para avaliar o risco da sibutramina entre usuários obesos com antecedente cardiovascular, foi responsável pela deflagração de um processo de desconstrução do risco no âmbito da Anvisa, levando a agência a editar a RDC nº 52/2011, proibindo o uso de anfepramona, femproporex e mazindol e limitando o uso da sibutramina até a dose diária recomendada de 15 mg/dia (quinze miligramas por dia).

Esse 'novo' risco construído pela Anvisa foi desconstruído cerca de três anos depois pelo Congresso Nacional. Para tanto, o autor do projeto que deu origem ao DL nº 273/2014 atacou a credibilidade da análise técnica e científica conduzida pela Anvisa, se baseou no conselho de sociedade de especialistas e invocou aspectos sociais e políticos para defender a derrubada da norma da Anvisa. Assim, o Congresso Nacional editou o DL nº 273/2014, por meio do qual materializou o entendimento de que os medicamentos não ofereceriam perigo

---

[748] JASANOFF, op. cit., nota 147, p. 37, tradução nossa.

suficiente à sociedade capaz de ensejar a proibição e limitação de seu uso no país.

Com a publicação do DL nº 273/2014, a Anvisa alegou que o ato criava uma lacuna no ordenamento jurídico-regulatório, motivo pelo qual entendeu ser necessário editar uma nova norma para regular o uso das substâncias em questão. A RDC nº 50/2014 restabeleceu o regime que vigorava antes da RDC nº 52/2011 (sustada pelo Congresso Nacional), representando uma nova dimensão do processo de construção e desconstrução do risco envolvendo as substâncias utilizadas para combater a obesidade. Posteriormente, a Anvisa editou a RDC nº 133/2016, consolidando as doses diárias recomendadas dos anorexígenos anfepramona, mazindol, femproporex e fentermina e da sibutramina e estabelecendo regras para o monitoramento de eventos adversos relacionado ao uso de tais substâncias.

O tema continuou movimentando a pauta política e, em uma nova investida, o Congresso Nacional aprovou a Lei nº 13.454/2017, por meio da qual eliminou qualquer limite de dosagem *ex ante*, ficando sob a responsabilidade exclusiva do médico prescritor do medicamento definir, no caso concreto, a dosagem a ser administrada ao paciente. Na justificativa do projeto de lei que originou a referida lei, os parlamentares autores do PL questionaram os estudos realizados pela Anvisa, confiaram na *expertise* e credibilidade do Conselho Federal de Medicina, de sociedades médicas e dos próprios médicos prescritores do medicamento e invocaram aspectos sociais e políticos.

Interessante notar que, nesse processo de construção e desconstrução do risco que se desenrolava na arena regulatória, a Anvisa procurou desacreditar a visão de risco rival que estava sendo defendida por parlamentares e entidades de especialistas. Durante a tramitação do processo legislativo que resultou na promulgação da Lei nº 13.454/2017, a Anvisa divulgou nota externando "preocupação" com relação aos efeitos que poderiam advir da aprovação do projeto de lei. A agência destacou que a aprovação desse PL resultaria em um afrouxamento do controle e da fiscalização dos medicamentos, aumentaria os riscos de efeitos adversos (dada a ausência de comprovação científica da relação risco X benefício) e afrontaria a Lei nº 9.782/1999, que confere à Anvisa a competência para efetuar o controle sanitário da produção e comercialização de medicamentos no país.[749]

---

[749] BRASIL. Anorexígenos: posição da Anvisa sobre o PLC 61/15. *Gov.br*, Brasília, DF, 4 jul. 2022. Disponível em: https://www.gov.br/anvisa/pt-br/assuntos/noticias-anvisa/2016/anorexigenos-posicao-da-anvisa-sobre-o-plc-61-15. Acesso em: 2 set. 2023.

Embora o caso das substâncias para combater a obesidade coloque em evidência as disputas entre a Anvisa e o Congresso Nacional na arena regulatória, é importante destacar que outros atores institucionais também participaram desse debate. De um lado, diversas sociedades de especialistas, incluindo o Conselho Federal de Medicina (CFM), se posicionaram favoravelmente à liberação do uso dos medicamentos voltados para combater a obesidade. Inclusive, esse posicionamento foi amplamente explorado pelo Congresso Nacional para justificar as suas investidas sobre o tema. De outro, outras instituições se posicionaram contrariamente às deliberações do Congresso Nacional, como o Conselho Nacional de Saúde (CNS), que aprovou uma moção de repúdio ao Congresso Nacional e à Presidência da República contra a Lei nº 13.454/2017,[750] e o Conselho Federal de Nutricionistas (CFN), que publicou uma nota de apoio ao posicionamento da Anvisa.[751]

A discussão chegou ao STF, que, ao julgar a ADI nº 5.779, considerou a lei inconstitucional sob o fundamento de que o Congresso Nacional, ao regular o uso das substâncias, não proporcionou à população uma proteção suficiente ao seu direito constitucional à saúde. Essa decisão consubstancia mais um capítulo no processo de construção e desconstrução do risco envolvendo as substâncias para combater a obesidade: o STF desconstruiu a análise de risco efetuada pelo Congresso Nacional e materializada na Lei nº 13.454/2017, que, por sua vez, havia desconstruído a análise de risco efetuada pela Anvisa por meio da RDC nº 50/2014.

Destaque-se que a finalização do julgamento no âmbito do STF não representa o encerramento definitivo do processo de construção e desconstrução dos riscos associados às substâncias para combater a obesidade. Tramita no Congresso Nacional o Projeto de Decreto Legislativo (PDL) nº 908/2018, que tem como objeto a sustação da RDC nº 50/2014, da Anvisa. Apresentado em abril de 2018 pela deputada Laura Carneiro, o PL atualmente se encontra na Comissão de Seguridade Social e Família.[752]

---

[750] PLENÁRIO do CNS repudia Lei dos Anorexígenos e contesta constitucionalidade. *CNS*, Brasília, DF, 6 jul. 2017. Disponível em: https://conselho.saude.gov.br/ultimas_noticias/2017/07jul06_CNS_repudia_Lei_Anorexigenos_contesta_constitucionalidade.html. Acesso em: 2 set. 2023.

[751] POSIÇÃO do CFN sobre projeto de lei que libera anorexígenos. *Notícias CNF*, [S. l.], 1 jun. 2016. Disponível em: https://www.cfn.org.br/index.php/noticias/posicao-do-cfn-sobre-projeto-de-lei-que-libera-anorexigenos/. Acesso em: 2 set. 2023.

[752] De acordo com informações disponíveis na aba "Tramitação Detalhada", no dia 18 de junho de 2021, o deputado Luizinho Antônio Teixeira Júnior foi designado relator

A ótica coproducionista viabiliza uma releitura do caso das substâncias para combater a obesidade com o objetivo de ressaltar o contínuo processo de construção e desconstrução do risco objeto da regulação no campo da vigilância sanitária. Essa releitura chama a atenção para as estratégias adotadas pelos mais variados atores com o objetivo de desacreditar as reivindicações científicas da visão rival.

4.5.4 Autoridade do conhecimento científico advém da estabilidade da linha divisória entre os territórios da ciência e da política

Em um modelo tecnocrático de risco, que incorpora a perspectiva tradicional de ciência universal e desinteressada, a retórica da 'ciência sólida' ou 'ciência baseada em evidências' costuma ser invocada para conferir autoridade e credibilidade às reivindicações de cientistas e especialistas e, consequentemente, legitimidade à análise de risco realizada pela agência reguladora. Com isso, espera-se que tanto a análise de risco quanto as estratégias de gerenciamento de risco adquiram estabilidade social.

A perspectiva teórica adotada a partir de estudos em STS refuta o caráter neutro da ciência utilizada para fins regulatórios e defende que o risco é uma construção social, que inevitavelmente implica a realização de julgamentos subjetivos por parte de cientistas e especialistas e incorpora uma série de fatores relacionados a esses atores. É justamente por isso que, uma vez submetidas a um contexto adversarial, as reivindicações científicas utilizadas para identificar, selecionar e mensurar os riscos ficam suscetíveis a ataques de visões oponentes, podendo ser desconstruídas.

A ótica coproducionista permite afirmar que as reivindicações científicas no campo da regulação da vigilância sanitária adquirem autoridade e estabilidade não porque se baseiam em 'ciência sólida' ou 'ciência baseada em evidências', mas porque a delimitação dos territórios da ciência e política se mantém. Isso decorre do caráter contingente e mutável da ciência, no sentido de que suas fronteiras têm sido desenhadas e redesenhadas de forma flexível ao longo do tempo,

---

do projeto. Na sequência, consta a informação de que, no dia 31 de janeiro de 2023, o referido parlamentar deixou de ser membro da Comissão de Segurança Social e Família (Disponível em: https://www.camara.leg.br/propostas-legislativas/2170882. Acesso em: 7 set. 2023).

a depender do contexto que envolve a controvérsia de momento. Os casos discutidos no capítulo anterior oferecem múltiplas perspectivas de análise dos processos de delimitação da fronteira entre a ciência e a política.

No caso da pílula do câncer, o Congresso Nacional criou um regime excepcional de regulação de risco no qual assumiu uma presunção inicial de segurança e eficácia da fosfoetanolamina, aparentemente se amparando na credibilidade científica dos pesquisadores do IQSC da USP. Para fortalecer essa presunção de segurança e eficácia a partir de uma perspectiva "científica", os congressistas mencionaram na justificativa do PL nº 4.639/2016 que diversos médicos e pesquisadores renomados testemunharam perante o Congresso Nacional a favor da substância. Os congressistas também invocaram perspectivas do público leigo e valores éticos, sociais e políticos para justificar a criação de um regime excepcional de regulação de risco. Assim, ao delimitar os territórios da ciência e da política por meio da Lei nº 13.269/2016, o Congresso Nacional estabeleceu "fronteiras confusas", o que tornou a sua decisão política mais suscetível à contestação pública.

A estabilização dos limites territoriais da política e da ciência somente adveio por intermédio da decisão proferida pelo STF na ADI nº 5.501, na qual o Tribunal demarcou os territórios da ciência e da política de maneira bastante rígida, estabelecendo que a Anvisa pertence ao campo da ciência e o Congresso Nacional pertence ao campo da política. Essa forma rígida de separar os territórios permitiu que o Tribunal construísse uma argumentação que, ao final, concluiu pela violação ao princípio da separação de Poderes.

O caso das substâncias para combater a obesidade oferece um maior número de perspectivas de análise. O ato que marcou o início da disputa entre a Anvisa e o Congresso Nacional foi a publicação da RDC nº 52/2011. Aqui a Anvisa promoveu uma rígida separação entre os territórios da ciência e política, pois enquadrou o problema regulatório de maneira insulada, com a exclusão *ex ante* das partes interessadas e do público em geral da atividade de análise de risco.

Quando a Anvisa realizou a audiência pública e o painel internacional, as áreas técnicas da agência já haviam promovido o enquadramento do risco a partir de uma visão restrita, acolhendo integralmente as premissas e conclusões constantes do Estudo Scout. Ao delimitar os territórios da ciência e da política de forma insulada e adotando um critério controverso – extrapolação dos dados para outros grupos de pacientes –, a Anvisa não somente interditou a participação de outros atores sociais na projeção do risco, como também se sujeitou a críticas que impediram que o conhecimento científico empregado pela agência adquirisse estabilidade política e social.

O DL nº 273/2014 sustou a norma da Anvisa, mas sem oferecer uma nova disciplina em seu lugar. Essa maneira menos incisiva de avançar a cerca demarcatória sobre o território da ciência permitiu ao Congresso Nacional aumentar a sua influência sobre o regime regulatório de risco, mas sem se sujeitar a uma contestação pública mais acentuada. No caso, o Congresso Nacional rejeitou a credibilidade da ciência regulatória que a Anvisa empregou para produzir a RDC nº 52/2011, mas não aniquilou o papel da agência como instituição competente no país para realizar análises de risco e endereçar estratégias de gerenciamento de risco, deixando, assim, o campo aberto para que a própria Anvisa revisse sua normativa, efetuasse uma nova análise do risco e oferecesse outra estratégia de gerenciamento de risco, que foi exatamente o que a agência fez ao publicar a RDC nº 50/2014 e, posteriormente, a RDC nº 133/2016.

Já por meio da Lei nº 13.454/2017, o Congresso Nacional promoveu uma nova demarcação dos territórios da ciência e da política, mas dessa vez parece ter avançado demais a cerca divisória sobre o território da ciência. Ao autorizar a produção, a comercialização e o consumo, sob prescrição médica, das substâncias sibutramina, anfepramona, femproporex e mazindol, a lei acabou se sujeitando à crítica de que havia dispensado o registro sanitário e as demais ações de vigilância sanitária a cargo da Anvisa, circunstância que tornou a lei bastante suscetível a ataques de visões oponentes.

Essa forma de demarcação dos territórios da ciência e da política foi contestada perante o STF por meio da ADI nº 5.779. O voto do ministro Edson Fachin, relator do acórdão, desenvolveu uma argumentação que consagra uma expansão condicionada do território da política: se o Congresso Nacional decidir regular o uso, a produção e a comercialização de medicamentos no país (atividade que o próprio Congresso Nacional delegou à Anvisa), deverá empregar um conhecimento científico no mínimo igual àquele que norteia as práticas adotadas pela Anvisa.

As duas intervenções do Congresso Nacional parecem ser particularmente úteis para comprovar o argumento no sentido de que a autoridade do conhecimento científico utilizado para fins regulatórios está mais relacionada com a estabilidade da linha divisória entre os territórios da ciência e da política do que propriamente com as noções de *expertise* do regulador ou de qualidade da ciência empregada na análise de risco. É inegável que o DL nº 273/2014 consubstanciou um avanço do território da política sobre o território da ciência, mas esse avanço não foi considerado excessivamente invasivo e a delimitação dos territórios da ciência e da política se manteve. Tanto assim que a nova realidade instaurada em decorrência da edição dessa norma adquiriu estabilidade por três anos e só foi alterada porque o próprio Congresso Nacional editou a Lei nº 13.454/2017.[753]

Finalmente, no caso da importação dos produtos de combate à pandemia, o Congresso Nacional editou uma lei que também representava uma ingerência do Parlamento no campo da regulação da vigilância sanitária. Mas a decisão política do Congresso Nacional não chegou a sofrer contestação pública e nem foi impugnada perante o STF. Dito de outro modo, essa decisão achou estabilidade política e social, o que pode ser justificado pela forma como o Congresso Nacional demarcou os territórios da ciência e da política: ciência regulatória é aquilo produzido por uma agência reguladora, seja ela um regulador estrangeiro de renome internacional (na hipótese de ter registrado o produto em sua jurisdição), seja ela a própria Anvisa (caso profira uma decisão no prazo de 72 horas sobre a análise de risco realizada pelo regulador estrangeiro).

---

[753] É possível especular que a demarcação dos territórios promovida por meio do Decreto Legislativo nº 273/2014 perduraria por mais tempo caso o próprio Congresso Nacional não tivesse promovido um novo avanço sobre o território da ciência, como o fez por intermédio da Lei nº 13.454, de 23 de junho de 2017.

5

MODELO DE REGULAÇÃO DE RISCO À LUZ DE SCIENCE, TECHNOLOGY AND SOCIETY (STS)

O estudo de caso efetuado no capítulo anterior viabiliza o aprofundamento do conhecimento sobre a prática regulatória desenvolvida em um campo de significativa importância para a sociedade brasileira. Em especial, a investigação permite avaliar, em um contexto real, aspectos teóricos relacionados ao risco e sua regulação, tornando possível, inclusive, a formulação de um diagnóstico sobre o modelo de regulação de risco dominante no campo da vigilância sanitária e a confirmação da hipótese de pesquisa.

A compreensão mais apurada da regulação de risco desenvolvida no Brasil contribui para a proposição de um novo modelo de regulação para os setores que dependem da realização de análises científicas do risco. Sendo o risco algo socialmente construído, é corolário necessário que a abordagem regulatória deva ser aderente aos pressupostos dessa condição construtivista. No presente tópico, propõe-se a teorização de um modelo de regulação de risco para o Brasil à luz das categorias de STS.

5.1 Accountability da ciência regulatória em perspectiva

Accountability, transparência e participação social são termos que denotam coisas distintas, mas seus sentidos se interrelacionam.

Na regulação, o sentido da expressão accountability está tradicionalmente relacionado ao dever das agências reguladoras de prestarem contas de suas atividades ao público.[754] No contexto desta pesquisa, *accountability* se refere a uma maior abertura da etapa de análise de risco em direção à sociedade, o que opera em duas dimensões. Em uma primeira dimensão, *accountability* se refere ao dever de cientistas e especialistas das agências reguladoras de divulgarem as informações relacionadas ao conhecimento científico produzido para fins regulatórios, incluindo os impactos que esse conhecimento produz na sociedade, de modo a viabilizar o seu controle pelas partes interessadas e pelo público. Em uma segunda dimensão, *accountability* pressupõe que as opiniões e reações das partes interessadas e do público em geral devem ser levadas em consideração na produção desse conhecimento científico, não podendo ser tachadas como mera irracionalidade ou ignorância. Em ambos os contextos, quanto maior for o impacto das práticas científicas sobre o tecido social, mais significativa deve ser a sua *accountability*.

Essa forma de delimitar a *accountability* da atividade de análise de risco coloca em evidência duas de suas dimensões essenciais: a transparência e a participação social. Em termos fundamentais, transparência regulatória é corolário lógico do princípio constitucional da publicidade da Administração Pública e do direito fundamental que qualquer pessoa possui de receber informações dos órgãos públicos.[755] Na pesquisa aqui desenvolvida, a transparência adquire algumas especificidades: ela busca viabilizar o controle e a participação da sociedade nas práticas científicas das agências reguladoras, bem como uma regulação mais aderente à realidade (mais eficaz); ela opera tanto em uma dimensão proativa (as agências reguladoras devem publicizar, independentemente de provocação, as ações governamentais, seu planejamento e resultados), quanto em uma dimensão orientada pela procura (as agências reguladoras devem responder aos questionamentos feitos pelas partes interessadas e cidadãos envolvendo tipos específicos de

---

[754] Segundo Robert Baldwin, Martin Cave e Martin Lodge, a expressão *accountability* diz respeito ao dever dos funcionários (*officials*) de prestarem contas ao público sobre o seu comportamento. No contexto da regulação, a *accountability* passou a se relacionar com a discricionariedade exercida pelas agências reguladoras, "órgãos que não são eleitos e, portanto, não respondem por suas ações através das urnas". Há uma série de mecanismos voltados para controlar a discricionariedade, incluindo o dever de fundamentação, a divulgação de informações e as audiências (BALDWIN; CAVE; LODGE, *op. cit.*, nota 40, p. 340-343, tradução nossa).

[755] Conforme artigos 5º, inc. XXXIII, e 37, da Constituição Federal de 1988.

informações ou documentos);[756] e ela precisa ser clara, no sentido de proporcionar a devida visibilidade de produtos, processos, programas e informações relacionados à atividade de análise de risco desenvolvida pelas agências reguladoras, incluindo os papéis dos diferentes participantes da arena regulatória, permitindo que as partes interessadas e o público em geral tenham pleno conhecimento do comportamento institucional da agência e possam responder em conformidade.[757]

A transparência, nesse contexto, é um passo necessário para assegurar uma participação efetiva das partes interessadas e do público em geral nas práticas científicas que as agências reguladoras desenvolvem para regular os produtos, serviços e atividades submetidos ao seu campo de atuação.

Portanto, a noção de *accountability* adotada no modelo de regulação de risco ora proposto opera em mão e contramão: de um lado, cientistas e especialistas das agências reguladoras divulgam as informações relacionadas ao conhecimento científico produzido no processo regulatório; de outro lado, as partes interessadas e o público leigo controlam as práticas científicas da agência reguladora e fornecem as suas perspectivas de risco ao regulador, que deve levá-las em consideração ao formatarem os seus modelos de risco.

Em uma avaliação preliminar, a transparência e a participação social parecem deter aptidão para resolver os dois problemas identificados inicialmente nesta pesquisa. O primeiro problema reside no fato de que o insulamento da etapa de análise de risco (re)produz um poder político no âmbito das agências reguladoras que não se submete aos tradicionais modos de legitimação, prejudicando, assim, a noção de legitimidade democrática da regulação. Com efeito, a atividade de análise de risco comporta uma série de julgamentos subjetivos de cientistas e especialistas sobre o risco objeto da regulação, julgamentos estes que não podem ser qualificados como sendo objetivos, neutros, universais. Desse modo, torna-se ainda mais necessário submeter tais julgamentos ao escrutínio público, sob pena de se tornarem um poder político insulado e potencialmente incontido, algo que não se coaduna

---

[756] FOX, Jonathan. The Uncertain Relationship between Transparency and Accountability. *Development in Practice*, [S. l.], v. 17, n. 4/5, p. 665, 200. Disponível em: https://www.tandfonline.com/doi/full/10.1080/09614520701469955. Acesso em: 6 out. 2023.

[757] Ao contrário, transparência opaca ou difusa se refere à divulgação de informações que não revelam como o Estado está se comportando na prática. Também compreende a divulgação de informações apenas sob uma perspectiva formal e a divulgação de informações que não são confiáveis (*Ibidem*, p. 667).

com os ideais democráticos que norteiam a atuação das agências reguladoras no país.[758] O segundo problema está relacionado à dimensão social e cultural do risco assumida na pesquisa ora desenvolvida. O enquadramento analítico do problema regulatório costuma focar em aspectos quantitativos do risco, deixando de lado a sua dimensão cultural e social. Como consequência, os quadros de referência definidos pelas agências reguladoras – que oferecem sentido e orientação ao risco objeto da regulação – acabam por excluir, de antemão, o conhecimento dos partes interessadas relevantes e do cidadão leigo como fonte de informação relevante para a atividade de análise de risco. Isso resulta em uma representação deficiente da realidade, gerando respostas regulatórias que padecem da mesma distorção, o que atrai a necessidade de se abordar o risco a partir de uma perspectiva mais permeável à sua natureza multidimensional.

É possível situar a noção aqui defendida de *accountability* da ciência regulatória no contexto de um movimento mais amplo que vem se desenvolvendo em prol da *accountability* da regulação. Analisando o tema do engajamento das partes interessadas (*stakeholder engagement*), a OCDE afirma em seu *Regulatory Policy Outlook 2021* que "todos são afetados por leis, incluindo cidadãos, empresas, consumidores e funcionários (bem como suas organizações e associações representativas), o setor público, organizações não governamentais, parceiros comerciais internacionais e outras partes interessadas que também podem ser desfavorecidas ou menos influentes".[759] Nesse contexto, as normas regulatórias podem ser significativamente aperfeiçoadas quando os seus destinatários são diretamente envolvidos:

> Os cidadãos podem oferecer informações valiosas sobre a viabilidade e as implicações práticas das regulações. O significativo envolvimento das partes interessadas pode levar a uma maior conformidade com as regulações, especialmente quando as partes interessadas sentem

---

[758] Como destacado na Introdução deste trabalho, a implantação do modelo de agência reguladora no Brasil na década de 1990 levantou questionamentos sobre a legitimidade democrática dessas entidades, pois seus dirigentes não são escolhidos pelo sufrágio popular e as escolhas regulatórias podem estar em desacordo com a linha do governo eleito pelo voto popular. Nesse contexto, os mecanismos de participação social exercem um papel de significativa importância para conferir a devida legitimidade democrática à atuação dessas entidades no país. Essa abordagem, contudo, está sujeita a limitações no âmbito da regulação de risco, pois, conforme a pesquisa demonstrou, existem significativas barreiras à participação social na atividade de análise de risco.

[759] OECD, *op. cit.*, nota 9, p. 56.

que as suas opiniões foram consideradas. Do ponto de vista da política regulatória, isso implica conceder aos membros do público oportunidades suficientes para ajudar a moldar, desafiar e reformar as regulações que eles encontram em suas vidas diárias.[760]

Por isso, a OCDE ressalta a necessidade de os formuladores de políticas dedicarem especial atenção ao fato de que tais grupos possuem limitações de recursos e tempo para participarem do processo regulatório, devendo adaptar suas estratégias de engajamento em consonância com tais limitações a fim de garantir que todas as vozes tenham a oportunidade de se expressar e de serem ouvidas.[761] Nesse contexto, a abertura do canal de comunicação deve ser ampla o suficiente para garantir o envolvimento ativo de todas as partes interessadas relevantes durante o processo de regulação.[762]

A OCDE observa que a maioria dos países-membros realiza consultas às partes interessadas com relação a propostas regulatórias já elaboradas. No entanto, o documento ressalta que apenas alguns países consultam o público de maneira sistemática no estágio inicial do processo regulatório "para definir problemas de políticas e considerar possíveis soluções".[763] Nesse contexto, o documento da OCDE ressalta a necessidade de haver um maior engajamento das partes interessadas nas fases iniciais do processo regulatório.[764]

Refletindo sobre tais questões, os funcionários e consultores da OCDE Paul Davidson, Christiane Arndt-Bascle, Marie-Gabrielle de Liedekerke e Renny Reyes assinalam que é justamente nas fases iniciais do processo regulatório que a contribuição das partes interessadas "pode fazer a maior diferença na identificação de opções políticas adequadas e na garantia de que as regras funcionam na prática".[765]

---

[760] *Idem.*
[761] *Ibidem*, p. 56-57.
[762] *Ibidem*, p. 57.
[763] *Ibidem*, p. 50, tradução nossa.
[764] "A maioria dos países da OCDE consulta as partes interessadas sobre rascunhos de propostas, mas apenas alguns consultam sistematicamente em um estágio inicial (Tabela 2.1), uma situação que não melhorou nos últimos anos" (*Ibidem*, p. 64, tradução nossa). Por outro lado, a OCDE pondera que a participação do público, em um momento muito inicial do processo regulatório, pode não ser efetiva: "Numa fase inicial, os impactos potenciais das propostas podem não ser conhecidos com certeza, portanto, todas as partes interessadas potencialmente afetadas também podem não ser conhecidas" (*Ibidem*, p. 62, tradução nossa).
[765] Os autores desenvolveram o tema na série *A Global Regulatory Policy Outlook*, escrita para a *The Regulatory Review* (Disponível em: https://www.theregreview.

Para eles, o envolvimento do público no estágio inicial do processo regulatório "não só ajuda a criar adesão e apoio às políticas resultantes, mas também ajuda a garantir que essas políticas se baseiam nas evidências disponíveis".[766]

No Brasil, apesar de toda a evolução que a legislação proporcionou nos últimos tempos ao tema da participação social no processo regulatório, ainda existe uma lacuna com relação à participação dos partes interessadas e do público em geral nos estágios menos avançados no processo regulatório, exatamente onde se desenvolve a atividade de análise de risco.

O estudo de caso efetuado no capítulo anterior demonstra que a Lei nº 13.848/2019 positivou expressamente dois mecanismos de participação social, que são as consultas públicas e as audiências públicas. No entanto, o único mecanismo que a agência reguladora está obrigada a realizar é a consulta pública, e mesmo assim quando o seu objeto envolver "minutas e propostas de alteração de atos normativos",[767] o que significa dizer que a agência reguladora somente está obrigada a lançar mão do referido mecanismo em relação às soluções que ela própria idealizou.

Com relação à fase inicial do processo regulatório, em que o regulador ainda busca definir o problema regulatório e avaliar qual a melhor alternativa para enfrentá-lo, a legislação em vigor não estipula a obrigatoriedade de realização de qualquer mecanismo de participação social. Nesse sentido, a Lei nº 13.848/2019 torna apenas facultativa a realização de audiência pública "para formação de juízo e tomada de decisão sobre matéria considerada relevante".[768]

Analisando criticamente a situação da política regulatória do país, Natasha Salinas e Lucas Gomes destacam que a participação pública nos estágios menos avançados do processo regulatório tenderia a ser mais efetiva em comparação a uma consulta sobre minutas de normas

---

org/2022/12/07/davidson-improving-stakeholder-engagement/?utm_source=The+Regulatory+Review+newsletter+and+alert+subscribers;utm_campaign=b9042d6fbb-EMAIL_CAMPAIGN_4_23_2019_6_54_COPY_01;utm_medium=email;utm_term=0_d70039d0ef-b9042d6fbb-711782557. Acesso em: 1 ago. 2023).

[766] Idem.
[767] Art. 9º da Lei nº 13.848, de 25 de junho de 2019.
[768] Art. 10 da Lei nº 13.848, de 25 de junho de 2019. Nesse sentido, o art. 8º do Decreto nº 10.411, de 30 de junho de 2020, faculta a realização de mecanismo de participação social tendo como objeto o relatório de análise de impacto regulatório "antes da decisão sobre a melhor alternativa para enfrentar o problema regulatório identificado e antes da elaboração de eventual minuta de ato normativo a ser editado".

já elaboradas, uma vez que, após a elaboração da proposta normativa, "o órgão regulador torna-se mais resistente a mudar substantivamente suas escolhas regulatórias".[769] Os autores ressaltam que, mesmo sem previsão legal, seria possível que as agências reguladoras brasileiras realizassem consultas públicas nos estágios menos avançados do processo regulatório.

No entanto, isso raramente acontece. Ao analisarem a base de dados que o projeto Regulação em Números, da FGV Direito Rio, construiu sobre consultas e audiências públicas das agências reguladoras federais, Salinas e Gomes identificaram que

> apenas 5,8% de todos os mecanismos de participação realizados tratavam de problemas regulatórios amplos, em que a agência reguladora pretendeu discutir de forma aberta e menos dirigida, antes da redação da minuta normativa, determinado tema regulatório com o objetivo de produzir conhecimentos.[770]

Além disso, os autores dirigem uma crítica aos mecanismos de participação social eventualmente utilizados pelas agências reguladoras em estágios mais incipientes do processo regulatório. Citando como exemplo a tomada de subsídio, mecanismo comumente utilizado por agências como a Agência Nacional de Transportes Terrestres (ANTT) e a Agência Nacional de Transporte Aquaviário (Antaq), os autores argumentam o seguinte:

> Mecanismos de participação dessa natureza caracterizam-se por serem mais informais e envolverem apenas as partes diretamente interessadas na proposta de regulação, diferentemente da consulta pública, que segue ritos e procedimentos mais engessados e se destina a público-alvo mais amplo. Mecanismos de participação informais e negociados costumam, no entanto, ser menos transparentes, devendo, portanto, ser complementares, e não substituíveis, àqueles dotados de maior formalidade, como a consulta pública.[771]

---

[769] SALINAS, Natasha Schmitt Caccia; GOMES, Lucas Thevenard. A política regulatória brasileira em face das recentes recomendações da OCDE. *Conjur*, Rio de Janeiro, 2 abr. 2022. Disponível em: https://www.conjur.com.br/2022-abr-02/salinas-gomes-recentes-recomendacoes-ocde. Acesso em: 14 nov. 2022.
[770] *Idem*.
[771] *Idem*.

O estudo de caso realizado no capítulo anterior demonstra que o campo da regulação da vigilância sanitária reflete a situação identificada de maneira mais ampla por Salinas e Gomes. Nesse sentido, apenas 5,1% das consultas e audiências públicas realizadas pela Anvisa entre 2 de janeiro de 2008 e 31 de dezembro de 2022 buscavam a produção e a apropriação de conhecimentos e informações sobre determinado tema, sem versar especificamente sobre proposta normativa. Além disso, a Anvisa também possui mecanismos de participação menos informais e transparentes, tais como a consulta dirigida e o diálogo setorial, que não constam de seu Regimento Interno e, portanto, não estão sujeitos às formalidades estabelecidas pela Lei nº 13.848/2019 para realização de mecanismos de participação social.

Todo esse quadro permite afirmar que, na perspectiva da regulação de risco, a legislação brasileira enquadra o tema da participação social de maneira significativamente restrita, pois a obrigação do regulador de lançar mão de mecanismo de participação social somente recai sobre a etapa de gerenciamento de risco. Isso significa dizer que a agência reguladora somente está obrigada a realizar a consulta pública quando (i) já identificou e selecionou o problema regulatório, (ii) já mediu os riscos que serão alvo da regulação e (iii) já endereçou uma proposta de solução.

A forma limitada de enquadramento prevista na legislação brasileira promove uma demarcação *a priori* do campo aberto ao controle e participação social no processo regulatório: a legislação tornou obrigatória a participação social na etapa de gerenciamento de risco, e apenas facultativa na etapa de análise de risco (estágio menos avançado do processo regulatório), sendo perceptível, portanto, que a legislação subscreve – ou pelo menos tende a adotar – a noção de que a etapa de análise de risco deve ocorrer de maneira insulada, ficando a critério da agência reguladora viabilizar, ou não, o engajamento dos partes interessadas e do público em geral nessa etapa do processo regulatório.

O problema é que, na etapa de análise de risco, a agência reguladora desenvolve atividades que, de acordo com as categorias de STS, não podem prescindir do controle e da participação social. Deveras, como argumenta Sheila Jasanoff, o risco não é algo real e físico, acessível somente a cientistas e especialistas das agências reguladoras. Antes, o risco é algo construído por especialistas e leigos a partir da história e da experiência, estando incorporado culturalmente e tendo "textura e significado que variam de um grupo social para outro".⁷⁷² A análise de risco, a partir dessa perspectiva construtivista, impõe que o regulador dedique maior atenção às conexões entre risco e cultura e estabeleça "maior negociação e engajamento das partes interessadas para que diferentes perspectivas sobre o risco possam ser descobertas e acomodadas".⁷⁷³

Segue-se daí que o enquadramento técnico do risco – atividade de identificação e seleção de risco desenvolvida exclusivamente por cientistas e especialistas da agência reguladora – acaba por desconsiderar a dimensão cultural do risco, deixando, portanto, de capturar uma série de aspectos que compõem a própria essência do problema regulatório. Essa forma imprecisa de representação da realidade leva a agência reguladora a ter uma visão parcial e distorcida do risco, impactando negativamente o desenho e, portanto, a eficácia das estratégias regulatórias de gerenciamento de risco.

Por outro lado, esse enquadramento restrito confere uma discricionariedade demasiadamente ampla à agência reguladora, que fica livre para decidir se e quando submete ao escrutínio público as práticas científicas empregadas para realizar a análise do risco.

No contexto da regulação de risco, não se trata apenas de dizer que a agência reguladora ficará mais refratária a mudanças substanciais ao trabalho que já realizou. O enquadramento restrito consagrado na legislação sinaliza a crença de que a análise de risco corresponde a uma atividade eminentemente técnica e científica, a ser realizada e controlada tão somente por cientistas e especialistas da agência reguladora, o que pode deixar encobertos, sob o manto da tecnicidade, fatores relacionados aos próprios cientistas e especialistas, além de vieses e julgamentos normativos, prejudicando a legitimidade da atuação da agência.

O estudo de caso realizado no capítulo anterior permite visualizar, na prática regulatória, como esse enquadramento restritivo impacta a atividade desempenhada pelo regulador. No campo da regulação da vigilância sanitária, a Anvisa somente está obrigada a realizar mecanismos de participação social quando propuser anteprojeto de lei (caso de audiência pública) ou quando elaborar minutas e propostas de alteração de atos normativo (hipótese de consulta pública), o que confere à agência significativa liberdade para decidir se e quando realiza mecanismo de participação social na etapa de análise de risco.

---

⁷⁷² JASANOFF, *op. cit.*, nota 11, p. 150, tradução nossa.
⁷⁷³ *Ibidem*, p. 137, tradução nossa.

O caso das substâncias para combater a obesidade ilustra o problema de se conferir excessiva discricionariedade à agência reguladora no que tange à realização de mecanismos de participação social durante a atividade de análise de risco. A Anvisa realizou audiência pública em uma etapa mais inicial do processo regulatório, o que poderia transmitir a ideia de que a agência proporcionou uma maior abertura da atividade de análise de risco. No entanto, foi possível constatar que a agência somente assegurou a participação das partes interessadas e do grande público após as suas áreas técnicas já terem promovido o enquadramento do problema regulatório, mensurado os riscos das substâncias e até mesmo sugerido qual solução regulatória se mostrava mais adequada para enfrentar o problema (que elas próprias enquadraram). A participação social somente ocorreu quando a Anvisa já havia encerrado a atividade de análise de risco, o que ensejou a criação de um ambiente adversarial que se prolongou por muitos anos, envolveu várias entidades (incluindo o Congresso Nacional) e chegou ao STF.

5.2 Desafios à participação social ampliada na regulação de risco

A questão é que não basta tornar obrigatória a participação social na atividade de análise de risco para resolver os problemas identificados nesta pesquisa. Isso porque o tema da participação social suscita uma série de situações problemáticas que podem tornar inviável a pretensão de se promover uma maior democratização da atividade de análise científica de risco desenvolvida pelas agências reguladoras.

O estudo de caso efetuado no capítulo anterior que envolveu os mecanismos de participação social obrigatórios no campo da Anvisa revela algumas dificuldades práticas que residem na estruturação desses mecanismos e em seu funcionamento: o Conselho Consultivo parece ter sido criado como uma alternativa às consultas e audiências pública, representando, assim, um enquadramento demasiadamente restrito da participação social na Anvisa; o desequilíbrio no número de assentos destinados aos representantes que adotam uma linguagem técnica e a representantes do público leigo pode comprometer a participação destes últimos; problemas com a transparência do órgão impedem o acompanhamento de suas atividades; a legislação não obriga as agências reguladoras a realizarem mecanismos de participação social nas fases iniciais do processo regulatório, tornando a atividade de análise de risco excessivamente insulada; os mecanismos ampliados de participação social são menos formais e transparentes; e mesmo a lei obrigando as agências a responderem as críticas e contribuições recebidas por meio das consultas e audiências públicas, a Anvisa deixa de responder a mais da metade dessas críticas e contribuições.

Por outro lado, é importante ressaltar que não basta franquear acesso a laboratórios e às próprias agências reguladoras para que o público leigo passe a analisar, fiscalizar e contribuir com a atividade de análise de risco desenvolvida por cientistas e especialistas da agência. Ao contrário do que se verifica com as indústrias reguladas, que normalmente conseguem se organizar para participar de processos regulatório complexos de maneira efetiva, os cidadãos não costumam dispor de tempo para engajarem nas práticas regulatórias, nem de conhecimento especializado para compreenderem as minúcias técnicas e científicas que envolvem as questões debatidas nas agências reguladoras, nem de recursos apropriados para compreenderem as regras de participação.

Cary Coglianese reconhece que os avanços tecnológicos podem reduzir os custos que envolvem a descoberta de regras e a comunicação com os reguladores. No entanto, o autor destaca que esses avanços não seriam suficientes para assegurar um aumento substancial da participação social no processo regulatório, já que as principais barreiras à participação dos cidadãos são motivacionais, cognitivas e informacionais, e essas barreiras não detêm natureza tecnológica.[774]

A partir de uma revisão da literatura produzida sobre o tema, Coglianese argumenta que a participação no processo regulatório pressupõe que os cidadãos conheçam as agências reguladoras e compreendam que os temas em discussão afetam os seus interesses. Mas o que se observa na prática é que "as agências reguladoras recebem pouca atenção na educação cívica em quase todos os níveis, e os meios de comunicação geralmente negligenciam a elaboração de políticas regulatórias".[775] Como resultado, o cidadão médio, que já não se envolve muito com assuntos da política, desenvolve um conhecimento insuficiente sobre as agências reguladoras e sobre sua atividade, o que acaba sendo agravado pelo caráter técnico, e portanto complexo, das matérias discutidas pelas agências.[776]

---

[774] COGLIANESE, Cary. Citizen Participation in Rulemaking: Past, Present, and Future. *Duke Law Journal*, [S. l.], v. 55, n. 5, p. 964-965, 2006.
[775] *Ibidem*, p. 965, tradução nossa.
[776] *Idem*.

Essas questões levam à barreira motivacional: Se os cidadãos possuem pouco conhecimento sobre as agências e sobre sua atividade, eles não teriam motivação para se engajarem nas práticas da regulação. Mas ainda que os cidadãos conheçam o papel das agências reguladoras e compreendam que a matéria discutida pode afetar os seus interesses, subsiste o problema da ação coletiva, sendo dispendioso para um único cidadão dedicar o seu tempo para compreender as dinâmicas do processo regulatório e enviar comentários substanciais.[777]

Mesmo que os cidadãos passassem a participar, de maneira maciça, do processo regulatório, isso não resultaria, automaticamente, em benefícios para as atividades de análise de risco que as agências reguladoras realizam. Há uma série de questões que podem tornar problemática a participação social no processo regulatório de risco.

Uma ampla participação social poderia representar um pesado ônus sobre o regulador, que ficaria obrigado a analisar individualmente todas as contribuições recebidas, compilando aquelas que realmente proporcionam perspectivas úteis sobre a dimensão social e cultural do risco. Isso sem falar na natural dificuldade de se responder a todas as manifestações enviadas pelos participantes do processo regulatório.

Além disso, Ortwin Renn ressalta que, apesar de serem menos custosas e relativamente fáceis de organizar, as audiências públicas possuem baixa eficácia: "As audiências tendem a estereotipar a questão e os indivíduos envolvidos, a agravar as emoções, a enfatizar a dissidência em vez do consenso e a amplificar a desconfiança".[778]

Mais especificamente, o que muitas vezes está em jogo na regulação de risco não é um risco quantificável estatisticamente, mas sim incerteza,[779] o que eleva substancialmente as dissensões sobre como o problema deve ser enquadrado, como deve ser mensurado e sobre

---

[777] "Os custos de participação não devem ser pensados em termos absolutos, mas sim como custos de oportunidade. Embora a *internet* possa diminuir o custo de submeter um comentário a uma agência reguladora, também diminui drasticamente os custos de comunicação com amigos, acompanhamento de resultados desportivos, acompanhamento de fofocas sobre celebridades ou jogos de vídeo. Para a maioria das pessoas, as oportunidades de entretenimento, negócios e recreação possibilitadas pela *internet* serão mais atraentes do que a oportunidade de enviar um comentário sobre uma proposta de regulação federal. Além disso, mesmo os cidadãos preocupados com a política regulamentar poderiam razoavelmente decidir não participar porque seria improvável que seu único comentário fizesse muita diferença – e, em muitos casos, podem simplesmente aproveitar os comentários apresentados por grupos de interesse organizados" (Ibidem, p. 966-967, tradução nossa).

[778] RENN, *op. cit.*, nota 57, p. 16, tradução nossa.

[779] BLACK, *op. cit.*, nota 3, p. 308.

quais estratégias são adequadas para o seu enfrentamento. A análise da incerteza pressupõe a realização de julgamentos normativos por parte de cientistas e especialistas, o que abre margem para a multiplicação de visões científicas diferentes e até concorrentes, que têm o potencial de deflagrar um ambiente adversarial em que cada visão procura desconstruir as reivindicações científicas que embasam a visão contrária.

O ambiente adversarial gerado pela incerteza proporciona um território fértil para a produção de resultados ineficientes. A pretensão de se chegar a uma solução científica final para os aspectos que caracterizam a incerteza pode atrasar o processo regulatório ou até mesmo levá-lo a uma situação de indefinição ante a natural dificuldade ou impossibilidade de se alcançar consensos científicos em tal cenário.

No Brasil, esse ambiente adversarial muitas vezes resulta em conflitos no Judiciário, que prolongam por anos e até décadas as indefinições que envolvem o objeto regulado. Além da demora, não há garantia de que o Judiciário irá oferecer uma decisão melhor do que aquela tomada por outras instituições. Após analisar 124 decisões do STF sobre o princípio da precaução, Julia Massadas Romeiro Fraga observou que o Tribunal não possui "um direcionamento específico sobre como se deve agir diante de incertezas científicas".[780]

Exemplo desse comportamento aleatório é o acórdão proferido na ADI nº 4.066, que discutia a constitucionalidade do artigo 2º e seu parágrafo único da Lei nº 9.055, de 1 de junho de 1995, que disciplinava a exploração econômica de variedade de asbesto/amianto, sob o argumento de que a substância causava câncer. Além do resultado dividido (cinco votos a quatro pela inconstitucionalidade da norma), outro indício dessa falta de direcionamento específico é a invocação do princípio da precaução como técnica de decisão. Enquanto alguns ministros invocaram o referido princípio para defender a inconstitucionalidade da norma,[781] o ministro Luiz Fux teceu as seguintes considerações:

---

[780] FRAGA, Júlia Massadas Romeiro. *Precaução e direcionamento de condutas sob incerteza científica*. 2019. Dissertação (Mestrado em Direito da Regulação) – Escola de Direito do Rio de Janeiro, Fundação Getulio Vargas, Rio de Janeiro, 2019. p. 151. Disponível em: https://bibliotecadigital.fgv.br/dspace/bitstream/handle/10438/27338/DISSERTACAO%20FGV_Julia%20Massadas%20Romeiro%20Fraga.pdf?sequence=1&isAllowed=y. Acesso em: 9 nov. 2021.

[781] Foi o caso do ministro Celso de Mello, que destacou em seu voto o seguinte: "Tenho para mim, bem por isso, que o postulado da precaução atua, no contexto ora em exame, como claro fator de deslegitimação do diploma legislativo em causa, que, de modo incompatível com a Constituição, desconsiderou a nocividade real do uso, mesmo

De fato, há uma excessiva vulgarização na aplicação do aludido princípio, alçado muitas vezes à condição de dogma. Mais que isso, o princípio da precaução é utilizado promiscuamente como uma verdadeira caixa preta dentro da qual podem ser extraídas as mais diversas consequências jurídicas. Uma delas consiste em utilizar o Poder Judiciário como uma instância substitutiva de opções legislativas sempre que não se for possível precisar os danos porventura causados ao meio ambiente.[782]

Nesse contexto, simplesmente promover uma maior abertura social da etapa de análise de risco pode acrescentar ao processo regulatório novas perspectivas de risco e acirrar as dissensões científicas já existentes, gerando debates intermináveis – incipientes, portanto – que tendem a se acentuar em cenários de maior estresse político ou clamor social.

Tudo isso está a revelar que a mera invocação da noção de participação social não seria suficiente para solucionar os problemas de pesquisa apontados neste trabalho, isto é, não seria suficiente para incrementar a legitimidade democrática da análise de risco e melhorar a eficácia das estratégias de gerenciamento de risco.

Como enfrentar esse aparente dilema? Quer dizer, se por um lado a pesquisa aponta para a necessidade de se assegurar uma maior participação da sociedade na atividade de análise de risco desenvolvida pelas agências reguladoras, por outro lado impõe-se reconhecer, *a priori*, as limitações que envolvem a estruturação e o funcionamento dos mecanismos de participação social.

5.3 Modelo de regulação de risco à luz de STS

Como argumenta Julia Black, diante de problemas que possuem múltiplas causas, muitas delas desconhecidas, e assumindo a possibilidade sempre presente de a regulação produzir consequências indesejadas, deve-se cogitar em estratégias que congreguem não um, mas diversos instrumentos voltados para resolver o problema regulatório,

---

controlado, do amianto crisotila" (BRASIL. Supremo Tribunal Federal. Ação Direta de Inconstitucionalidade 4.066. Relatora: Min.a Rosa Weber. Brasília, DF, 24 de agosto de 2017. Dje: Brasília, DF, 2017. Disponível em http://redir.stf.jus.br/paginadorpub/paginador.jsp?docTP=TP&docID=14452232. Acesso em: 14 ago. 2021). Voto do ministro Celso de Mello, p. 348.

[782] *Ibidem*, voto do ministro Luiz Fux, p. 166.

em uma combinação multifacetada, que minimize ou autocorrija as consequências não intencionais.[783]

Nesse sentido, propõe-se um modelo de regulação que aborda o risco de maneira flexível, cujas estratégias são adaptadas às peculiaridades de cada contexto particular. Considerando que o foco da pesquisa é a *accountability* da ciência regulatória, o modelo ora proposto preconiza diferentes graus de intensidade de *accountability*: para lidar com riscos de menor complexidade, o modelo prevê a adoção de um processo de participação social ampliada; para riscos mais complexos, cuja análise científica é capaz de impactar, de forma mais significativa, a realidade econômica, política e social do país, torna-se necessário implementar uma camada adicional de *accountability* consistente na criação de um espaço de mediação e negociação, em que representantes de vários segmentos e interesses se reúnem para abordar aspectos que se relacionam com a análise e gerenciamento do risco.

5.3.1 Participação social obrigatória e ampliada na atividade de análise de risco: conjugação de diferentes mecanismos

Como ponto de partida, o modelo de regulação de risco ora proposto preconiza a adoção obrigatória e conjugada de, pelo menos, duas espécies de mecanismos de participação social na atividade de análise de risco,[784] de modo que o objeto de um mecanismo complementar o objeto do outro, tudo com o objetivo de assegurar uma representação do risco mais fidedigna à sua dimensão cultural e social e um maior controle sobre as práticas científicas da agência.

O estudo de caso efetuado no capítulo anterior permite identificar que a busca por uma participação social desde as etapas menos avançadas do processo regulatório – que, na perspectiva da regulação de risco, abrange a etapa de análise de risco – é uma diretriz

---

[783] BLACK, *op. cit.*, nota 8, p. 112-113.
[784] Diante da complexidade do caso concreto, a agência reguladora pode estabelecer mais de dois mecanismos de participação social para agregar ao processo regulatório as mais variadas perspectivas de risco. Também pode repetir esses mecanismos ao longo do processo regulatório. O essencial é que seja posicionado pelo menos um mecanismo de participação social adequado sobre cada tipo de público (a coletividade em geral e os públicos impactados de maneira mais específica pelo objeto do processo regulatório), conforme será demonstrado ao longo deste tópico.

estabelecida pelo próprio regime setorial. Com efeito, o artigo 25 da Portaria nº 162, de 12 de março de 2021, que dispõe sobre as diretrizes e os procedimentos para a melhoria da qualidade regulatória na Anvisa, afirma que "a participação social deve ser promovida durante todo o Processo Administrativo de Regulação, tendo início tão logo quanto possível, objetivando levantar informações e receber subsídios relevantes que qualifiquem a análise".[785]

Além disso, a relação de complementaridade entre os diferentes mecanismos de participação social mostra-se necessária pois cada processo regulatório atinge a sociedade como um todo, mas também públicos-alvo específicos, sendo necessário lançar mão de mecanismos complementares de participação social capazes de apreender, de forma mais precisa, as variadas perspectivas de risco relevantes na (e para a) sociedade. Nesse sentido, o estudo da OCDE mencionado anteriormente exemplifica alguns dos grupos sociais que são impactados pela produção normativa: cidadãos, empresas, consumidores, funcionários, setor público, organizações não governamentais e parceiros comerciais internacionais.[786]

Para fins analíticos, identificam-se duas dimensões – a difusa e a coletiva – do risco objeto de regulação, o que coloca em evidência dois tipos de públicos impactados pelo processo regulatório: o público em geral e as partes interessadas.

Quanto à dimensão difusa do risco, o estudo de caso envolvendo o campo da vigilância sanitária oferece como exemplo o direito à saúde que a Constituição Federal de 1988 assegura a todas as pessoas, compreendendo o direito ao funcionamento íntegro do Sistema Único de Saúde (SUS), encarregado de executar as ações de vigilância sanitária e epidemiológica.[787] Isso significa dizer que, quando um risco se torna alvo da regulação no campo da vigilância sanitária e epidemiológica,

---

[785] BRASIL. Ministério da Saúde. Agência Nacional de Vigilância Sanitária. *Portaria PT nº 162, de 12 de março de 2021*. Brasília, DF: Ministério da Saúde; Anvisa, 2021. Disponível em: https://www.gov.br/anvisa/pt-br/assuntos/regulamentacao/qualidade-regulatoria/portaria-pt-no-162-de-12-de-marco-de-2021_dou.pdf. Acesso em: 20 dez. 2021.

[786] OECD, *op. cit.*, nota 9.

[787] A competência do Sistema Único de Saúde (SUS) vem definida pelo próprio texto constitucional:
"Art. 200. Ao sistema único de saúde compete, além de outras atribuições, nos termos da lei: (...)
II - executar as ações de vigilância sanitária e epidemiológica, bem como as de saúde do trabalhador (...).''

a tomada de decisão regulatória ampara-se no direito fundamental de todas as pessoas à "redução de risco de doença e de outros agravos".[788] Há, assim, uma inevitável dimensão difusa do risco à saúde, e é justamente por causa dessa dimensão indeterminada que se enxerga a necessidade de se posicionar um mecanismo de participação social no regime regulatório de risco capaz de proporcionar um maior grau de abrangência, estabelecendo, desse modo, um ponto de contato entre o processo regulatório e o público em geral.

A audiência pública parece ser o mecanismo de participação social adequado para o cumprimento do propósito de atingir um público mais amplo. Também aqui o estudo de caso no campo da regulação da vigilância sanitária auxilia no aprofundamento do conhecimento sobre o tema. De acordo com a definição legal trazida pela Lei nº 13.848/2019, a audiência pública viabiliza "a manifestação oral por quaisquer interessados em sessão pública".[789] O livro *Boas Práticas Regulatórias. Guia para o Programa de Melhoria do Processo de Regulamentação*, da Anvisa, disciplina uma série de aspectos relacionados à audiência pública, demonstrando se tratar de mecanismo adequado para assegurar uma maior abertura da etapa de análise de risco. Com efeito, o referido guia afirma que a audiência pública "possui a finalidade de criar um espaço para que todas as pessoas que possam ser afetadas pela atuação regulatória tenham oportunidade de se manifestar antes do desfecho do processo de tomada de decisão".[790] Esse mecanismo proporciona à Anvisa a oportunidade de "ter acesso, simultaneamente e em condições de igualdade, às mais variadas opiniões sobre a matéria debatida, em contato direto com os interessados"[791] e estipula dentre os seus objetivos "recolher subsídios, conhecimentos e informações para o processo decisório", "propiciar aos agentes econômicos, aos consumidores e usuários a possibilidade de esclarecer ou reforçar opiniões e sugestões", "identificar, da forma mais ampla possível, todos os aspectos relevantes à matéria objeto da audiência pública", e "dar publicidade, transparência

---

[788] Conforme art. 196 da Constituição Federal de 1988: "Art. 196. A saúde é direito de todos e dever do Estado, garantido mediante políticas sociais e econômicas que visem à redução do risco de doença e de outros agravos e ao acesso universal e igualitário às ações e serviços para sua promoção, proteção e recuperação".
[789] Art. 10º, §1º, da Lei nº 13.848, de 25 de junho de 2019.
[790] BRASIL. Ministério da Saúde. Agência Nacional de Vigilância Sanitária, *op. cit.*, nota 574, p. 29.
[791] *Idem*.

e legitimidade às regulamentações da Anvisa".[792] Finalmente, o referido Guia afirma que o requisito para a realização da audiência pública é a relevância do assunto, que pode ser traduzida pela complexidade ou pela repercussão do processo decisório, bem como "quando a decisão puder afetar a esfera de interesse de outras pessoas na coletividade, além daqueles diretamente relacionadas com o objeto a ser regulado".[793]

Por se tratar de um mecanismo de participação social voltado para promover uma maior abertura da atividade de análise de risco (etapas mais preliminares do processo regulatório), o objeto da audiência pública deve ser deduzido de forma mais ampla e menos dirigida, levando ao conhecimento do público os motivos que ensejam a deflagração do processo regulatório, eventuais análises preliminares realizadas pela agência reguladora, possíveis questões que podem, desde já, ser formuladas e a importância de se agregar ao processo regulatório as mais variadas perspectivas necessárias à composição do problema regulatório, incluindo perspectivas éticas, econômicas, sociais e culturais.

Quanto à dimensão coletiva do risco, trata-se de reconhecer a existência de grupos determinados de cidadãos, partes interessadas e organizações que são mais diretamente afetadas pelo objeto do processo regulatório. Tais atores sociais possuem uma rica concepção do risco, que reflete preocupações legítimas que, em uma análise desenvolvida de maneira insulada pelo regulador, possivelmente seriam omitidas.

Coletar dados e informações diretamente de públicos pré-determinados, que tenham clara pertinência com o objeto do processo regulatório, detém o condão de ampliar as evidências disponíveis e validar, ou não, eventuais informações levantadas previamente pelo regulador. Mais importante, a providência assegura ao regulador o acesso ao conhecimento local, que ostenta significativa importância para a representação cultural e social do risco. Daí a necessidade de se posicionar um mecanismo adicional de participação social que tenha como foco as partes que são impactadas mais diretamente pelo processo regulatório.

Apesar de ter positivado somente as figuras das audiências e das consultas públicas, a Lei nº 13.848/2019 permite que a agência reguladora estabeleça, em seu regimento interno, "outros meios de participação de interessados em suas decisões, diretamente ou por meio de organizações e associações legalmente reconhecidas".[794]

---

[792] *Ibidem*, p. 29-30.
[793] *Ibidem*, p. 30.
[794] Art. 11 da Lei nº 13.848, de 25 de junho de 2019.

Um mecanismo de participação social que pode ser criado no âmbito das agências reguladoras com o potencial de atingir o objetivo aqui preconizado é a consulta dirigida. Como o estudo de caso efetuado no capítulo anterior demonstrou, a consulta dirigida pode ser realizada em qualquer etapa do processo regulatório e tem como objetivo coletar dados e informações diretamente junto a públicos pré-determinados, que tenham interesse no processo regulatório e sejam por ele afetados, ampliando as evidências disponíveis e validando informações levantadas previamente.

A consulta dirigida, assim, proporciona uma maior abertura da etapa de análise de risco em direção aos públicos mais especificamente impactados por ela, o que a credencia a funcionar como um importante mecanismo de participação social complementar à audiência pública no modelo de regulação de risco ora proposto.

A partir de uma análise transparente, a agência reguladora deve identificar, selecionar e convidar os públicos mais diretamente impactados pelo processo regulatório. A fim de auxiliar a agência a identificar quais seriam esses públicos, algumas perguntas podem ser relacionadas: Quais atores e grupos sociais (i) possuem informações e conhecimentos potencialmente úteis, (ii) já estiveram envolvidos em situações semelhantes de risco, (iii) já quiseram participar de decisões semelhantes, (iv) podem, de maneira consciente ou não, ser afetados pela caracterização do risco, e (v) podem ficar frustrados caso não sejam incluídos na participação social?[795]

Sequencialmente, a agência deve prover aos participantes selecionados as informações necessárias para que eles desenvolvam um conhecimento razoável sobre os aspectos técnicos do processo regulatório, destacando a importância da dimensão cultural e social do risco para um melhor enquadramento do problema regulatório e estimulando-os a exteriorizar a sua percepção do risco objeto da intervenção estatal. A agência reguladora também deve submeter ao crivo dos participantes as análises eventualmente já desenvolvidas por suas áreas técnicas, ofertando os devidos esclarecimentos sobre os pressupostos – inclusive normativos – e conclusões dessas análises.

Iniciativas tecnológicas podem facilitar a participação de

---

[795] Essas perguntas são relacionadas pelo National Research Council, citando estudo de Caron Chess e Billie Hance (*Communicating with the Public*: Ten Questions Environmental Managers Should Ask. New Brunswick: Center for Environmental Communication; Rutgers University, 1994) (NATIONAL RESEARCH COUNCIL. *Understanding, op. cit.*, nota 484, p. 88).

indivíduos e organizações no processo regulatório por meio da consulta dirigida, o que coloca para a agência reguladora o dever de avaliar a pertinência de adotá-las em cada caso. A Administrative Conference of the United States (ACUS)[796] adotou, em 15 de junho de 2023, recomendação sobre o engajamento público virtual na produção normativa das agências norte-americanas.

Sob o pressuposto de que as agências devem identificar e dirimir as barreiras à participação, que podem incluir restrições geográficas, limitações de recursos e barreiras linguísticas, a ACUS observa que, nos últimos anos, e especialmente durante a pandemia de Covid-19, as agências têm utilizado tecnologias virtuais para interagir com o público. Considerando os prós e contras que envolvem essa iniciativa,[797] a ACUS expediu recomendação às agências para que ofereçam opções virtuais de participação social a partir de um juízo de adequação.[798] A recomendação também oferece melhores práticas sobre o engajamento público no processo regulatório, voltadas especialmente para facilitar a participação das pessoas por meio virtual.

Assim concebida, a consulta dirigida detém o potencial de contribuir para a solução dos aspectos problemáticos mencionados por Cary Coglianese. Nesse sentido, o fato de que é o próprio regulador que identifica, seleciona e convida os participantes, que provê as informações indispensáveis à participação social e que assegura que a participação ocorra dentro de limites razoáveis de tempo, parece contribuir para a redução ou mesmo eliminação das diversas barreiras

---

[796] "A Conferência Administrativa dos Estados Unidos (ACUS) é uma agência federal independente dentro do Poder Executivo cuja missão estatutária é identificar maneiras de melhorar os procedimentos pelos quais as agências federais protegem o interesse público e determinam os direitos, privilégios e obrigações de pessoas privadas" (Disponível em: https://www.acus.gov/about-acus. Acesso em: 3 dez. 2023).

[797] Por um lado, o engajamento virtual reduz pode reduzir algumas barreiras que as pessoas enfrentam, especialmente os membros de comunidades historicamente desfavorecidas, ajudando a aumentar a participação social na produção normativa das agências. Por outro, a iniciativa pode criar novas barreiras (por exemplo, indivíduos de classes menos favorecidas que não possuem dispositivos pessoais ou internet de alta qualidade, indivíduos que residem em áreas rurais, sem acesso à *internet* de qualidade etc.) (VIRTUAL Public Engagement in Agency Rulemaking. *Administrative Conference of The U.S.*, Washington, D.C., p. 1-2, 3 Jul. 2023, tradução nossa. Disponível em: https://www.acus.gov/sites/default/files/documents/2023-2%20Virtual%20Public%20Engagement%20in%20Rulemaking%20Final_0.pdf. Acesso em: 3 dez. 2023).

[798] As agências devem utilizar essa iniciativa tecnológica quando constatarem que a providência se mostra adequada para manter o engajamento público na produção normativa ou para assegurar a participação direta de pessoas e organizações específicas (*Ibidem*, p. 3).

motivacionais, cognitivas e informacionais que impedem os cidadãos de participarem, por sua própria vontade e iniciativa, da etapa de análise de risco.

A pretensão é que a atuação conjugada desses dois mecanismos de participação social – audiência pública e consulta dirigida – promova uma maior democratização da atividade de análise de risco, agregando informações relevantes sobre as mais variadas perspectivas de risco e viabilizando a prestação de contas sobre as práticas científicas que a agência reguladora adota em sua abordagem inicial do risco.

Aqui também o estudo de caso efetuado no capítulo anterior auxilia a observação, na prática regulatória, da questão ora teorizada. A Portaria nº 162/2021, da Anvisa, contém, em seu artigo 27, dispositivos que demonstram a existência de diferentes "públicos-alvo", que expressam perspectivas peculiares acerca do objeto regulado (isto é, do risco), justificando, assim, a utilização de diversos mecanismos de participação social, que funcionam em uma relação de complementaridade:

> Art. 27. A depender da natureza das informações que se pretende obter, a consulta à sociedade pode utilizar diversos mecanismos e abranger diferentes públicos-alvo, observando-se as seguintes diretrizes:
> I - definição clara do objetivo e do público-alvo da consulta;
> II - utilização de mecanismo que facilite a participação do público-alvo;
> III - utilização de linguagem e meio de comunicação adequados ao público-alvo; e
> IV - definição de prazo adequado ao processo de consulta, no caso de mecanismos que recebam contribuições por escrito ou por prazo definido, de acordo com a complexidade do tema em análise e das informações solicitadas.

A adoção de mecanismos integrados de participação social busca proporcionar uma maior *accountability* da ciência produzida para abordar riscos de menor complexidade. Ao viabilizarem a constituição de um acervo informacional relevante sobre o risco que se torna alvo da regulação, esses mecanismos proporcionam à agência reguladora uma perspectiva mais rica acerca desse risco, que habilita as suas áreas técnicas a desenvolverem modelos analíticos mais aderentes à realidade, o que produz consequências relevantes sobre a forma de enquadramento do risco e sobre a seleção da ciência a ser utilizada.

5.3.1.1 Enquadramento do risco

O modelo de regulação de risco ora proposto ressalta a força extraordinária do enquadramento: a maneira como a agência reguladora organiza a realidade acaba por delimitar o que pode e o que não pode ser considerado como risco (isto é, como problema regulatório) e define quem pode e quem não pode ter voz nas fases iniciais do processo regulatório, o que provoca impactos – positivos ou negativos, a depender da amplitude e profundidade do enquadramento – sobre o resultado da análise de risco e sobre as estratégias de gerenciamento de risco.

No modelo ora proposto, o enquadramento do problema regulatório é tratado como uma matéria sujeita à deliberação logo na fase inicial do processo regulatório. Para fins deste trabalho, deliberação

> é qualquer processo formal ou informal de comunicação e de levantamento e consideração coletiva de questões. Na deliberação, as pessoas conferem, ponderam, trocam pontos de vista, consideram provas, refletem sobre assuntos de interesse mútuo, negociam e tentam persuadir-se mutuamente. A deliberação inclui processos de comunicação consensuais e adversários. A forma adjetiva da palavra, 'deliberado', também implica intencionalidade, propósito e uma sensação de ter pensado cuidadosamente nas consequências das ações.[799]

Nesse sentido, os intervenientes devem partir de uma ampla gama de perspectivas plausíveis e buscar reduzir as opções por meio de um processo deliberativo,[800] o que tem o potencial de facilitar a solução de muitos problemas que envolvem a análise de risco. Segundo Sheila Jasanoff, quando as partes do processo regulatório conseguem deliberar e, de maneira consensual, reduzir a gama de opções políticas do problema regulatório, ocorre, no mesmo passo, uma redução na incerteza científica e técnica percebida. Reenquadrando o problema regulatório dessa maneira, as partes conseguem avançar na construção de métodos mutuamente aceitáveis de análise de risco.[801]

---

[799] NATIONAL RESEARCH COUNCIL, op. cit., nota 484, p. 73, tradução nossa.
[800] "Para que uma caracterização de risco atenda às necessidades dos participantes de uma decisão, ela deve considerar uma gama de opções de decisão plausíveis. As partes em uma decisão podem não chegar a um acordo sobre quais opções valem a pena considerar, mas uma caracterização de risco que não leva em consideração uma opção que um dos participantes reputa promissora provavelmente será vista como tendenciosa e inadequada" (NATIONAL RESEARCH COUNCIL, op. cit., nota 484, p. 43, tradução nossa).
[801] JASANOFF, Sheila. Contingent knowledge: Implications for implementation and compliance. In: BROWN, Edith; JACOBSON, Harold K. (ed.) Engaging Countries: Strengthening Compliance with International Accords. Cambridge: MIT Press, 1998. p. 71.

5.3.1.2 Seleção da "ciência certa"

O desenvolvimento de um conhecimento mais robusto sobre o risco desde as fases iniciais do processo regulatório é condição essencial para que o regulador possa decidir qual ciência deve ser aplicada no caso concreto. Deveras, toda a abordagem regulatória do risco, desde as fases iniciais do processo, está voltada para a produção de uma decisão e tal dinâmica condiciona a forma como o regulador direciona o desenvolvimento e a aplicação do conhecimento científico para enfrentar as questões mais pertinentes à tomada de decisão. O National Research Council aborda a relação entre o enquadramento do risco e o conhecimento científico produzido para fins regulatórios da seguinte forma:

> A formulação do problema é uma consideração primordial. Considerando que a caracterização de risco está voltada para uma decisão de risco, o conhecimento a ser desenvolvido também deve estar voltado para a decisão. Para obter a ciência certa, é necessário fazer as perguntas certas. Mas identificar as questões a serem abordadas numa análise científica não é uma tarefa simples. Por exemplo, na avaliação do risco associado a um Superfund *site* contendo centenas de substâncias, ou dos efeitos ecológicos decorrentes da introdução de um novo organismo geneticamente modificado no ambiente natural, muitos possíveis danos poderiam ser analisados, e não é de todo óbvio quais danos devem ser escolhidos. Consequentemente, os problemas selecionados para análise – substâncias ou processos perigosos, efeitos indesejáveis e opções de ação – precisam ser determinados em consulta com os tomadores de decisão e as partes interessadas e afetadas. Uma caracterização do risco não será útil se a análise subjacente abordar questões e problemas diferentes daqueles que preocupam os tomadores de decisão ou as partes interessadas e afetadas. O papel fundamental da formulação do problema na compreensão do risco tem sido fortemente afirmado no que diz respeito aos riscos ecológicos (U.S. Environmental Protection Agency, 1992), mas a sua importância é muito mais ampla.[802]

A participação social auxilia o regulador a formular as perguntas certas para a ciência. Sem a participação social, a ciência pode acabar

---

[802] NATIONAL RESEARCH COUNCIL, *op. cit.*, nota 484, p. 29, tradução nossa. Superfund *site* é um local contaminado que se encontra sob a supervisão da Environmental Protection Agency (EPA) dentro do programa chamado Comprehensive Environmental Response, Compensation and Liability Act (CERCLA), criado pelo Congresso Nacional dos Estados Unidos em 1980 (Disponível em: https://www.epa.gov/superfund/what-superfund. Acesso em: 28 dez. 2023).

oferecendo respostas a problemas que não estão no centro das preocupações das partes interessadas e do grande público, o que pode gerar desconfiança no trabalho realizado por cientistas e autoridades públicas, falta de adesão às políticas regulatórias, endereçamento de soluções regulatórias deficientes e dispêndio ineficiente de recursos.

5.3.2 Órgão colegiado de mediação e negociação

Muitos riscos regulados detêm uma natureza mais complexa, no sentido de haver uma significativa dificuldade de calcular as probabilidades de danos a eles associados e as soluções de gerenciamento de risco mostram-se potencialmente controversas. Tais riscos detêm uma maior propensão de gerar ambientes adversariais, que atrasam a solução do processo regulatório e produzem significativa insegurança jurídica, exatamente como ocorreu com o caso descrito no capítulo anterior envolvendo as substâncias para combater a obesidade. Para lidar com tais riscos, o modelo de regulação ora proposto oferece uma camada adicional de *accountability* da ciência regulatória mediante a constituição de um espaço de mediação e negociação em que um determinado grupo de pessoas reflete criticamente sobre as diferentes perspectivas de risco.

Após a adoção dos mecanismos integrados de participação social mencionados no tópico anterior, espera-se que a agência reguladora tenha condições de desenvolver uma análise significativamente mais robusta acerca do risco objeto da regulação. Nesse contexto, ao identificarem, analisarem e ponderarem as diferentes percepções de risco agregadas ao processo regulatório, as áreas técnicas da agência podem efetuar um enquadramento do problema de maneira mais aderente à realidade e aplicar o conhecimento científico capaz de oferecer respostas às perguntas que estão no centro das preocupações das partes interessadas e do grande público. O modelo de análise de risco resultante dessa atividade deve ser submetido ao órgão colegiado de mediação e negociação para que seus representantes deliberem sobre a forma como o problema regulatório foi enquadrado e sobre o conhecimento científico desenvolvido e aplicado no caso concreto.

A literatura norte-americana debate, há tempos, a utilização de mecanismos de mediação[803] e negociação[804] na esfera regulatória.

---

[803] COMICK, Gerald W. The Myth, the Reality; The Future of Environmental Mediation. *Environment: Science; Policy for Sustainable Development*, [S. l.], v. 24, n. 7, p. 14-39, 1982.

Especificamente no contexto da esfera regulatória de risco, é possível afirmar que, para os casos cuja probabilidade de conflito é alta, esses mecanismos são considerados mais eficazes e menos onerosos comparativamente às disputas judiciais.[805]

Na esfera regulatória brasileira, observa-se um recente impulso por parte do governo federal,[806] de agências reguladoras[807] e do

---

Disponível em: https://doi.org/10.1080/00139157.1982.9929802. Acesso em: 4 jan. 2024; DRYZEK, John S.; HUNTER, Susan. Environmental Mediation for International Problems. *International Studies Quarterly*, [S. l.], v. 31, n. 1, p. 87-102, 1987. Disponível em: https://doi.org/10.2307/2600661. Acesso em: 4 jan. 2024; STEPHENSON, Max O.; POPS, Gerald M. Conflict Resolution Methods; the Policy Process. *Public Administration Review*, [S. l.], v. 49, n. 5, p. 463-473, 1989. Disponível em: https://doi.org/10.2307/976391. Acesso em: 4 jan. 2024; SUSSKIND, Lawrence; OZAWA, Connie. Mediating Public Disputes: Obstacles; Possibilities. *Journal of Social Issues*, [S. l.], v. 41, p. 145-159, 1985. Disponível em: https://doi.org/10.1111/j.1540-4560.1985.tb00860.x. Acesso em: 4 jan. 2024.

[804] COGLIANESE, Cary. Assessing Consensus: The Promise; Performance of Negotiated Rulemaking. *Duke Law Journal*, [S. l.], v. 46, n. 6, p. 1255-349, 1997. Disponível em: https://doi.org/10.2307/1372989. Acesso em: 4 jan. 2024. Disponível em: https://doi.org/10.2307/1372989. Acesso em: 4 jan. 2024; FIORINO, Daniel J. Regulatory Negotiation as a Policy Process. *Public Administration Review*, [S. l.], v. 48, n. 4, p. 764-72, 1988. Disponível em: https://doi.org/10.2307/975600. Acesso em: 4 jan. 2024; FREEMAN, Jody; LANGBEIN, Laura I. Regulatory Negotiation; the Legitimacy Benefit. *ELR News & Analysis*, [S. l.], v. 31, n. 10.811, 2001. Disponível em: https://heinonline.org/HOL/LandingPage?handle=hein.journals/elrna31&div=87&id=&page=. Acesso em: 4 jan. 2024; FUNK, William. Bargaining toward the New Millennium: Regulatory Negotiation and the Subversion of the Public Interest. *Duke Law Journal*, [S. l.], v. 46, n. 6, p. 1351-1388, 1997. Disponível em: https://doi.org/10.2307/1372990. Acesso em: 4 jan. 2024; LANGBEIN, Laura I.; CORNELIUS, M. Kerwin. Regulatory Negotiation *versus* Conventional Rule Making: Claims, Counterclaims, and Empirical Evidence. *Journal of Public Administration Research*, [S. l.], v. 10, n. 3, p. 599-632, 2000. Disponível em: http://www.jstor.org/stable/3525630. Acesso em: 4 jan. 2024; ROSE-ACKERMAN, Susan. Consensus *versus* Incentives: A Skeptical Look at Regulatory Negotiation. *Duke Law Journal*, [S. l.], v. 43, n. 6, p. 1206-20, 1994. Disponível em: https://doi.org/10.2307/1372854. Acesso em: 4 jan. 2024; SIEGLER, Ellen. Regulatory negotiations: practical perspective. *Environmental Law Reporter News & Analysis*, [S. l.], v. 22, n. 10, p. 10647-10654, 1992. Disponível em: https://heinonline.org/HOL/LandingPage?handle=hein.journals/elrna22&div=91&id=&page=. Acesso em: 4 jan. 2024.

[805] "Se os conflitos já são claramente visíveis e inevitáveis, os procedimentos de resolução alternativa de litígios são instrumentos eficazes e menos onerosos em comparação com os litígios legais. A mediação e procedimentos semelhantes baseiam-se no pressuposto de que as partes interessadas podem encontrar uma solução comum se não insistirem na adesão teimosa a certas posições, mas sim tentarem satisfazer os seus interesses cruciais e valores subjacentes (Baughman 1995)" (RENN, *op. cit.*, nota 57, p. 15, tradução nossa).

[806] É o caso, por exemplo, dos grupos de trabalho criados pelo Ministério de Transporte no dia 3 de maio de 2023 para discutir soluções para contratos inadimplentes de concessões rodoviárias (Disponível em: https://www.gov.br/transportes/pt-br/assuntos/noticias/2023/05/grupos-de-trabalho-vao-discutir-solucoes-para-contratos-inadimplentes-de-concessoes-rodoviarias. Acesso em: 4 jan. 2024).

[807] A Agência Nacional de Transportes Terrestres (ANTT) e a Procuradoria Federal da ANTT junto à AGU (PF ANTT) criaram, no dia 26 de dezembro de 2023, a Câmara de Negociação e Solução de Controvérsias (COMPOR) com o objetivo de prevenir e solucionar, de

Tribunal de Contas da União (TCU)[808] em prol de iniciativas que criam espaços institucionais e processos voltados para a prevenção e solução consensual de controvérsias. Tudo isso permite cogitar na criação de um espaço institucional vocacionado para a mediação e negociação de temas complexos, que podem ensejar significativas controvérsias na sociedade. Para assegurar que o órgão colegiado de mediação e negociação alcance sucesso, algumas condições específicas se revelam essenciais.

5.3.2.1 Composição plural, equilibrada e representativa de interesses

Para viabilizar a mediação e negociação sobre o risco que se torna alvo da regulação, o órgão colegiado deve ser integrado pelos mais variados atores sociais que se relacionam diretamente com as atividades abrangidas pelo setor regulado, em uma composição equilibrada de forças. A reunião de especialistas da própria agência e partes interessadas detém o potencial de elucidar mal-entendidos e dirimir as eventuais divergências sobre o conhecimento científico logo no início do processo regulatório, algo que, de outra forma, provavelmente seria resolvido por meio de longos e custosos processos judiciais.[809]

Diante das características singulares de cada setor regulado, não é possível propor um critério objetivo e abrangente quanto ao formato do órgão colegiado capaz de ser aplicado a todos os setores regulados. Não obstante, algumas categorias de representantes parecem ser indispensáveis à composição desse órgão, especialmente considerando as dimensões coletiva e difusa do risco objeto de regulação tratadas no tópico 5.3.1, supra.

---

maneira consensual, controvérsias entre a agência e entidades reguladas (Disponível em: https://www.in.gov.br/en/web/dou/-/instrucao-normativa-conjunta-n-1-de-21-de-dezembro-de-2023-533460273. Acesso em: 4 jan. 2024). A Agência Nacional de Águas e Saneamento Básico (ANA) abriu, no dia 18 de dezembro de 2023, a Consulta Pública nº 11/2023 para receber contribuições da sociedade visando à elaboração da norma de ação mediadora da agência (Disponível em: https://www.in.gov.br/en/web/dou/-/aviso-de-consulta-publica-n-11/2023-529758837. Acesso em: 4 jan. 2024).

[808] O TCU criou a Secretaria de Controle Externo de Solução Consensual e Prevenção de Conflitos (SecexConsenso) e regulamentou, por meio da Instrução Normativa nº 91/2022, de 22 de dezembro de 2022, a solicitação de solução consensual envolvendo matérias sujeitas à competência do TCU (Disponível em: https://pesquisa.apps.tcu.gov.br/redireciona/ato-normativo/ATO-NORMATIVO-6802. Acesso em: 4 jan. 2024).

[809] NATIONAL RESEARCH COUNCIL, *op. cit.*, nota 484, p. 82.

A escolha dos representantes dos públicos mais diretamente interessados na deliberação da análise de risco de determinado setor deve ser feita a partir de uma análise contextualizada das atividades específicas sujeitas à regulação. Talvez a face mais evidente desse público sejam as próprias empresas reguladas, que devem estar devidamente representadas no órgão colegiado. Além delas, o setor público também é impactado pela produção normativa da agência reguladora, de modo que determinados representantes governamentais, como ministros e secretários cujas pastas tenham uma relação mais direta com o setor regulado, também devem estar contemplados na composição do referido órgão.

A definição de quem é o público-alvo do processo regulatório depende da análise do contexto particular de cada situação de risco. Por isso, é essencial que o órgão colegiado deliberativo designe assento transitório a ser ocupado por esse público específico, que possui uma perspectiva única e valiosa do risco objeto da regulação.

Com relação à dimensão difusa do risco, há uma dificuldade natural, senão impossibilidade de dotar o órgão colegiado deliberativo com representantes que possam expressar a totalidade das perspectivas de risco do público leigo. Uma forma de abordagem seria conjugar a representação direta do público leigo, mediante, por exemplo, a criação de regras de eleição ou indicação de pessoas comuns do povo com base em critérios previamente definidos, com o direcionamento de convites a associações de defesa de direitos sociais, como entidades de defesa do consumidor, do meio ambiente, do patrimônio histórico e cultural, de minorias, de direitos humanos, dentre outras.

É fundamental, ainda, que o órgão colegiado deliberativo conte com representantes da comunidade científica, além dos especialistas da própria agência reguladora, que apresentam e defendem uma perspectiva técnica e científica do risco, indispensável para sua análise e deliberação.

Finalmente, destaca-se a importância de se buscar um equilíbrio na formatação do órgão colegiado deliberativo, evitando-se, especialmente, uma composição majoritariamente de especialistas, que tendem a adotar discursos técnico-científicos. Tal circunstância detém o potencial de inibir a participação do público leigo e, consequentemente, de prejudicar ou inviabilizar uma projeção mais fidedigna da dimensão social e cultural do risco.[810]

---

[810] Essa questão pode ser mais facilmente compreendida à luz do estudo de caso efetuado no tópico 4.2.1, supra. O Conselho Consultivo da Anvisa, órgão de participação

5.3.2.2 Moderação e boa-fé

Alocar moderadores para atuar no órgão colegiado é uma providência essencial para o enfrentamento de diversas dificuldades que envolvem a tentativa de promover a deliberação sobre temas técnicos e potencialmente controversos, especialmente considerando que o modelo ora preconizado prevê a participação de cidadãos comuns, seus representantes e outras partes interessadas não familiarizadas com o processo regulatório.

Nesse sentido, os moderadores devem ser treinados para lidar com os aspectos técnicos e científicos das discussões, de modo a assegurar que a complexidade ínsita à análise de risco não seja um fator inibitório à participação do público leigo na deliberação; devem promover uma justa distribuição do tempo, assegurando que todos os intervenientes possam expressar seus pontos de vista, ainda que de maneira contrária a eventual discurso dominante; devem gozar da necessária isenção para moldar os debates e dirigi-los com vistas ao atingimento dos objetivos institucionais do órgão; e devem ter a capacidade de dirimir eventuais dúvidas sobre questões procedimentais da participação social, de mediar eventuais conflitos decorrentes das diferentes percepções de risco e de manter o foco dos intervenientes para o atingimento do objetivo da reunião.

Além disso, é fundamental que os intervenientes negociem de boa-fé para que o órgão colegiado possa atingir os seus objetivos institucionais em relação a questões complexas e potencialmente controvertidas envolvendo a análise e o gerenciamento de riscos. A boa-fé mostra-se essencial para que os intervenientes possam refletir sobre as perspectivas de risco uns dos outros e, com isso, produzir um aprendizado coletivo capaz de levar à reconsideração de posições até o ponto de se chegar a consensos mínimos ou definitivos sobre o

---

institucionalizada da sociedade, é composto por 5 representantes do governo e 8 externos ao governo, sendo que, destes, apenas 2 podem ser realmente associados ao cidadão usuário (órgãos de defesa do consumidor legalmente constituídos). Atribuir menos de 20% dos assentos ao cidadão usuário proporciona uma representação insuficiente a segmento que parece ser essencial à natureza ontológica do Conselho Consultivo. Por outro lado, o Conselho Consultivo congrega uma maciça representação de setores e entidades que tendem a possuir um conhecimento especializado e, via de consequência, a empregar uma linguagem técnica nas discussões envolvendo o campo da regulação da vigilância sanitária, tais como representantes de ministérios, entidades de saúde e comunidade científica. E como agravante desse quadro, a Anvisa incorporou à estrutura do Conselho Consultivo a Comissão Científica em Vigilância Sanitária (CCVISA), sendo essa mais uma instância produtora de discurso técnico.

problema.⁸¹¹ A importância de uma mão dupla reflexiva é reconhecida por autores que defendem diferentes modelos de regulação. Segundo Paul Slovic, tanto o especialista quanto o público têm uma contribuição válida a ofertar. "Cada lado deve respeitar os insights e a inteligência do outro".⁸¹² No mesmo sentido, Ortwin Renn argumenta que, ao formularem recomendações de comunicação de risco, os gerenciadores de risco aprendem com o público do mesmo modo que o público aprende com gerenciadores de risco.⁸¹³

Quando os intervenientes leigos e especialistas deliberam sobre um determinado risco, há uma rica oportunidade para que uma parte aprenda com a outra. Por exemplo, os especialistas podem demonstrar aos leigos que certos receios são exacerbados pela cobertura negativa da mídia, como é o caso dos riscos que envolvem a energia nuclear.⁸¹⁴ Os leigos, por seu turno, podem chamar a atenção dos especialistas para uma realidade mais facilmente perceptível aos olhos das pessoas impactadas pelo risco de uma forma mais direta, como demonstrou Bryan Wynne em seu estudo envolvendo os criadores de ovelha no condado de Cúmbria.⁸¹⁵

A pretensão é que os intervenientes reconheçam o caráter multidimensional do risco, aprendam com o conhecimento alheio e desenvolvam uma concepção polissêmica do problema regulado, uma que se mostra sensível aos pontos fortes e fracos de todas as concepções originais, inclusive, e principalmente, das concepções reputadas concorrentes.

---

⁸¹¹ Nos Estados Unidos, o *regulatory negotiation*, *negotiated rulemaking*, ou simplesmente *reg neg*, é um procedimento criado em 1990, por intermédio da Negotiated Rulemaking Act, com o objetivo de atenuar o caráter adversarial da produção normativa das agências regulatórias. A lei preconiza a reunião de partes interessadas e representantes da agência reguladora para que negociem os termos de uma norma a ser produzida. Um dos critérios estabelecidos pela lei norte-americana para que a agência reguladora possa iniciar uma *reg neg* é que os membros do comitê estejam dispostos a negociar de boa-fé para alcançar um consenso sobre a norma proposta. Sobre o tema, ver: LUBBERS, Jeffrey S. Achieving Policymaking Consensus: The (Unfortunate) Waning of Negotiated Rulemaking. *South Texas Law Review*, [S. l.], n. 49, p. 987-1017, 2008. Disponível em: https://works.bepress.com/jeffrey-lubbers/3/. Acesso em: 31 maio 2024; SCHUCK, Peter H.; KOCHEVAR, Steven. Reg Neg Redux: The Career of a Procedural Reform. *Theoretical Inquiries in Law*, [S. l.], v. 15, n. 478, p. 417-446, 2014. Disponível em: https://ssrn.com/abstract=2330357. Acesso em: 31 maio 2024.
⁸¹² SLOVIC, *op. cit.*, nota 385, p. 285, tradução nossa.
⁸¹³ RENN, *op. cit.*, nota 221, p. 509.
⁸¹⁴ Conforme tópico 3.4, supra.
⁸¹⁵ Conforme tópico 3.7.3.3, supra.

5.3.2.3 *Accountability* do órgão colegiado

A atuação do órgão colegiado pressupõe que a agência reguladora tenha desenvolvido modelos analíticos do risco objeto da regulação a partir de uma perspectiva mais robusta, levando em consideração o acervo informacional obtido por meio da adoção de mecanismos integrados de participação social.

Os especialistas da agência reguladora devem submeter tal modelo ao escrutínio dos representantes do órgão colegiado, destacando, com ampla transparência, os julgamentos normativos que permearam o seu trabalho. De igual modo, os especialistas da agência reguladora devem ouvir, refletir e debater, com toda humildade,[816] as considerações feitas pelos representantes do órgão colegiado.

A aplicação da noção de *accountability* não se limita a uma dimensão interna do órgão colegiado. Antes, aplica-se a toda a sociedade, o que significa dizer que as atividades do referido órgão devem estar abertas ao público em geral. Nesse sentido, afirmou-se no início deste capítulo que a transparência do órgão deve ocorrer tanto na dimensão proativa, mediante o fornecimento sistemático de informações sobre as atividades do órgão, quanto na dimensão orientada pela procura, mediante o atendimento de solicitações do público em geral envolvendo informações ou documentos específicos.[817]

O estudo de caso efetuado no capítulo anterior evidencia os tipos de problemas de transparência que podem ocorrer na realidade prática regulatória. Tais problemas envolvem a não disponibilização proativa de documentos essenciais do Conselho Consultivo da Anvisa (como o Regimento Interno do órgão, as atas, pautas e briefings de suas reuniões), respostas insuficientes a questionamentos legítimos (por exemplo, diante da solicitação de informações sobre o Conselho Consultivo, a Anvisa respondeu que não possuía Conselho Consultivo, somente Diretoria Colegiada) e a falta de coordenação entre diferentes órgãos (o Conselho Consultivo da Anvisa sugeriu que o requerimento

---

[816] A análise de risco compreende o gerenciamento de complexos processos voltados para a produção de um conhecimento confiável sobre o ambiente. Nesse contexto, Sheila Jasanoff argumenta em favor da adoção de "tecnologias da humildade" que (i) evidenciem a possibilidade sempre presente de sucederem consequências não previstas, que (ii) tornem explícito o caráter normativo muitas vezes encoberto sob o manto da técnica e que (iii) reconheçam a necessidade de dotar o processo regulatório de uma pluralidade de pontos de vista e de aprendizado coletivo desde a sua fase inicial (JASANOFF, *op. cit.*, nota 482, p. 240, tradução nossa).

[817] FOX, *op. cit.*, nota 756, p. 665.

de informação fosse direcionado ao Ministério da Saúde, que, por sua vez, respondeu informando que o tema não era de sua competência). O órgão colegiado deve incorporar práticas e rotinas voltadas para assegurar a *accountability* interna (entre os intervenientes do órgão colegiado deliberativo) e externa (entre o referido órgão e a sociedade como um todo) do órgão colegiado deliberativo. Além disso, diante de problemas de ação coletiva decorrentes da atuação concomitante de diferentes reguladores no mesmo "espaço regulatório",[818] torna-se necessário implantar mecanismos de coordenação regulatória, que ajudam a solucionar os problemas decorrentes de eventual sobreposição de competências sem, no entanto, eliminar os possíveis benefícios que advêm da estratégia de posicionar diferentes reguladores no mesmo espaço regulatório.[819]

5.3.3 Considerações finais sobre o modelo de regulação de risco à luz de STS

O modelo de regulação ora proposto tem como objetivo proporcionar uma maior abertura da atividade científica desenvolvida pelas agências reguladoras com o intuito de regular riscos. Essa ideia de *"accountability* reforçada" enseja a formulação de três considerações finais.

Em primeiro lugar, espera-se que o processo deliberativo preconizado no modelo ora proposto não assuma a forma de um embate entre diferentes interesses e pontos de vista, mas sim de um processo que leva os intervenientes a refletirem coletivamente sobre os pontos fortes e fracos de suas próprias percepções e convicções. Tudo isso de maneira contextualizada com os pontos de vista alternativos, a fim de que cada participante aprenda com esse processo e reconsidere a sua perspectiva até o ponto de viabilizar a construção de soluções coletivas.

É preciso, porém, estabelecer um limite ao processo deliberativo, pautado no reconhecimento de que o que se busca não é uma solução científica de última instância, mas sim a necessidade de tomada de

---

[818] A expressão é utilizada por Jim Rossi e Jody Freeman em: ROSSI, Jim; FREEMAN, Jody. Agency Coordination in Shared Regulatory Space. *Harvard Law Review*, [S. l.], v. 125, n. 5, p. 1131-1211, 2012, tradução nossa.

[819] Segundo Rossi e Freeman, esses mecanismos podem ser classificados em quatro grupos: (i) provisões de consulta entre agências; (ii) acordos entre agências; (iii) formulação conjunta de políticas e (iv) coordenação hierárquica através de órgãos do Poder Executivo (*Idem*, p. 1155 e ss.).

decisão.[820] Diferentemente do que ocorre na ciência da pesquisa, em que os cientistas trabalham em cenários "puros" de pesquisa que lhes proporcionam tempo suficiente para testar suas hipóteses, na ciência regulatória existem pressões por respostas céleres para os riscos que permeiam a sociedade,[821] de modo que o processo regulatório não pode se prolongar indefinidamente enquanto cientistas, especialistas de agências, partes interessadas e o público em geral discutem e rediscutem suas percepções. A partir de um determinado ponto, o debate já não atende ao interesse público, sendo necessário estabelecer regras que encerrem o processo de *accountability* da ciência.[822]

Nesse sentido, as agências reguladoras devem estabelecer critérios claros, transparentes e, na medida do possível, objetivos com relação à duração do processo deliberativo envolvendo cada risco regulado, o que irá variar dependendo da complexidade subjacente.

Em segundo lugar, a ampliação da participação social em direção à atividade de análise de risco produz importantes consequências sobre a forma tradicional de se abordar o processo regulatório de risco. Em vez de ser visto como um processo linear que separa, rigidamente, a etapa de análise de risco e a etapa de gerenciamento de risco, ele se torna mais dinâmico, aberto permanentemente a múltiplas perspectivas de risco desde seus estágios iniciais, propiciando uma reflexão crítica e integrada entre os especialistas, as partes interessadas e o público leigo com relação ao enquadramento do risco e à forma de sua mensuração e gerenciamento. Como ressalta Sheila Jasanoff, não se trata de defender o fim desse modelo tradicional linear, mas ele deve evoluir para assumir a forma de um processo mais complexo, "um que é cíclico e baseado, e não separado, nos ritmos da política deliberativa".[823]

Essa não é uma perspectiva meramente teórica. Nos Estados Unidos, o National Research Council, cujas atividades exercem significativa influência sobre as agências e até sobre o Congresso Nacional, descreveu em 1983 a regulação de risco como sendo um processo bifásico, composto pela análise científica do risco e pelo gerenciamento de risco. No entanto, o mesmo National Research Council publicou,

---

[820] JASANOFF, *op. cit.*, nota 11, p. 150.
[821] Conforme tópico 2.4.4.1, supra.
[822] JASANOFF, Sheila. Transparency in Public Science: Purposes, Reasons, Limits. *Law and Contemporary Problems*, [S. l.], v. 69, n. 3, p. 37, 2006.
[823] JASANOFF, *op. cit.*, nota 11, p. 150, tradução nossa.

em 1986, o documento *Understanding Risk: Informing Decisions in a Democratic Society* no qual preconiza a adoção de um processo que depende da interação de dois processos distintos porém interligados: análise e deliberação.[824] De acordo com o documento, enquanto a análise traz novas informações para o processo regulatório e viabiliza o oferecimento de respostas a questões factuais, a deliberação traz para o processo novas perspectivas, perguntas e formulações de problemas e o conduz a decisões substantivas:[825]

> A análise inclui várias maneiras de raciocinar e tirar conclusões, aplicando sistematicamente teorias e métodos das ciências naturais, ciências sociais, engenharia, ciência da decisão, lógica, matemática e Direito. A deliberação inclui os métodos pelos quais as pessoas constroem compreensão ou alcançam consenso através de discussão, reflexão, persuasão e outras formas de processos de comunicação que permitem a interação entre diferentes grupos de especialistas e entre especialistas e outros. Tanto a análise como a deliberação são essenciais e interagem em cada uma das tarefas que conduzem à caracterização do risco: a deliberação enquadra a análise e a análise informa a deliberação.[826]

Assim, em vez de linear, o processo regulatório de risco é recursivo. A rica interação entre análise e deliberação coloca em evidência a aprendizagem, terceira e última consideração final. Novos dados sobre o risco objeto da intervenção estatal, bem como mudanças nas preferências relacionadas à tomada de decisão podem ensejar o reenquadramento do problema regulatório e o desenvolvimento e aplicação de novos conhecimentos científicos. A adoção do modelo ora proposto pressupõe que especialistas, partes interessadas e público leigo desenvolvam a sua capacidade de aprendizagem, de modo a revisitar e reconstruir o problema regulatório à luz da experiência.[827]

---

[824] "A análise e a deliberação podem ser pensadas como duas abordagens complementares para obter conhecimento do mundo, formar entendimentos com base no conhecimento e chegar a acordo entre as pessoas" (NATIONAL RESEARCH COUNCIL, *op. cit.*, nota 484, p. 73, tradução nossa).

[825] *Ibidem*, p. 20.

[826] *Ibidem*, p. 30, tradução nossa.

[827] JASANOFF, *op. cit.*, nota 482, p. 242.

5.4 A regulação e a tendência de padronização global: referência a reguladores estrangeiros?

É possível afirmar que a estratégia adotada pelo STF e pelo Congresso Nacional de confiarem na *expertise* de reguladores estrangeiros se situa em um contexto global mais amplo, em que muitos mercados e regimes regulatórios adotam uma abordagem mertoniana de ciência universal, que tende à adoção de padrões técnicos e científicos globalmente aceitos. Por outro lado, estudos em STS argumentam que "as reivindicações científicas são intrinsecamente provisórias, contingentes e sujeitas a desconstrução sob escrutínio crítico".[828] No presente tópico, procura-se analisar a possibilidade de conciliar essa tendência global de padronização de reivindicações técnicas e científicas com os questionamentos suscitados pelos estudiosos em STS sobre a noção de ciência neutra e universal.[829]

Sheila Jasanoff discute o tema em diferentes estudos. Segundo a autora, o estabelecimento de padrões (*standards*) é a base de mercados funcionais, especialmente quando esses mercados ultrapassam as fronteiras políticas de culturas das nações. A padronização facilita a interação entre parceiros comerciais e atende à ideia de que seria possível conformar os produtos a padrões de saúde, segurança e ambientais idênticos em todo mundo.[830] Nesse sentido, a padronização serviria para estabilizar o conhecimento científico utilizado para fins regulatórios mesmo em políticas e culturas divergentes, proporcionando benefícios importantes para a formulação das políticas regulatórias:

> Os padrões reduzem o leque de interpretações associadas à observação dos fenômenos ambientais. Eles se concentram de maneira útil nas operações e práticas de rotina que se tornam a base para garantir e

---

[828] JASANOFF, Sheila. What judges should know about the sociology of science. In: JASANOFF, Sheila. *Science and Public Reason*. Routledge, 2012. p. 192, tradução nossa. Disponível em: https://doi.org/10.4324/9780203113820. Acesso em: 24 mar. 2023.

[829] A estratégia de confiar em reguladores estrangeiros parece continuar exercendo significativa influência sobre a esfera política brasileira. Além da lei que autorizou a importação de insumos para combater a pandemia, o Congresso Nacional editou, mais recentemente, a Lei nº 14.454, de 21 de setembro de 2022, estabelecendo condições para a cobertura de exames ou tratamentos de saúde não incluídos no rol de procedimentos e eventos em saúde suplementar, sendo que uma dessas condições é justamente a existência de recomendação de, no mínimo, um órgão de avaliação de tecnologias em saúde que tenha renome internacional, desde que sejam aprovados também para seus nacionais.

[830] JASANOFF, *op. cit.*, nota 481, p. 28.

monitorizar o cumprimento dos tratados ambientais. O acordo sobre padrões reduz os incentivos para que interesses opostos explorem a contingência da ciência.[831]

No entanto, Jasanoff ressalta que os padrões são qualquer coisa, "menos apolíticos".[832] Os enquadramentos efetuados por tais padrões inevitavelmente consubstanciam um instrumento de inclusão e exclusão. "As normas de segurança, em particular, implicam sempre questões associadas de importância política: segurança para quem, contra o que e em que medida?"[833] Por exemplo, sinais de trânsito não levam em consideração as necessidades do daltônico, transmitindo uma falsa ideia de uniformidade da capacidade sensorial dos condutores de perceberem a distinção entre as cores. Normas relativas à qualidade da água e do ar pressupõem escolhas sobre se deve-se levar em consideração o cidadão médio ou as pessoas mais vulneráveis, como crianças, idosos e pessoas que já têm problemas de saúde, o que é fonte de significativa controvérsia. Nesse contexto, a tentativa de harmonizar normas técnicas e científicas em uma perspectiva transnacional encarta a difícil missão de alinhar diferentes concepções científicas sobre a representação do mundo físico e ideias normativas de cada nação acerca de tais concepções.[834]

Uma crença demasiada nas técnicas padronizadas e, mais especificamente, no poder da quantificação objetiva "pode eliminar significados sociais complexos e nivelar prematuramente importantes diferenças contextuais".[835] Jasanoff argumenta que os padrões sobre o que medir e como medir podem se consolidar antes que importantes questões éticas e distributivas subjacentes sejam avaliadas pela comunidade internacional. A questão se torna ainda mais complexa porque esses padrões tendem a se revestir de uma linguagem técnica, o que faz com que eles percam a sua transparência original e adquiram "uma aparência de credibilidade imparcial que resiste às críticas de intervenientes sem a experiência necessária".[836]

---

[831] JASANOFF, op. cit., nota 801, p. 72, tradução nossa.
[832] JASANOFF, op. cit., nota 481, p. 29, tradução nossa.
[833] Idem.
[834] Idem.
[835] JASANOFF, op. cit., nota 801, p. 72, tradução nossa.
[836] Ibidem, p. 74, tradução nossa.

Por outro lado, quando padrões não negociados ou mal compreendidos são impostos a grupos excluídos ou marginalizados, é provável que esses grupos efetuem ajustes e adaptações ou mesmo excluam totalmente a incidência de tais padrões. É o que aconteceu no caso relatado anteriormente envolvendo o vazamento catastrófico de gás no Bhopal, em que os trabalhadores locais de uma multinacional norte-americana contextualizaram a tecnologia estrangeira de acordo com os seus próprios pressupostos culturais.[837] Nesse sentido, Jasanoff argumenta que "mesmo leituras de instrumentos e inscrições sofisticadas podem não gerar aplicações uniformes em contextos variados".[838]

Tais questões, como assinala Jasanoff, consubstanciam um verdadeiro desafio aos regimes regulatórios locais:

> Esses fenômenos oferecem algum conforto do ponto de vista da política democrática, pois criam aberturas para a ação local e atenuam a pressão enfraquecedora dos padrões globais e do discurso padronizador. Mas também apontam para potenciais dificuldades em garantir a conformidade. Sem disposições específicas para avaliação, feedback e aprendizagem institucional, os regimes internacionais podem não ter a capacidade de interpretar o significado da resistência local ou de extrair dela percepções positivas para a reformulação dos padrões.[839]

Portanto, o estabelecimento de padrões (*standards*) é uma providência necessária para o bom funcionamento dos mercados. Não obstante, os padrões não podem ser considerados inerentemente neutros e a sua importação acrítica pode gerar resultados socialmente indesejáveis. Nesse contexto, Jasanoff assinala a importância de mecanismos de aberturas direcionados às jurisdições locais que congreguem avaliação, feedback e aprendizagem institucional de modo a assegurar que os regimes internacionais consigam identificar e compreender as percepções de risco locais e reformular esses padrões sempre que necessário.

Mas como fica a questão sob a perspectiva da jurisdição local? Como os Estados soberanos devem conduzir as suas atividades de análise de risco em face da padronização internacional das normas técnicas e científicas? Mirando a regulação dos produtos químicos,

---

[837] Conforme tópico 3.7.3.3, supra.
[838] JASANOFF, *op. cit.*, nota 801, p. 75, tradução nossa.
[839] *Idem*.

Jasanoff destaca o relevante papel desempenhado por organizações internacionais, como a OCDE, ao influenciar positivamente a formulação das políticas nacionais, um papel que, segundo a autora, é indispensável para facilitar a produção e a transferência de informações sobre os perigos químicos. No entanto, essas tentativas de harmonização de normas técnicas e científicas encontram limites:

> Embora várias agências internacionais, incluindo a OCDE, estejam interessadas em influenciar as políticas nacionais, o sucesso dos seus esforços de harmonização depende de se conseguir um equilíbrio criterioso entre a tomada de decisões científicas e políticas. Desde que não ameacem as prioridades políticas dos Estados-membros, as agências internacionais podem desempenhar um papel útil no gerenciamento de riscos, especialmente como voz da razão em áreas controversas do desenvolvimento de políticas.[840]

Sendo o risco uma construção social, é necessário que a padronização internacional respeite as diferenças culturais e as prioridades políticas de cada Estado-nação. Estudos comparados evidenciam que fatores culturais interferem na forma como diferentes sociedades interpretam os mesmos dados científicos e resolvem as controvérsias.[841] Por outro lado, no estudo de caso efetuado no capítulo anterior foi possível observar que diferentes países chegaram a conclusões divergentes com relação às substâncias utilizadas para combater a obesidade, como assinalou o voto do ministro Nunes Marques.[842]

Nesse contexto, a importação acrítica de normas, conhecimento científico e tecnologias pode levar o Estado soberano a incorporar enquadramentos de problemas regulatórios que não são considerados universalmente válidos, o que detém o condão de gerar respostas regulatórias ineficazes, porquanto pouco aderentes à específica e complexa realidade social subjacente.

Esse é o perigo que se materializa na estratégia adotada tanto pelo STF quanto pelo Congresso Nacional ao instituírem regimes regulatórios de risco *ad hoc* nos quais a análise de risco realizada por

---

[840] JASANOFF, *op. cit.*, nota 524, p. 75, tradução nossa.
[841] Como se destacou no tópico 3.7.3.3, supra, o estudo comparado realizado por Sheila Jasanoff sobre os programas de controle de substâncias cancerígenas desenvolvidos por quatro diferentes jurisdições – Estados Unidos, Alemanha Ocidental, Canadá e Reino Unido – demonstrou a significativa influência que fatores culturais exercem sobre os objetivos e prioridades dos sistemas de gerenciamento de risco nacionais.
[842] Conforme tópico 4.3.2.5, supra.

reguladores renomados estrangeiros pode suprir a atuação da Anvisa, seja ao viabilizar o fornecimento excepcional de medicamento, seja ao permitir a importação de produtos para combater a pandemia de Covid-19.

A solução adotada por ambas as instituições pressupõe uma crença na padronização das normas, do conhecimento científico e das tecnologias em todo o mundo, de modo que a análise de risco desenvolvida em outras jurisdições poderia, licitamente, ultrapassar as fronteiras políticas e culturais e aportar no Brasil sem gerar maiores fricções. No entanto, a pesquisa evidencia que a análise de risco efetuada por esses reguladores pode encobrir enquadramentos de problemas regulatórios que não estão em consonância com a realidade política, cultural e social do país.[843]

Para que a importação de normas, tecnologias e conhecimento científico estrangeiros ocorra dentro de uma moldura construtivista em STS, respeitando as peculiaridades culturais e as prioridades políticas do país, deve-se assegurar que os regimes regulatórios disponham de mecanismos de avaliação a fim de que essas comodities alienígenas sejam continuamente "filtradas" pelo aparato criado no país para desempenhar a função de regulação de risco, inclusive com o objetivo de analisar criticamente o enquadramento de risco efetuado em outras jurisdições, impedindo um acolhimento irrefletido dos compromissos epistêmicos de determinados especialistas ou culturas políticas.[844] Tal providência busca assegurar a abertura do país para os desenvolvimentos tecnológicos e científicos ocorridos em nível global, ao mesmo tempo que preserva o seu espaço de ação.[845]

Assim, a solução de confiar na *expertise* de reguladores estrangeiros deve ser vista com significativa cautela. Ainda que seja

---

[843] O caso dos medicamentos para combater a obesidade analisado no tópico 4.3.2, supra, oferece um exemplo das repercussões causadas por um enquadramento problemático. A área técnica da Anvisa realizou um enquadramento de risco que se relevou restritivo ao final. A agência extrapolou os dados do Estudo Scout para outros grupos de pacientes, sem risco cardiovascular elevado, o que, depois de atrair diversas críticas, acabou sendo rechaçado pela Diretoria Colegiada da Anvisa. Mas um conselheiro da agência votou na linha desse enquadramento analítico. Além disso, esse enquadramento parece ter resultado na exclusão de especialistas, como médicos endocrinologistas, do processo de construção do problema regulatório, como destacaram em seus votos os ministros Nunes Marques e Alexandre de Moraes.

[844] JASANOFF, *op. cit.*, nota 801, p. 78.

[845] Normas mais abertas, como *guidelines* e regras de boas práticas sobre metodologias de análises de risco, também preservam o espaço de ação do Estado soberano, ao mesmo tempo que o tornam permeável ao desenvolvimento tecnológico e científico global.

estabelecida somente para situações excepcionais, a providência não pode prescindir de mudanças institucionais e procedimentais na esfera regulatória nacional a fim de dotar o regulador dos meios e do tempo necessários para promover a filtragem tanto da atividade de análise de risco estrangeira quanto da própria tecnologia importada, inclusive ao longo de sua utilização no país, assegurando-se a revisitação e reconstrução do problema regulatório à luz da experiência.[846]

5.5 Parâmetros para o controle judicial da atividade científica desenvolvida pela agência reguladora

O modelo de regulação de risco proposto neste trabalho tem como objetivo viabilizar uma maior *accountability* da ciência regulatória, conferindo especial ênfase ao papel da transparência e da participação social na atividade de análise de risco. Mas não se pode ignorar o papel de significativa importância que as cortes judiciais exercem como veículo de *accountability* da ciência regulatória. O debate sobre o controle judicial das agências reguladoras é antigo e bastante desenvolvido pela literatura.[847] As questões levantadas no presente trabalho demonstram a relevância de se aprofundar tal debate especificamente com relação à atividade de análise de risco. Neste último tópico, busca-se oferecer uma disciplina voltada para assegurar a *accountability* da ciência regulatória pela via judicial.

O controle judicial dos atos da Administração Pública é um tema amplamente estudado pela literatura administrativista brasileira.[848]

---

[846] No caso da importação de produtos para combater a pandemia de Covid-19, seria até possível argumentar que o Congresso Nacional assegurou a filtragem da análise de risco e das tecnologias produzidas no exterior ao conceder à Anvisa o prazo de até 72 horas para analisar e eventualmente autorizar a importação dos insumos. Nesse caso, algumas questões relevantes a serem debatidas são: (i) se esse prazo pode ser considerado suficiente para que a Anvisa efetue a sua própria análise de risco sobre as metodologias aplicadas pelo regulador estrangeiro e sobre o produto da tecnologia em si; (ii) se o regime excepcional assegura à Anvisa o exercício de uma contínua revisão e (iii) se a Anvisa possui estruturas, rotinas e processos voltados para o exercício de tais competências.

[847] Conforme demonstra o relato desenvolvido por BALDWIN; CAVE; LODGE, *op. cit.*, nota 40, p. 345-347.

[848] ALMEIDA, Fernando Dias Menezes de. *Tratado de Direito Administrativo*: controle da Administração Pública e responsabilidade do Estado. São Paulo: Revista dos Tribunais, 2014. v. 7: Tratado de Direito Administrativo; FAGUNDES, M. Seabra. *O controle dos atos administrativos pelo Poder Judiciário*. 3. ed. Rio de Janeiro: Forense, 1957; GUERRA, Sérgio. *Controle judicial dos atos regulatórios*. Rio de Janeiro: Lumen Juris, 2004; JORDÃO, Eduardo Ferreira. *Controle judicial de uma Administração Pública complexa*: a experiência estrangeira na adaptação da intensidade do controle. São Paulo: Malheiros, 2016; MEDAUAR,

Com o surgimento das agências reguladoras no país, a literatura passou a analisar os limites e as possibilidades do controle judicial sobre os atos emanados dessas entidades. Em geral, argumenta-se inexistir uma vedação *a priori* para o controle judicial dos atos praticados pelas agências reguladoras, notadamente diante da redação do artigo 5º, XXXV, da Constituição Federal de 1988.[849] No entanto, a literatura especializada costuma chamar a atenção para os problemas inerentes a uma ampla judicialização da atividade regulatória, na linha do argumento de Sérgio Guerra:

> Quando um julgador decide modificar uma escolha administrativa de caráter geral, seja ela vinculada ou discricionária, com o fim de apreciar determinado direito, individual ou coletivo, os efeitos dessa escolha, em regra, afetam apenas os cidadãos envolvidos, ou seus impactos quase sempre são abrandados e diluídos na coletividade. Por outro lado, nas escolhas reflexivas, a atuação do regulador, em determinado aspecto do sistema social, tende a produzir impacto em outro sistema, regulado ou não. Por essa razão, quando o Poder Judiciário altera uma escolha regulatória, que envolve, fundamentalmente, a eleição dos meios técnicos necessários para o alcance dos fins e interesses setoriais, com menor impacto para a sociedade e de modo mais eficiente, poderá, por uma decisão voltada a apenas um dos aspectos em questão, danificar a harmonia – clausura autorreferencial – de um sistema complexo.[850]

Em um contexto complexo como esse, Floriano de Azevedo Marques Neto argumenta que "a exorbitância do controle judicial da atividade regulatória pode ser prejudicial ao bom funcionamento dos setores regulados e à plena satisfação das finalidades públicas setoriais".[851] Diante de um Judiciário cada vez mais protagonista na arena política brasileira, o autor defende a necessidade de o juiz adotar uma postura de deferência à interpretação normativa realizada pelo regulador dentro de um processo regulatório que observou o devido processo legal, somente revisitando-a caso o seu conteúdo decisório se mostre desarrazoado. Do mesmo modo, não pode o juiz invalidar

---

Odete. *Controle da Administração Pública*. 3. ed. rev., atual. e ampl. São Paulo: Revista dos Tribunais, 2014; MELLO, Celso Antônio Bandeira de. *Discricionariedade e controle judicial*. 2. ed. São Paulo: Malheiros, 2012.

[849] Segundo o qual "a lei não excluirá da apreciação do Poder Judiciário lesão ou ameaça a direito".

[850] GUERRA, *op. cit.*, nota 584, p. 298-299.

[851] KLEIN, Aline Lícia. *Tratado de Direito Administrativo*: funções administrativas do Estado. São Paulo: Revista dos Tribunais, 2014. p. 667.

ato praticado pelo regulador com base em determinada metodologia somente porque existe outra técnica disponível no setor regulado. Se o regulador motivou suficientemente metodologia escolhida, a deferência é providência que se impõe, pois "o regulador é o mais capacitado para lidar com as contingências técnicas inerentes à regulação".[852]

No mesmo sentido, Marçal Justen Filho destaca que a atividade regulatória normalmente congrega juízos e avaliações que refletem conhecimentos técnico-científicos e atuação de especialistas, cuja compreensão, pelo Judiciário, costuma ser difícil e problemática.[853] O juiz, nesse contexto, deve agir com cautela e recorrer à opinião de especialistas de notória especialização, mas ainda assim não poderá invadir a seara das escolhas discricionárias:

> Ou seja e quando muito, poderá apontar-se a incorreção técnico-científica da decisão adotada pela agência ou a impossibilidade da justificação de sua adoção em face do conhecimento especializado ou das premissas consagradas na própria atuação anterior da agência (inclusive no tocante à fixação das políticas públicas por ela consagradas). Verificada a compatibilidade da decisão com o conhecimento técnico-científico, será vedado ao Judiciário reprovar o ato em virtude de uma avaliação igualmente subjetiva acerca da melhor solução a adotar no caso concreto.[854]

Percebe-se, portanto, que a atividade desenvolvida pelas agências reguladoras não é imune ao controle judicial,[855] mas o juiz deve agir com elevada prudência quando estiver diante das escolhas regulatórias que

---

[852] *Ibidem*, p. 668.

[853] "A forma de operação característica do Poder Judiciário não está afeita a essas manifestações de intervenção regulatória" (JUSTEN FILHO, Marçal. *O Direito das agências reguladoras independentes*. São Paulo: Dialética, 2002. p. 591).

[854] *Ibidem*, p. 592.

[855] Esse também é o entendimento da jurisprudência. Veja, a propósito, trecho do acórdão proferido pelo Superior Tribunal de Justiça: "O espaço regulatório das Agências e órgãos públicos não é território sem lei e sem controle, cabendo ao Judiciário – não por opção pessoal do juiz, mas por mandamento constitucional e legal – aferir o efetivo e útil cumprimento das expressivas responsabilidades e competências a eles atribuídas pelo legislador, morrmente no que tange ao dever indisponível de proteção de sujeitos vulneráveis e hipervulneráveis, assim como de bens jurídicos preciosos para as presentes e futuras gerações. No exercício do dever-poder normativo pelas Agências e órgãos públicos, a omissão regulatória, pela sua invisibilidade, é até mais grave do que eventual excesso ou defeito na edição de norma administrativa" (BRASIL. Supremo Tribunal Federal (2. Turma). Agravo Interno no Agravo em Recurso Especial 2.122.100/SP. Relator: Min. Herman Benjamin, 15 de dezembro de 2022. *Dje*: Brasília, DF, 19 dez. 2022).

decorrem de juízos e avaliações que refletem conhecimentos técnico-científicos.

A questão específica que se procura abordar nesse cenário é a seguinte: em relação à atividade de análise científica de risco desenvolvida pela agência reguladora, o que efetivamente deve ser controlado pelo juiz? E como esse controle deve ser exercido? A literatura, como visto, aponta algumas noções mais amplas – capacidades institucionais, deferência, recurso à opinião de especialistas de notória especialização, respeito à discricionariedade –, mas não há, no Direito brasileiro, uma disciplina mais clara sobre "o que" deve ser objeto de controle judicial e "como" o juiz deve realizar esse controle em relação à atividade de análise de risco.

O modelo de regulação de risco ora proposto oferece uma perspectiva construtivista que chama a atenção para os complexos processos de construção do conhecimento científico utilizado para fins regulatórios. Sob tal perspectiva, pode-se argumentar que o direito deve viabilizar a *accountability* da ciência regulatória a partir de uma visão crítica do pretenso caráter neutro e objetivo da análise de risco, na linha do argumento desenvolvido por Sheila Jasanoff:

> A produção da verdade científica, em particular, à medida que os seres humanos nela se envolvem, é sempre um empreendimento social. Está situado em lugares e circunstâncias particulares; é específico do contexto, proposital e culturalmente incorporado. Como tal, até mesmo afirmações científicas estão sujeitas a distorções, através de imperfeições nos próprios sistemas humanos que os produziram. Ao tentar fazer justiça, o objetivo do direito deveria ser, em parte, restaurar a visão destas potenciais deficiências, em vez de assumir acriticamente uma imagem descontextualizada da ciência que ignora as suas dimensões sociais e institucionais.[856]

Se em alguns cenários os avanços científicos e tecnológicos proporcionam elevado grau de objetividade e geram significativos benefícios para a sociedade, em outros cenários essa objetividade não pode simplesmente ser presumida. Ao adotar uma postura crítica em relação a uma noção de neutralidade e objetividade *ex ante* da atividade de análise de risco, o modelo de regulação de risco ora

---

[856] JASANOFF, Sheila. Just evidence: The limits of science in the legal process. *Journal of Law, Medicine & Ethics*, [S. l.], v. 34, n. 2, p. 339, 2006, tradução nossa.

proposto pressupõe que o Judiciário não só pode como deve promover a *accountability* do conhecimento científico produzido pela agência reguladora para fins regulatórios.

As práticas científicas adotadas pela agência reguladora durante a etapa de análise de risco possuem uma dimensão social e institucional que deve estar continuamente aberta ao escrutínio público, seja para proporcionar um melhor enquadramento do problema regulatório, seja para viabilizar um maior controle dos juízos normativos muitas vezes embutidos nas reivindicações científicas utilizadas para analisar o risco.

Nesse sentido, procura-se identificar, no Direito Positivo brasileiro, um ponto de apoio para nortear o controle da *accountability* das práticas científicas desenvolvidas pela agência reguladora.

5.5.1 O regime jurídico processual da prova pericial como parâmetro de *accountability* das práticas científicas

O Código de Processo Civil (CPC) estabelece normas sobre a figura do perito (artigos 156 a 158) e sobre a realização da prova pericial (artigos 464 a 480). Acredita-se que tal disciplina aborda aspectos essenciais do modelo construtivista de regulação de risco aqui proposto, o que torna possível invocá-la, por analogia,[857] visando oferecer uma direção mais precisa sobre quais aspectos da atividade científica desenvolvida pela agência reguladora devem ser objeto de controle judicial e sobre como o juiz deve realizar esse controle.

Segundo Cândido Rangel Dinamarco, certos litígios envolvem análises que estão "fora do alcance do homem dotado de cultura comum, não especializado em temas técnicos ou científicos, como são as partes, os advogados e o juiz".[858] Nesses casos, como destaca Moacyr

---

[857] De acordo com o art. 4º do Decreto-Lei nº 4.657, de 4 de setembro de 1942 (Lei de Introdução às Normas do Direito Brasileiro), "quando a lei for omissa, o juiz decidirá o caso de acordo com a analogia, os costumes e os princípios gerais de Direito" (Disponível em: BRASIL. Câmara dos Deputados. Decreto-Lei nº 4.657, de 4 de setembro de 1942. *Diário Oficial da União*: Brasília, DF, 1942. Disponível em: https://www.planalto.gov.br/ccivil_03/decreto-lei/del4657compilado.htm. Acesso em: 18 out. 2023). Segundo Carlos Maximiliano, "a analogia consiste em aplicar a uma hipótese não prevista em lei a disposição relativa a um caso semelhante" (MAXIMILIANO, Carlos. *Hermenêutica e aplicação do Direito*. 9. ed. Rio de Janeiro: Forense, 1979. p. 208).

[858] DINAMARCO, Cândido Rangel. *Instituições de Direito Processual Civil*. 4. ed. rev., atual. e com remissões ao Código Civil de 2002. São Paulo: Malheiros, 2004. v. 3. p. 586.

Amaral Santos, "para que a observação da coisa e dos fatos se faça por forma útil, o juiz se utiliza de pessoas entendidas na matéria, as quais lhe transmitem as suas observações".[859] Novamente invocando Dinamarco, a prova pericial tem cabimento para os casos que envolvem "fatos a cujo respeito só se pode chegar com segurança mediante ilações fundadas em premissas técnico-científicas".[860]

No presente caso, o recurso à analogia se justifica em razão dos pontos de semelhança essencial[861] que aproximam as atividades desenvolvidas pelos especialistas da agência reguladora e pelos peritos judiciais. Ambas as atividades são consideradas atividades especializadas, exercidas por pessoas especiais (o perito e o especialista), que possuem um conhecimento técnico-científico sobre determinada matéria. Além disso, em ambos os cenários (o regulatório e o judicial) a construção do conhecimento técnico e científico constitui uma atividade ancilar, porém essencial à tomada de decisão. Mas a principal semelhança para o paralelo aqui estabelecido é que ambas as atividades são objeto de uma delegação, circunstância que produz relevantes consequências com relação à *accountability* do conhecimento técnico e científico desses especialistas.

No caso do perito judicial, a delegação decorre da nomeação do juiz[862] para que o perito especializado realize uma determinada atividade cujo objeto deve ser cumprido "escrupulosamente",[863] isto é, de maneira cuidadosa, aplicada, diligente, ficando o perito sujeito a sanções nas esferas ético-profissional, cível e até criminal em caso

---

[859] "Essas pessoas entendidas, ou técnicas, são os peritos; o processo de verificação dos fatos por peritos é o que se chama perícia" (SANTOS, Moacyr Amaral. *Primeiras linhas de Direito Processual Civil*. 3. ed. São Paulo: Max Limonad, 1970. v. 2. p. 413-414).

[860] DINAMARCO, *op. cit.*, nota 858, p. 587-588.

[861] "Pressupõe: 1.º) uma hipótese não *prevista*, senão se trataria apenas de *interpretação extensiva*; 2.º) a relação contemplada no texto, embora diversa da que se examina, deve ser semelhante, ter com ela um elemento de identidade; 3.º) este elemento não pode ser qualquer, e, sim, *essencial, fundamental*, isto é, o fato jurídico que deu origem ao dispositivo. Não bastam afinidades aparentes, semelhança *formal*; exige-se a *real*, verdadeira igualdade sob um ou mais aspectos, consistente no fato de se encontrar, num e noutro caso, o mesmo princípio básico e de ser uma só a ideia geradora tanto da regra existente como da que se busca. A hipótese nova e a que se compara com ela, precisam assemelhar-se na essência e nos efeitos; é mister existir em ambas a mesma razão de decidir" (MAXIMILIANO, *op. cit.*, nota 857, p. 212).

[862] "Art. 465. O juiz nomeará perito especializado no objeto da perícia e fixará de imediato o prazo para a entrega do laudo."

[863] "Art. 466. O perito cumprirá escrupulosamente o encargo que lhe foi cometido, independentemente de termo de compromisso."

de descumprimento.[864] Justamente porque se trata de uma delegação, o CPC oferece uma disciplina detalhada acerca da *accountability* das práticas técnicas e científicas desenvolvidas pelo perito judicial, regulamentando tanto a figura do perito quanto do trabalho que ele realiza no processo judicial.

De igual modo, os especialistas da agência reguladora atuam com base em uma delegação legal para realizar análises de risco em nome e benefício do conjunto dos cidadãos. Trata-se da delegação epistêmica no campo regulatório, que consiste na atribuição de poder aos especialistas da agência reguladora para o desenvolvimento de análises de risco relacionadas aos produtos, substâncias e serviços submetidos ao seu campo de atuação em benefício da sociedade. Segundo Sheila Jasanoff, a delegação epistêmica é um aspecto essencial para a operação ordenada dos Estados modernos – "embora muitas vezes permaneça escondida sob o mesmo véu de ignorância que durante tanto tempo protegeu as instituições da ciência e da tecnologia da teorização e análise social" –,[865] implicando considerar a ciência "como um espaço separado da política e como uma fonte de verdades não contaminadas por valores e interesses humanos".[866]

No modelo de regulação de risco ora proposto, essa delegação também produz relevantes consequências com relação à *accountability* das práticas técnicas e científicas desenvolvidas pelos especialistas da agência reguladora. Como destaca Sheila Jasanoff, o mandato conferido aos especialistas não os autoriza a atuar como um porta-voz de algum tipo de autoridade científica transcendental. A sociedade constituinte possui o direito de participar das práticas científicas que os especialistas desenvolvem por força do mandato recebido:

> Ao permitir que os especialistas atuem em seu nome, os públicos democráticos não abrem mão do direito de participar de decisões com uma dimensão técnica pronunciada: apenas conferem aos especialistas

---

[864] "As sanções decorrentes do descumprimento de tal dever podem ser encontradas no plano ético-profissional – já que a atuação indevida do perito redunda em sanção profissional – na esfera cível –, pois de acordo com o art. 158 do CPC o perito que prestar informações inverídicas, por dolo ou culpa, responderá pelos prejuízos causados à parte e ficará inabilitado a funcionar como perito em outras causas por prazo de dois a cinco anos –, bem como no âmbito criminal – uma vez que o art. 342 do Código Penal tipifica a conduta do perito que faz afirmação falsa ou que omite fato relevante no processo" (MARINONI, Luiz Guilherme. *Comentários ao Código de Processo Civil*: artigos 381 ao 484. São Paulo: Revista dos Tribunais, 2016. p. 498).
[865] JASANOFF, *op. cit.*, nota 481, p. 25, tradução nossa.
[866] *Idem*.

um poder cuidadosamente circunscrito para falar por eles em questões que exigem um julgamento especializado.

Entre os direitos que o público não abre mão sob essa teoria está o direito de garantir que os especialistas atuem no âmbito da sua delegação. Seja através da participação direta ou através de questionamentos organizados, o público tem o direito e o dever de perguntar aos especialistas e seus patrocinadores governamentais se o conhecimento apropriado está sendo utilizado a serviço dos fins desejados.[867]

Portanto, existem justificativas plausíveis para a adoção do regime da prova pericial previsto no CPC como referencial para nortear a *accountability* da atividade de análise de risco no campo de atuação da agência reguladora, dotando o juiz de um racional que lhe permita verificar se o conhecimento apropriado está sendo utilizado a serviço dos fins desejados. Para fins analíticos, destacam-se dois conjuntos de aspectos que podem ser extraídos da disciplina oferecida pelo CPC a fim de oferecer balizamentos mais objetivos para o controle da atividade científica da agência reguladora.

5.5.1.1 Qualidade e integridade da atividade especializada, em um ambiente transparente e controlável

A disciplina contida no CPC procura assegurar a qualidade e a integridade da perícia por meio de um ambiente transparente e controlável. Primeiro ponto a ser destacado é que o CPC normatiza aspectos que se referem ao período que precede a nomeação do perito. Com efeito, o CPC estabelece que o perito judicial deve possuir conhecimento técnico ou científico necessário para auxiliar o juiz a compreender certos aspectos do processo. O perito pode ser um profissional legalmente habilitado ou um órgão técnico ou científico devidamente inscrito em cadastro mantido pelo tribunal ao qual o juiz está vinculado,[868] cadastro esse cuja formação e manutenção estão vinculadas a regras de transparência, atualização e integridade.

Deveras, os tribunais devem realizar consulta pública, por meio de divulgação na rede mundial de computadores ou em jornais

---

[867] JASANOFF, Sheila. Accounting for expertise. *Science and Public Policy*, [S. l.], v. 30, n. 3, p. 158-159, 2003, tradução nossa.
[868] Conforme §1º do art. 156 do CPC.

de grande circulação, além de consulta direta a universidades, a conselhos de classe, ao Ministério Público, à Defensoria Pública e à Ordem dos Advogados do Brasil (OAB), a fim de receberem indicações de profissionais ou de órgãos técnicos interessados.[869] De outro lado, os tribunais devem realizar avaliações e reavaliações periódicas para manutenção do cadastro, considerando a formação profissional, a atualização do conhecimento e a experiência dos peritos interessados.[870] A secretaria ou vara do juízo deve disponibilizar relação de peritos habilitados a atuar naquela circunscrição, informando a potenciais interessados quais documentos são necessários para se habilitarem como tal, permitindo que a distribuição das nomeações seja equitativa.[871] E nos locais onde não houver profissionais ou órgãos técnicos inscritos no cadastro do tribunal, o juiz escolherá livremente o perito, desde que seja comprovadamente detentor do conhecimento necessário à realização da perícia.[872]

Além de disciplinar o momento anterior à nomeação do perito, o CPC estabelece regras sobre o perito e sua atuação no processo. Quanto ao perito, o CPC estipula duas camadas simultâneas de proteção que visam eliminar dúvidas sobre a lisura do profissional ou órgão nomeado para realizar a prova pericial. Em uma primeira camada, o CPC estabelece que, uma vez nomeado, o próprio perito pode escusar-se do trabalho, inclusive por motivo de suspeição ou impedimento.[873] Em uma segunda camada de proteção, o CPC confere às partes a faculdade de arguir o impedimento ou a suspeição do perito, no prazo de 15 dias a contar da intimação do despacho de nomeação do perito.[874] Para verificação de eventual impedimento ou motivo de suspeição, o órgão técnico ou científico nomeado para atuar como perito fica obrigado a informar ao juiz os nomes e os dados de qualificação dos profissionais que participarão da atividade.[875]

O CPC também proporciona meios para controlar a *expertise* do perito. Ao ser nomeado pelo juiz, o perito tem o prazo de 5 dias para apresentar nos autos do processo judicial o seu currículo contendo a

---

[869] Conforme §2º do art. 156 do CPC.
[870] Conforme §3º do art. 156 do CPC.
[871] Conforme §2º do art. 157 do CPC.
[872] Conforme §5º do art. 156 do CPC.
[873] Conforme art. 157 e §1º do CPC.
[874] Conforme art. 465, §1º, I, do CPC.
[875] Conforme §4º do art. 156 do CPC.

comprovação de especialização relacionada à matéria probatória.[876] Mesmo com todo esse controle efetuado antes e no momento da nomeação, é possível que, no desenrolar da prova pericial, as partes e o juiz concluam que o perito não dispõe do conhecimento técnico ou científico necessário para o desempenho da função. Nesse caso, o CPC autoriza a substituição do perito,[877] que deverá restituir os valores recebidos pelo trabalho não realizado, sob pena de ficar impedido de atuar como perito judicial pelo prazo de cinco anos.[878] É possível, ainda, que a falta de conhecimento técnico ou científico fique caracterizada somente depois da entrega do laudo pericial, resultando em uma perícia deficiente ou inconclusiva, o que autoriza o juiz a reduzir a remuneração do perito.[879]

Partindo da figura do perito para o fruto de seu trabalho, observa-se que o CPC estabelece, de maneira expressa, as informações que devem constar do laudo pericial. Assim é que o laudo pericial deve conter a exposição do objeto da perícia, a análise técnica ou científica realizada pelo perito, a indicação do método utilizado, com a demonstração de que ele é predominantemente aceito pelos especialistas da área do conhecimento da qual se originou, e a resposta conclusiva a todos os quesitos apresentados pelo juiz, pelas partes e pelo órgão do Ministério Público. O perito deve deduzir a sua fundamentação em linguagem simples e com coerência lógica, indicando como alcançou suas conclusões.[880]

Finalmente, o CPC proíbe o perito de ultrapassar os limites de sua designação e de emitir opiniões de cunho pessoal, que excedem

---

[876] Conforme art. 465, §1º, II, do CPC.
[877] "Art. 468. O perito pode ser substituído quando: I - faltar-lhe conhecimento técnico ou científico (...)."
[878] "Art. 468.
(...)
§2º O perito substituído restituirá, no prazo de 15 (quinze) dias, os valores recebidos pelo trabalho não realizado, sob pena de ficar impedido de atuar como perito judicial pelo prazo de 5 (cinco) anos."
[879] "Art. 465.
(...)
§5º Quando a perícia for inconclusiva ou deficiente, o juiz poderá reduzir a remuneração inicialmente arbitrada para o trabalho."
[880] Conforme art. 473 do CPC. Sobre o tema, Humberto Theodoro Júnior afirma que o laudo "vale pelas informações que contenha, não pela autoridade de quem o subscreveu, razão pela qual deve o perito indicar as razões em que se fundou para chegar às conclusões enunciadas em seu laudo" (THEODORO JÚNIOR, Humberto. *Curso de Direito Processual Civil*. 57. ed. rev., atual. e ampl. Rio de Janeiro: Forense, 2016. v. I: Teoria geral do Direito Processual Civil, processo de conhecimento e procedimento comum. p. 1020).

o exame técnico ou científico do objeto da perícia.[881] Se o trabalho desenvolvido pelo perito não for suficiente para elucidar as questões técnicas e científicas debatidas, o CPC determina que uma nova perícia seja realizada para suprir as omissões e inexatidões de resultados.[882]

A forma como o CPC controla a qualidade e a integridade da perícia proporciona perspectivas úteis para balizar o controle judicial da atividade de análise de risco desenvolvida pela agência reguladora. De início, deve ser dito que o controle judicial da qualidade e da integridade da atividade especializada não representa qualquer forma de desabono à figura do especialista. Com efeito, destacou-se ao longo da pesquisa que as reivindicações científicas utilizadas para analisar o risco podem encobrir, sob o manto da tecnicidade, fatores contextuais dos especialistas que realizam a atividade de análise de risco (tais como seus objetivos, valores, treinamento e experiência), além de vieses e erros. Assim, quanto maior a possibilidade de existirem 'juízos ocultos' na atividade regulatória capazes de encobrir questões potencialmente relacionadas à figura do próprio especialista, maiores devem ser as preocupações com relação à *accountability* do conhecimento científico utilizado para a prática do ato. Isso basta para defender que a qualidade e a integridade da atividade especializada constituam uma variável do controle judicial.

Nesse contexto, o controle judicial da atividade de análise de risco desenvolvida pela agência reguladora pode se desdobrar em três aspectos. Um primeiro aspecto é que o CPC define a integridade do perito – e, consequentemente, da perícia – como uma importante variável a ser controlada pelo juiz e pelas partes. Nesse sentido, o CPC estipula uma série de providências com o objetivo de assegurar a lisura do profissional ou órgão nomeado para realizar a prova pericial, ficando vedada a atuação de perito impedido ou suspeito.

De igual modo, a lisura do especialista da agência reguladora que realiza atividade de análise de risco também deve ser uma variável objeto do controle judicial. Não se trata de questionar a probidade

---

[881] Conforme §2º do art. 473 do CPC.
[882] "Art. 480. O juiz determinará, de ofício ou a requerimento da parte, a realização de nova perícia quando a matéria não estiver suficientemente esclarecida.
§1º A segunda perícia tem por objeto os mesmos fatos sobre os quais recaiu a primeira e destina-se a corrigir eventual omissão ou inexatidão dos resultados a que esta conduziu;
§2º A segunda perícia rege-se pelas disposições estabelecidas para a primeira;
§3º A segunda perícia não substitui a primeira, cabendo ao juiz apreciar o valor de uma e de outra (...)."

do agente público,[883] mas sim a possível existência de fatores capazes de comprometer a sua isenção para realizar determinada atividade de análise de risco. Nesse sentido, é importante ter em mente que a Lei nº 9.784/1999, que regula o processo administrativo no âmbito da Administração Pública Federal, oferece uma disciplina sobre os casos de impedimento e suspeição do servidor público.[884]

Segundo aspecto diz respeito ao controle da *expertise* do perito. O CPC define a *expertise* como uma importante variável a ser controlada pelo juiz, pelas partes e até mesmo pela sociedade, já que a lei determina a criação e manutenção de um cadastro público e transparente no respectivo tribunal. De acordo com o CPC, o perito judicial deve ser "especializado no objeto da perícia",[885] havendo uma série de medidas que buscam assegurar o cumprimento dessa regra.

No contexto da atividade de análise de risco desenvolvida pela agência reguladora, entende-se que a *expertise* do especialista também deve ser uma variável sujeita ao controle judicial. Seguindo a dinâmica estabelecida pelo CPC, esse controle pode ser exercido por meio da análise do currículo dos especialistas da agência que participam da etapa de análise de risco, bem como de documentos (pareceres, notas técnicas etc.) e atividades (atuação em mecanismos de participação social, entrevistas na mídia, participação em congressos etc.) relacionadas à atividade de análise de risco, devendo ficar claro que o conhecimento técnico e científico do especialista da agência reguladora possui pertinência temática especializada com o objeto específico da análise de risco.

O estudo de caso realizado no capítulo anterior ilustra a importância desse ponto. No contexto do debate judicial envolvendo as substâncias para combater a obesidade, o ministro Alexandre de Moraes deu destaque à manifestação da Associação Brasileira para o Estudo da Obesidade e Síndrome Metabólica no sentido de que nenhum endocrinologista participou da tomada de decisão que culminou com a edição da RDC nº 52/2011 (que proibiu as substâncias). Assim, ao estipular a *expertise* do especialista que participa da atividade de análise de risco como uma variável sujeita ao controle judicial, o modelo de regulação ora proposto chama a atenção para a possibilidade de se

---

[883] Eventual discussão sobre a atuação proba de agentes públicos se faz à luz da Lei nº 8.429, de 2 de junho de 1992 (a chamada "Lei de Improbidade Administrativa").
[884] Arts. 18 a 21 da Lei nº 9.784, de 29 de janeiro de 1999.
[885] Art. 465 do CPC.

questionar a fiel correspondência entre a especialidade do agente público e o risco objeto da regulação.

Terceiro e último aspecto diz respeito ao conteúdo do documento que encarta o trabalho desenvolvido pelo perito. O CPC define expressamente quais informações devem constar do laudo pericial, que devem ser vertidas em linguagem simples e com coerência lógica. O CPC também define expressamente qual informação não pode constar do laudo pericial: o perito é proibido de ultrapassar os limites de sua designação e de emitir opiniões de cunho pessoal, que excedem o exame técnico ou científico do objeto da perícia.

Os documentos elaborados na etapa de análise de risco que apoiam a tomada de decisão da agência reguladora também devem ser considerados uma importante variável para o controle de sua atividade técnica e científica. Nesse sentido, tais documentos devem descrever, em linguagem simples e com coerência lógica, o objeto da análise de risco e a análise técnica ou científica realizada pelo especialista, apontando o método utilizado e a justificativa para sua adoção (demonstração de que ele é predominantemente aceito pelos especialistas da área do conhecimento da qual se originou).

Assim como o CPC exige que o laudo pericial ofereça resposta conclusiva a todos os quesitos apresentados pelo juiz, pelas partes e pelo órgão do Ministério Público, os documentos de análise de risco que apoiam a tomada de decisão da agência reguladora também devem conter a descrição da percepção de risco das partes interessadas e do público em geral.[886] E no desenvolvimento de todo esse trabalho, o especialista é proibido de ultrapassar os limites de sua atuação legal e de emitir opiniões de cunho pessoal, que excedem o exame técnico ou científico do objeto da análise de risco.

5.5.1.2 Processo dialógico

Outra dimensão da *accountability* das práticas técnicas e científicas do perito judicial diz respeito ao processo de construção da prova pericial. O CPC consagra a necessidade de se estabelecer um processo dialógico entre o território do especialista e o território dos leigos. Nesse sentido, o laudo do perito judicial não é fruto do trabalho isolado do

---

[886] A percepção de risco das partes interessadas e do público em geral deve ser agregada ao processo regulatório por meio do regime multifacetado de participação social discutido no tópico 5.3, supra.

perito judicial, mas sim de um ambiente participativo que congrega outros atores processuais – o juiz, as partes e o órgão do Ministério Público –, que possuem diferentes perspectivas da questão. Várias regras do CPC tratam dessa dimensão participativa da prova pericial.

A partir da nomeação do perito pelo juiz, as partes possuem prazo de 15 dias para apresentarem seus assistentes técnicos e formularem seus quesitos.[887] Durante a realização da prova pericial, o CPC autoriza que as partes apresentem "quesitos suplementares",[888] que acabam por ampliar o objeto do trabalho realizado pelo perito.[889] Ambos os tipos de quesitos devem ser respondidos de maneira conclusiva pelo perito.[890] O CPC impõe ao juiz e ao perito o dever de comunicar às partes quando e onde será produzida a prova pericial.[891]

Após o perito apresentar o laudo em juízo, as partes são intimadas para se manifestarem a seu respeito, podendo o assistente técnico de cada uma das partes apresentar seu respectivo parecer. O CPC impõe ao perito do juízo o dever de esclarecer os pontos de vista divergentes ou sobre os quais recaia dúvida. Se depois de tudo isso ainda houver necessidade de esclarecimentos, a parte deve solicitar ao juiz que o perito compareça à audiência de instrução e julgamento, formulando de pronto as perguntas que tiver, na forma de quesitos.[892]

Discorrendo sobre o caráter dialógico da prova pericial e sobre a legitimidade do laudo pericial, Luiz Guilherme Marinoni afirma o seguinte:

> O fato que requer conhecimento técnico não interessa apenas ao juiz, mas fundamentalmente às partes, que têm o direito de discuti-lo de forma adequada mediante, se for o caso, a indicação de assistentes técnicos. Em poucas palavras: a legitimidade do resultado da prova pericial requer que as partes tenham tido a devida possibilidade de participar em contraditório da sua formação.[893]

---

[887] Conforme art. 465, §1º, II e III, do CPC.
[888] Conforme art. 469 do CPC.
[889] Nesse sentido, Luiz Guilherme Marinoni afirma que os quesitos suplementares têm como objetivo esclarecer ou aprofundar o exame da perícia deferida (MARINONI, *op. cit.*, nota 864, p. 503).
[890] Conforme art. 473 do CPC.
[891] Conforme art. 474 do CPC.
[892] Conforme art. 477, §§1º, 2º e 3º do CPC.
[893] MARINONI, *op. cit.*, nota 864, p. 484-485.

Importante observar que o regime definido pelo CPC não trata a atividade especializada como uma atividade imune a erros e imperfeições. Um dos motivos que ensejam a abertura da prova pericial a amplo escrutínio é justamente para que a atividade especializada possa ser controlada pelos atores processuais, como destaca Moacyr Amaral Santos:

> Conquanto prova técnica, é a perícia uma prova como as outras, passível de imperfeições ou erros, suscetível de vícios, que, conforme o sejam, a tornam imprestável. Exatamente por isso, tais sejam os vícios do laudo, o juiz e as partes poderão solicitar aos peritos que o esclareçam.[894]

Tudo isso permite a conclusão de que o CPC, ao disciplinar a produção da prova técnica-científica no processo, não trata o conhecimento especializado como sendo epistemologicamente superior ao conhecimento leigo, tampouco o situa em um espaço livre de influências e erros. Justamente por isso o CPC estipula regras de *accountability* das práticas técnicas e científicas adotadas pelo perito judicial, demonstrando com isso a essencialidade do controle e da participação de variados atores processuais com relação ao processo de construção do conhecimento científico relevante para fins de instrução do processo.

Nesse sentido, as regras do CPC ajudam a definir a participação social nas práticas científicas desenvolvidas pela agência reguladora como uma variável do controle judicial, inclusive fornecendo importantes perspectivas sobre como esse controle deve ser exercido. No processo de construção das reivindicações científicas que embasaram as conclusões do especialista, a agência reguladora deve proporcionar um espaço dialógico entre seus especialistas, as partes interessadas e o público em geral, assegurando que as mais variadas percepções de risco foram devidamente apropriadas no processo regulatório (isto é, assegurando a legitimidade da análise de risco, na linha do argumento de Marinoni).

Alguns aspectos do modelo regulatório multifacetado de participação social ora proposto devem estar especialmente sujeitos ao controle judicial. Com relação à audiência pública, é necessário verificar se a agência reguladora respeitou os diversos requisitos para realização de audiência pública, tais como a publicação da convocação em Diário

---

[894] SANTOS, *op. cit.*, nota 859, p. 427.

Oficial, disponibilização de documentos, prazos e resposta às questões levantadas pelos participantes.

Com relação ao mecanismo de participação social dirigido a públicos específicos, a atenção deve recair não somente sobre os requisitos formais para sua realização, como também sobre se os públicos selecionados para participarem do mecanismo possuem pertinência temática com o objeto da regulação. Além disso, deve haver uma atenção sobre eventuais prejuízos decorrentes da exclusão de grupos determinados de cidadãos, partes interessadas e instituições que poderiam contribuir decisivamente para a reprodução da dimensão coletiva do problema regulatório. Nesse contexto, deve ser objeto de investigação o enquadramento de risco efetuado pelos especialistas da agência reguladora, que, em última análise, acaba por definir quem pode e quem não pode ter voz no processo regulatório.

A atividade do órgão colegiado também deve ser uma variável de controle judicial, de modo a verificar se o órgão proporcionou um espaço adequado para a deliberação do risco objeto da regulação. Nesse contexto, deve-se verificar se o órgão colegiado deliberativo forneceu aos intervenientes, no início das atividades, as percepções de risco colhidas por meio dos mecanismos integrados de participação social; se os especialistas da agência reguladora, ao defenderem o seu ponto de vista perante o órgão colegiado, atuaram de forma transparente com relação aos julgamentos normativos que efetuaram nos casos de incerteza, bem como às presunções, suposições e premissas adotadas na construção do modelo analítico de risco; e se o órgão colegiado ofereceu voz a todos os participantes, especialmente aqueles que podem ser excluídos do discurso técnico dominante.

Finalmente, é importante destacar que a definição da participação social nas práticas científicas desenvolvidas pela agência reguladora como uma variável do controle judicial parte da premissa que a atividade desempenhada por seus especialistas não é uma atividade imune a erros e imperfeições, que podem tornar a análise de risco imprestável para a finalidade pretendida. Nesse contexto, os mecanismos de participação social previstos no modelo de regulação também se prestam para viabilizar o controle social sobre tais práticas, sendo obrigação da agência reguladora prestar todos os esclarecimentos eventualmente solicitados e, se for o caso, efetuar as correções necessárias ao longo do processo.

Além de ser uma importante variável de controle judicial, o esperado comportamento altivo da agência reguladora é essencial para a evolução de um regime regulatório de risco democrático, que respeita a percepção das partes interessadas e dos cidadãos em geral não somente no que tange às minutas de atos normativos elaboradas pela agência (isto é, com relação às suas próprias propostas de gerenciamento de risco), mas também com relação às práticas científicas adotadas na atividade de análise de risco.

CONCLUSÃO

A noção de regulação de risco começou a ser desenvolvida mais nitidamente a partir da década de 1970 nos Estados Unidos, tendo atingido uma aparente maturidade em muitos países ocidentais na década de 1990, quando ficou consagrada como um novo tipo de regulação, ao lado da regulação econômica e social. No Brasil, observa-se uma crescente importância do risco no contexto da intervenção estatal especialmente a partir da promulgação da Constituição Federal de 1988, que emprega a expressão "risco" para estabelecer uma série de deveres jurídicos ao Estado. Não obstante, verifica-se que o tema ainda carece de um aprofundamento doutrinário no país. A pesquisa desenvolvida neste trabalho procura preencher essa lacuna a partir de uma abordagem peculiar, que analisa o papel da ciência na regulação de risco.

Nessa perspectiva mais específica, a pesquisa aborda problemas que podem ser detectados a partir de uma análise crítica dos modelos mais tradicionais de regulação de risco. Muito embora tenham significativa importância para o estudo e para a resolução de diversos problemas que desafiam a capacidade do Estado como regulador de risco, tais modelos não possuem uma base teórica voltada para justificar e explicar as complexas relações entre a ciência, o Estado e a sociedade. É justamente nessa interseção que a pesquisa se desenvolve, abordando questões que envolvem o *déficit* de legitimidade democrática da regulação e a qualidade da intervenção regulatória.

À guisa de conclusão, cabe retornar às perguntas formuladas no início deste trabalho para oferecer respostas resumidas à luz das discussões e conclusões alcançadas ao longo da pesquisa. Primeiramente, indagaram-se quais são os mecanismos de *accountability* da atividade de análise de risco. Para os fins desta pesquisa, entende-se por *accountability* uma maior abertura social da etapa de análise de risco, o que compreende duas dimensões de análise: *accountability* como o dever de cientistas e especialistas das agências reguladoras de divulgarem informações sobre suas práticas científicas e *accountability* como o fluxo de informações sobre o risco que flui das partes interessadas e do público em geral em direção ao regulador, que deve, necessariamente, levá-las em consideração ao gerar os seus modelos analíticos de risco. A *accountability*, nessa perspectiva de análise, compreende as noções de transparência e de participação social.

A pesquisa demonstrou que, no Brasil, a transparência possui duas dimensões de análise. Na dimensão proativa, a transparência se manifesta por iniciativa das próprias agências reguladoras. É o que ocorre, por exemplo, quando as agências disponibilizam sítios na *internet* veiculando informações sobre o seu desenho institucional, sua atuação e sobre o setor regulado como um todo. Na dimensão orientada pela procura, a transparência se materializa por iniciativa das partes interessadas e cidadãos. A legislação brasileira coloca à disposição de todas as pessoas um mecanismo que pode ser utilizado com relativa facilidade no ambiente regulado. A Lei nº 12.527, de 18 de novembro de 2011, a chamada "Lei de Acesso à Informação", assegura a todas as pessoas o direito fundamental de acesso à informação. Mediante requerimento a ser formulado em plataforma própria, as agências reguladoras ficam obrigadas a fornecer as informações ao cidadão, inclusive sobre questões que envolvem a análise de risco.

A participação social se materializa por meio de mecanismos que podem ser previstos na lei de criação da própria agência reguladora ou em outros atos normativos. A Lei nº 13.848, de 25 de junho de 2019, a chamada "Lei das Agências Reguladoras", oferece uma ampla disciplina sobre as consultas e audiências públicas e permite que as agências reguladoras prevejam, em seu regimento interno, outros mecanismos de participação social.

A consulta pública, de caráter obrigatório, tem um objeto mais restrito, sendo voltada para discutir "as minutas e propostas de alteração de atos normativos de interesse geral dos agentes econômicos, consumidores ou usuários dos serviços prestados".[895] Sob essa perspectiva, a consulta pública não se revelaria um mecanismo adequado para assegurar a participação social na atividade de análise de risco.

---

[895] Art. 11 da Lei nº 13.848, de 25 de junho de 2019.

As audiências públicas podem, em tese, ser utilizadas para ampliar a participação social na atividade de análise de risco, pois são um instrumento "para formação de juízo e tomada de decisão sobre matéria considerada relevante".[896] No entanto, ao contrário do que ocorre com as consultas públicas, as audiências públicas não são obrigatórias, ficando a critério do regulador realizá-las durante a atividade de análise de risco.

Finalmente, é possível identificar outros mecanismos de participação social nos diferentes setores regulados. No campo da regulação da vigilância sanitária, por exemplo, identificou-se que a lei que criou a Anvisa previu, no desenho institucional da agência, o Conselho Consultivo, órgão de participação institucional da sociedade. Além disso, a Anvisa conta com mecanismos ampliados de participação social, tais como a tomada pública de subsídios, a consulta dirigida e o diálogo setorial.

A segunda problematização questiona como os mecanismos de participação social funcionam na prática regulatória com relação à atividade de análise de risco. Esse é um tema de significativa importância para a regulação de risco, pois, como detectado pela OCDE, há um *déficit* de participação social nas etapas mais preliminares do processo regulatório. Na perspectiva da regulação de risco, isso corresponde à atividade de análise de risco, que é a etapa inicial do processo regulatório em que o regulador identifica, seleciona e mensura o risco objeto de intervenção estatal.

No Brasil, a análise empreendida por Natasha Salinas e Lucas Gomes demonstra que apenas 5,8% dos mecanismos de participação social (consultas e audiências públicas) realizados pelas agências reguladoras federais tratavam de problemas regulatórios mais amplos e de forma menos dirigida, um indicativo de que aquela situação identificada pela OCDE na realidade regulatória dos países membros também ocorre no Brasil.

O modelo tecnocrático, que é o modelo tradicional e prevalecente na prática regulatória de muitas jurisdições (inclusive no campo da regulação de risco da vigilância sanitária no Brasil, como o estudo de caso demonstrou), contribui para a continuidade dessa situação ao preconizar uma rígida separação entre a análise de risco (território da ciência) e o gerenciamento de risco (território da política). Para esse

---

[896] Art. 10 da Lei nº 13.848, de 25 de junho de 2019.

modelo, a análise de risco deve se desenvolver de maneira insulada, longe dos "receios irracionais do público", tomando por empréstimo as palavras de Stephen Breyer.

Isso levou a pesquisa a aprofundar o conhecimento sobre a realidade prática brasileira, mais especificamente sobre a regulação de risco desenvolvida no país, a fim de compreender o funcionamento dos mecanismos de participação social com relação à atividade de análise de risco.

Nesse contexto, a pesquisa detectou que a legislação brasileira enquadra o tema da participação social de maneira significativamente restrita. O único mecanismo de participação social obrigatório de acordo com a Lei nº 13.848/2019 é a consulta pública – a audiência pública é facultativa –, o que significa dizer que as agências reguladoras somente estão obrigadas a realizá-la para discutir questões que se inserem no gerenciamento de riscos (pois é nessa fase que o regulador elabora as minutas e propostas de alteração de atos normativos). Dito de outro modo, de acordo com a legislação brasileira, as agências reguladoras somente devem realizar consulta pública quando já efetuaram a análise de risco e já endereçaram uma proposta de solução para o problema regulatório.

Analisando especificamente o campo da regulação da vigilância sanitária, a pesquisa identificou que, além da consulta pública, a Anvisa também está obrigada a adotar outros dois mecanismos de participação social. Antes de encaminhar para o Congresso Nacional um anteprojeto de lei, a Anvisa deve submeter o texto ao escrutínio público por meio de audiência pública. Ocorre que essa hipótese não parece ter maior importância para as questões discutidas nesta pesquisa. Isso porque a análise de risco é uma atividade eminentemente administrativa, não se vislumbrando pertinência em se discutir a possibilidade de a Anvisa dispor sobre questões altamente técnicas e dinâmicas pela via legislativa.

O outro mecanismo de participação social obrigatório no campo da regulação da vigilância sanitária é o Conselho Consultivo. A pesquisa identificou uma série de problemas envolvendo a estruturação e o funcionamento do órgão, não se revelando, portanto, como um espaço institucional com aptidão para contribuir com a redução do *déficit* de abertura social da atividade de análise de risco no Brasil.

A pesquisa também identificou problemas no funcionamento prático das consultas e audiências públicas no campo da regulação da vigilância sanitária. Analisando a base de dados construída pelo projeto

Regulação em Números, da FGV Direito Rio, a pesquisa identificou que apenas 5,1% das consultas e audiências públicas realizadas pela Anvisa tinham como objetivo a produção de materiais de orientação ou a realização de reuniões e debates voltadas para agregar conhecimentos e informações sobre determinado tema, sem o oferecimento de uma proposta normativa concreta.

Por fim, é importante destacar que a pesquisa detectou um baixo percentual de resposta às críticas e contribuições recebidas (40% no ano de 2022, o melhor resultado desde 2008), o que detém o condão de desestimular a participação social em um ambiente que deveria ser caracterizado pela transparência e responsividade.

Em terceiro lugar, indagou-se como funciona o enquadramento do problema na regulação de risco. Estudos desenvolvidos em STS ressaltam a força extraordinária do enquadramento do problema regulatório: a forma como reguladores enquadram o problema regulatório delimita o significado do risco (isto é, do objeto da intervenção estatal) e detém o potencial de excluir ou incluir pessoas e organizações na atividade da análise de risco, o que impacta de maneira significativa a decisão sobre as estratégias de gerenciamento de risco e a própria eficácia da regulação no mundo real.

A pesquisa identificou que tanto a estruturação jurídica quanto a realidade prática do enquadramento do problema regulatório apontam para um modelo tecnocrático de regulação de risco. Isso significa dizer que, no Brasil, o enquadramento é uma questão afeta majoritariamente, senão exclusivamente, aos especialistas das agências reguladoras.

A legislação brasileira tornou obrigatória somente a realização de consulta pública no processo regulatório, que, como visto, se relaciona com a atividade de gerenciamento de risco (minutas e propostas de alteração de atos normativos). A audiência pública, que poderia ser realizada como meio de articulação entre o conhecimento técnico-científico e o conhecimento das partes interessadas e do público leigo, não detém caráter obrigatório no Brasil.

É certo que a Lei nº 13.848/2019 permite que as agências reguladoras estabeleçam outros meios de participação social. Mas a decisão de criar, ou não, mecanismos de participação social voltados para viabilizar uma interação entre os especialistas das agências reguladoras e as partes interessadas e o público em geral durante a atividade de análise de risco fica totalmente nas mãos da agência.

O estudo de caso oferece importantes perspectivas sobre a realidade prática envolvendo o enquadramento do problema na esfera regulatória da vigilância sanitária. Além da consulta pública, outros dois mecanismos de participação social são obrigatórios no campo de atuação da Anvisa, que são o Conselho Consultivo e a audiência pública (esta quando o objeto envolver anteprojeto de lei). No entanto, tais mecanismos não têm proporcionado uma maior abertura da atividade de análise de risco. A pesquisa identificou uma série de problemas com a estruturação do Conselho Consultivo, que dificultam ou inviabilizam o exercício de uma função voltada para contribuir com a democratização da atividade de análise de risco. A pesquisa também identificou diversas questões envolvendo a realidade prática do órgão, especialmente com relação à transparência de suas atividades cotidianas.

O caso das substâncias para combater a obesidade oferece um exemplo prático do uso de audiência pública no processo regulatório. De fato, a Anvisa lançou mão desse mecanismo de participação social antes da formulação de uma minuta de ato normativo, fato que poderia sugerir uma maior abertura da atividade de enquadramento do problema regulatório.

No entanto, a pesquisa identificou que, no momento em que ocorreu a audiência pública, as áreas técnicas da Anvisa (GFARM/Nuvig e CATEME) já haviam realizado o enquadramento do problema regulatório e, até mesmo, sugerido providências de gerenciamento de risco (a GFARM/Nuvig recomendou o cancelamento do registro dos medicamentos contendo sibutramina, ao passo que a CATEME sugeriu o cancelamento do registro de todas as substâncias). Apesar de alguns protestos, esse enquadramento analítico permaneceu hígido durante todo o processo regulatório. O reconhecimento de que esse enquadramento era equivocado somente ocorreu na sessão deliberativa da Diretoria Colegiada que decidiu pela edição da RDC nº 52, de 5 de outubro de 2011.

Por outro lado, os mecanismos ampliados de participação social previstos para o contexto regulatório da Anvisa – a tomada pública de subsídios, a consulta dirigida e o diálogo setorial –, apesar de serem potencialmente úteis para gerar uma maior abertura social da atividade de análise de risco, não são dotados de formalidades essenciais para o atingimento de tal objetivo.

Finalmente, os três casos que colocaram em lados opostos a Anvisa e o Congresso Nacional também apontam para um ambiente que privilegia o insulamento da atividade de enquadramento do problema regulatório. As decisões terminativas proferidas pelo STF tanto no caso da pílula do câncer quanto no caso das substâncias para combater a obesidade asseguraram, afinal, o insulamento da atividade técnico-científica realizada pela Anvisa, não tecendo maiores considerações sobre a *accountability* dessa etapa do processo regulatório. Já no caso da importação de produtos para o enfrentamento da pandemia de Covid-19, a escolha legislativa adotada pelo Congresso Nacional consagra a ideia de que a atividade de análise de risco deve ser desenvolvida apenas por reguladores, ainda que estrangeiros.

Em quarto lugar, indagou-se como o conhecimento científico alcança autoridade no processo regulatório. De acordo com o referencial teórico ora adotado, "as reivindicações científicas são intrinsecamente provisórias, contingentes e sujeitas a desconstrução sob escrutínio crítico".[897] O estudo de caso confirmou, na prática, a hipótese de pesquisa ao evidenciar que as noções de "ciência sólida" ou "ciência baseada em evidências", embora sejam essenciais para o desenvolvimento de análises de risco robustas e para a construção de soluções regulatórias eficazes, não são suficientes para conferir autoridade ao conhecimento científico utilizado para fins regulatórios.

A autoridade, aqui entendida como reconhecimento e estabilidade social, é alcançada no contexto do trabalho de fronteira realizado por instituições regulatórias, partes interessadas e pelo público leigo, cada qual atuando dentro de sua esfera de interesses e competências. Em situações de menor complexidade, a delimitação dos territórios da ciência e política promovida pelos especialistas das agências reguladoras se mantém de forma mais harmônica. Já situações que envolvem incertezas, estresse ou clamor social ou permeadas por reivindicações científicas contraditórias podem levar à desconstrução das formulações técnico-científicas dos especialistas com maior facilidade.

Os três casos analisados que colocaram em lados opostos o Congresso Nacional e a Anvisa proporcionam múltiplas análises sobre o processo de construção e desconstrução das reivindicações científicas utilizadas pelo regulador para analisar o risco objeto de intervenção estatal. É justo inferir daquelas análises que a autoridade do conhecimento científico emergiu não por causa de eventual qualidade substancial das reivindicações utilizadas em determinadas escolhas, mas sim porque os atores relevantes lograram delimitar os territórios da ciência e da política de forma que proporcionou estabilidade social. E, nesse contexto, observou-se que a realidade regulatória do país

---

[897] JASANOFF, *op. cit.*, nota 828, p. 192, tradução nossa.

aponta para uma tendência de se considerar que a delimitação final dos territórios da ciência e da política é uma decisão a ser tomada pelo regulador insulado.

Último questionamento diz respeito a saber se, no processo regulatório, existe espaço para que as partes interessadas e o público em geral ofereçam interpretações científicas conflitantes com a análise burocrática. Sobre o tema, é possível afirmar que a política regulatória brasileira tem evoluído no sentido de proporcionar uma maior abertura da regulação em direção à sociedade. A Lei nº 13.848/2019, leis setoriais e atos normativos editados pelas próprias agências reguladoras vêm criando e aperfeiçoando mecanismos de participação social com o intuito de viabilizar uma maior articulação entre os especialistas das agências reguladoras e as partes interessadas e o público em geral.

Ocorre, contudo, que toda essa evolução não se faz sentir na atividade de análise de risco – que se relaciona com aquilo que a OCDE denomina estágio inicial do processo regulatório –, que continua sendo realizada de maneira excessivamente insulada no Brasil. Como consequência, as reivindicações científicas utilizadas pelos especialistas das agências reguladoras para analisar o risco não são analisadas, debatidas e eventualmente questionadas pelas partes interessadas e pelo público de maneira oportuna e sistemática.

Isso não significa dizer que as partes interessadas e o público em geral não podem conhecer e eventualmente discordar das interpretações científicas dos especialistas no processo regulatório. As partes interessadas e o público em geral podem solicitar informações sobre as práticas científicas da agência no curso do processo regulatório. Por exemplo, a fim de possibilitar um maior conhecimento acerca da matéria contida na minuta de ato normativo submetida à consulta pública, as partes interessadas e o público em geral podem, licitamente, requerer à agência cópia do processo administrativo contendo a análise de risco que amparou a formulação da referida minuta. As partes interessadas e o público em geral também podem se manifestar sobre a análise técnico-científica realizada pela agência reguladora por ocasião da realização de consulta pública voltada para discutir a minuta de um ano normativo. Também existe a possibilidade de a agência reguladora adotar mecanismos de participação social, como a audiência pública e a consulta dirigida, com o propósito específico de submeter ao escrutínio público a análise de risco efetuada pelos especialistas visando discutir as metodologias utilizadas e agregar mais informações acerca do problema regulatório.

Ocorre, no entanto, que todas essas hipóteses se afiguram problemáticas. Somente conceder às partes interessadas e ao público em geral o direito de analisar, debater e questionar as práticas científicas das agências reguladoras *a posteriori* (no caso da consulta pública) e sob demanda (no caso de solicitação de informações) consubstancia um fator que pode desestimular e até mesmo inviabilizar o engajamento social. Não só pelas dificuldades materiais que envolvem a obtenção de informações, mas pelo entendimento de que os especialistas se mostram relutantes em discutir as práticas científicas adotadas após a sua estabilização no processo regulatório.

Por outro lado, no estágio atual da política regulatória brasileira, a abertura da atividade de análise de risco por meio de mecanismos como a audiência pública e a consulta dirigida se revela apenas uma possibilidade, uma vez que não há qualquer obrigatoriedade de se lançar mão de tais mecanismos no decorrer do processo regulatório para atender à referida finalidade. As agências, assim, detêm ampla margem de discricionariedade para decidir se e quando submetem ao escrutínio público as práticas científicas empregadas na análise do risco objeto da intervenção estatal.

Por fim, a pesquisa demonstrou que modelos tecnocráticos de risco, que separam em compartimentos distintos e impermeáveis a análise e o gerenciamento de risco, costumam desconsiderar a dimensão social do risco. Daí porque a pesquisa concluiu pela necessidade de teorizar um modelo de regulação aderente à natureza multidimensional e contestada do risco que se torna objeto da intervenção estatal.

Com efeito, o modelo construtivista ora preconizado pode ser desdobrado em duas possíveis etapas. Em uma primeira etapa, o modelo torna obrigatória a realização de dois ou mais mecanismos de participação social a fim de agregar as perspectivas de risco tanto do público geral quanto dos públicos que são impactados de maneira mais específica pelo objeto da regulação. Essa primeira etapa visa assegurar a constituição de um acervo de informações condizentes com a natureza multidimensional do risco.

Para riscos de maior complexidade, potencialmente criadores de ambientes adversariais, o modelo prevê uma segunda etapa na qual um órgão colegiado congrega diversos representantes de públicos, setores e atividades com o objetivo de proporcionar um espaço intelectualmente informado para a mediação e negociação envolvendo os mais variados aspectos do risco que se torna alvo da regulação estatal. Regras de encerramento asseguram que os debates sobre a análise de risco não ultrapassarão determinados limites estabelecidos pelo interesse público. No Brasil, toda a atividade regulatória está sujeita ao escrutínio judicial. Diante da falta de critérios mais objetivos sobre as variáveis que devem ser controladas pelo juiz e sobre como esse controle deve ser exercido, a pesquisa apontou a possibilidade de se utilizar, por analogia, o regime jurídico processual da prova pericial como parâmetro útil de controle. Nesse sentido, o controle judicial deve se desenvolver sobre aspectos relacionados (i) à qualidade e integridade da atividade especializada da agência reguladora e (ii) ao processo dialógico que, necessariamente, deve ser instaurado entre especialistas, de um lado, e partes interessadas e público leigo, de outro.

Riscos são construídos não somente por especialistas, mas também pelas partes interessadas e pelo público leigo. Analisá-los e gerenciá-los exige a estruturação de um regime regulatório permeável a essa realidade complexa. A pretensão do modelo construtivista ora formulado é assegurar uma maior *accountability* da ciência regulatória. Isso não garante que a intervenção estatal sobre os riscos da contemporaneidade terá sempre sucesso. Mas a sua falta torna a atuação do Estado mais suscetível a erros e críticas.

REFERÊNCIAS

ABOUT STS. *Stswiki*, [*S. l.*], [2023]. Disponível em: https://stswiki.org/. Acesso em: 23 mar. 2023.

ABRAHAM, Kenneth S.; SCHWARCZ, Daniel B. The limits of regulation by insurance. *Indiana Law Journal*, Indiana, [*S. l.*], 2023. Disponível em: https://ssrn.com/abstract=4119812. Acesso em: 7 nov. 2023.

ALMEIDA, Fernando Dias Menezes de. *Tratado de Direito Administrativo*: controle da Administração Pública e responsabilidade do Estado. São Paulo: Revista dos Tribunais, 2014. v. 7: Tratado de Direito Administrativo.

ANVISA aprova novo marco regulatório para medicamentos de baixo risco sujeitos a notificação. *Gov.br*, Brasília, DF, 10 nov. 2021. Disponível em: https://www.gov.br/anvisa/pt-br/assuntos/noticias-anvisa/2021/anvisa-aprova-novo-marco-regulatorio-para-os-medicamentos-de-baixo-risco-sujeitos-a-notificacao. Acesso em: 16 dez. 2023.

ANVISA completa 24 anos de defesa da saúde pública. *Gov.br*, Brasília, DF, 26 jan. 2023. Disponível em: https://www.gov.br/anvisa/pt-br/assuntos/noticias-anvisa/2023/anvisa-completa-24-anos-de-defesa-da-saude-publica. Acesso em: 18 out. 2023.

ANVISA expressa profunda preocupação com liberação da fosfoetanolamina. *G1*, Rio de Janeiro, 14 abr. 2016. Disponível em: http://g1.globo.com/sp/sao-carlos-regiao/noticia/2016/04/anvisa-expressa-profunda-preocupacao-com-liberacao-da-fosfoetanolamina.html. Acesso em: 25 dez. 2022.

ASSELTA, Marjolein; RENN, Ortwin. Risk governance. *Journal of Risk Research*, [*S. l.*], v. 14, n. 4, p. 431-449, 2011. Disponível em: https://www.tandfonline.com/doi/abs/10.1080/13669877.2011.553730. Acesso em: 20 out. 2021.

AYRES, Ian; BRAITHWAITE, John. *Responsive Regulation*: Transcending the Deregulation Debate. Nova York: Oxford University Press, 1992.

BAKER, Tom; MOSS, David. Government as Risk Manager. *In*: MOSS, David; CIRTERNINO, John (ed.). *New Perspectives on Regulation*. Cambridge: The Tobin Project, 2009.

BALDWIN, Robert; BLACK, Julia. Driving priorities in risk-based regulation: What's the problem. *Journal of Law and Society*, [*S. l.*], v. 43, n. 4, p. 565-566, 2016.

BALDWIN, Robert; CAVE, Martin; LODGE, Martin. *Understanding Regulation*. Theory, Strategy, and Practice. 2nd. ed. Oxford: Oxford University Press, 2012.

BECK, Ulrich. *Sociedade de risco*: rumo a uma outra modernidade. 2. ed. Tradução: Sebastião Nascimento. São Paulo: Editora 34, 2011.

BENSHAHAR, Omri; LOGUE, Kyle D. Outsourcing regulation: How insurance reduces moral hazard. *Michigan Law Review*, [S. l.], n. 2, p. 197-248, 2012. Disponível em: https://repository.law.umich.edu/cgi/viewcontent.cgi?article=1092&context=mlr. Acesso em: 7 nov. 2023.

BIJKER, Wiebe E.; HUGHES, Thomas Parke; PINCH, Trevor (ed.). *The Social Construction of Technological Systems*: New Directions in the Sociology and History of Technology. Cambridge: MIT Press, 2012.

BLACK, Julia. *Critical Reflections on Regulation*. London: London School of Economics and Political Science, 2002.

BLACK, Julia. Decentring Regulation: Understanding the role of regulation and self-regulation in a 'post-regulatory' world. *Current Legal Problems*, [S. l.], v. 54, n. 1, p. 103-146, 2001. Disponível em: https://doi.org/10.1093/clp/54.1.103. Acesso em: 3 jun. 2023.

BLACK, Julia. The Role of Risk in Regulatory Processes. *In*: BALDWIN, Robert; CAVE, Martin; LODGE, Martin (ed.). *The Oxford Handbook of Regulation*. New York: Oxford University Press, 2010. Disponível em: https://doi.org/10.1093/oxfordhb/9780199560219.003.0014. Acesso em: 5 ago. 2021.

BOWKER, Geoffrey; STAR, Susan L. *Sorting Things Out*: Classification and its Consequences. Cambridge: MIT Press, 1999.

BETTER RELATION COMISSION (BRC). *Risk, Responsibility, Regulation*: Whose Risk is it Anyway? London: Cabinet Office, 2006. Disponível em: https://regulation.org.uk/library/2006_risk_responsbillity_regulation.pdf. Acesso em: 12 mar. 2022.

BRASIL. Anorexígenos: posição da Anvisa sobre o PLC 61/15. *Gov.br*, Brasília, DF, 4 jul. 2022. Disponível em: https://www.gov.br/anvisa/pt-br/assuntos/noticias-anvisa/2016/anorexigenos-posicao-da-anvisa-sobre-o-plc-61-15. Acesso em: 2 set. 2023.

BRASIL. Câmara dos Deputados. *Decreto Legislativo nº 273, de 2014*. Brasília, DF: Câmara dos Deputados, 2014. Disponível em: https://www2.camara.leg.br/legin/fed/decleg/2014/decretolegislativo-273-4-setembro-2014-779343-publicacaooriginal-144957-pl.html. Acesso em: 20 jul. 2023.

BRASIL. Câmara dos Deputados. *Decreto-Lei nº 4.657, de 4 de setembro de 1942*. *Diário Oficial da União*: Brasília, DF, 1942. Disponível em: https://www.planalto.gov.br/ccivil_03/decreto-lei/del4657compilado.htm. Acesso em: 18 out. 2023.

BRASIL. Câmara dos Deputados. *Medida Provisória nº 1.791, de 30 de dezembro de 1998*. Brasília, DF: Câmara dos Deputados, 1998. Disponível em: https://www2.camara.leg.br/legin/fed/medpro/1998/medidaprovisoria-1791-30-dezembro-1998-370219-norma-pe.html. Acesso em: 29 jun. 2023.

BRASIL. Câmara dos Deputados. *Parecer nº XXX, de 2016*. Brasília, DF: Câmara dos Deputados, 2016. Disponível em: https://legis.senado.leg.br/sdleg-getter/documento?dm=3738814&ts=1630411242453&disposition=inline&_gl=1*i79fuc*_ga*MjEwNzQ2O

DE3My4xNjgwMTAwNTAz*_ga_CW3ZH25XMK*MTY5Mjg5ODMzMC44LjAuMTY5
Mjg5ODMzMC4wLjAuMA. Acesso em: 24 ago. 2023.

BRASIL. Câmara dos Deputados. Proibição de emagrecedores gera polêmica em audiência. *Agência Câmara de Notícias*, Brasília, DF, 9 out. 2012. Disponível em: https://www.camara.leg.br/noticias/386015-proibicao-de-emagrecedores-gera-polemica-em-audiencia/. Acesso em: 20 jul. 2023.

BRASIL. Câmara dos Deputados. *Projeto de Decreto Legislativo nº XXX, de 2013*. Brasília, DF: Câmara dos Deputados, 2013. Disponível em: https://www.camara.leg.br/proposicoesWeb/prop_mostrarintegra?codteor=1115399&filename=PDC%201123/2013. Acesso em: 26 jan. 2023.

BRASIL. Câmara dos Deputados. *Projeto de Lei nº XXX, de 2016*. Brasília, DF: Câmara dos Deputados, 2016. Disponível em: https://www.camara.leg.br/proposicoesWeb/prop_mostrarintegra?codteor=1440430&filename=PL%204639/2016. Acesso em: 25 dez. 2022.

BRASIL. Câmara dos Deputados. *Projeto de Lei nº 864, de 2020*. Brasília, DF: Câmara dos Deputados, 2020. Disponível em: https://www.camara.leg.br/proposicoesWeb/prop_mostrarintegra?codteor=1870052;filename=PL%20864/2020. Acesso em: 2 fev. 2023.

BRASIL. Deputados querem manter acesso da população a remédios para emagrecer. *Agência Câmara de Notícias*, Brasília, DF, 26 mar. 2013. Disponível em: https://www.camara.leg.br/noticias/399316-deputados-querem-manter-acesso-da-populacao-a-remedios-para-emagrecer. Acesso em: 20 jul. 2023.

BRASIL. Entidade médica e Anvisa divergem sobre veto a emagrecedores. *Agência Câmara de Notícias*, Brasília, DF, 5 abr. 2011. Disponível em: https://www.camara.leg.br/noticias/212282-entidade-medica-e-anvisa-divergem-sobre-veto-a-emagrecedores/. Acesso em: 20 jul. 2023.

BRASIL. Lei nº 13.269, de 13 de abril de 2016. *Diário Oficial da União*: Brasília, DF, 2016. Disponível em: https://www.planalto.gov.br/ccivil_03/_ato2015-2018/2016/lei/l13269.htm. Acesso em: 19 jul. 2023.

BRASIL. Lei nº 13.709, de 14 de agosto de 2018. Lei Geral de Proteção de Dados Pessoais (LGPD). *Diário Oficial da União*: Brasília, DF, 2018. Disponível em: https://planalto.gov.br/ccivil_03/_ato2015-2018/2018/lei/l13709.htm. Acesso em: 19 jul. 2023.

BRASIL. Lei nº 13.979, de 6 de fevereiro de 2020. Dispõe sobre as medidas para enfrentamento da emergência de saúde pública de importância internacional decorrente do coronavírus responsável pelo surto de 2019. *Diário Oficial da União*: Brasília, DF, 2020. Disponível em: https://www.planalto.gov.br/ccivil_03/_ato2019-2022/2020/lei/l13979.htm. Acesso em: 28 jan. 2023.

BRASIL. Lei nº 14.006, de 28 de maio de 2020. Altera a Lei nº 13.979, de 6 de fevereiro de 2020, para estabelecer o prazo de 72 (setenta e duas) horas para que a Agência Nacional de Vigilância Sanitária (Anvisa) (...). *Diário Oficial da União*: Brasília, DF, 2020. Disponível em: https://www.planalto.gov.br/ccivil_03/_ato2019-2022/2020/lei/l14006.htm. Acesso em: 28 jan. 2023.

BRASIL. Ministério da Administração Federal e Reforma do Estado. Câmara da Reforma do Estado. *Plano Diretor da Reforma do aparelho do Estado*. Brasília, DF: Ministério da

Administração Federal e Reforma do Estado; Câmara da Reforma do Estado, 1995. Disponível em: http://www.biblioteca.presidencia.gov.br/publicacoes-oficiais/catalogo/fhc/plano-diretor-da-reforma-do-aparelho-do-estado-1995.pdf. Acesso em: 31 jul. 2023.

BRASIL. Ministério da Saúde. Agência Nacional de Vigilância Sanitária. Acesso à informação. *Gov.br*, Brasília, DF, [2023]. Disponível em: https://www.gov.br/anvisa/pt-br/acessoainformacao/institucional. Acesso em: 7 maio 2023.

BRASIL. Ministério da Saúde. Agência Nacional de Vigilância Sanitária. *Boas Práticas Regulatórias*. Guia para o Programa de Melhoria do Processo de Regulamentação da Anvisa. Brasília, DF: Ministério da Saúde; Anvisa, 2008. Disponível em: https://www.gov.br/anvisa/pt-br/centraisdeconteudo/publicacoes/regulamentacao/guia-para-o-programa-de-melhoria-do-processo-de-regulamentacao-da-anvisa.pdf. Acesso em: 25 set. 2023.

BRASIL. Ministério da Saúde. Agência Nacional de Vigilância Sanitária. *Nota Técnica nº 56/2015*. Brasília, DF: Ministério da Saúde; Anvisa, 2015. Disponível em: https://antigo.anvisa.gov.br/documents/33836/349757/. Acesso em: 20 jul. 2023.

BRASIL. Ministério da Saúde. Agência Nacional de Vigilância Sanitária. *Nota Técnica nº 2/2017*. Brasília, DF: Ministério da Saúde; Anvisa, 2017. Disponível em: https://portal.stf.jus.br/processos/downloadPeca.asp?id=15349812129&ext=.pdf. Acesso em: 17 nov. 2022.

BRASIL. Ministério da Saúde. Agência Nacional de Vigilância Sanitária. *Portaria PT nº 162*, de 12 de março de 2021. Brasília, DF: Ministério da Saúde; Anvisa, 2021. Disponível em: https://www.gov.br/anvisa/pt-br/assuntos/regulamentacao/qualidade-regulatoria/portaria-pt-no-162-de-12-de-marco-de-2021_dou.pdf. Acesso em: 20 dez. 2021.

BRASIL. Ministério da Saúde. Agência Nacional de Vigilância Sanitária. *Processo 25351.100670/2011-32*. Audiência Pública sobre a Segurança e Eficácia dos Medicamentos Inibidores do Apetite a Realizar-se dia 23 de fevereiro de 2011. Brasília, DF: Ministério da Saúde; Anvisa, 16 fev. 2011.

BRASIL. Ministério da Saúde. Agência Nacional de Vigilância Sanitária. *Resolução da Diretoria Colegiada nº 52*, de 6 de outubro de 2011. Brasília, DF: Ministério da Saúde; Anvisa, 2011. Disponível em: http://antigo.anvisa.gov.br/documents/10181/2723752/%281%29RDC_52_2011_COMP.pdf/08d437e2-7d92-4095-bc75-77f6100ec5b2. Acesso em: 17 nov. 2022.

BRASIL. Ministério da Saúde. Agência Nacional de Vigilância Sanitária. *Resolução da Diretoria Colegiada nº 133*, de 15 de dezembro de 2016. Brasília, DF: Ministério da Saúde; Anvisa, 2016. Disponível em: http://antigo.anvisa.gov.br/documents/10181/3136242/RDC_133_2016_COMP.pdf/0628bfef-9385-427e-a89b-394ea9dfc9cb. Acesso em: 22 set. 2023.

BRASIL. RDC reúne regras para venda dos anorexígenos. *Gov.br*, Brasília, DF, 4 jul. 2022. Disponível em: https://www.gov.br/anvisa/pt-br/assuntos/noticias-anvisa/2017/rdc-reune-regras-para-venda-dos-anorexigenos. Acesso em: 23 set. 2023.

BRASIL. Senado Federal. *Projeto de Lei da Câmara nº 61*, de 2015. Brasília, DF: Senado Federal, 2015. Disponível em: https://legis.senado.leg.br/sdleg-getter/documento?dm=3521413&ts=1635452483213&disposition=inline. Acesso em: 27 jan. 2023.

BRASIL. STF suspende eficácia da lei que autoriza uso da fosfoetanolamina. *Portal STF*, Brasília, DF, 19 maio 2016. Disponível em: https://portal.stf.jus.br/noticias/verNoticiaDetalhe.asp?idConteudo=317011&ori=1. Acesso em: 24 dez. 2022.

BRASIL. Supremo Tribunal Federal. Ação Direta de Inconstitucionalidade 4.066. Relatora: Min.ª Rosa Weber. Brasília, DF, 24 de agosto de 2017. *Dje*: Brasília, DF, 2017. Disponível em http://redir.stf.jus.br/paginadorpub/paginador.jsp?docTP=TP&docID=14452232. Acesso em: 14 ago. 2021.

BRASIL. Supremo Tribunal Federal. Ação Direta de Inconstitucionalidade 5.501. Relator: Min. Marco Aurélio, 5 nov. 2020. *Dje*: Brasília, DF, 2020. Disponível em: https://portal.stf.jus.br/processos/detalhe.asp?incidente=4966501. Acesso em: 19 jul. 2023.

BRASIL. Supremo Tribunal Federal. Ação Direta de Inconstitucionalidade 5.779. Relator: Min. Nunes Marques, 23 de fevereiro de 2022. *Dje*: Brasília, DF, 2022. Disponível em: https://portal.stf.jus.br/processos/detalhe.asp?incidente=5263364. Acesso em: 28 ago. 2023.

BRASIL. Supremo Tribunal Federal (2. Turma). Agravo Interno no Agravo em Recurso Especial 2.122.100/SP. Relator: Min. Herman Benjamin, 15 de dezembro de 2022. *Dje*: Brasília, DF, 19 dez. 2022.

BRASIL. Supremo Tribunal Federal. Petição 5.828. Relator: Min. Edson Fachin, 18 de fevereiro de 2016. *Dje*: Brasília, DF, 2016. Disponível em: https://portal.stf.jus.br/processos/detalhe.asp?incidente=4862001. Acesso em: 19 jul. 2023.

BRASIL. Supremo Tribunal Federal. Recurso Extraordinário 657.718. Relator: Min. Marco Aurélio, 22 de maio de 2019. *Dje*: Brasília, DF, 2019. Disponível em: https://portal.stf.jus.br/processos/downloadPeca.asp?id=15344900727&ext=.pdf. Acesso em: 26 jul. 2023.

BREYER, Stephen G. *Breaking the Vicious Circle*: Toward Effective Risk Regulation. Cambridge: Harvard University Press, 1993.

CALLON, Michel. Four Models for the Dynamics of Science. *In*: JASANOFF, Sheila; MARKLE, Gerald E.; PETERSEN, James C.; PINCH, Trevor (ed.). *Handbook of Science and Technology Studies*. Thousand Oaks: Sage Publications, 1995. p. 29-63.

CAMILO JÚNIOR, Ruy Pereira. *Direito Societário e regulação econômica*. Barueri: Manole, 2018.

COGLIANESE, Cary. Assessing Consensus: The Promise; Performance of Negotiated Rulemaking. *Duke Law Journal*, [S. l.], v. 46, n. 6, p. 1255-349, 1997. Disponível em: https://doi.org/10.2307/1372989. Acesso em: 4 jan. 2024.

COGLIANESE, Carry; LAZER, David. Management-Based Regulation: Prescribing private management to achieve public goals. *Law & Society Review*, [S. l.], v. 37, n. 4, p. 691-730, 2003.

COGLIANESE, Carry; MARCHANT, Gary E. Citizen participation in rulemaking: Past, Present, and future. *Duke Law Journal*, [S. l.], v. 55, n. 5, p. 943-968, 2006.

COGLIANESE, Carry; MARCHANT, Gary E. Shifting Sands: The limits of science in setting risk standards. *Faculty Scholarship at Penn Law*, [S. l.], n. 979, 2004. Disponível em: https://scholarship.law.upenn.edu/faculty_scholarship/979. Acesso em: 11 jul. 2023.

COGLIANESE, Carry. The Law and Economics of Risk Regulation. *In:* COCHRAN, James J. (ed). *Wiley Encyclopedia of Operations Research and Management Science*. New Jersey: Wiley, 2020. Disponível em: https://ssrn.com/abstract=3552703. Acesso em: 13 maio 2023.

COMICK, Gerald W. The Myth, the Reality; The Future of Environmental Mediation. *Environment: Science; Policy for Sustainable Development*, [S. l.], v. 24, n. 7, p. 14-39, 1982. Disponível em: https://doi.org/10.1080/00139157.1982.9929802. Acesso em: 4 jan. 2024.

COSTA, Ediná Alves. *Vigilância sanitária*. Proteção e defesa da Saúde. 2. ed. São Paulo: Sociedade Brasileira de Vigilância de Medicamentos, 2004.

DAVIDSON, Paul; ARNDT-BASCLE, Christiane; LIEDEKERKE, Marie-Gabrielle de; REYES, Renny. *The Regulatory Review*, [S. l.], 7 Dec. 2022. Improving Stakeholder Engagement and Evidence-Based Policy Making. Disponível em: https://www.theregreview.org/2022/12/07/davidson-improving-stakeholder-engagement/. Acesso em: 1 ago. 2023.

DINAMARCO, Cândido Rangel. *Instituições de Direito Processual Civil*. 4. ed. rev., atual. e com remissões ao Código Civil de 2002. São Paulo: Malheiros, 2004. v. 3.

DOING, Park. Velvet *Revolution at the Synchrotron*: Biology, Physics, and Change in Science. Cambridge: MIT Press, 2009.

DOUGLAS, Mary; WILDAVSKY, Aaron. *Risk and Culture*: An Essay on the Selection of Technological and Environmental Dangers. Berkeley: University of California Press, 1983.

DRAUZIO Varella alerta sobre cápsulas distribuídas como cura do câncer. *G1*, Rio de Janeiro, 18 out. 2015. Disponível em: https://g1.globo.com/fantastico/noticia/2015/10/drauzio-varella-alerta-sobre-capsulas-distribuidas-como-cura-do-cancer.html. Acesso em: 19 jul. 2023.

DRYZEK, John S.; HUNTER, Susan. Environmental Mediation for International Problems. *International Studies Quarterly*, [S. l.], v. 31, n. 1, p. 87-102, 1987. Disponível em: https://doi.org/10.2307/2600661. Acesso em: 4 jan. 2024.

EPSTEIN, Steven. *Impure Science*: Aids, Activism, and the Politics of Knowledge. Berkeley: University of California Press, 1996.

ERICSON, Richard V.; DOYLE, Aaron; BARRY, Dean. *Insurance as Governance*. Toronto: University of Toronto Press, 2003.

FAGUNDES, M. Seabra. *O controle dos atos administrativos pelo Poder Judiciário*. 3. ed. Rio de Janeiro: Forense, 1957.

FERRETI, Maria Paola. Why Public Participation in Risk Regulation? The case of authorizing GMO products in the European Union. *Science as Culture*, [S. l.], v. 16, n. 4, p. 377-395, 2007. Disponível em: https://doi.org/10.1080/09505430701706723. Acesso em: 27 maio 2024.

FGV DIREITO RIO. *Projeto Regulação em Números*, Rio de Janeiro, [2023]. Disponível em: https://regulacaoemnumeros-direitorio.fgv.br/. Acesso em: 19 jul. 2023.

FIORINO, Daniel J. Regulatory Negotiation as a Policy Process. *Public Administration Review*, [S. l.], v. 48, n. 4, p. 764-72, 1988. Disponível em: https://doi.org/10.2307/975600. Acesso em: 4 jan. 2024.

FISHER, Elizabeth. Framing risk regulation: A critical reflection. *European Journal of Risk Regulation*, [S. l.], n. 4, p. 125-32, 2013. Disponível em: http://dx.doi.org/10.1017/S1867299X00003299. Acesso em: 12 ago. 2021.

FISHER, Elizabeth. Risk and Governance. In: LEVI-FAUR, David (ed.). *The Oxford Handbook of Governance*. Oxford: Oxford University Press, 2012. p. 417-428. https://doi.org/10.1093/oxfordhb/9780199560530.001.0001. Acesso em: 11 maio 2023.

FISHER, Elizabeth. *Risk Regulation and Administrative Constitutionalism*. Oregon: Hart Publishing, 2007.

FISHER, Elizabeth. Risk Regulatory Concepts and the Law. In: OECD. *Risk and Regulatory Policy*: Improving the Governance of Risk. Paris: OECD Publishing, 2010. Disponível em: https://doi.org/10.1787/9789264082939-6-en. Acesso em: 11 maio 2023.

FOX, Jonathan. The Uncertain Relationship between Transparency and Accountability. *Development in Practice*, [S. l.], v. 17, n. 4/5, p. 66-671, 2007. Disponível em: https://www.tandfonline.com/doi/full/10.1080/09614520701469955. Acesso em: 6 out. 2023.

FRAGA, Júlia Massadas Romeiro. *Precaução e direcionamento de condutas sob incerteza científica*. 2019. Dissertação (Mestrado em Direito da Regulação) – Escola de Direito do Rio de Janeiro, Fundação Getulio Vargas, Rio de Janeiro, 2019. Disponível em: https://bibliotecadigital.fgv.br/dspace/bitstream/handle/10438/27338/DISSERTACAO%20FGV_Julia%20Massadas%20Romeiro%20Fraga.pdf?sequence=1&isAllowed=y. Acesso em: 9 nov. 2021.

FREEMAN, Jody; LANGBEIN, Laura I. Regulatory Negotiation; the Legitimacy Benefit. *ELR News & Analysis*, [S. l.], v. 31, n. 10.811, 2001. Disponível em: https://heinonline.org/HOL/LandingPage?handle=hein.journals/elrna31&div=87&id=&page=. Acesso em: 4 jan. 2024.

FUJIMURA, Joan. *Crafting Science*: Standardized Packages, Boundary Objects, and "Translation". Cambridge: Harvard University Press, 1996.

FUNK, William. Bargaining toward the New Millennium: Regulatory Negotiation; the Subversion of the Public Interest. *Duke Law Journal*, [S. l.], v. 46, n. 6, p. 1351-88, 1997. Disponível em: https://doi.org/10.2307/1372990. Acesso em: 4 jan. 2024.

GARLAND, David. The rise of risk. In: ERICSON, Richard V.; DOYLE, Aaron (ed.). *Risk and Morality*. Toronto: University of Toronto Press, 2003.

GIERYN, Thomas F. Boundary-work and the demarcation of science from non-science: Strains and interests in professional ideologies of scientists. *American Sociological Review*, [S. l.], v. 48, n. 6, p. 781-795, 1983.

GIERYN, Thomas F. The Boundaries of Science. In: JASANOFF, Sheila (ed.). *Handbook of Science and Technology Studies*. Thousand Oaks: Sage Publications, 1995. p. 393-443.

GITLIN, Todd. *The Whole World Is Watching*: Mass Media in the Making & Unmaking of the New Left. Berkeley: University of California Press, 1980.

GLIK, Deborah C. Risk Communication for public health emergencies. *Annual Review of Public Health*, [S. l.], n. 28, p. 33-54, 2007. Disponível em: http://publhealth.annualreviews.org. Acesso em: 8 nov. 2021.

GOMES, Lucas Thevenard. A produção normativa da Anvisa como referência para o Governo Federal em tempos de pandemia. *In:* SOCIOLOGY OF LAW, 6., 2021, Canoas. *Anais* (...). Canoas: Unilasalle, 2021. v. 1. p. 1069-1094. Disponível em: https://direitorio.fgv.br/sites/default/files/arquivos/a_producao_normativa_da_anvisa_como_refe.pdf. Acesso em: 18 out. 2023.

GONÇALVES, Pedro. *Entidades privadas com poderes públicos*. Coimbra: Almedina, 2008.

GUERRA, Sérgio. *Agências reguladoras*: da organização administrativa piramidal à governança em rede. 2. ed. Belo Horizonte: Fórum, 2021.

GUERRA, Sérgio. *Controle judicial dos atos regulatórios*. Rio de Janeiro: Lumen Juris, 2004.

GUERRA, Sérgio. *Discricionariedade, regulação e reflexividade*: uma nova teoria sobre as escolhas administrativas. 6 ed. rev. e atual. Belo Horizonte: Fórum, 2021.

GUERRA, Sérgio. Regulação estatal sob a ótica da organização administrativa brasileira. *In:* GUERRA, Sérgio (org.). *Regulação no Brasil*: uma visão multidisciplinar. Rio de Janeiro: FGV Editora, 2014.

HELBING, Dirk. Globally networked risks and how to respond. *Nature*, [S. l.], v. 497, p. 51-59, 2013. Disponível em: https://www.researchgate.net/publication/236602842_Globally_networked_risks_and_how_to_respond. Acesso em: 24 nov. 2023.

HERR, Trey. Cyber insurance and private governance: The enforcement power of markets. *Regulation & Governance, John Wiley & Sons*, [S. l.], v. 15, n. 1, p. 98-114, Jan. 2021. Disponível em: https://onlinelibrary.wiley.com/doi/10.1111/rego.12266. Acesso em: 7 nov. 2023.

HOOD, Christopher; ROTHSTEIN, Henry; BALDWIN, Robert. *The Government of Risk*: Understanding Risk Regulation Regimes. Oxford: Oxford Academic, 2003. Disponível em: https://doi.org/10.1093/0199243638.001.0001. Acesso em: 24 maio 2023.

JASANOFF, Sheila. A Field of its Own: The emergence of science and technology studies. *In:* FRODEMAN, Robert (ed.). *The Oxford Handbook of Interdisciplinarity*. 2nd. ed. Oxford: Oxford Handbooks, 2017. Disponível em: https://doi-org.ezp-prod1.hul.harvard.edu/10.1093/oxfordhb/9780198733522.013.15. Acesso em: 17 fev. 2023.

JASANOFF, Sheila. Accounting for expertise. *Science and Public Policy*, [S. l.], v. 30, n. 3, p. 157-162, 2003.

JASANOFF, Sheila. Bridging the two cultures of risk analysis. *Risk Analysis*, [S. l.], v. 13, n. 2, 1993. Disponível em: https://doi.org/10.1111/j.1539-6924.1993.tb01057.x. Acesso em: 7 nov. 2023.

JASANOFF, Sheila. Constitutions of Modernity: Science, risk and governable subjects. *In:* WEIMER, Maria; RUIJTER, Anniek de (ed.). *Regulating Risks in the European Union*:

The Co-Production of Expert and Executive Power. Oxford: Hart Publishing, 2017. p. 19-36. Disponível em: http://dx.doi.org.ezp-prod1.hul.harvard.edu/10.5040/9781509912650. Acesso em: 25 mar. 2023.

JASANOFF, Sheila. Contingent knowledge: Implications for implementation and compliance. In: BROWN, Edith; JACOBSON, Harold K. (ed.) *Engaging Countries*: Strengthening Compliance with International Accords. Cambridge: MIT Press, 1998.

JASANOFF, Sheila. Judgment under siege: The three-body problem of expert legitimacy. In: MAASEN, Sabine; WEINGART, Peter (ed.). *Democratization of Expertise?* Exploring Novel Forms of Scientific Advice in Political Decision-Making. Berlin: Springer, 2005. p. 209-224.

JASANOFF, Sheila. Just evidence: The limits of science in the legal process. *Journal of Law, Medicine & Ethics*, [S. l.], v. 34, n. 2, p. 328-341, 2006.

JASANOFF, Sheila. Ordering knowledge, ordering society. In: JASANOFF, Sheila (ed.). *States of Knowledge*: The Co-Production of Science and the Social Order. New York: Routledge, 2004. p. 13-45.

JASANOFF, Sheila. *Risk Management and Political Culture*. New York: Russell Sage Foundation, 1986.

JASANOFF, Sheila. Technologies of Humility: Citizen participation in governing science. *Minerva*, [S. l.], v. 41, p. 223-244, 2003.

JASANOFF, Sheila. The idiom of co-production. In: JASANOFF Sheila (ed.). *States of Knowledge*: The Co-Production of Science and the Social Order. New York: Routledge, 2004. p. 1-12.

JASANOFF, Sheila. *The Fifth Branch*: Science Advisers as Policymakers. Cambridge: Harvard University Press, 1990.

JASANOFF, Sheila. The political science of risk perception. *Reliability Engineering & System Safety*, [S. l.], v. 59, n. 1, p. 91-99, 1998. Disponível em: https://doi.org/10.1016/S0951-8320(97)00129-4. Acesso em: 7 nov. 2023.

JASANOFF, Sheila. The songlines of risk. *Environmental Values*, [S. l.], n. 8, p. 135-152, 1999.

JASANOFF, Sheila. Transparency in Public Science: Purposes, Reasons, Limits. *Law and Contemporary Problems*, [S. l.], v. 69, n. 3, p. 21-45, 2006.

JASANOFF, Sheila. What judges should know about the sociology of science. In: JASANOFF, Sheila. *Science and Public Reason*. Oxfordshire: Routledge, 2012. p. 185-195. Disponível em: https://doi.org/10.4324/9780203113820. Acesso em: 24 mar. 2023.

JORDÃO, Eduardo Ferreira. *Controle judicial de uma Administração Pública complexa*: a experiência estrangeira na adaptação da intensidade do controle. São Paulo: Malheiros, 2016.

JORDÃO, Eduardo Ferreira; SALINAS, Natasha Schmitt Caccia; SAMPAIO, Patrícia Regina Pinheiro; OLIVEIRA, Beatriz Scamilla Jardim de Moraes. Sustação de normas de agências reguladoras pelo Congresso Nacional: pesquisa empírica sobre a prática do art. 49, V, da CRFB. *Revista Direito GV*, São Paulo, v. 19, 2023.

JUSTEN FILHO, Marçal. *O Direito das agências reguladoras independentes*. São Paulo: Dialética, 2002.

KLEIN, Aline Lícia. *Tratado de Direito Administrativo*: funções administrativas do Estado. São Paulo: Revista dos Tribunais, 2014.

KNIGHT, Frank. *Risk Uncertainty and Profit*. Boston: Hart, Shaffner and Marx, 1921.

KOOP, Christel; LODGE, Martin. What is regulation? An interdisciplinary concept analysis. *Regulation & Governance*, [S. l.], v. 11, p. 95-108, 2017. Disponível em: https://doi.org/10.1111/rego.12094. Acesso em: 24 maio 2023.

KNORR CETINA, Kain. *The Manufacture of Knowledge*: An Essay on the Constructivist and Contextual Nature of Science. Oxford: Pergamon Press, 1981.

KNUDSEN, Sanne H. Regulating cumulative risk. *Minnesota Law Review*, [S. l.], v. 101, n. 6, p. 2313-96, 2017. Disponível em: https://digitalcommons.law.uw.edu/faculty-articles/324. Acesso em: 27 nov. 2023.

KUHN, Thomas B. *The Structure of Scientific Revolutions*. Chicago: University of Chicago Press, 1962.

LANDAU, Martin. Redundancy, rationality, and the problem of duplication and overlap. *Public Administration Review*, [S. l.], v. 29, n. 4, p. 346-358, 1969.

LANGBEIN, Laura I.; CORNELIUS, M. Kerwin. Regulatory negotiation *versus* Conventional Rule Making: Claims, Counterclaims, and Empirical Evidence. *Journal of Public Administration Research*, [S. l.], v. 10, n. 3, p. 599-632, 2000. Disponível em: http://www.jstor.org/stable/3525630. Acesso em: 4 jan. 2024.

LATOUR, Brunio. *Pandora's Hope*: Essays on the Reality of Science Studies. Cambridge: Harvard University Press, 1999.

LATOUR, Brunio; WOOLGAR, Steve. *Laboratory Life*: The Social Construction of Scientific Facts. Thousand Oaks: Sage Publications, 1979.

LIOR, Anat. Insuring AI: The role of insurance in Artificial Intelligence regulation. *Harvard Journal of Law & Technology*, [S. l.], v. 35, n. 2, 2022. Disponível em: https://jolt.law.harvard.edu/assets/articlePDFs/v35/2.-Lior-Insuring-AI.pdf. Acesso em: 7 nov. 2023.

LUBBERS, Jeffrey S. Achieving Policymaking Consensus: The (Unfortunate) Waning of Negotiated Rulemaking. *South Texas Law Review*, [S. l.], n. 49, p. 987-1017, 2008. Disponível em: https://works.bepress.com/jeffrey-lubbers/3/. Acesso em: 31 maio 2024.

LUPTON, Deborah. *Risk*. London: Routledge, 1999.

LYNCH, M. *Art and Artifact*: A Study of Shop Work and Shop Talk in a Research Laboratory. London: Routledge & Kegan Paul, 1985.

MAJONE, Giadomenico. Do Estado Positivo ao Estado Regulador: causas e conseqüências de mudanças no modo de governança. *Revista do Serviço Público*, [S. l.], v. 50, n. 1, p. 5-36, 2014. Disponível em: https://revista.enap.gov.br/index.php/RSP/article/view/339. Acesso em: 3 jun. 2023.

MAJONE, Giadomenico. What Price Safety: The precautionary principle and its policy implications. *Journal of Common Market Studies*, [S. l.], v. 40, n. 1, p. 89-110, 2002. Disponível em: https://onlinelibrary.wiley.com/doi/10.1111/1468-5965.00345. Acesso em: 8 nov. 2021.

MARINONI, Luiz Guilherme. *Comentários ao Código de Processo Civil*: artigos 381 ao 484. São Paulo: Revista dos Tribunais, 2016.

MARQUES NETO, Floriano de Azevedo. *Agências reguladoras independentes*: fundamentos e seu regime jurídico. Belo Horizonte: Fórum, 2005.

MARSDEN, Christopher T. Co- and Self-Regulation in European Media and Internet Sectors: The results of Oxford University's study. *In:* OSCE. *Self-Regulation, Co-regulation and State Regulation*. [S. l.]: OSCE, 16 Dec. 2004. Disponível em: https://www.osce.org/files/f/documents/2/a/13844.pdf. Acesso em: 29 jul. 2022.

MAXIMILIANO, Carlos. *Hermenêutica e aplicação do Direito*. 9. ed. Rio de Janeiro: Forense, 1979.

MEDAUAR, Odete. *Controle da Administração Pública*. 3. ed. rev., atual. e ampl. São Paulo: Revista dos Tribunais, 2014.

MEDAUAR, Odete. *O Direito Administrativo em evolução*. 2. ed. rev., atual. e ampl. São Paulo: Revista dos Tribunais, 2003.

MEDINA, Eden. *Cybernetic Revolutionaries*: Technology and Politics in Allende's Chile. Cambridge: MIT Press, 2011.

MELLO, Celso Antônio Bandeira de. *Curso de Direito Administrativo*. 32. ed. São Paulo: Malheiros, 2015.

MELLO, Celso Antônio Bandeira de. *Discricionariedade e controle judicial*. 2. ed. São Paulo: Malheiros, 2012.

MERTON, Robert K. The Normative Structure of Science. *In:* MERTON, Robert K. *The Sociology of Science*: Theoretical and Empirical Investigations. Chicago: University of Chicago Press, 1973. p. 267-78.

MOREIRA, Egon Bockmann. Regulação sucessiva: quem tem a última palavra? Caso pílula do câncer: ADI nº 5.501, STF. *In:* MARQUES NETO, Floriano de Azevedo; MOREIRA, Egon Bockmann; GUERRA, Sérgio (org.). *Dinâmica da regulação*. 2. ed. Belo Horizonte: Fórum, 2021.

MOSS, David A. *When All Else Fails*: Government as the Ultimate Risk Manager. Cambridge: Harvard University Press, 2002.

NASCIMENTO, Roberta Simões. A legislação baseada em evidências empíricas e o controle judicial dos fatos determinantes da decisão legislativa. *Revista Eletrônica da*

Procuradoria-Geral do Estado do Rio de Janeiro – PGE-RJ, Rio de Janeiro, v. 4 n. 3, set./dez. 2021.

NASCIMENTO, Roberta Simões. Qual peso devem ter as evidências científicas para tomar uma decisão legislativa? *Jota*, São Paulo, 27 out. 2021. Disponível em: https://www.jota.info/opiniao-e-analise/colunas/defensor-legis/inibidores-de-apetite-27102021. Acesso em: 17 nov. 2022.

NASCIMENTO; Roberta Simões; SALINAS, Natasha. Rol da ANS: há supremacia do Congresso sobre as agências reguladoras? *Jota*, São Paulo, 26 out. 2022. Disponível em: https://www.jota.info/opiniao-e-analise/colunas/defensor-legis/rol-da-ans-ha-supremacia-do-congresso-sobre-as-agencias-reguladoras-26102022. Acesso em: 10 maio 2023.

NATIONAL RESEARCH COUNCIL. *Understanding Risk*: Informing Decisions in a Democratic Society. Washington, D.C.: The National Academies Press, 1996.

NEW LEFT. *In:* OXFORD Reference. [*S. l.*]: Oxford, [2023]. Disponível em: https://www.oxfordreference.com/display/10.1093/oi/authority.20110803100231661. Acesso em: 20 dez. 2023.

OECD. *Modernizando a avaliação dos riscos para a integridade no Brasil*: rumo a uma abordagem comportamental e orientada por dados. Paris: OECD Publishing, 2023. Disponível em: https://doi.org/10.1787/61d7fc60-pt. Acesso em: 8 maio. 2023.

OECD POLICY ISSUES IN INSURANCE. CATASTROPHIC RISKS AND INSURANCE, 8., 2004, Amsterdam. *Proceedings* (...). Paris: OECD Publishing, 2005. Disponível em: https://doi.org/10.1787/9789264009950-en. Acesso em: 2 dez. 2023.

OECD. Regulatory Police by Country. *Web Archive OECD*, Paris, [2023]. Disponível em: https://www.oecd.org/gov/regulatory-policy/by-country.htm. Acesso em: 5 maio 2023.

OECD. *OECD Regulatory Policy Outlook 2021*. Paris: OECD Publishing, 2021. Disponível em: https://doi.org/10.1787/38b0fdb1-en. Acesso em: 5 maio 2023.

OGUS, Anthony I. *Regulation*: Legal Form and Economic Theory. London: Hart Publishing, 2004.

ONU. *A ONU e o meio ambiente*. ONU Brasil, [*S. l.*]. 16 set. 2020. Disponível em: https://brasil.un.org/pt-br/91223-onu-e-o-meio-ambiente. Acesso em: 22 out. 2021.

PLENÁRIO do CNS repudia Lei dos Anorexígenos e contesta constitucionalidade. *CNS*, Brasília, DF, 6 jul. 2017. Disponível em: https://conselho.saude.gov.br/ultimas_noticias/2017/07jul06_CNS_repudia_Lei_Anorexigenos_contesta_constitucionalidade.html. Acesso em: 2 set. 2023.

MATTOS, Paulo Todescan Lessa. *O novo Estado Regulador no Brasil*: eficiência e legitimidade. 2. ed. rev., atual. e ampl. São Paulo: Revista dos Tribunais, 2017. p. 197-233.

PINCH, Trevor J.; BIJKER, Wiebe E. The Social Construction of Facts and Artifacts. *In:* PINCH, Trevor J.; BIJKER, Wiebe E. *The Social Construction of Technological Systems*. The MIT Press, 2012.

PINHO, Clóvis Alberto Bertolini de. Reserva de administração (ou regulação) e leis de iniciativa parlamentar em matéria de regulação: uma análise da posição do Supremo Tribunal Federal. *Revista de Direito Público da Economia*, Belo Horizonte, ano 20, n. 78, p. 23-43, 2022.

POSIÇÃO do CFN sobre projeto de lei que libera anorexígenos. *Notícias CNF*, [S. l.], 1 jun. 2016. Disponível em: https://www.cfn.org.br/index.php/noticias/posicao-do-cfn-sobre-projeto-de-lei-que-libera-anorexigenos/. Acesso em: 2 set. 2023.

POSNER, Richard A. *Catastrophe*: Risk and Response. New York: Oxford University Press, 2004.

POTTER, Rachel Augustine. *Bending the Rules*: Procedural Politicking in the Bureaucracy. Chicago: The University of Chicago Press, 2019.

POWER, Michael. The risk management of everything. *The Journal of Risk Finance*, [S. l.], v. 5, n. 3, p. 58-65, 2004.

PRADO, Leonardo. Proibição de emagrecedores gera polêmica em audiência. *Agência Câmara de Notícias*, Brasília, DF, 9 out. 2012. Disponível em: https://www.camara.leg.br/noticias/386015-proibicao-de-emagrecedores-gera-polemica-em-audiencia/. Acesso em: 20 jul. 2023.

PROSSER, Tony. Regulation and Social Solidarity. *Journal of Law and Society*, [S. l.], v. 33, n. 3, p 364-387, 2006. Disponível em: https://doi.org/10.1111/j.1467-6478.2006.00363.x. Acesso em: 2 maio 2023.

RAPPAPORT, John. How private insurers regulate public police. *Harvard Law Review*, [S. l.], n. 6, 2016. Disponível em: https://chicagounbound.uchicago.edu/cgi/viewcontent.cgi?article=12645&context=journal_articles. Acesso em: 7 nov. 2023.

RENN, Ortwin. Concepts of Risk: A Classification. *In:* KRIMSKY, Sheldon (Hrsg.). *Social Theories of Risk*. Westport: Praeger, 1992. p. 53-82.

RENN, Ortwin. Risk Communication: Towards a rational discourse with the public. *Journal of Hazardous Materials*, [S. l.], v. 29, n. 3, p. 465-519, 1992. Disponível em: https://doi.org/10.1016/0304-3894(92)85047-5. Acesso em: 7 nov. 2023.

RENN, Ortwin. Concepts of Risk: An Interdisciplinary Review – Part 2: Integrative Approaches. *GAIA – Ecological Perspectives for Science and Society*, [S. l.], v. 17, n. 2, p. 196-204, 2008. Disponível em: https://doi.org/10.14512/gaia.17.2.7. Acesso em: 20 out. 2021.

RENN, Ortwin. Stakeholder and Public Involvement in Risk Governance. *International Journal of Disaster Risk Science*, [S. l.], n. 6, p. 8-20, 2015. Disponível em: https://doi.org/10.1007/s13753-015-0037-6. Acesso em: 20 dez. 2023.

ROSE-ACKERMAN, Susan. Consensus *versus* Incentives: A Skeptical Look at Regulatory Negotiation. *Duke Law Journal*, [S. l.], v. 43, n. 6, p. 1206-20, 1994. Disponível em: https://doi.org/10.2307/1372854. Acesso em: 4 jan. 2024.

ROSSI, Jim; FREEMAN, Jody. Agency Coordination in Shared Regulatory Space. *Harvard Law Review*, [S. l.], v. 125, n. 5, p.1138-1145, 2012.

SALINAS, Natasha; CANTARELLI, Luiz Guilherme. Revisão da doutrina Chevron e o (des)equilíbrio entre Poderes nos EUA. *Conjur*, Rio de Janeiro, 6 fev. 2024. Disponível em: https://www.conjur.com.br/2024-fev-06/revisao-da-doutrina-chevron-e-o-desequilibrio-entre-os-poderes-nos-eua/. Acesso em: 6 fev. 2024.

SALINAS, Natasha Schmitt Caccia; GOMES, Lucas Thevenard. A política regulatória brasileira em face das recentes recomendações da OECD. *Conjur*, Rio de Janeiro, 2 abr. 2022. Disponível em: https://www.conjur.com.br/2022-abr-02/salinas-gomes-recentes-recomendacoes-OECD. Acesso em: 14 nov. 2022.

SALINAS, Natasha Schmitt Caccia. Os perigos de uma produção normativa puramente racional-instrumental. *Conjur*, Rio de Janeiro, 6 dez. 2022. Disponível em: https://www.conjur.com.br/2022-dez-06/fabrica-leis-perigos-producao-normativa-puramente-racional-instrumental. Acesso em: 22 jun. 2023.

SALINAS, Natasha Schmitt Caccia; SAMPAIO, Patrícia Regina Pinheiro; GUERRA, Sérgio; PORTO, Antônio Maristrello. *Mecanismos de participação da Agência Nacional de Vigilância Sanitária (Anvisa) 2008-2019*. Rio de Janeiro: FGV Direito Rio, 2020. Disponível em: https://repositorio.fgv.br/server/api/core/bitstreams/da9331b0-61ed-4f61-8c06-bcaa8390de4a/content. Acesso em: 2 dez. 2023.

SANDMAN, Peter M. Four Kinds of Risk Communication. *In:* SANDMAN, Peter M. *The Peter Sandman Risk Communication Website*. [S. l.], 11 Apr. 2003. Disponível em: https://www.psandman.com/col/4kind-1.htm#. Acesso em: 5 nov. 2023.

SANTOS, Moacyr Amaral. *Primeiras linhas de Direito Processual Civil*. 3. ed. São Paulo: Max Limonad, 1970. v. 2.

SÃO PAULO. Universidade de São Paulo. Instituto de Química de São Carlos. *Portaria nº 1.389/2014*. São Paulo: USP, 2014. Disponível em: https://www5.iqsc.usp.br/files/2015/09/Portaria-distribuicao-de-medicamentos.pdf. Acesso em: 19 jul. 2023.

SCHUCK, Peter H.; KOCHEVAR, Steven. Reg Neg Redux: The Career of a Procedural Reform. *Theoretical Inquiries in Law*, [S. l.], v. 15, n. 478, p. 417-446, 2014. Disponível em: https://ssrn.com/abstract=2330357. Acesso em: 31 maio 2024.

SIEGLER, Ellen. Regulatory negotiations: practical perspective. *Environmental Law Reporter News & Analysis*, [S. l.], v. 22, n. 10, p. 10647-10654, 1992. Disponível em: https://heinonline.org/HOL/LandingPage?handle=hein.journals/elrna22&div=91&id=&page=. Acesso em: 4 jan. 2024.

SISMONDO, Sergio. *An Introduction to Science and Technology Studies*. Kansas City: Blackwell, 2003. Disponível em: https://doi.org/10.1111/j.1539-6924.1982.tb01369.x. Acesso em: 14 fev. 2023.

SLOVIC, Paul; FISCHHOFF, Baruch; LICHTENSTEIN, Sarah. Characterizing Perceived Risk. *In:* KATES, R. W.; HOHENEMSER, C.; KASPERSON, J. X. (ed.). *Perilous Progress*: Managing the Hazards of Technology. New Jersey: Westview, 1985. p. 91-125. Disponível em: https://ssrn.com/abstract=2185557. Acesso em: 14 fev. 2023.

SLOVIC, Paul; FISCHHOFF, Baruch; LICHTENSTEIN, Sarah. Why Study Risk Perception? *Risk Analysis*, [S. l.], v. 2, n. 2, p. 83-93, 1982.

SLOVIC, Paul. Perception of risk. *Science*, [S. l.], v. 236, n. 4.799, p. 280-285, 1987. Disponível em: https://doi.org/10.1126/science.3563507. Acesso em: 14 fev. 2023.

STEPHENSON, Max O.; POPS, Gerald M. Conflict Resolution Methods; the Policy Process. *Public Administration Review*, [S. l.], v. 49, n. 5, p. 463-73, 1989. Disponível em: https://doi.org/10.2307/976391. Acesso em: 4 jan. 2024.

SUNSTEIN, Cass. Para além do princípio da precaução. *Revista de Direito Administrativo (RDA)*, Rio de Janeiro, v. 259, p. 11-71, 2012. Disponível em: https://bibliotecadigital.fgv.br/ojs/index.php/rda/article/view/8629. Acesso em: 8 nov. 2021.

SUNSTEIN, Cass. *Risk and Reason*: Safety, Law, and the Environment. New York: Cambridge University Press, 2002.

SUSSKIND, Lawrence; OZAWA, Connie. Mediating Public Disputes: Obstacles; Possibilities. *Journal of Social Issues*, [S. l.], v. 41, p. 145-159, 1985. Disponível em: https://doi.org/10.1111/j.1540-4560.1985.tb00860.x. Acesso em: 4 jan. 2024.

TALESH, Shauhin. Insurance companies as corporate regulators: the good, the bad and the ugly. *DePaul Law Review*, [S. l.], n. 2, 2017.

TALESH, Shauhin; GONÇALVES FILHO, Péricles. Surety bond and the role of insurance companies as regulators in the context of Brazilian infrastructure projects *Revista de Direito Administrativo (RDA)*, Rio de Janeiro, v. 282, n. 1, p. 63-107, 2023. Disponível em: https://www.law.uci.edu/faculty/full-time/talesh/Talesh%20DePaul%20Cyber%20Insurance.pdf. Acesso em: 7 nov. 2023.

TJSP proíbe fornecimento de fosfoetanolamina sintética. *PGESP*, São Paulo, 12 nov. 2015. Disponível em: http://www.portal.pge.sp.gov.br/tjsp-proibe-fornecimento-de-fosfoetanolamina-sintetica/. Acesso em: 19 jul. 2023.

THEODORO JÚNIOR, Humberto. *Curso de Direito Processual Civil*. 57. ed. rev., atual. e ampl. Rio de Janeiro: Forense, 2016. v. I: Teoria geral do Direito Processual Civil, processo de conhecimento e procedimento comum.

TRAWEEK, Sharon. *Beamtimes and Lifetimes*: The World of High Energy Physicists. Cambridge: Harvard University Press, 1988.

TVERSKY, Amos; KAHNEMAN, Daniel. Judgment under uncertainty: Heuristics and biases. *Science*, [S. l.], v. 185, n. 4.157, 1974.

VAN DER HEIJDEN, Jeroen. Risk Governance and Risk-Based Regulation: A review of the international academic literature. *State of the Art in Regulatory Governance Research Paper Series*, [S. l.], 20 Jun. 2019. Disponível em: https://dx.doi.org/10.2139/ssrn.3406998. Acesso em: 20 out. 2021.

VISCUSI, William; HARRINGTON JUNIOR, Joseph; VERNON, John. *Economics of Regulation and Antitrust*. 4th. ed. Cambridge: The MIT Press, 2005.

VIRTUAL Public Engagement in Agency Rulemaking. *Administrative Conference of The U.S.*, Washington, D.C., 3 Jul. 2023. Disponível em: https://www.acus.gov/document/virtual-public-engagement-agency-rulemaking. Acesso em: 3 dez. 2023.

WEIMER, Maria; DE RUIJTER, Anniek. Regulating risks in the European Union. *In:* WEIMER, Maria, and RUIJTER, Anniek de (ed.). *Regulating Risks in the European Union*: The Co-Production of Expert and Executive Power. Oxford: Hart Publishing, 2017. p. 1-16. Disponível em: http://dx.doi.org/10.5040/9781509912650.ch-001. Acesso em: 4 out. 2022.

WIDAVSKY, Aaron B. *Searching for Safety*. New Brunswick: Transaction Books, 1988.

WIENER, Jonathan B. Risk regulation and governance institutions. *In:* OECD. *Risk and Regulatory Policy*: Improving the Governance of Risk. Paris: OECD Publishing, 2010. Disponível em: https://doi.org/10.1787/9789264082939-9-en. Acesso em: 11 maio 2023.

WINDHOLZ, Eric; HODGE, Graeme A. Conceituando regulação social e econômica: implicações para agentes reguladores e para atividade regulatória atual. *Revista de Direito Administrativo (RDA)*, Rio de Janeiro, v. 264, p. 13-56, 2013.

WYNNE, Brian. May the sheep safely graze? A reflexive view of the expert-lay knowledge divide. *In*: WYNNE, Brian. *Risk, Environment, and Modernity*: Towards a New Ecology. Thousand Oaks: Sage Publications, 1996.